EBERHARD HASPER

Dorothea und Lewine

DAS UN-/GEWÖHNLICHE
LEBEN ZWEIER FRAUEN
AUS HOYA

Kellner
VERLAG

Dieses Buch ist bei der Deutschen Nationalbibliothek registriert. Die bibliografischen Daten können online angesehen werden:
http://dnb.d-nb.de

1 Euro von jedem verkauften Buch
geht an die Stiftung Lebenshilfe, 28857 Syke.

IMPRESSUM

© 2. Auflage 2024 Klaus Kellner Verlag, Bremen
Inhaber: Manuel Dotzauer e.K.

St.-Pauli-Deich 3 • 28199 Bremen
Tel. 04 21 77 8 66
info@kellnerverlag.de
www.kellnerverlag.de

Lektorat und Layout: KellnerVerlag
Umschlag: Jennifer Chowanietz
Fotos: Privatarchiv Autor
Gesamtherstellung: Der DruckKellner, Bremen

ISBN 978-3-95651-402-9

Wenn ich mein Leben noch einmal leben könnte,
würde ich die gleichen Fehler machen.
Aber ein bisschen früher, damit ich mehr davon habe.
Marlene Dietrich

VORWORT

Die Geschichte ist kein Roman oder eine wissenschaftliche Erklärung über das Leben von Landfrauen im Allgemeinen. Es ist eine Geschichte, die das Leben zweier Schwestern schrieb: meiner Mutter Margarete, die am liebsten mit ihrem zweiten Vornamen Lewine angesprochen wurde, und meiner Tante Dorothea. Zwei starke Frauen vom Land, die unterschiedliche Lebenswege beschritten.

Als Frauen vom Hof hatten sie ein typisches Leben als Landfrauen vor sich, ohne Rechte auf das Erbe des Hofes und eingeschränkte Rechte als Frau im Allgemeinen. Ihr Leben und Wirken wird anhand von überlieferten Originaldokumenten und einem historischen Hintergrund aufgezeigt. Dabei wird nicht Halt gemacht vor privaten, intimen, gemeinen, unangenehmen, machtbesessen und emotionalen Erlebnissen – so wie das Leben spielt, so wie ihr Leben spielte. Eine Geschichte, die Sie mitnimmt in die Zwanzigerjahre des 20. Jahrhunderts, die NS- und Kriegszeiten, die Aufbauzeiten der Fünfzigerjahre bis in die ersten beiden Jahrzehnte des 21. Jahrhunderts – kurzum in die Turbulenzen zweier Schwestern von der Kindheit bis zum letzten Atemzug.

ZWANZIGER- UND DREISSIGERJAHRE.
FRAUEN IN DER LANDWIRTSCHAFT

Die Schwestern wuchsen in Duddenhausen auf, einem kleinen Dorf in dem ehrwürdigen alten Kreis Grafschaft Hoya an der Weser, gelegen zwischen Hannover und Bremen, genau in der Mitte des heutigen Deutschlands. Das elterliche Bauernhaus gehörte zum landwirtschaftlichen Betrieb des Vaters (Friedrich) Fritz Meyer, geboren 1889, und der Mutter Margarete Meyer, geborene Meyer im Jahr 1893. Sie war die jüngste von 15 Geschwistern, wovon zwei kurz nach der Geburt starben. Die ersten zehn Kinder stammten aus der vorherigen Ehe des Vaters – seine erste Frau verstarb allerdings nach der Geburt des zehnten Kindes.

Hof Meyer, Duddenhausen (Mehr zum Hof in Anlage)

Meine Tante Dorothea wurde im Jahr 1919, meine Mutter Lewine im Jahr 1921 bei Kerzenlicht auf einem mit Heu und Stroh gefüllten Bettbezug geboren. Nur drei Jahre auseinander. Drei Jahre, die damals auf einem Hof für die Entwicklung der Kinder viel bedeuteten. In der Regel mussten im Kindesalter jeweils die älteren auf die jüngeren Geschwister aufpassen. Besonders die Mädchen wurden in diese Rolle gezwängt. So begann das Schicksal der Landfrauen in der damaligen Landwirtschaft, die ihre eigenen »Gesetze« und Gepflogenheiten hatten.

Zu den Schwestern kamen noch zwei Brüder. Der ältere Fritz ist 1942 im Krieg gefallen. Der jüngste der Geschwister war Julius, wurde 1925 geboren und beeinflusste das Leben seiner Schwestern unbewusst schwer.

Die Abhängigkeit der Frauen in der Landwirtschaft war wesentlich größer als die der Männer.

Sie durften vor dem Zweiten Weltkrieg keinen Hof oder Betrieb erben. Erst während des Krieges wurden sie ausnahmsweise als Erbinnen zugelassen, da die Männer an der Front kämpften und sich nicht um den Hof kümmern konnten. In den Zwanzigerjahren blieben die Frauen in der Regel auf dem Hof und wurden versorgt. Blieben sie unverheiratet, waren sie nicht versichert und bekamen keine Rente. Sie mussten ähnlich wie eine Magd mitarbeiten. Nur als Ehefrau waren sie sozial abgesichert. Wenn sie den Hof unverheiratet verließen (oder gehen mussten), gingen sie allein mit einem »Persil-Karton«, wie mir eine Landfrau erzählte.

Selbstständige Frauen waren nicht vorgesehen, sie wurden auf dem Lande zum größten Teil sogar als unnötig angesehen, obwohl Frauenverbände schon ab Mitte des 19. Jahrhunderts versuchten, die Bildungsmöglichkeiten für Mädchen wesentlich zu verbessern. Dies hatte sich in den ländlicheren Gegenden aber noch nicht so recht herumgesprochen.

Wenn überhaupt eine Weiterbildung nach der achtjährigen Volksschule vom Elternhaus genehmigt wurde, so waren es anfangs die sogenannten Töchterschulen. Die jungen Mädchen wurden zielgerichtet auf ihre späteren Pflichten als Hausfrau und Mutter vorbereitet, bis sie etwa 15 Jahre alt waren. Töchter aus weniger gut gestellten Familien verließen die Mädchenschule schon früher, oder sie mussten die Schule verlassen, weil andere Aufgaben auf dem Hof warteten. Wohlhabende Familien schickten ihre Töchter auf private höhere Töchterschulen, aus den sich später die Mädchen-Gymnasien entwickelten (sie hatten Bestand bis in die 60er-/70er-Jahre). Ansonsten litten gerade die Mädchen unter der Strenge des Elternhauses und – im Besondern – unter der kirchlichen Erziehung.

Die Schaffung von Freiräumen war zu Beginn des 19. Jahrhunderts für die Frauen eine wichtige Errungenschaft. Seit der Jahrhundertwende, also noch vor dem Ersten Weltkrieg, entstanden im ländlichen Raum die ersten landwirtschaftlichen Hausfrauenvereine. 1919 erkämpften sich die Frauen in der Weimarer Republik zum ersten Mal das Wahlrecht. In den Zwanzigerjahren nahmen die Aktivitäten der Frauenverbände zu. Das Ziel der Vereine war, dass durch hauswirtschaftliche und kulturelle Bildung die Lebens- und Arbeitsverhältnisse von Landfrauen verbessert werden sollten. Aus- und Weiterbildungen sollten ihnen ermöglichen, nicht nur im Elternhaus oder als Hausfrau ihr Leben zu fristen. In den Vereinen hatten die Frauen die willkommene Möglichkeit, mal auszugehen – sie brauchten dafür keine Erlaubnis von den Männern und Vätern, die ansonsten über sie bestimmten.

Mit der Errichtung der Nazi-Herrschaft 1933 sollte sich einiges ändern. Grundsätzlich war die »Nationalsozialistische Deutsche Arbeiterpartei« (NSDAP) eine Männer-Herrschaft. Dennoch war den Nazis bewusst, dass sie die Frauen brauchen würden, und zwar nicht nur zum Gebären von arischen Kindern. Schon vor der Machtergreifung 1933 gab es den »Bund Deutscher Mädel« (BDM). Die NSDAP »umgarnte« die Mädchen, um sie für die Nazi-Ideologie schon ab einem Alter von zehn Jahren zu gewinnen. Sie gewährten den Mädchen gewisse Freiräume für ihre Entwicklung und organisierten abwechslungsreiche Freizeiten.

1933 hat die NSDAP die landwirtschaftlichen Hausfrauenvereine aufgelöst und in den sogenannten Reichsnährstand (RNST) eingegliedert. Diese ständische, ursprüngliche Selbstverwaltungs-Organisation der Agrarwirtschaft kümmerte sich um den Vertrieb der landwirtschaftlichen Erzeugnisse, die sozialen und kulturellen Belange seiner Mitglieder und kontrollierte die »Blutreinheit« der Bauernfamilien. Ab 1936 gab es anhaltende Auseinandersetzungen mit den Organen der NSDAP. Der selbstbewusst auftretende RNST wurde zunehmend ein Instrument des Landwirtschaftsministeriums beziehungsweise der NSDAP und deren Blut-und-Boden-Politik in der Landwirtschaft.

Zur Vorbereitung der Mädchen für den »Dienst an Volk und Familie« gab es ein Dienstjahr als hauswirtschaftliche oder landwirtschaftliche Hilfe, das sogenannte Landfrauenjahr. Die Mädchen wohnten und arbeiteten dabei in den Haushalten und auf den Bauernhöfen, für die sie eingeteilt waren. Zunächst auf freiwilliger Basis, von 1938 an (als Vorbereitung auf den Krieg) verpflichtend. Ab diesem Zeitpunkt konnten die Landfrauen ohne diesen Dienst des Landfrauenjahres keinen Beruf außerhalb der Landwirtschaft aufnehmen.

Mit dieser Zwangseingliederung wurde versucht, viele der Mädchen und Frauen für die NS-Ideologie zu gewinnen, die keine Lust zu den vielfältigen Aktivitäten der Nazi-Organisationen hatten. Einige waren bewusst nicht im BDM. Andere hatten frühzeitig erkannt, dass die körperliche und geistige Ertüchtigung im BDM von der NSDAP lediglich als politische Kraft angesehen wurde. Es zeigte sich jedoch, dass diese Mädchen und jungen Frauen nicht so begeisterungsfähig waren wie die, die schon in jungen Jahren im BDM aktiv waren. Diese skeptischen Mädchen waren schon älter oder hatten schon eine Lehre begonnen. Selbst eine stärkere Berücksichtigung von hauswirtschaftlichen Weiterbildungen im Landfrauenjahr änderte nichts an der zunehmenden Ablehnung vieler älterer Mädchen und junger Frauen. Diese Entwicklung wurde zum Problem im RNST, stand sie doch dem ideologischen Interesse der NS-Erziehung entgegen.

Mit Beginn des Zweiten Weltkriegs im September 1939 wurden die Frauen auf sehr unterschiedliche Weise in den Kriegseinsatz einbezogen. Zwar nicht in den Dienst mit der Waffe, aber als Lazarett-, Luftschutz- und Landhelferinnen. In den eroberten Teilen Polens mussten sie zum Beispiel die neu angesiedelten »volksdeutschen Bauern« bei der Haushaltsführung und Kindererziehung entweder freiwillig oder innerhalb eines Pflichtjahres unterstützen.

Gleiches galt für die medizinische Betreuung für verwundete Soldaten, für Verletzte aufgrund von Bombenangriffen in Krankenhäusern oder Lazaretten. Die Frauen wurden zur medizinischen und pflegerischen Unterstützung auf den Bauernhöfen, in kinderreichen Familien oder für obdachlos gewordene Bürger und Bürgerinnen eingesetzt. Kurzum, die NSDAP musste den Frauen eine neue Identität außer dem des Hausfrauen- und Mutter-Dasein bieten.

Zum großen Teil wurden die jungen Frauen bei ihren Einsätzen von ihren Familien getrennt. Wenn sie Glück hatten, kamen sie in anderen Familien unter. Viele Frauen wurden in Lagern oder Kasernen untergebracht. Sie wohnten dort mit Männern, unter anderem auch mit Soldaten. So ergaben sich zahlreiche Gelegenheiten zu sexuellen Kontakten und Übergriffen. Die kriegsbedingte Lockerung der Sexualmoral brachte den BDM zunehmend in schlechten Ruf. Der Volksmund deutete die Abkürzung BDM damals um: »Bund Deutscher Matratzen« oder »Bubi Drück Mich« waren dann die alternativen Bezeichnungen.

HITLERJUGEND UND BDM

Unter diesen Bedingungen wuchsen meine Mutter Lewine und meine Tante Dorothea auf.

Mit meiner Mutter sprach ich über die Zeit ihrer frühen Jugendjahre:

Eberhard Hasper: »Wie habt ihr Kinder auf dem Land die Vorkriegszeit und die mit der Hitlerjugend erlebt?«

Lewine: »Du musst wissen, dass die Erziehung in den Zwanzigerjahren in unserem Dorf noch sehr streng und altertümlich war. So altertümlich wie die Erziehung war auch die Dorfschule in Duddenhausen. Sie wurde 1706 gebaut, Mitte des 19. Jahrhunderts renoviert. Noch bis 1965 waren in unserer dörflichen Volksschule alle Jahrgänge der Kinder in einer Klasse, egal wie alt sie waren. Ab 1965 gab es dann nur noch die ersten vier Klassen. 1968 wurde die Schule aufgelöst. Um damals bei uns auf die weiterbildende Realschule zu kommen, mussten wir eine halbe Stunde zu Fuß zu der Haltestation Tivoli gehen. Es war eine Bimmelbahn, die uns in die nächste Kleinstadt Hoya fuhr. Oft kamen wir erst abends zurück. Zum Mittagessen war ich bei Verwandten in Hoya. Diese Bimmelbahn gibt es noch heute. Als Nebenstrecke der selten befahrenen Museumsbahn ›Kaffkieker‹ von Bruchhausen-Vilsen nach Hoya und weiter nach Eystrup.

In der Volksschule waren Schläge mit dem Stock auf die Finger keine Seltenheit. Mein Vater war streng, aber solche Erziehungsmethoden mochte er nicht. Er beschwerte sich häufig bei dem Dorflehrer. Dadurch konnte ich schon früher in eine Schule in Hoya. Ich bin meinem Vater noch heute dankbar für diese Unterstützung.«

Haltestelle Tivoli der Bimmelbahn

Neben der Schule gab es auf dem Land schon vor dem Ersten Weltkrieg Jugendorganisationen, auch für Mädchen. Ab dem Jahr 1930 gab es den BDM, für die 14- bis 18-jährigen Mädchen, und den »Jungmädelbund« (JM), für zehn- bis 14-jährige. Beide wurden 1931 in die »Hitlerjungend« (HJ) eingegliedert. In der HJ waren vorher nur die Jungen organisiert. Nach der Machtübernahme 1933 beanspruchte die HJ den Alleinvertretungsanspruch für den Jugendbereich. Alle anderen Jungendorganisationen wurden nach und nach verboten oder integriert.

Ab 1936 galt die Zwangsmitgliedschaft aller Mädchen von zehn bis 21 Jahre in dem BDM beziehungsweise für die Jungen in der HJ – sofern sie nicht aus »rassischen Gründen« ausgeschlossen waren.

Lewine: »Den BDM fand ich als junges Mädchen im Alter von acht bis zehn Jahren wunderbar. Es gab viele Freizeitangebote und vor allem Sport. Sport auch für Mädchen, was wir sonst oft nicht durften.«

E. H.: »Der BDM war doch eine Nazi-Organisation. War dir das bewusst?«, fragte ich mit einem leichten Ton des Vorwurfs.

L.: »Oh, nein, ich kam als Zehnjährige in den BDM. Ich bin da vollends unbedarft reingerutscht. Erst nach dem Krieg, als Erwachsene, habe ich die politische Bedeutung des BDM begriffen. Während und nach dem Krieg war ich damit beschäftigt, zu überleben. Ich musste meine Ausbildung als Wochenpflegerin schaffen und den vielen neuen Aufgaben nachkommen. Ich war regelrecht erschrocken, als ich erfuhr, dass der BDM aufgrund der Zwangsmitgliedschaft zahlenmäßig die größte weibliche Jugendorganisation der Welt mit über vier Millionen Mitgliedern war. Bei den Jungen waren es wohl noch ein paar Millionen mehr. Körperliche Ertüchtigung verbunden mit angenehmer Freizeitgestaltung wurde als politische Kraft angesehen. Darauf sind wir wohl reingefallen.«

E. H.: »Was hat dich so gereizt an dem BDM?«

L.: »Im BDM waren lauter flotte Mädchen. Wir waren sportbegeistert und hatten viel Power. Sport wurde besonders gefördert. Die Reisen und das Tanzen fand ich gut. Wir konnten unsere Grenzen ausloten – wie es heute heißt. Wir waren begeisterungsfähig und hungrig auf Erfolg und Abwechslung. Wir holten uns Selbstbewusstsein und Anerkennung. Ich habe mich wohlgefühlt in dieser Gemeinschaft von

Mädchen. Wir hatten viel Spaß. Schließlich mussten wir früher als Mädchen in der Freizeit mit vielen Verboten von den Eltern und der Kirche leben. Mit den Reisen vom BDM konnten wir rauskommen aus dem Dorf-Alltag, fremde Menschen und Orte kennenlernen. Das war sonst als Mädchen undenkbar. Familienurlaub kannten wir nicht. Auf dem Hof war das nicht möglich.«

E. H.: »Was haben deine Eltern zu deinen Aktivitäten im BDM gesagt? Speziell deine Mutter, wo doch die Mütter oftmals viel besorgter um die Töchter waren?«

1935 Leistungsbuch BDM

L.: »Begeistert waren sie nicht. Je älter ich wurde, desto mehr musste ich mich zu Hause durchsetzen. Für uns Mädchen war es die einzige Möglichkeit, dem recht strengen Elternhaus mal zu entkommen. In unserer Freizeit mussten wir zu Hause bei der Feld- und Stallarbeit helfen, oder wir durften die langweiligen und ebenso strengen Kirchengruppen besuchen, sonst gab es keine Möglichkeiten, dem Elternhaus zu entfliehen. Deine Großmutter war eigentlich sehr fortschrittlich. Sie hatte erkannt, dass es Mädchen und Frauen auf dem Land schwerer haben. Sie ließ mich gewähren, meinen Weg zu gehen, auch wenn sie mitunter Angst hatte. Besonders später, als der Krieg nahte und ausbrach. Da war ich ja erst 18 Jahre.«

E. H.: »Der BDM war doch eine Untergruppe der Hitlerjugend. Das klingt für mich streng und riecht nach Zwang.«

L.: »Bei den Mädchen war das nicht so streng. Die Führerinnen der Mädchengruppen waren kaum älter als wir. Wir haben sie nicht als ›Vorgesetzte‹ gesehen. Bei den Jungen war das wohl anders, sie wurden zu mehr Disziplin und militärischen Übungen angehalten. Mein um vier Jahre jüngerer Bruder Julius war eher ein Draufgänger, in der Hitlerjugend engagiert.

Mein älterer Bruder war sehr auf den Hof bezogen, er hatte Freude an der landwirtschaftlichen Arbeit und hat meinem Vater viel geholfen. Für ihn gab es keine Zeit für die Hitlerjugend.«

E. H.:»Wie ist es denn deiner Schwester Dorothea ergangen?«

L.:»Na ja, das ist für mich schwer zu sagen. Da müsstest du sie mal selber fragen. Wir haben uns nie so richtig gut verstanden. Sie war die Älteste und musste auf uns aufpassen. In meiner Erinnerung hat sie das eher als strenge Erzieherin und nicht als Schwester gemacht. Sie ist bis heute noch sehr bestimmend. Das hat mir nie gefallen.

Wir waren einfach anders. Dorothea war als ältestes Kind dem Hof sehr verbunden und in die Arbeit integriert. Sie schien weniger begeisterungsfähig, nicht so risikofreudig für Aktivitäten außerhalb der Familie zu sein. Sie lehnte die Politik der Nazis ab. Sie war in meiner Erinnerung schon früh politisch denkender und skeptischer als ich und viele andere Mädchen. 1933/34, als die Nazis richtig an der Macht waren, war sie schon 15 Jahre alt und damit für den JM der Hitlerjugend zu alt. Wir hatten wenig miteinander zu tun. Heute frage ich mich, ob sie damals neidisch auf mich war oder mich innerlich verurteilte. Ich war nicht so viel auf dem Hof. Sie war innerlich stark, stärker als ich.«

E. H.: »Wie ist es deinem Bruder Julius ergangen? Er war ja vier Jahre jünger als du und sieben Jahre jünger als Dorothea.«

L.:»Julius passte vom Alter her vollkommen in die Pläne der Nazi-Erziehung. Nach der Machtergreifung durch Hitler 1934 war Julius erst neun Jahre alt, genau das Alter, um im ›Jungvolk‹ der HJ aufgenommen zu werden. Pimpfe wurden sie genannt. Er nahm von Anfang an begeistert an den Treffen und Übungen der Hitlerjugend teil, liebte die gelebte Kameradschaft und die militärisch geprägte Ausbildung. Unser Vater konnte ihm diese ›Freizeit‹-Aktivitäten nicht verbieten, schon 1936 mussten alle Jugendlichen Mitglied in der HJ sein. Schon sehr früh nahm der Einfluss der großen Schwester Dorothea auf die Entwicklung von Julius stetig ab. Zum großen Bedauern von Dorothea, wie sich später immer deutlicher herausstellte.«

Vollberechtigte Mittelschule zu Hoya (Weser)

Abgangs-Zeugnis

Margarete Meyer,

geboren am 2. Oktober 1921   zu Duddenhausen,

Kreis Hoya   ev. luth.   Konfession, Förster   des

Bauern Fritz Meyer in Duddenhausen,

war $5\frac{1}{2}$ Jahre auf der Mittelschule zu Hoya (Weser)
und wird mit folgendem Zeugnis aus Klasse I entlassen

Leistungen

Religion: gut,	Physik und Chemie: ⎫
Deutsch: genügend,	Biologie: ⎬ genügend,
Latein:	Zeichnen: ⎭
Französisch:	Turnen: sehr gut.
Englisch: ⎫	Singen: genügend.
Geschichte: ⎬ genügend	Nadelarbeit: ⎫
Erdkunde: ⎬	Hauswirtschaft: ⎬ gut
Mathematik: ⎭	Werkunterricht:

Bemerkung:

Hoya, den 31. Aug.   19 37.

Der Schulleiter:

Stein.

PETZOLD-DRUCK, HOYA-SYKE

GETRENNTE WEGE DER SCHWESTERN

In diesem vom NS-Regime geprägten Spannungsfeld von Desinteresse und Ablehnung sowie Begeisterung und Lebensfreude bewegten sich die jungen Mädchen. Mittenmang die Schwestern Dorothea und Lewine. Wie weit wurden sie auf ihrem Lebensweg in dieser Zeit geprägt?

Spätestens ab dem Jahr 1936, im Alter von 18 und 15 Jahren, zeichneten sich bei den Schwestern unterschiedliche (Lebens-) Wege ab. In den jungen Jahren war Dorothea eher die ältere Schwester, die auf die jüngeren aufpassen musste und über sie bestimmen konnte. Jetzt änderten sich die Rollen. Die Schwestern bereiteten sich auf unterschiedliche Art auf das »Erwachsenwerden« vor. Lewine wurde selbstständiger. Das sollte Auswirkungen auf ihr zukünftiges Leben und ihre Beziehung zu ihrer Schwester Dorothea haben.

Seit dem 1. April 1929 hießen die landwirtschaftlichen Fachschulen in Preußen »Landwirtschaftliche Schule und Wirtschaftsberatungsstelle«. Diese Schulen wurden in immer stärkerem Maße auch für (junge) Frauen geöffnet. 1933 wurden die Schulen durch das NS-Regime in »Bäuerliche Werkschulen« umbenannt. Aber »Landwirtschaftsschule« war in der Praxis zum allgemeinen Begriff geworden. Ab 1936 wurden sie offiziell wieder »Landwirtschaftsschule« genannt, obwohl dort auch andere Ausbildungen angeboten wurden. Da konnten die Nazis sich nicht durchsetzen.

Lewine schloss im Sommer 1937 die Realschule erfolgreich ab, verließ als 16-Jährige das Elternhaus und machte 1938/39 eine Ausbildung als Wochenpflegerin in einer dieser Landwirtschaftsschulen.

Lewine in der Landwirtschaftsschule 1938

KRIEGSZEITEN. LEWINE AUSSER HAUS

Diese Ausbildung war der Grundstein für den weiteren Lebensweg von Lewine. Sie verließ endgültig die beengte Abhängigkeit einer Landwirtstochter und begann, auf eigenen Füßen zu stehen. Nach ihrer Ausbildung arbeitete sie als Schwester in öffentlichen Einrichtungen oder wurde in den Kriegsjahren laut NS-Arbeitsbuch in Familien eingesetzt, die eine pflegerische Unterstützung benötigten, zum Beispiel bei einem Stabsarzt. Im Rahmen dieser Einsätze kam sie 1944 als Wochenpflegerin in die Familie von Ernst Günter Hasper in Marienhagen. Seine Frau starb bei der Geburt des dritten Kindes, und eine staatlich eingesetzte Wochenpflegerin kam in den Haushalt: meine Mutter.

Lewine hat den elterlichen Hof verlassen. Was aber machten die beiden Brüder und ihre Schwester Dorothea zu Kriegsbeginn?

Über diese Zeit sprach ich mit meiner Mutter.

E. H.: »Lewine, sag mal, für eure Familiengeschichte spielten deine Brüder eine wichtige Rolle. Wie erging es Fritz und Julius? Ab Mitte der Dreißigerjahre gab es doch schon die Kriegsvorbereitungen.«

Lewine: »Fritz war zwei Jahre älter als ich, wurde 1919 geboren. Er sollte den Hof erben. Nur der Älteste konnte erben. Er hatte große Freude am Beruf des Landwirts und war interessiert, den Hof zu übernehmen. Er musste gegen seinen Willen in die HJ eintreten und als 21-Jähriger in den Krieg ziehen. Er fiel im stolzen Alter von 22 Jahren im Jahr 1942 in Russland in der berühmten Schlacht um Sewastopol. Der Verlust des ältesten Sohnes und Hoferben war besonders für meine Eltern sehr bitter. Es schien anfangs ausgeschlossen, dass mein jüngerer Bruder in den Krieg muss. An sich hätte er nicht eingezogen werden können, weil sein Bruder gefallen war und er auf dem Hof gebraucht wurde. Doch es kam anders. Julius war der Hof nicht so wichtig. Im Dezember 1942 begann er zunächst das verpflichtende Jahr des Arbeitsdienstes. Einen Monat später meldete er sich freiwillig zur Waffen-SS in der Panzertruppe an. Wir nahmen damals an, dass er sich deshalb freiwillig gemeldet hatte, um seinen im Herbst 1942 gefallenen Bruder zu ›rächen‹. Als Teenager, keine 18 Jahre alt, zog er in den Krieg. Er war

1 Name und Sitz des Betriebes (Unternehmers) (Firmenstempel)	2 Art des Betriebes oder der Betriebsabteilung	3 Tag des Beginns der Beschäftigung	4 Art der Beschäftigung (möglichst genau angeben)	5 Tag der Beendigung der Beschäftigung	6 Unterschrift des Unternehmers
11 Stabsarzt Engelhardt Bückeburg Steinbergerstr. 3		4.1.44	Hauspflege	10.2.44	
12 Heinz Block Domäne Varenholz über Rinteln a. d. Weser		11.II.44	Wirtschaft	30.III.44	Block
13					
14 Hasper Marienhagen Kreis Alfeld					
15					

10   11

Arbeitsbuch 1944

Lewine in der Landwirtschaftsschule 1938

(3) Aufgabe der Wochenpflegerin ist die ?
von Wöchnerinnen. Neugeborenen (einschli?
der Frühgeborenen) und Säuglingen, und
sowohl in Anstalten wie in der Wohnung.
richtungen, die nach den geltenden Vorschr...
Hebammen, Krankenschwestern oder Säuglings-
und Kinderschwestern vorbehalten sind, darf die
Wochenpflegerin nicht ausführen.

§ 2

Die Anerkennung setzt voraus, daß die An-
tragstellerin

1. deutschen oder artverwandten Blutes ist
und daß, wenn sie verheiratet ist, auch
ihr Ehemann diese Voraussetzung erfüllt,
2. die staatliche Wochenpflegeprüfung bestanden hat,
3. politisch zuverlässig ist,
4. einen guten Leumund besitzt.

Deutsches Reichsgesetzblatt.
Quelle: Wikimedia

zunächst im Osten. Später wurde er von einem hohen Offizier der SS als ›Bursche‹ mit nach Frankreich und in die Tschechoslowakei genommen. Er kam schwer am Kopf verletzt nach Hause. Diese Verletzung hatte Spätfolgen für ihn und das Familienleben. Darunter leide ich noch heute. Darüber möchte ich jetzt nicht sprechen.«

E. H.: »Und was hat deine Schwester Dorothea in dieser Zeit gemacht?«

L.: »Meiner Schwester kam eine besondere Rolle zu. Dorothea wurde als älteste Tochter zunächst auf dem Hof gebraucht. Der HJ stand sie zu skeptisch gegenüber und ging nicht zu den Treffen. Erst später musste sie das Pflichtjahr für Frauen in der Landwirtschaft absolvieren und wurde zum Frauendienst eingezogen, teilweise als Pflegerin und Haushaltshilfe im damaligen Ostpreußen eingesetzt.

Während Julius als SS-Mitglied am Krieg in Frankreich teilnahm, hörte Dorothea, besonders zum Kriegsende, zu Hause auf dem Dachboden heimlich ausländische Sender ab. Sehr zur Sorge meiner Eltern. Besonders mein Vater hat sie immer gewarnt, weil es für die ganze Familie gefährlich geworden wäre, wenn man sie erwischt oder verraten hätte. Schließlich hatten wir schon meinen Bruder Fritz verloren. Das war genug Schicksal. Dennoch war er froh über die Informationen aus dem Ausland. Dorothea mochte die Nazis nicht, ebenso wie dein Großvater. Als der Krieg fast schon zu Ende war, protestierte er, dass die Kinder noch Gewehre in die Hand bekamen, um das Dorf in einem eigens ausgeschaufelten Schutzgraben am Dorfeingang zu verteidigen.«

E. H.: »Das weißt du vom Hörensagen, oder? Denn du hast nicht mehr zu Hause gelebt.«

L.: »Ja, das stimmt … ich hatte zum Teil wenig vom Familienleben mitbekommen. Ich hatte meine Ausbildung als Wochenpflegerin beendet und musste als Frau mit Kriegsbeginn den gesetzlich verordneten ›Sozialdienst‹ leisten, in Arztpraxen, auf Höfen oder in Familien. So kam ich noch zu Kriegszeiten in die Familie von deinem Vater.«

Ernst Günter Hasper mit Geschwistern, ca. 1920

EIN MANN, DANN EINE FAMILIE

Während Lewine sich in Duddenhausen in den Dreißigerjahren über die Freizeitangebote des BDM freute, musste mein Vater, Ernst Günter Hasper, schon die ersten Lebenskrisen bewältigen.

Ab dem Jahr 1944 sollte meine Mutter durch die Beziehung zu meinem Vater geprägt werden. Um ihr Leben besser zu verstehen, habe ich das meines Vaters ebenfalls erforscht. Die beiden Lebenswege könnten nicht unterschiedlicher sein.

Geboren wurde Ernst Günter Hasper 1906 in Neisse/Schlesien (heute Nysa/Polen) in eine Offiziersfamilie der kaiserlichen Reichswehr. Neben dem Bruder Eberhard (geb. 13. April 1907, im Krieg verschollen) hatte mein Vater noch zwei Schwestern.

Sein Vater, Richard Hasper (1875–1946), war Offizier in der Reichswehr und wurde 1911 zum Hauptmann befördert. Er nahm als Regimentskommandeur am Ersten Weltkrieg teil. 1916 wurde er während der bekannt gebliebenen Schlachten an der Somme und Verdun zweimal verwundet. Nach dem Ersten Krieg beteiligte sich Richard Hasper mit seiner Reichswehr-Truppe an den Freikorps zur Sicherung der Nationalversammlung und damit am Kampf gegen die demokratischen Bestrebungen nach dem Ersten Weltkrieg. Er blieb Mitglied der Reichswehr, die nach dem verlorenen Krieg nur noch als kleine Truppe existieren durfte. Es war eine eingeschworene, sich selbst aus den eigenen Offiziers-Familien rekrutierende Berufsarmee. 1946 starb Richard Hasper an Tuberkulose.

Mein Vater hat nie etwas von sich und seiner Familie erzählt, erst recht nicht von seiner militärisch geprägten Familie und seiner eigenen Militärvergangenheit. Es blieb mir überlassen, diese schwarzgefärbte Seite von ihm ein wenig zu erforschen. Ich wollte verstehen, woher er kam, welchen Einfluss auf ihn die Reichswehr, die von Hitler eingeführte Wehrmacht und seine Familie gehabt hatte und was er Lewine und uns Kindern davon übertragen hatte. Seine erworbenen Lebenshaltungen sollten großen Einfluss auf Lewine und die Kinder haben.

Die Mitglieder der Reichswehr träumten von einer Erneuerung der Monarchie. Sie gingen dabei so weit, dass sie Hitler 1933 zur Macht verhalfen. 1935 wurde die Reichswehr von Hitler in die neue Wehrmacht integriert.

Die Reichswehr blieb nach dem verlorenen Krieg während der Weimarer Republik der offizielle Name der Streitkräfte und musste nach Vorgabe der Siegermächte stark verkleinert werden.

Große Teile der Offiziere vertraten ein konservatives monarchistisches Weltbild und lehnten die 1919 gegründete Weimarer Republik vehement ab. Es war ein erlauchter Kreis von Offizieren, der eine Art »Inzucht« trieb: 48 Prozent stammten aus Familien aktiver oder ehemaliger Offiziere. Die Reichswehr agierte als Staat im Staate. In den krisengeschüttelten frühen Zwanzigerjahren beteiligte sie sich bei der Niederschlagung der aufständischen linken demokratischen Kräfte. Ihre Führung war ein wichtiger politischer Machtfaktor innerhalb der Weimarer Republik, doch politisch gespalten. Ein Teil der Reichswehr unterstützte Hitler bei der Machtergreifung. Diese Spaltung nutzte Hitler 1935 und verkündete schon zwei Jahre nach seiner Machtergreifung die »Wiedererlangung der Wehrhoheit«, verbunden mit der allgemeinen Wehrpflicht. Mit dieser Entscheidung integrierte Hitler die Reichswehr einfach in die Wehrmacht. Diese schien ihm erfahrener und leistungsstärker als seine drei Millionen Mann starke Parteigliederung SA.

In diesen monarchistisch-konservativen Kreisen also wuchs mein Vater auf. Mir wurde von seinen Schwestern übermittelt, dass ihr Elternhaus sehr streng war, die Eltern mussten gesiezt und mit »Mutter« beziehungsweise »Vater« angesprochen werden.

Der Vater war als Offizier in der Reichswehr viel unterwegs. Als seine Frau 1922 starb, kam mein Vater zusammen mit seinem Bruder in das stark konservativ geprägte Internat »Pforta« bei Naumburg/Saale und machte 1926 sein Abitur am Gymnasium Lauban. Standesgemäß trat er noch im gleichen Jahr der Reichswehr bei. Schon Ende der Zwanzigerjahre hatte er es als erst 22-Jähriger in den erlauchten Kreis der Offiziere geschafft. Er diente dort bis 1935, zuletzt als Oberleutnant des Artillerieregiments 4.

Mein Vater war begeisterter Reiter. Überliefert wurde uns, dass er als Oberleutnant der Reichswehr in den Jahren 1927 bis 1929 sogar für Deutschland an Reitturnieren teilgenommen haben soll. Den Reitsport übte er privat noch in den Anfängen der Fünfzigerjahre auf Turnieren aus.

Er verließ die Wehrmacht 1935, als die Reichswehr von Hitler in die Wehrmacht integriert wurde. Aber wohl nicht freiwillig. Oder wurde er entlassen? Über die Gründe hat er mit uns Kindern und seiner Frau Lewine nie gesprochen. So wurde die Familie Hasper in die Welt der Spekulationen über seinen Austritt aus der Wehrmacht verwiesen. Es gibt mindestens zwei Versionen:

Er habe einen Kredit für ein privates Reitpferd aufgenommen und es der Wehrmacht verheimlicht. Als Oberleutnant durfte er keine Schulden haben. Also wurde er entlassen.

Die zweite Version klingt plausibler. Als Oberleutnant der Reichswehr lernte er seine spätere Frau Inge Petrich kennen. Als die Reichswehr von den Nazis in die Wehrmacht überführt wurde, überließ man ihm die Entscheidung: entweder in der Wehrmacht bleiben oder die Heirat seiner »nichtarischen Frau«. In der Hitlerzeit war die Ehe eines Offiziers mit einer Vierteljüdin ein Verrat an den politischen Zielen. Er entschied sich für die Heirat.

Vielleicht stimmen ja beide Versionen, irgendwie. Seine Offiziers-Uniform hat er, stolz wie er war, behalten. Das sollte sich später als Nachteil für ihn erweisen. Er heiratete seine Frau Inge Petrich im Oktober 1937 in der Gedächtniskirche in Berlin. Ganz vornehm und standesgemäß in der Kirche, in der auch die Eltern seiner Frau im Jahr 1911 geheiratet hatten. Inge Petrich wurde wegen der vierteljüdischen Abstammung von den Nationalsozialisten nie belästigt oder verfolgt.

Nach dem Austritt aus der Wehrmacht machte mein Vater 1935 zunächst eine verkürzte kaufmännische Lehre in dem Kalkwerk Marienhagen, wo sein Schwiegervater Harald Petrich Geschäftsführer

Ernst Günter Hasper 1940

war. In den Jahren 1937 bis 1940 bildete er sich weiter, bis zum Ing. Kaufmann. Er sammelte in anderen Kalkwerken und Steinbrüchen als Betriebsassistent neue Erfahrungen, mit dem Ziel, Nachfolger seines Schwiegervaters in der Geschäftsführung des Kalkwerks zu werden.

Mein Vater wurde nicht zum Krieg eingezogen. Das Kalkwerk Marienhagen war für das Nazi-Regime mit der Kalkgewinnung ein wichtiger Rohstofflieferant für das Stahlwerk in Peine und damit für die Kriegswaffenproduktion äußerst relevant.

Mein Vater und seine Frau Inge bekamen drei Kinder: 1938 den Ältesten, Irmgard 1940 und Dieter im Januar 1944. Ihre Mutter Inge starb vier Tage nach der Geburt von Dieter und meine Mutter kam in den Haushalt.

Im April 1945, also zwölf Monate nach der Geburt von Dieter und knapp einen Monat vor Ende des Krieges, wurde mein Vater plötzlich eingezogen. Da er seine alte Uniform als Oberleutnant der Reichswehr beziehungsweise Wehrmacht behalten hatte, trug er sie zur Verwunderung meiner Mutter zum Antritt des Kriegsdienstes in Hannover. Er sollte als einfacher Grenadier eingesetzt werden. Das lehnte er ab. Als er in der alten Offiziersuniform zurück in das Dorf Marienhagen kam, wurde er von den amerikanischen Soldaten festgenommen.

Während er in Gefangenschaft war, wurde sein Schwiegervater Harald Petrich im Juli 1945 von polnischen Soldaten auf offener Straße erschossen, als er ihnen sein Fahrrad nicht freiwillig aushändigen wollte. Ein Drama für das Kalkwerk und die Familie.

Das private Drama war, dass meine Mutter als angestellte Wochenpflegerin mit den drei Kindern allein war. Sie wurde von der Witwe Petrich unterstützt, die im gleichen Haus wohnte. Beide wussten nicht, wo mein Vater in Gefangenschaft war und wann oder ob er zurückkehren würde.

Meine Mutter schrieb später in einem Brief an meinen ältesten Bruder: *Im April 1945, der Krieg war zu Ende, wurde Euer Vater (als 38-Jähriger) plötzlich eingezogen. Er kam nach einigen Tagen zurück. Er hatte seine alte Uniform aus der Kaiserzeit an. Er sollte als einfacher Grenadier eingesetzt werden. Das lehnte er als stolzer Oberleutnant der alten Reichswehr ab. Als er in der alten Offiziersuniform zurück in das Dorf Marienhagen kam, wurde er gerüchteweise von unbekannten Leuten den Amerikanern gemeldet und festgenommen.*

Wir nahmen an, dass ihm seine Offiziersuniform zum Verhängnis wurde. Euer Vater wurde, ohne jegliche Erklärung und ohne sich von den Kindern und mir verabschieden zu können, auf einen amerikanischen Jeep verfrachtet. Er kam in ein französisches Gefangenenlager. Ich blieb mit den drei Kindern acht Monate allein, ohne ein Lebenszeichen von Eurem Vater. Heiligabend stand er plötzlich in der Tür, gekennzeichnet von acht Monaten Gefangenschaft in einem Hungerlager. Man hatte ihn entlassen, nachdem sich herausgestellt hatte, dass er weder im Krieg noch in der NSDAP/SA oder SS aktiv war. In den acht Monaten hattet Ihr Euch an mich, die neue ›Mutter‹, gut gewöhnt. Ihr habt dann bei eurem Vater gebettelt, dass ›Tante Margret‹ bleiben sollte. Ich blieb, und im Juli 1946 hat mich Euer Vater geheiratet. Aus Tante Margret wurde für Euch dann Mutter.

Mein Vater musste nur wenige Wochen nach seiner Heimkehr aus der Gefangenschaft seinen verstorbenen Schwiegervater als Direktor des Kalkwerks Marienhagen und Prokurist der Muttergesellschaft Ilseder Hütte Peine ersetzen. Eine große Bürde, diesen »familiär« geführten

Lewine 1947

Die Hochzeit am 21. Juli 1946

Betrieb nach dem Krieg wieder »auf die Beine« zu stellen. War er als ehemaliger, strammer Offizier der Reichswehr sensibel genug für diesen »Familienbetrieb«? Hatte er als 40-Jähriger genug Erfahrung, da er erst knapp vier Jahre im Geschäft der Kalkgewinnung tätig war? Sicher war nur, dass er damals nicht ahnen konnte, dass es ihm nicht vergönnt sein sollte, das Kalkwerk 20 Jahre leiten zu dürfen.

Nebenbei musste er seine private Situation klären. Im Juli 1946 heiratete mein Vater die »Tante Margret«. Mit meiner Geburt im Jahr 1947 und der meines Bruders Fritz im Jahr 1948 vergrößerte sich die Familie. Aus der bezahlten Arbeit als Wochenpflegerin wurde für Margret Lewine Hasper ein arbeitsreicherer, unbezahlter Job als Hausfrau in einem Haushalt mit fünf Kindern.

Auf diese unerwartete Weise stolperte mein Vater in das Leben meiner Mutter und damit in die Familie Meyer, den neuen Schwiegereltern und der Schwester Dorothea.

DOROTHEA AUF DEM SPRUNG

Nach dem Krieg gab es einen Mangel an jungen Männern. Sie waren oft schon als Jugendliche in den Krieg einberufen worden, viele waren im Krieg gefallen oder waren als körperliche oder seelische Invaliden heimgekommen, waren traumatisiert, depressiv, verletzt oder noch in Gefangenschaft.

Die Frauen vom Hof mussten nach dem Krieg aufpassen, die traditionelle Perspektive einer Ehe oder Hausfrau nicht zu verpassen – oder wie es diese Generation in den Nachkriegszeiten ausdrückte: »einen Mann abzubekommen«. Besonders auf dem Land.

Eine alleinstehende Frau konnte keinen Hof erben, dies war rechtlich einfach nicht vorgesehen.

Für Lewine hatte sich durch ihre Ausbildung und Arbeit als Wochenpflegerin eine Perspektive außerhalb des elterlichen Hofes ergeben. Als angestellte Wochenpflegerin war sie in eine Familie mit drei Kindern hineingewachsen, hatte geheiratet und noch zwei eigene Kinder bekommen. Ihre Zukunft war vorerst gesichert.

Dorothea war auf dem Sprung, ihr Leben zu organisieren. Sie war sich 1945 mit 27 Jahren noch nicht sicher, ob sie auf dem Hof bleiben wollte. Noch war die Zukunft des elterlichen Hofs nicht gesichert. Daher wollte sie die Eltern erst einmal unterstützen und nicht ohne Weiteres verlassen. Dorothea wollte allerdings als alleinstehende Frau nicht rechtlos auf dem Hof arbeiten oder mit einem Koffer mit Wäsche den Hof verlassen müssen, wie es vielen Landfrauen ergangen war. Diese Haltung wiederum sollte ihren weiteren Lebensweg beeinflussen.

Ihr Start nach dem Krieg war schwerer als der ihrer kleinen Schwester. Sie arbeitete eine Zeitlang als Bürokraft im Raum Hannover, blieb aber zunächst mit einem Bein auf dem Hof, wenigstens über das Wochenende. Ihr Bruder Fritz, ältester Sohn und eigentlicher Erbe, war 1942 im Krieg gefallen.

Der jüngste Sohn, Julius, war 1945 noch in amerikanischer Gefangenschaft. Man hielt ihn als ehemaligen SS-Mann fest, ausgerechnet im KZ Dachau. Er kam verletzt nach Hause.

Da er schon als 17-Jähriger freiwillig in den Krieg gezogen war, hatte er weder eine Ausbildung noch Erfahrung, um einen Hof zu führen. Dennoch galt er gesetzlich als Hoferbe.

Von 1947 bis 1949 half Julius auf dem Hof seiner Eltern, machte dann ein einjähriges Praktikum auf einem anderen Hof und kam schließlich im April 1950 wieder zurück.

Er organisierte den Hof zusammen mit Dorothea. Es zeigte sich schon sehr bald, dass die beiden unterschiedliche Vorstellungen für die Bewirtschaftung des Hofes hatten. Sie konnten sich selten einigen, beide beharrten auf ihren Positionen.

Dorothea war sich noch nicht sicher, wie sie sich entscheiden sollte. Einerseits begann ihr zunehmend, die selbstständige Arbeit auf dem Hof zu gefallen, nachdem sie sich als Bürokraft mit kläglichem Erfolg versucht hatte. Sie wollte sich aber nicht laufend über Julius aufregen. Andererseits war ihr klar, dass sie den Hof als alleinstehende Frau aus rechtlichen Gründen nicht übernehmen konnte.

Julius stand ihrem Ziel im Wege, so viel Selbstständigkeit wie möglich zu bekommen. Er sollte die große Herausforderung für sie werden. Die gänzlich unterschiedlichen Vorstellungen vom Leben und der Arbeit zwischen der ältesten Tochter und dem sieben Jahre jüngeren, kriegsverletzten Bruder prallten aneinander. Die ältere Schwester nervte Julius schon als kleines Kind, mit ihrem Drang, immer alles und vor allem über ihn bestimmen zu wollen. Der Streit begann zu gären und nahm viel Raum im Leben von Dorothea ein.

FÜNFZIGERJAHRE. AUFBAU. ÜBERALL

In der Nachkriegszeit galten in der Bundesrepublik noch vermehrt die Gesetze der Kaiserzeit. Zum rechtlichen Verhältnis von Frauen und Männern stand im Bürgerlichen Gesetzbuches (BGB) von 1896 wörtlich: »*Dem Manne steht die Entscheidung in allen das gemeinschaftliche eheliche Leben betreffenden Angelegenheiten zu; er bestimmt insbesondere Wohnort und Wohnung.*«

In den Nachkriegsjahren bestanden für Frauen außerdem noch weitere rechtliche Abhängigkeiten von ihren Ehemännern: Sie durften zum Beispiel nur mit Zustimmung ihres Gatten ein Konto eröffnen. Ihnen war untersagt, gegen den Willen ihres Mannes eine Erwerbsarbeit aufzunehmen. Der Mann konnte seiner Gemahlin sogar den Schlüssel zur gemeinsamen Wohnung abnehmen.

Für das Grundgesetz von 1949 hatten außerparlamentarische Frauenausschüsse und Frauenverbände durchgesetzt, dass Gesetze, die der Gleichberechtigung zwischen Mann und Frau entgegenstanden, bis März 1953 durch neue gesetzliche Regelungen abgelöst werden mussten.

Die Politiker – meist männlich – taten sich schwer mit dieser Auflage. Erst am 3. Mai 1957 stand das »Gesetz über die Gleichberechtigung von

Mann und Frau auf dem Gebiet des bürgerlichen Rechts« auf der Tagesordnung des Bundestages. In der Parlamentsdiskussion ging es erneut um das Entscheidungsrecht des Mannes, die Erwerbsarbeit von Frauen und das grundsätzliche Verhältnis von Frau und Mann in der Familie. Selbst konservative Frauen pochten auf die »naturgegebenen Unterschiede«. Letztendlich kam es zu einer »Einigung über die Gleichberechtigung von Mann und Frau«. In Bezug auf die Erwerbstätigkeit der Frau allerdings nur zu einem Kompromiss: Die Frauen durften gegen den Willen ihres Mannes arbeiten. Allerdings mit einem »Haken«, einer fragwürdigen Bedingung. Rechtlich las sich das im Gesetz vom Mai 1957 so: »*Sie ist berechtigt, erwerbstätig zu sein, soweit dies mit ihren Pflichten in Ehe und Familie vereinbar ist.*« Jetzt konnte man raten, wer über die Vereinbarung entscheiden durfte.

Mit diesem Gesetz hatten die Frauen ihre Rechte zu verbessern versucht, die sie schon in den Zwanzigerjahren eingefordert hatten. Nach dem Ende des Zweiten Weltkrieges übernahmen nicht nur die bekannten »Trümmerfrauen« einen Großteil der Überlebensarbeit. Die Frauen waren entscheidend an der Organisation der Versorgung mit Lebensmitteln, Kleidungsstücken und Möbeln beteiligt. Sie waren die »soziale Seele« und hatten erheblichen Anteil am Aufbau der sozialen Dienste, des Erziehungs- und Bildungswesens sowie der Fürsorge und Wohlfahrt. Nicht zuletzt trugen sie im Erwerbsleben erheblich zum Wiederaufbau bei.

Am 1. Juni 1958 trat das Gesetz zur Gleichberechtigung von Mann und Frau in Kraft, als »fauler Kompromiss«. Es ist bekannt, dass die Frauen noch 1970 die Zustimmung der Männer benötigten, wenn sie arbeiten gehen wollten. Es gab für die Männer genug Argumente, dass die Arbeitsaufnahme der Frauen – gerade auf dem Land – mit Ehe und Familie »nicht vereinbar« war: Pflege der Eltern, Versorgung der Tiere, Erziehung der Kinder, Kochen, Waschen etc.

Auf dieser Grundlage sollte sich das Leben der beiden Schwestern vom Land sehr unterschiedlich entwickeln.

DOROTHEA. ZEITEN DER DURCHSETZUNG

In den Kriegs- und Nachkriegsjahren mussten auf den Höfen alle Familienmitglieder mit anpacken, damit sich der Hof trägt. Dies galt auch auf dem Hof Meyer in Duddenhausen. Dort lebten meine Großeltern zusammen mit Dorothea. Nach dem Krieg trat Dorotheas Bruder Julius wieder verstärkt in ihr Leben ein: geschwächt als verletzter, traumatisierter Mann. Dorothea und Julius versuchten zunächst, gemeinsam den Hof aufrechtzuerhalten. Die Betonung liegt hier auf »versuchten«.

Es gab viel Arbeit auf dem Hof: Kühe, Pferde, Schweine, Schafe, Hühner und der Hund mussten versorgt und die Felder bestellt werden. Die Kriegsgefangenen, die während des Krieges auf dem Hof arbeiten mussten, verließen ihn nach und nach. Die aufgenommenen und mithelfenden Flüchtlinge aus dem Osten hatten sich langsam eigene Unterkünfte gesucht. Für Dorothea entstand eine besondere Beziehung zu dem Gefangenen Luci aus Frankreich. Zu ihm und seiner Familie hatte Dorothea noch bis ins Jahr 2008 Kontakt. So kam es zu der kuriosen Situation, dass der Sohn Julius in Frankeich kämpfte und zur gleichen Zeit der französische Gefangene den Hof in Schwung hielt!

Julius hatte in der Gefangenschaft Alvin Friedrich aus Schlesien kennengelernt. Er war ein Landwirt mit Leib und Seele und wurde vor Julius aus der Gefangenschaft entlassen. Da er nicht zurück in seine Heimat Schlesien konnte, hat Julius ihn auf den Hof seiner Eltern eingeladen. Alvin hat dann zwölf Jahre auf dem Hof meiner Großeltern gearbeitet und bekam später einen Bauplatz in Duddenhausen geschenkt. Sie sind Freunde geblieben.

Dorothea lebte weiterhin auf dem Hof, wollte aber unabhängiger werden. Sie machte Anfang der Fünfzigerjahre in Hannover eine halbjährige Ausbildung auf einer Handelsschule. Sie lernte Schreibmaschine schreiben und erhielt eine Einführung in Buchhaltung und Organisation eines Betriebes. Sie wohnte anschließend zeitweise nicht auf dem Hof und verdiente ihr Geld als Schreibkraft unter anderem in Hannover. Es wurde mir überliefert, dass sie es in dem Beruf schwer hatte, sich unterzuordnen und so zu arbeiten, wie es gefordert wurde. Sie wollte lieber selbst bestimmen, wie was gemacht werden musste.

Mit dieser Ausbildung arbeitete sie zeitweise im Büro meines Vaters im Kalkwerk Marienhagen als Aushilfe, wohnte in Banteln bei uns im Haushalt und half, uns Kinder zu »hüten«.

Dorothea behielt neben ihrer Arbeit in auswärtigen Firmen engen Kontakt zum elterlichen Hof.

Sie fühlte sich dem Hof und meinen Großeltern gegenüber verantwortlich und schwankte, auf dem Hof zu leben oder so »frei zu sein«, ins Ausland zu gehen oder einer selbstständigen Tätigkeit im Gesundheitswesen nachzugehen.

Ihr Bruder Julius war währenddessen damit beschäftigt, seine Hirnverletzungen als Kriegsverletzungen anerkennen zu lassen, um eine Versehrtenrente zu bekommen. Immer wieder auftretende Anfälle, Kopfschmerzen und andere Gebrechen hinderten ihn an einer regelmäßigen Arbeit auf dem Hof. Diese Probleme versuchte er, mit Besuchen in der Dorfkneipe und Alkohol zu verdrängen, was nicht gerade auf Verständnis seiner großen Schwester stieß.

Während sich Julius anschickte, seine Freundin und Verlobte Marlies Thies aus dem Nachbarort zu heiraten, begann es in der Beziehung von Dorothea und Julius langsam aber sicher vermehrt zu kriseln.

Meine Tante Dorothea hinterließ einige Briefe aus den Jahren 1951 und 1952, die ihre Lebenssituation auf dem Hof und die in der Familie meiner Großeltern deutlich beschreiben: Es rumorte in der Familie!

Diese Briefe waren zum Teil handschriftlich in Altdeutsch geschrieben. Ich musste sie »übersetzen« lassen, um sie hier in voller Länge zur Verfügung stellen zu können.

Brief 1. Margarete (Lewine) an ihre Mutter Margarete

Banteln, den 5. Februar 1951

Meine liebe Mutter!

Nun wird es wohl langsam Zeit, daß ich Dir einen Bericht gebe über unsere beiden »verliebten« Feriengäste (Hinweis: ihr Bruder Julius mit Freundin Marlies, der späteren Ehefrau).

Wider Erwarten waren es sehr nette Tage. Ich glaube, daß Julius und ich uns näher gekommen sind in den Paar Tagen als in all den letzten Jahren. Er hat seine Schwestern leider immer falsch eingeschätzt. Man ist immer wieder erstaunt, was für vernünftige Ansichten der Junge hat. Wenn er doch nur den Schwung und die Ausdauer hätte, diese Ansichten auszuführen. Wir haben uns schon sehr ernst unterhalten, er hat sich auch allerhand sagen lassen ohne »einzuschnappen«. Dorothea wird Dir manches kurz berichtet haben, vielleicht auch Marlies. – Ob Julius darüber spricht, weiß ich nicht. – Sie ist ein so lieber u. guter Kerl. Du wirst Dich sicher mal gut mit ihr vertragen. Sie hatte sehr viel auf dem Herzen und ich glaube, ich habe ihr geholfen. Wir freuen uns schon auf den 17. u. 18. Februar. Julius hat uns ein Paar mal gefragt. Wann kommt Ihr denn mal wieder nach Duddenhausen? Ich habe ihm gesagt, ich hätte nie das Gefühl, daß er sich freut, wenn wir kommen. Bei ihm auch nie, daß er uns erwartet. Wie traurig ich darüber immer bin, konnte er sich wohl nicht vorstellen. Es wäre doch schließlich auch mein Elternhaus und er mein Bruder. Ja, das käme von mir. Er fühlte sich immer überflüssig. Dass er das gar nicht nötig hat, habe ich ihm bewiesen. Das hat Marlies alles mitgehört! Ernst Günter hat auch mit ihm gesprochen, ist aber wohl nicht zu Ende gekommen.

Waren die beiden zum Schülerball? Marlies wollte gar nicht, und ich habe Julius auch gesagt, er hat so schöne Tage jetzt gehabt, daß er doch auf dieses Fest verzichten soll!

Ich muß am 18ten auch mal allein mit Dir reden. Marlies war mir gegenüber sehr offen.

Sie meinte, so gut wie hier hätte sie es noch keinen Tag in ihrem Leben gehabt. Unsere Bekannten waren alle eingenommen von ihr!

Ich habe mich noch gar nicht für die schönen mitgebrachten Sachen bedankt. Julius hatte doch wohl Angst das er nicht satt wird bei uns. Wie sieht es bei Euch aus? Hast Du Dich schon um eine neue Stütze (Hinweis: Haushaltshilfe) beworben? Ich habe es für Dich getan. Der erste Versuch.

Den Durchschlag schicke ich Dir mit, damit Du weißt wo das Mädchen herkommt und was ich geschrieben habe. Ich habe noch mehr auf Lager. Soll ich?

Vielleicht gibst Du mir mal kurz Nachricht! – Willst Du Zwiebelsamen von uns haben?

Für heute viele liebe Grüße an alle!

Dir ganz besonders liebe u. einen Kuß,

von Deiner Margarete

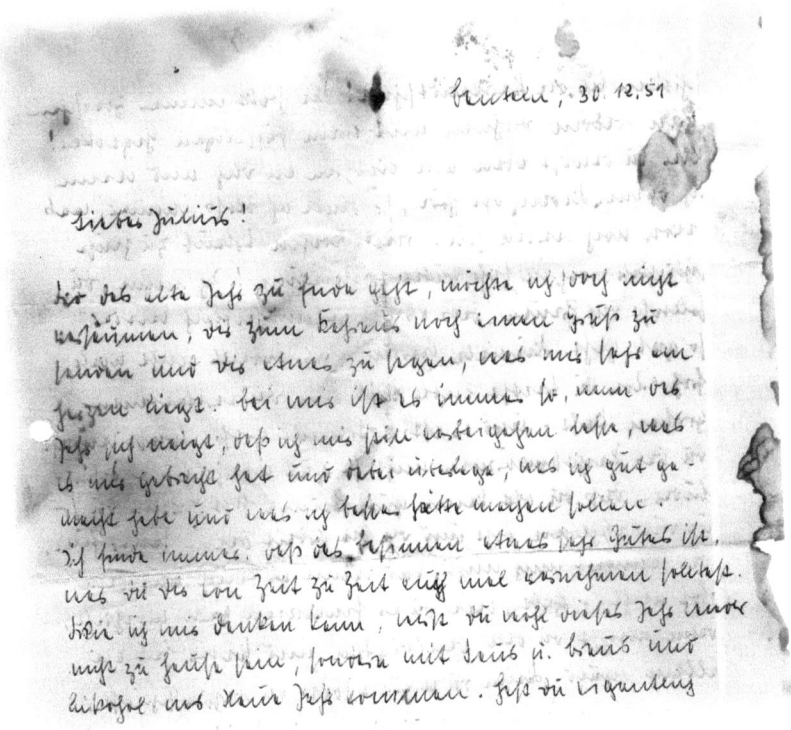

Brief 2. Dorothea an jüngeren Bruder Julius

Banteln, 30. Dezember 1951

Lieber Julius!

Wo das alte Jahr zu Ende geht, möchte ich doch nicht versäumen, Dir zum Kehraus noch einen Gruß zu senden und Dir etwas sagen, was mir sehr am Herzen liegt. Bei mir ist es immer so, wenn das Jahr sich neigt, dass ich mir still vorbeigehen lasse, was es uns gebracht hat und dabei überlege, was ich gut gemacht habe und was ich besser hätte machen sollen.

Ich finde immer, dass das Besinnen etwas sehr Gutes ist, was Du Dir von Zeit zu Zeit auch mal vornehmen solltest.

Wie ich mir denken kann, wirst Du wohl dieses Jahr wieder nicht zu Hause sein, sondern mit Saus u. Braus und Alkohol ins Neue Jahr kommen. Hast Du eigentlich bange vor Dir selber, dass Du immer so von einer vergnüglichen Angelegenheit in die andere stürmest?

Nur zum Schlafen hast Du die Ruhe weg – zu viel oft. Oder, wenn Du wirklich mal bei Mutter sitzt, dann meckerst Du und bist unzufrieden. Dabei hättest Du allen Grund, Mutter mal aufzuheitern und mit ihr an einen Strang zu ziehen! Sie tut Dir alles zuliebe und arbeitet täglich über ihre Kräfte. Du könntest gerne mal anspannen (Hinweis: an Pferd und Kutsche) und Vater und Mutter auf Besuch schicken in die Verwandtschaft! Sie hockt immer zwischen ihren beiden Drohnen (Hinweis: faule, nutzlose Gehilfen) mit ihrem dusseligen Gegacker!

Aber Du denkst eben am liebsten an Dich und wenn ich Deine Reden oft hör, so denke ich bloß immer, was davon noch werden soll! Die vier Wochen Urlaub zu Hause sind mir noch in sehr guter Erinnerung! Ich meine, Du solltest Dich freuen, dass es Dir gesundheitlich wieder so gut geht. Wie viele werden ihres Lebens nicht mehr froh. Aber Du treibst lieber mit dem Dir verbliebenen großen Rest – und er ist bestimmt groß, sonst würdest Du das Nachtschwärmen nicht so gut überstehen – Schindluder. Das Du keine gute Laune hast, wenn Du so unausgeschlafen bist und Dir die Arbeit dann sauer fällt, das wundert mich nicht. Und wenn es dann auf dem Hof nicht so geht, wie Du es finanziell gern möchtest, dann machst Du den Beleidigten und Vater hat an allem Schuld. Wenn Du meinst, dass Du besser schläfst, wenn Du die Schuld auf andere geschoben hast, so mußt Du es tun – aber im Recht bist Du nicht! –

Es ist ja leider nicht das 1. Mal, dass ich mich brieflich mit Dir auseinandersetze, weil zur mündlichen Aussprache immer an Zeit und Geduld fehlt. Das ist sehr traurig für mich und für Mutter, die mir auch gesagt hat, dass Du nie Zeit für sie zu einer Besprechung hast, sondern neben ihr hinlebst mit Deinen eigenen Gedanken und Ideen und dass es ihr immer so vorkommt als wolltest Du auch nur vom Hof Essen und Kleidung und Geld und sonst Deine eigenen Wege gehen. Dazu möchte ich Dir mal folgendes sagen: das Leben ist nicht so, wie man es sich ausmalt, sondern man muss es so nehmen, wie es einem gegeben wird. Mit Geschick und Rechnen kann man manches so ändern, dass es einem sympathischer wird, ja manche haben auch noch viel Glück dabei und können es sich sehr schön machen, aber wenn sie nicht gerade groß erben oder im Toto gewinnen, so ist dieses verschönern des äußeren Lebens mit Mühe, Schweiß und Enttäuschung verbunden. Wenn ich mir besehe, wie Du zu Hause lebst und arbeitest, so muss ich sagen, Du hast das Rechnen immer noch nicht gelernt und es wird die allerhöchste

Zeit, dass Du damit anfängst und die andern Grappen (Hinweis: verquere Gedanken, Blödsinn) *weglässt. Wenn Du nicht von der Idee besessen bist, dass Du es auf alle Fälle schaffen willst und auf immer neue Wege sinnst, um mehr Geld herauszuschlagen, dann schaffst Du es nicht. Wenn Du alles versucht hast und Jahre lang nicht vom Platz kommst, dann kannst Du mal sagen, dass Du langsam den Glauben verlierst. Es ist schön, dass der Schweinestall jetzt in Schuss ist – aber wenn Du nun meinst, dass Du damit Dein Teil getan hast, so irrst Du.*

Warum kümmerst Du Dich nicht gleichzeitig um den Kuhstall und erfragst Dir mal eine rentablere und für uns günstige Fütterung? Warum rechnest Du nicht mal abends genau mit Vater aus, wenn die Milchabrechnung gekommen ist, ob es sich mit unseren Kühen gelohnt hat? Und machst mit ihm einen Düngerplan?

Warum drohst Du Vater und Mutter immer, dass sie Dich ja doch nicht mehr lange sehen, Du hast keine Lust, auf dem Hof zu bleiben usw., wie ich es ja auch schon oft gehört habe. Dein Ernst ist es ja doch nicht, denn was willst Du sonst anfangen? Stelle Dir das Leben draußen nicht so einfach und sorglos vor, wie Du es zu Hause lebst! Was, wenn Dir ein Bauernleben wirklich zu schwer und wohl auch zu eintönig vorkommt, dann lass uns in Ruhe darüber reden, was Du vorhast; vielleicht hast Du ja auch einen guten Plan. Wenn Du es übers Herz bringen kannst, den Hof zu verlassen, weil Du denkst, dass Du es anders besser und leichter hast, so musst Du es tun. Und Du brauchst nun nicht zu denken, dass ich mich über einen solchen Entschluss Deinerseits freue – nein, ich bin genau so traurig darüber wie Vater und Mutter – denn ich mit meinen schwachen Kräften kann nicht viel für den Hof tun und Vater ist auch nicht mehr der Jüngste! Aber immer in einer solchen Unzufriedenheit mit Dir zu leben, ist ja für Vater und Mutter eine reine Giftluft!

Und wie denkst Du Dir das Leben mit Marlies? Sie lebt schon zu Hause in einer ewigen Aufregung und hat viel Streit. Und wie hast Du sie neulich behandelt, als ich zu Hause war? Willst Du wirklich immer so weiterleben und sollen Deine Kinder nachher auch so unzufrieden sein wie wir es mit Vater waren und noch sind? Steck Dein Nörgeln auf und mach es besser! Wenn Dir die Arbeit eine solche Nebensache ist und Dir nur das Zusammenleben mit Deinen »Kollegen« ein Genuss ist, dann weiß ich es nicht. Charakterlich habe ich ja nichts an ihnen auszusetzen – aber sonst passen diese »Junggesellen« nicht in Deinen Lebenskreis! Warum hältst Du Dich nicht an Bauernjungs? Es wäre besser, Du würdest mal öfters Nachfrage halten, wie es in anderer Leute Kuh- und Schweinestall aussieht – vom Schlachten, füttern und gelegentlichen Arbeiten und vielen Meckern ändern sich die Verhältnisse nicht. –

Das Schlimmste an allem ist, dass man Dir nicht glauben und vertrauen kann. Du versprichst und hältst es nicht. Du sagst Dinge, die Du nachher ganz anders machst, wenn Du auch mit Überzeugung erst unserer Meinung bist. Das ist das allerschrecklichste an Dir!

Und wenn Du Marlies auch in der Ehe so belügen willst, wie Du es bisher oft getan hast und Dich so wenig um sie kümmerst, dann heirate sie lieber nicht – sie findet noch manchen netten Jungen, der gut mit ihr sein wird. Mir persönlich würde es sehr leidtun, denn ich habe sie wirklich gern – aber wenn sie in Duddenhausen in einer ähnlichen Atmosphäre leben soll wie in Bücken – das wäre mir schrecklich! –

Wenn Du sie wirklich liebhättest und sie so schnell wie möglich aus dieser Umgebung heraushaben wolltest, dann hättest Du wohl Deine Knete besser angelegt als in dem teuren Motorrad! Weißt Du wohl, was man für 1200,- DM alles kaufen kann? Dein schwarzer Anzug könnte schon im Schrank hängen, Du hättest das Schlafzimmer und den Flur auf Schuss bringen können und auch die Hochzeit finanzieren können. Ich kann Dir heute schon sagen, dass wir auch in einem Jahr noch nicht viel mehr Geld haben werden, vor allem, wenn Du nicht besser mit Geld umgehen kannst.

Komme mir nicht, Du gibst nichts aus – Du hast es noch keinen Monat überschlagen, was Du für Zigaretten und Rauch ausgegeben hast! –

Aber langsam wird es wohl Zeit, aufzuhören mit meiner Predigt.

Vielleicht liest Du sie ja auch nicht einmal zu Ende. –

Aber ich musste mir den Kummer mal von der Seele reden und werde nicht eher froh, bis einige Sicherheit mit dem Hofe ist. Und ob es besser wird, das liegt nur an Dir! Sieh die Dinge so an, wie sie sind und richte Dich danach! –

Ich wünsche mir für 1952, dass das Leben in Duddenhausen friedlicher und schöner wird und dass Du endlich Ernst machst und mit Verantwortung arbeitest und rechnest!

5 Jahre sind vergangen, seit Du angefangen hast – lange hält der Hof es nicht mehr aus!

Ich hoffe, Du nimmst mir meine lange Aussprache nicht übel und bleibe immer
Deine Schwester Dorothea
Randnotiz: wenn Du ausgelesen hast, verbrenn die Blätter/braucht Vater
nicht zu lesen.
Hoffentlich verstehst Du mich recht – hab's gut gemeint!
Schöner Gruß an Marlies!
D. Dorothea.

Die Tatsache, dass beide Schwestern sich mit ihrem Bruder Julius in den Briefen beschäftigen, macht deutlich, wie sehr die Lebensgeschichte von Julius mit der von Dorothea verknüpft ist. Das Zusammenleben machte die Situation auch nicht einfacher. Ihr Brass auf Julius und seine Lebenseinstellung wurde in diesen Briefen deutlich.

Brief 3. Dorothea an Freundin

Banteln, den 26. Januar 1952

Meine liebe Brigitte!
  Es wird wohl Zeit, daß ich mich für Deinen letzten Brief bedanke. Ich freue mich immer sehr, von Dir zu hören, wenn ich auch mit Dir traurig bin, daß Dir die Arbeit so wenig Freude macht. Ich kann es Dir so gut nachfühlen, daß Du manchmal am Verzweifeln bist – kommt doch mir selber ein Grausen, wenn ich denke, daß ich mein ganzes Leben im Büro verbringen soll.
  Daß ich vielleicht nicht heiraten werde, ist mir kein so schrecklicher Gedanke – wenn ich auch manchmal Angst habe, daß ich, wenn meine Eltern nicht mehr leben, sehr allein sein werde. Aber wenn ich dann wieder sehe, wie die meisten Ehen geführt werden, so will ich lieber auf ein Heim und Kinder verzichten, als mein ganzes Leben immer nur Zugeständnisse zu machen um des lieben Friedens willen. Und ich muß sagen, es gibt doch nur wenig oder vielleicht gar keine Männer, die noch Moral haben – und da ich schon immer ein Außenseiter war und bei einer Verbindung mehr daran denken muß, daß das Leben sehr lang sein kann und man doch schon gemeinsame Interessen haben muß, um harmonisch mit einander auszukommen, so werde ich nicht so leicht einen Partner finden.

*Am besten wäre es, einen Bauern zu heiraten – ich hänge nun doch ein-
mal mit allen Fasern am Boden – aber da liegt der Haken: ich hätte ja schon
lange verheiratet sein können, wenn sie nicht alle immer so interesselos
gegenüber allen übrigen Dingen des Lebens gewesen wären!*

*Wenn ich das Geld hätte, so würde ich für zwei Jahre nach Lieme
(Hinweis: bei Bielefeld) auf die Atemschule gehen, wo ich diesen letzten
Herbst war. Wenn die Zeit auch nur kurz war – so hab ich doch viel gelernt und ich glaube, daß das der richtige Beruf für mich wäre. Körperlich nicht anstrengend, jeden Tag den Schülerinnen oder Kranken etwas
Gutes mit auf den Weg geben und selber gesund dabei bleiben – das wäre
nicht schlecht. Die finanzielle Seite ist allerdings sehr unsicher, vor allem
in den ersten Jahren, bis man einen eigenen Anhängerkreis sich gebaut
hat und bekannt geworden ist. Aber die Ausbildung dauert zwei Jahre
und kostet 2-4000 DM. Und ich müsste dann auch noch Klavierspielen
lernen, Noten schreiben usw. Ich bin mir nicht ganz sicher, ob ich das
noch lernen kann. –*

*Vielleicht sind wir ja auch dumm, daß wir uns so viel Gedanken machen,
was wird und vor allen Dingen, daß wir so ehrgeizig sind, alles besonders gut
zu machen. Ich habe festgestellt, daß ich dadurch nur nervös werde und rede
mir immer zu, ein dickes Fell zu machen – aber es hilft nichts, immer wieder
rege ich mich auf, wenn ich einen Fehler gemacht habe, daß ich manchmal
nicht genug geschafft habe usw. Im Grunde ist das ja alles Unsinn.*

*Am letzten Sonntag war ich zu Hause und mußte mich mal wieder über
meinen Bruder aufregen. Er ist immer der gleiche Leichtfuß und weiß mit
sich und seiner Kraft nichts Besseres anzufangen, als herumzustrolchen und
die Nächte im Wirtshaus und bei fragwürdigen Freunden zu verbringen.*

*Jetzt hat er seine Rente (Hinweis: sowas wie Kriegsinvalidenrente)
nachgezahlt bekommen und erhält jeden Monat zusätzlich DM 65,--, die
nun aber nicht gespart werden, sondern die er so durchbringt. Dabei haben wir für das Frühjahr die Hochzeit festgesetzt, obgleich mein Vater nicht
weiß, ob er dann das Geld für eine, wenn auch bescheidene, Hochzeitsfeier
hat. Die Hauptsache ist für meinen Bruder, daß der Termin feststeht und
daß Vater das Geld zusammenkratzt. Er lebt seinen gewohnten Lebenswan-
del, gibt Geld aus und macht nachher ein großes Geschrei, wenn dann alles
nicht so ist, wie er sich das gedacht hat. Und damit dann Ruhe ist, geben
Vater und Mutter nach und belasten lieber den Hof, als energisch zu sein.*

Meine Mutter möchte, daß ich meine Vertretung in Marienhagen (Hinweis: bei ihrer Schwester Lewine) *zu Ende ist* (Ende März) *für ein paar Monate nach Hause komme, weil es ihr zu viel wird. Ob ich es nervlich aushalte, weiß ich nicht – versuchen will ich es, den Eltern zuliebe – Ich habe noch eine Heimat und habe sie doch schon verloren – mein Bruder wird meine Eltern quälen, und seine Frau auch, und langsam wird der Hof, um den es sowieso nicht besonders steht, zugrunde gehen. Oder der Vater muß ihn mir geben, und mein Bruder muß sich um etwas anderes kümmern. Aber dazu ist er viel zu feige und zu bequem.*

Hoffentlich gelingt es meiner Schwester und mir, unseren Erbteil in Land zu erhalten – denn an Geld ist nicht zu denken – und bei diesen unsicheren Zeiten ja auch kein Gewinn. Sonst wischen wir uns die Nase und mein Bruder vertut alles.

So, nun habe ich dir wohl genug vorgestöhnt – und die Gedanken und die Sorge um den Hof sind, glaube ich, meine einzige Krankheit. Ich darf abends vor dem Schlafen nicht daran denken, dann schlafe ich stundenlang nicht. Wäre ich dort nicht angebunden, ich hätte mehr Unternehmensgeist. Aber ich weiß, daß meine Eltern mich brauchen – und wer weiß, wie lange ich sie noch haben werde – und deshalb kann ich mich nicht entschließen, etwa ins Ausland zu gehen, wie ich das eigentlich gern möchte – um meine Sprachkenntnisse zu verbessern und evtl. damit viel Geld zu verdienen und dabei eine interessante Tätigkeit zu finden. Bloß nicht den ganzen Tag auf der Maschine nachschreiben, was mir andere sagen! Und jeden Tag seine Stunden im Büro absitzen!

Ich glaube, wenn ich Lehrerin geworden wäre, daß wäre gut für mich! Ich liebe Kinder sehr und es ist mir schon oft bestätigt worden, daß ich gute pädagogische Fähigkeiten habe. Aber dazu ist es leider zu spät.

Wie geht es Deiner Tante? Hast Du sehr viel Arbeit mit ihr? Bitte, grüße sie von mir!

Für heute genug! Laß Dich trotzdem nicht unterkriegen, wenn es manchmal noch so schwer ist und mache ein dickes Fell, auch dann, wenn Du einmal vorbeigeschossen hast und mit Dir gar nicht zufrieden bist. Wenn man dieses Gefühl ordentlich päppelt, dann kriegt man einen wahren Katzenjammer. Ich habe es manchmal mit ... (Das Ende dieses überlieferten, mit Schreibmaschine geschriebenen Briefs, liegt nicht mehr vor.)

Dorothea

Brief 4. Dorothea an Eltern und Bruder Julius

Marienhagen, den 27. Februar 1952

Liebe Eltern, Lieber Julius!

Ich wollte schon die ganzen Tage schreiben, hatte aber nie die rechte Ruhe dazu. Wo ich jetzt so schrecklich viel Zeit habe, wo die Beiden (Hinweis: meine Mutter und mein Vater) *in Urlaub gefahren sind, mache ich mir Sorgen wie es zu Hause geht, und zwar mehr als sonst, da ich ja mir ziemlich überlassen bin. Außerdem ist das Wetter so schön, man hörte es beinahe wachsen, und da kriege ich immer Heimweh aufs Land. Ob Ihr schon auch angefangen habt zu pflügen? Ist der Mist für das eine Feld Zuckerüben schon gefahren? Wir müssen die Zeit doch jetzt in achtnehmen und dürfen nicht trödeln, sonst schaffen wir es nicht und müssen nachher so viel Leute nehmen, die viel Geld kosten.*

Habt Ihr schon einen Bestellungsplan gemacht? Julius wollte doch in diesem Jahr die Kühe im Stall füttern. Da müssen wir doch auch überlegen, was wir dazu ansäen wollen und wo. Das bißchen Landsberger Gemenge (spezielle Grünfutterkultur) *hinterm Hof reicht doch nicht aus. Ist der Klee gut? Auch da, wo er so dünn stand und wo wir nachgesät haben? Sonst könnten wir doch noch etwas einstreuen, das muß man doch im Februar machen. Wenn ich mich recht erinnere, sagte Julius mir, daß man das Weißkleegemenge, das Vater letztes Jahr in den Roggen gedrillt hatte, früher geben müßte, am besten im Februar. Oder ist die Einsaat sehr teuer? Luk-Fischer hatte doch letzten Herbst so schönen Klee oben – und dann brauchten wir nach dem Mähen nicht den Acker zu bearbeiten und hätten schönes Futter für die Kühe. Frag ihn doch mal, was er auf den Morgen eingesät hat und wann!*

Hat Julius mit Vater berechnet, wie wir mit dem Korn hinkommen? Habt Ihr schon wieder Schweine verkauft?

Dann möchte ich gern mal wissen, ob der Zimmermann und Freter wieder da waren und was aus der Sache geworden ist. Ernst Günter hat mich gewarnt und meinte, so dicke wäre der Zuschuß von der Behörde nicht. Wir sollten uns das genau überlegen. Wie haben sich denn Kargers entschieden?

Was ich nun noch sagen will, das fällt mir selbst sehr schwer, aber es hilft nichts, es muß gesagt sein.

Ich freue mich ja schon darauf, wenn ich für eine Weile nach Hause komme und es wird bestimmt gut für mich sein. Aber zum Bummeln komme ich nicht. Dazu bin ich nicht veranlagt. Ich möchte gern mithelfen und mitrechnen. Aber ich möchte nicht gern allein rechnen und mich sorgen, und wenn wir uns was überlegt und beschlossen haben, dann möchte ich auch gern, daß es ausgeführt wird und daß wir alle an einem Strang ziehen. Wenn wir uns vornehmen, daß wir sparen wollen und nicht viel Geld für fremde Leute ausgeben wollen, dann müssen wir auch nach diesem Plan arbeiten und alle mitarbeiten und keiner darf sich ohne Grund aus dem Staube machen.

Mir graut ja schon davor, daß es dann doch nicht so geht, wie ich es mir denke und wie wir es alle möchten. Und daß es dann Streit gibt und harte Worte.

Mit Vater und Mutter habe ich schon besprochen, daß ich nicht ganz ohne Geld leben kann. Das kann niemand von mir verlangen. Ich bin ja sowieso ziemlich ins Hintertreffen geraten zu Hause und komme mir manchmal so vor, als gehörte ich nicht mehr dazu. Es ist eben selbstverständlich geworden, daß ich mir mein Geld verdiene und Julius meint vielleicht noch, daß ich mich großartig dabei stehe. Ich möchte ihm aber sagen, daß ich in den ersten 1 ½ Jahren, die ich in Hannover auf eigenen Füßen stand, keine DM 65,-- im Monat privat zu verzehren hatte und daß mir Vater keinen Zuschuß gegeben hat, damit ich mir mal ein Kleid oder ein Paar Schuhe kaufen konnte. Letztes Jahr hat Julius ein Schwein bekommen, um sich dafür ein Motorrad zu kaufen. Da hat Vater mir versprochen, daß ich auch dieselbe Summe von ihm in diesem Jahr bekomme. Dieses Jahr hat nun Margarete (Lewine) ein Schwein bekommen – und ich? Mir geht es wohl wie Marlies, ich muß immer zugucken – da kriegt Helga ja auch immer nur was. Ich möchte also mal ganz bescheiden anfragen, ob ich nicht vielleicht im nächsten Jahr ein Schwein zugestanden bekomme? Wenn ich mich nicht melde, wird es nämlich überhaupt nichts.

Ich könnte noch viel mehr sagen, aber ich will aufhören, sonst rege ich mich noch auf. Es ist sowieso schon schrecklich genug, daß ich hier jetzt drei Wochen allein und untätig sitzen muß und so viel Zeit zum Grübeln habe und immer nur denke, wie wir aus diesem Dilemma herauskommen. Aber wenn man dann noch von keiner Seite ein wirkliches tatkräftiges Echo findet, dann kann man ja verzweifeln. Es steht jedenfalls fest, daß Du, lieber Julius, es in diesen beiden Jahren, die ich in Hannover war, es nicht geschafft hast, eine Wandlung auf dem Hof zu schaffen. Du hast zwar einige gute Ansätze gemacht, die ich bestimmt loben kann, und du hast auch praktische Ansichten, aber du kannst nicht rechnen, weder privat noch für den Hof, und vor allem hast Du keine Ausdauer und Du bist auch nicht fleißig genug. Wenn Dir wirklich an Wohlergehen und Vorwärtskommen des Hofes läge, dann würdest Du Dich täglich und stündlich in Deinen Gedanken damit beschäftigen und Du würdest auch mehr mit den Eltern darüber sprechen. Das Plänemachen allein genügt ja nicht. Wenn man etwas erreichen will, dann muß man sich auch dafür verantwortlich fühlen und dafür einsetzen und nicht immer anderen die Schuld geben. Du mußt Dir viel mehr Menschen suchen, die gut und rentabel wirtschaften und mit denen Dich beraten. Da liegen Deine Interessen und nirgends anders! Sonst wird nichts mit dem Vorwärtskommen.

Vor allen Dingen mußt Du Deinen nächsten Angehörigen gegenüber ehrlich sein in jeder Hinsicht – sonst kann es kein gutes Verhältnis geben. Wenn Du schon immer denkst, daß Du eine Extrawurst verzehren willst und kannst, so ist das nicht richtig und im Übrigen sehr unkameradschaftlich – und Du legst doch noch so viel Wert auf die alten Formen und die alte Zeit. Ich glaube nicht, daß Du im Krieg einem Kameraden etwas weggenommen hättest oder etwas heimlich verzehrt hast, ohne ihm etwas abzugeben. Aber zu Hause ist dir so vieles recht!

Vielleicht kränkt Euch das, was ich eben gesagt habe, besonders Julius. Aber es mußte mal heraus.

Manchmal bin ich zum Platzen voll vor Unruhe und Angst, daß wir den Hof nicht halten könnten. Und wenn ich zu Hause bin, einen kurzen Sonntag über, dann ist Julius ja meistens nicht zu sprechen. Vater und Mutter habe ich ja von diesen Dingen schon öfter gesagt. Ich komme so gerne zum Helfen – für mich ist der Hof nun mal die einzige Freude! Wenn Ihr mich diesmal enttäuscht, dann ist mir das Leben ziemlich gleichgültig – zum Tippen habe ich sowieso keine Lust. Da geht es mir dann auch oft so wie Dir, lieber Julius, wenn ich im Büro sitze – ich möchte meine Sachen nehmen und mal davonlaufen – aber ich darf es nicht tun, dann fliege ich – und das ist der Unterschied. Du weißt eben noch nicht, wie gut Du es hast zu Hause, und dabei meckerst Du immerzu.

Von Banteln ist nichts Besonderes zu berichten. Ernst Günter und Margarete (Schwager und Schwester Lewine) sind am Montagmorgen weggefahren und werden am 15.3.52 wieder hier sein. Diesen Sonnabend werden

Dr. Bretthauer und Frau auch für vier Wochen nach Bayrischzell fahren – ich finde es ja nicht so schön, wenn man im Urlaub dann auch noch Verpflichtungen hat – diese Woche sind Architekt Schmidt aus Hannover mit Frau wohl auch noch in Bayrischzell, und zwar in dem gleichen Hotel – aber vielleicht erholt sich Margarete doch trotz allem.

Die Kinder sind alle munter. Ingeborg (eine Angestellte) hat sich gestern am Wasserdampf die drei mittleren Finder verbrannt. Es ist aber wohl nicht zu schlimm geworden, wenn es auch schöne Blasen geben wird und sie nicht ins Wasser kann für einige Zeit. Da muß sie die große Wäsche noch eine Weile aufschieben.

Das Schlachten ist gut ausgefallen (Hinweis: Lewine hatte einen kleinen Schweinestall im Keller, geschlachtet wurde zu Hause). – nur ist es so warm. Ich habe Angst, daß die Wurst sich nicht hält. Die Leberwurst und die Rotwurst können wir wohl schon bald räuchern, aber die Mettwurst. Ich habe sie gestern mal angefühlt – so ein bißchen glitschig ist sie doch. Vielleicht müssen wir sie mal abwaschen. Das Fleisch hatte Margarete in eine Söle (Hinweis: Salzlake) gelegt, nur hab ich neulich gesehen, daß noch nicht alles bedeckt war, der Tubben (Bottich) war ziemlich hoch gepackt mit Fleisch. Alles andere ist eingekocht. Ich hoffe, wenn wir den Zopf voll Salzwasser, den Ingeborg noch gestern gekocht hat, heute drauf gießen, daß dann alles bedeckt ist.

Ich möchte ja gern Sonntag in acht Tagen, also am 9.3. noch einmal kommen, bevor mein Dienst hier zu Ende ist. Ich muß aber mal sehen, wie es mit meiner Ingeborg steht, ob sie geneigt ist, auch am Sonntagabend einzuhüten. Darüber schreibe ich Euch noch.

Ich würde mich freuen, wenn Ihr mal schreiben würdet, was Ihr so macht und was alles los ist.

Ich freue mich, daß ich letzten Sonntag noch in Hildesheim war, bei Annemarie – das war in der ganzen Zeit, außer wenn ich in Duddenhausen war – mein einziger Ausflug. Ich möchte so gern nach Hannover zu Tante Emma einmal und zu Frau Steiner – aber es wird wohl vor Ende März nichts mehr werden.

Nun recht schöne Grüße Euch allen und nehmt es mir nicht übel, wenn ich mein Herz auch einmal ausgeschüttet habe – es war wirklich voll genug – und niemand sagt von Euch: ich helfe dir oder hält sein Versprechen! Trotzdem habe ich Euch lieb und wir könnten es doch so schön anders machen!

Eure Dorothea

Dorothea versuchte, ihr Leben zu organisieren, und war unsicher, wie es weitergehen sollte. In dem Brief an ihre Freundin drückte sie aus, was sie nicht wollte: »Bloß nicht den ganzen Tag auf der *(Schreib-)*Maschine nachschreiben, was mir andere sagen! Und jeden Tag seine Stunden im Büro absitzen!« Dorothea schwankte zwischen ihren Träumen, Fremdsprachen im Ausland zu lernen, und ihrem Pflichtbewusstsein, die Eltern zu unterstützen.

In beiden Fällen war sie sicher, sich nicht unterordnen zu brauchen.

Während Dorothea noch ihren Lebensweg suchte, war die Lebensstruktur ihrer drei Jahre jüngeren Schwester Margarete (Lewine) schon festgelegt. Während Dorothea als Älteste zunehmend in einen Streit mit ihrem jüngeren Bruder rutschte und ihn immer stärker herausforderte, hatte Lewine wenig Kontakt zu ihrem elterlichen Bauernhof. Im Gegensatz zu Dorothea wusste ihre jüngere Schwester zunehmend nicht, wo ihr der Kopf stand; es war so viel zu tun, und das Leben forderte sie heraus. Träumen war für sie nicht angesagt.

LEWINE. MEHR ALS HAUSFRAU

An die Zeit der Fünfzigerjahre kann ich mich nur bruchstückweise erinnern. Das, was ich heute weiß und behalten habe, erfuhr ich aus Erzählungen meiner Mutter. Erst in den Achtziger- und Neunzigerjahren begann sie, darüber zu reden.

Die Ehe meiner Eltern war nicht allein durch den relativ großen Altersunterschied von 15 Jahren geprägt. Schwerwiegender stellte sich die unterschiedliche Herkunft heraus: Lebensfrohe Landfrau traf diszipliniertem, strengen ehemaligen Oberleutnant der Reichswehr.

Das Leben in meinem Elternhaus lief scheinbar typisch für diese Nachkriegszeit ab. Man hielt zusammen, beherbergte etliche Flüchtige aus dem Osten, besonders Kinder aus der Bekannt- und Verwandtschaft. Das Leben musste gemeistert werden, der Aufbau begann. Es hieß »Zähne zusammenbeißen« und »da müssen wir durch«.

Meine Eltern schafften es dennoch, 1953 gemeinsam in Urlaub nach Bayrisch Zell zu fahren – auch wenn es ein halbgeschäftlicher Urlaub war. Unvergesslich für meine Mutter, die ansonsten sehr eingespannt war.

Es zeigte sich bald, dass die Ehe eher aus Vernunftgründen als aus Liebe aufgebaut zu sein schien. Mein Vater trauerte noch lange an seiner verstorbenen Frau: Ein übergroßes, gemaltes Bild von ihr hing gegen den erklärten Willen meiner Mutter noch bis in die Sechzigerjahre in unserer Wohnung. Lewine wurde täglich an diese Bindung meines Vaters erinnert.

Unausgesprochen stand zwischen meinen Eltern, dass die Familie der ersten Frau gewünscht hatte, dass mein Vater nach dem Tod seiner ersten Frau ihre ledige Schwester heiraten sollte. So eine »Forderung« war typisch für die Zeit, da es für die Frauen nicht leicht war, einen Ehemann zu finden. Zu viele Männer waren im Krieg gefallen.

Darüber hinaus lebte die Schwiegermutter meines Vaters aus der ersten Ehe noch lange mit uns unter einem Dach. Sie war eine sehr dominante Persönlichkeit, eine starke Frau, die Anfang des 20. Jahrhunderts als eine der ersten Frauen studiert hatte. Jetzt machte sie meiner jungen Mutter mit ihren hohen Ansprüchen das Leben schwer. Wir Kinder mochten diese »Oma« alle gern. Sie war immer für uns da. Dieser Umstand machte es meiner Mutter nicht leichter, sie neben sich zu ertragen.

Aus dem bezahlten Job als Wochenpflegerin wurde für Lewine ein anstrengender, unbezahlter Job als Hausfrau. Mit meiner Geburt 1947 und die meines jüngeren Bruders Fritz im Jahr 1948 waren jetzt fünf Kinder zu versorgen. Stiefgeschwister. Nein! Dieses Wort wurde von unserem strengen Vater verboten. Genauso durften wir unter Strafandrohung nicht Mama, Mutti, Papa oder Vati sagen. Erlaubt war nur »Mutter« und »Vater« wie zu Kaisers Zeiten. So wie es mein Vater aus seinem Elternhaus gewohnt war und seine Eltern ihre eigenen Eltern ansprechen mussten. So wie ich es später in Filmen aus dem 19. Jahrhundert und den Zwanzigerjahren des 20. Jahrhunderts erfahren habe. Wir hatten noch Glück: Er

Lewine mit allen Kindern 1950

verlangte von uns nicht mehr die Ansprache mit »Sie«, wie mein Vater seinen Vater anzureden hatte. Lewine musste diese Strenge in der Anrede ertragen. Die Unterschiede bei meinen Eltern in der Erziehung und dem Verhalten zu den einzelnen Kindern wurden trotz dieses Verbots immer wieder deutlich, ohne dass jemals darüber gesprochen wurde.

Mein Vater war zu uns Kindern generell sehr streng und besonders zu den drei Ältesten aus der ersten Ehe. Meine Mutter konnte oder wollte sich nicht dagegen wehren. Meine älteren Geschwister erinnerten sich, dass sich meine Mutter beim Vater über Ungehorsam und Dummheiten der Kinder sogar beschwerte, wenn er von der Arbeit kam. Ja, ihm manchmal sogar gleich die fällige Reitpeitsche für die zu erwartenden Hiebe auf den werten Hintern in die Hand drückte. Das offenbarte mir mein drei Jahre älterer Bruder Dieter und wurde dabei an seine Striemen am Hintern erinnert. Ein Cousin von mir weiß noch, dass allein der strenge Blick meines Vaters schon lustiges Kindergehabe am Tisch abrupt enden ließ.

Immerhin. Ich hatte Glück. Ich war das Kind meiner Mutter, seiner zweiten Frau. Ich hatte stets den Eindruck, dass sie mich und meinen jüngeren Bruder Fritz gegen diese »Gewalt« des Vaters schützte. Ich musste mich nie bücken, damit die Reitpeitsche auf meinen Allerwertesten niederprasseln kann und mir Striemen verabreicht. Diese »Bevormundung« hat meine Beziehung zu meinen älteren Geschwistern lange Zeit nicht verbessert.

FÜNFZIGERJAHRE.
KINDER-»ZWANGS«-VERSCHICKUNG

In den Fünfzigerjahren wurden wir Kinder, besonders die jüngsten, »verschickt« – zur Entlastung meiner Mutter Lewine. Mein jüngster Bruder Fritz und ich mussten mehrmals in ein Kinderheim in Wyk auf Föhr, in List auf Sylt oder Bad Soden-Allendorf. Es war grässlich mit diesen Aufseher-Tanten. Ich erinnere mich mit Greul an halbstündiges Zähneputzen, anschließend 99 bis 1.000 Mal mit Salzwasser gurgeln, ohne es zu verschlucken, essen, was auf den Tisch kam, und vieles mehr, was ich verdrängt habe. Diese obereifrigen Tanten schrieben für uns Postkarten nach Hause, was für tolles Essen wir bekämen, wie wohl wir uns fühlen würden … und wir mussten dann unter diesen »Lügen« unseren Namen kritzeln … Selbst mit dem Vortäuschen von Krankheiten schafften wir es nicht, nach Hause entlassen zu werden. Lewine wusste, dass wir unglücklich waren auf den Verschickungen. Sie konnte nichts dagegen tun. Es musste sein, die Zeiten waren hart.

Deshalb wurden wir ab und an auch zu Dorothea und unseren Großeltern auf dem Hof in Duddenhausen »abgestellt«. Schon früh lernten wir Dorothea und ihre Lebenseinstellungen kennen.

Auf dem Hof war immer was los. Ich erinnere mich schmunzelnd an das heimliche Klettern im kleinen Wohnzimmer über die Stühle, den Tisch und die Kopflehne des alten, kleinen Sofas mit dem abgenutzten grünen Bezug, um aus einen Hängeschrank mit einer Fliegengittertür die Kekse aus den alten Blechdosen zu stibitzen. Dieses kleine Wohnzimmer war der gewöhnliche Aufenthaltsraum der Familie, wenn kein Besuch da war. Wenn in diesem kleinen Raum alle Familienmitglieder saßen, war es durch die Körperwärme so warm, dass kein Ofen an sein musste. Hier wurde der Großvater rasiert, wenn der Friseurmeister ins Haus kam. Mit einem nassen Pinsel, viel Schaum und einem großen langen, krummen Messer. Aufregend für uns Kinder.

Es gab eine Vielzahl spezieller Erlebnisse auf dem Hof. Das wöchentliche Backen riesiger Schwarzbrote in einem Backhaus im Garten, mit Feuermachen für den Backofen. Das Butterkneten in einem Holztrog, so groß, um ein Baby darin schlafen lassen zu können. Die Quarkzubereitung, bei der der fast fertige Quark in einem Tuch abtropfen konnte. Das Füttern (und Ärgern) der Schafe, Schweine, Hühner, Pferde.

Weniger lustig fanden wir die wöchentliche Pflichtübung einer Ganz-Körper-Waschung in einer großen Zinkwanne. Als die Herstellung des Quarks und der Butter beendet war, wurde die alte Zinkwanne in die kalte Küche gestellt und einmal mit warmem Wasser gefüllt, das in dem gekachelten Küchenherd mit Holz auf die richtige Temperatur gebracht wurde. Am Anfang dampfte es aus der Wanne. Alle Kinder wurden im gleichen Wasser hintereinander gewaschen. Wer zuerst kam, konnte sich über das noch reine und heiße Wasser freuen. Der letzte sah seine Füße vor schmutzigem Wasser nicht mehr und fror.

Es war (natürlich) üblich, dass meine Tante Dorothea die Durchsetzung dieser Körperwäsche mit strenger Regie überwachte. Die Rollen auf dem Hof waren gut verteilt. Strenge waren wir von den damals üblichen Kinderverschickungen gewohnt. Dorothea ließ es nur geringfügig lockerer angehen als die Tanten in den Kinderheimen. Sie prägte sich selbst in unsere Erinnerung ein: Dorothea ist streng.

Noch unbeliebter machte sich Dorothea, wenn sie uns zum Einnehmen dieses ekligen Lebertrans zwang. Die Zwangsübung kannten wir von zu Hause. Aber warum musste dies auch in unserem »Urlaub« sein? Da blieb sie verbissen konsequent.

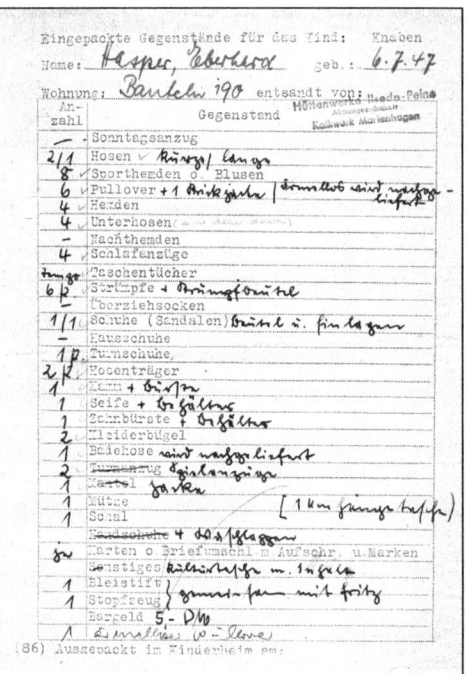

Kinderheim-Packzettel 1953

Angenehmer war es mit Onkel Julius. Er aß gern Milchreis mit Zimt und Zucker. Wir auch. Doch er trank danach gern Sauerkraut zur besseren Verdauung. Wir nicht. Daher mussten wir hinterher auch nicht so viel pupen und wurden nicht aus dem Zimmer geworfen.

Die Kutschfahrten mit Julius waren erlebnisreicher als all die bunten, lauten Karussellfahrten auf den Dorffesten in unserer Heimat. Das Zuspätkommen im Dunkeln mit ihm war aufregend, allein weil Tante Dorothea es verboten hatte. Oder wenn wir im Heu tobten und dort sogar mal übernachten durften. Wenn wir Julius halfen, den schnaubenden, quiekenden Schweinen mit einer großen Holzschaufel das staubende Haferschrot in den Trog zu schütten. Das waren echte »Männerbeschäftigungen«, die uns stolz werden ließen. Das ging meiner Tante nichts an – aber gelegentlich gegen den Strich. Das ließ sie uns durchaus spüren. Julius bekam von Dorothea ordentlich Dampf ab, Schelte unter Erwachsenen, unter Geschwistern. Wir hatten als Kinder damals keine Ahnung, dass dieses Gezanke der Erwachsenen tiefgehende Gründe hatte.

LEWINE. FAMILIENLEBEN PUR

Egal, ob wir nun in die berüchtigten Kinderheime »verschickt« wurden oder auf dem Hof in Duddenhausen »abgestellt« wurden – einmal sogar unter Aufsicht des Schaffners mit dem Zug befördert. Für meine Mutter Lewine waren diese Wochen unserer Abwesenheit stets eine Erleichterung und willkommene Abwechslung. Sie zeigte uns ihre Liebe umso mehr, wenn wir zurückkamen. Sie machte in der Zeit keinen Urlaub, ruhte sich nicht einmal aus. Im Gegenteil. Sie ackerte und ackerte den ganzen Tag als Frau vom Land, auch ohne Pflug und Trecker, ohne Unterlass.

Lewine machte das »Spiel des Lebens« als brave Ehefrau des angesehenen Betriebsleiters vom Kalkwerk mit. Sie war Hausfrau, Kinderfrau, Gärtnerin für einen großen Gemüse- und Obstgarten. Ich erinnere mich an die leckeren Erdbeeren. Sie legte Frühbeete unter alten Fensterscheiben an, um frühzeitig im Jahr Salatköpfe ernten zu können. Sie kümmerte sich um die beiden im Keller gehaltenen Schweine – noch heute höre ich das schreckliche Quieken, wenn sie geschlachtet wurden. Sie versorgte die übel-scharf riechende Ziege, die im Schuppen gleich neben dem für uns Kinder aufregenden Plumpsklo ausharrte, wenn diese allesfressende Ziege nicht vorübergehend den Rasen im großen Garten »mähte«.

Lewine versorgte die Hühner und zog Hunderte von Eintagsküken auf. Erst durften diese kleinen, niedlichen gelben Federtiere unter einer roten Wärmelampe fröhlich-aufgeregt quiekend hocken. Dann wurden sie gefüttert, um nicht gemästet zu sagen, bis sie, zum Hähnchen gewachsen, reif zum Schlachten waren. Das »Massen-Schlachten« war für uns Kinder aufregend und gruselig. Besonders dann, wenn die Hähnchen sich losrissen und ohne Kopf durch die Luft flatterten oder über den Hof sprangen. Von den Federn befreit brachten wir die nackten, sorgsam in Folie eingequetschten Hähnchen mit unserer Mutter in das Dorf-Tiefkühlhaus (offiziell als Kalthaus bezeichnet), wo sie mit anderen Lebensmitteln eingefroren wurden. Das große Dorfkühlhaus mit den einzelnen Fächern für die Dorfbewohner war für uns Kinder ebenso aufregend. Wir mussten in dem Vorraum einen dicken Mantel anziehen und aufpassen, dass uns die tiefgekühlten toten Lebens-Mittel nicht an den Fingern kleben blieben, wenn sie später zum Essen rausgeholt wurden. Das hätte wehgetan. Unsere Mutter hatte überall die Augen und passte auf, dass uns die klobigen riesigen Handschuhe nicht von den zarten Händen rutschten. Durch das Dorfkalthaus war Lewine in die Dorfgemeinschaft eingebunden. *(Hinweis: Das Kalthaus war ein energiesparendes Kühlsystem. Mehr dazu in der Anlage 2 am Ende des Buches.)*

Alfa vom Külf 1953

Zusammen mit meinem Vater versorgte sie die beiden Jagdhunde. Seine Jagdhunde »lebten« in einem etwa 30 Meter langen und drei Meter breiten »Zwinger«. Mein Vater hatte eine Zucht der »Deutsch Langhaar«, deren Jungen verkauft wurden. Die Zucht und damit die Jungen hatten den Namen: »vom Külf«, benannt nach einem kleinen Gebirgszug im Leinebergland, direkt vor unserer Tür. Mein Bruder Fritz und ich krochen bei einer Geburt von sechs kleinen Hunden mitten in der Nacht mit einer Kerze in die Hundehütte, um bei dem Wurf zuschauen zu können. Nicht zur Freude meines Vaters, aber aufregend genug, um die Schimpfe am nächsten Tag zu ertragen.

Kurzum: Lewine war stark beschäftigt. Selbstversorgung war angesagt. Lewine als junge Frau vom Bauernhof brachte alle Voraussetzungen dafür mit. Ob es ihr zu viel wurde, kam nie zur Sprache. Wir Kinder konnten ihre Fürsorge erst sehr viel später würdigen.

War das alles, wofür sie verplant war? Nein, als »Frau Direktor« des Kalkwerks Marienhagen mit vielen Arbeitern und Angestellten war sie die »Frau für das Soziale« im Betrieb. Typisch, besonders für diese Zeit. Unbezahlt, versteht sich. Sie organisierte in den Fünfzigerjahren jährlich die betriebliche Weihnachtsfeier für meinen Vater: einschließlich einer einzuübenden Theateraufführung mit den Kindern der Belegschaft, einem großen Fest, Geschenke für alle und einem Weihnachtsmann im roten Mantel mit viel Glitzer. Gefreut hatte sie sich über die Abwechslung im Alltag und den sozialen Kontakt, nicht über die zusätzliche Belastung.

Dieser weihnachtlichen Herzlichkeit meines Vaters gegenüber den Arbeitern stand andererseits eine Härte und Strenge gegenüber. Mein Bruder Fritz erinnerte sich genau: »Unser Vater rauchte Zigarren und verschenkte solche gern an leitende Angestellte, andere Mitarbeiter und Mitarbeiterinnen bekamen höchstens ein Zigarillo. Er war um einen sozialen Frieden in seinem Betrieb bemüht, verabscheute aber die Gewerkschaften und empörte sich, dass sie mitreden und sogar mitentscheiden wollten. Er war aufgrund seiner Erziehung und Herkunft politisch konservativ. Er hat nie expliziert darüber geredet und sich an Diskussionen nur sehr bedeckt beteiligt. Er bekam noch lange in die Sechzigerjahre hinein eine rechtslastige, nationalistische Zeitschrift ins Haus.

Lewine blieb nichts anderes übrig als zu funktionieren, bei mangelnder Anerkennung und Emotionalität ihres Mannes. Sie erzählte mir später, wie es ihr ergangen ist mit diesem Mangel an Zuneigung bei gleichzeitig hoher Belastung:

»Ich habe wirklich gelitten. Ich musste viel, sehr viel arbeiten, hatte aber emotional keine Unterstützung. Von wem denn? Eher im Gegenteil. Die Mutter der ersten Frau lebte noch im Haus bei uns, teilte das Essen mit uns. Sie war eine starke Frau und machte mir das Leben schwer. Ihr Kinder habt sie geliebt. Liebe habe ich nur von Euch Kindern erhalten. Euer Vater war nicht der Typ dafür. Ich bin oftmals weinend aus dem Haus in die Felder gelaufen. Ich wollte wegrennen für immer, das Haus verlassen. So oft … Ich habe es nie geschafft, Euch Kinder wegen nicht.

Ich habe viel Energie aufbringen müssen, um durchzuhalten. Was sollte ich machen? Ich sah auch keine Alternative. Sich einfach zu trennen, war in der damaligen Zeit kaum möglich. Der Ehemann bestimmte über die Ehefrau. Außerdem wäre ich sozial isoliert gewesen … und moralisch verdammt worden. Heute ist das sicherlich einfacher. Ich bin wegen der Kinder geblieben, die mir ans Herz gewachsen waren und mich als Mutter angenommen hatten. Das war meine Lebensaufgabe in dieser Zeit.«

Wir Kinder hatten selten den Streit unserer Eltern mitbekommen. Vielleicht haben sie sich auch nie offen gestritten oder nur heimlich. Ich kann mich vage daran erinnern, dass eines Tages im Schlafzim-

mer unserer Eltern ein großer Schrank zwischen das zweiteilige Ehebett geschoben wurde.

Unter Tränen hat meine Mutter später wiederholt von diesen schweren Zeiten erzählt.

Renate Paul wurde in den Jahren nach 2000 eine gute Freundin von Lewine und erzählte mir:

»Ich habe von Lewine niemals etwas Positives über ihre Ehe und Liebe gehört. Lediglich einen positiven Aspekt der Ehe nach dem Tod deines Vaters hat deine Mutter erwähnt: Wenn meine Ehe nicht gewesen wäre, hätte ich jetzt finanzielle Probleme im Alter bekommen. Meine Rente hätte nicht gereicht. Dazu habe ich zu lange als Hausfrau ›umsonst‹ gearbeitet.«

Mit der Strenge und den vielen Verboten des Vaters gingen wir Kinder unterschiedlich um. Eine Strenge, die mich schon als Kind lehrte, ihn so oft wie möglich auszutricksen. Mein Bruder Dieter aus der ersten Ehe ertrug die Strenge und tobte sich in der Schule aus, was wiederum zu mehr Strenge zu Hause führte. Wir Kinder aus der zweiten Ehe erlebten wenigstens keine körperliche Züchtigung. Darüber wachte meine Mutter – sehr zum Ärger meiner »Stief-Brüder«. Es schien eine Abmachung der Eltern zu geben, wer sich für welche Kinder besonders verantwortlich fühlte.

Positiv nachhaltig hat sich auf uns Kinder der Familienurlaub im Jahr 1957 auf der Insel Langeoog ausgewirkt. Wir waren alle für 14 Tage zusammen und hatten unseren Vater nur für uns. Auf den Urlaubsbildern sind nur lachende, entspannte Gesichter zu sehen. Im Nachhinein musste ich bei den Bildern stets schmunzeln. Typisch deutsch hatten wir uns als Großfamilie eine riesige Sandburg mit Wall gebaut. Darin standen stolz zwei Strandkörbe. Der Wall war eine ordentliche Festung. Sie war außen mit Muscheln beschriftet, mit dem Namen »Külf«, ein kleiner Berg aus unserer Region; nur wir hatten hier »Hausrecht«. Wir Kinder zehrten noch lange von diesem gemeinsamen Familienurlaub, schließlich war es der erste und der letzte in unserem Leben.

Ende der Fünfzigerjahre schien in unserer Familie die Welt nach außen zunächst noch heil zu sein. Doch langsam aber stetig bröckelte der Putz von den Wänden der vornehmen Familie. Die Strenge des Vaters nervte besonders die älteren Geschwister. Ihren Protest trugen sie nicht offen aus. Es gab bei den beiden ältesten Kindern Probleme in der Schule. Anscheinend war der Druck vom Elternhaus zu groß: Beide fielen in der Abiturprüfung durch und mussten ein Jahr dranhängen. Mein ältester Bruder verließ 1958 das Elternhaus, Anfang 1960 folgte meine Schwester – beide eher fluchtartig als artig. Sie kamen uns nur selten besuchen. Aber irgendwie waren sie beide im wahrsten Sinne des Wortes verloren, mein ältester Bruder für immer, jedenfalls für mich.

Wie würden sich unsere Eltern verhalten mit einem »halbgeleerten Haus«? Wie würde es meiner Mutter gehen?

Während wir Kinder in Banteln noch von dem gemeinsamen Urlaub 1957 zehrten, zogen in dem 80 Kilometer entfernten Duddenhausen auf dem Hof meiner Großeltern und meiner Tante Dorothea immer stärkere, dunklere Wolken auf. Für uns Kinder lange unbemerkt. Meine Mutter musste, hilflos und emotional betroffen, zusehen, was sich in ihrem Elternhaus zusammenbraute. Dabei war sie mit ihrem Leben selbst auch nicht wirklich glücklich und musste ihr eigenes Päckchen tragen. Dennoch fragte sich Lewine, wie ihr Bruder Julius und ihre Schwester die Probleme auf dem Hof lösen sollten. Die Briefe von Dorothea ließen große Beziehungsprobleme der beiden Geschwister erahnen.

JULIUS. VOM PIMPF ZUR SS.
ENTFLAMMT. GEPRÄGT

Die Nationalsozialisten hatten schon 1926 begonnen, ihre Jugendorganisationen aufzubauen.

Die Kinder sollten schon früh in allen Lebensbereichen indoktriniert werden. Die Vorgehensweise war dabei den Geschlechtern gegenüber unterschiedlich. Wurden die Mädchen des BDM mit Sport und Reisen gelockt, so wurde bei den Jungen eine vormilitärische Ausbildung angestrebt, verbunden mit intensivem Sport, Schießen, Aufmärschen und Aufenthalten in Trainingslagern. Gelockt wurde – gerade auf dem Lande – zudem damit, dass die Jugendlichen für mehrere Stunden pro Woche zu Hause nicht mitarbeiten mussten, die Freizeit mit ihren Freunden verbringen und sogar mal verreisen konnten. Nach der Machtübername wurde als Bonbon noch eingeführt, dass am Samstag schulfrei war.

1930 gab es die Jugendorganisation HJ für die Jungen im Alter von 14 bis 18 Jahren. Für die Jüngeren im Alter von zehn bis 14 Jahren gab es das »Deutsche Jungvolk« als Unterorganisation, die sogenannten Pimpfe. Die Mitgliedschaft war anfangs freiwillig.

Die Mitgliedschaft in der HJ wurde bei den Jungen wie bei den Mädchen zu einem wichtigen Erziehungsfaktor. Alternativ zu der damals herrschenden Strenge der Erwachsenen in Schule und Elternhaus wurde in der HJ ein Trick angewendet. Zur stärkeren Motivation wurde das Prinzip der NSDAP gewählt: »Jugend soll durch Jugend geführt werden«, statt es den Erwachsenen zu übertragen. So wurden die Jungen und Mädchen in den unteren Einheiten der HJ von nur wenig älteren Jugendlichen geführt, frei nach dem überlieferten Motto »Was sind wir? Pimpfe! Was wollen wir werden? Soldaten!«. Dreizehnjährige »Hordenführer« brüllten zehnjährige Pimpfe zusammen und jagten sie kreuz und quer über Schulhöfe, Wiesen und Sturzäcker. Die Jüngeren wollten durch vorbildliche Disziplin, durch Härte im Nehmen und durch zackiges Auftreten den Unterführern imponieren und es den älteren Jugendlichen nachmachen.

Wenn sie nicht taten, was ihre »Führer« befahlen, wurden sie auch schon mal verhauen. Tränen wurden runtergeschluckt und die Zähne vor

Schmerzen zusammengebissen, nach dem alten Motto »Indianer kennen keinen Schmerz«. Bei der HJ hieß das Motto: »Zäh wie Leder und hart wie Krupp«. Mit dieser Ausbildung kamen sie mit 14 Jahren in die HJ.

Ab März 1939 wurden alle Jugendlichen im Alter von zehn bis 18 Jahren zur gesetzlich vorgeschriebenen »Jugenddienstpflicht« eingeteilt. Sie mussten in die für sie vorgesehene Unterorganisation der HJ eintreten, wo an zwei Tagen pro Woche »Dienst« zu leisten war.

Wer dann noch nicht genug von der Drängelei hatte und eigene Ansprüche an mehr Machtbefugnisse entwickelte, konnte in die »*Schutzstaffel*« (SS) der NSDAP gehen. Die SS wurde schon 1925 zum Schutz Hitlers und der nationalsozialistischen Führer gegründet und war als brutal auftretende Gruppierung in der Bevölkerung bekannt.

Nicht allen Jugendlichen gefiel dieser Drill. Nicht alle beteiligten sich aus politischer Überzeugung, sondern wegen des Gemeinschaftslebens an diesem System, um eine Karriere bei den Nazis zu machen oder auch wegen der sportlichen Angebote.

Julius hat die stramme nationalsozialistische Ausbildung von klein auf gefallen. Er war bei der Machtübernahme der Nationalsozialisten 1934 mit neun Jahren genau in der Altersstufe, die von den Nazis heiß umworben wurde. Er wurde schon früh Mitglied bei den Pimpfen – so wie viele Jungs auf dem Lande. Während sein älterer Bruder schon zu alt für die HJ war und auf dem Hof vom Vater eingearbeitet wurde, genoss Julius in der HJ seine vormilitärische Ausbildung.

Als Schüler meldete er sich freiwillig als Fähnleinführer, um Pimpfe auszubilden.

Im Dezember 1942 wurde Julius mit 17 Jahren zu dem verpflichtenden einjährigen Arbeitsdienst einberufen. Schon wenige Wochen später, am 10. Januar 1943, meldete er sich freiwillig zum Kriegsdienst in die Panzertruppe der Waffen-SS. Mit dieser »Qualifikation« wurde er »Bursche« eines hochrangigen SS-Offiziers und zog in den Krieg in Ostpreußen und später in Frankreich.

Vier Monate, nachdem sein fünf Jahre älterer Bruder Fritz im Krieg in Russland gefallen war, kämpfte Julius im Krieg. Als Sohn eines Landwirts hätte er nicht unbedingt eingezogen werden müssen. Julius hatte sich anders entschieden. E hatte sich schon als Schüler zum Kriegsdienst gemeldet, bevor er seinen Abschluss in der Mittelschule hatte. Julius war das

Leben als Soldat wichtiger als die Schule und der Hof – wie mir seine Frau Marlies später berichtete. Julius genoss diese Zeit, in der seine Lebenshaltung nachhaltig geprägt wurde.

Im März 1955 ließ Julius bei einem nervenärztlichen Gutachten bei Dr. Lennartz in Hamburg für seine Kriegsrente folgende Aussage dokumentieren:

»Im Juli 1944 habe sein Panzer während des Gefechts einen Treffer erhalten, der Brennstoff sei explodiert. Was dann geschehen sei, davon wisse er nichts mehr. Erst nach acht Wochen habe er die Vorgänge um sich herum wieder wahrgenommen. Es bestünde jetzt aber immer noch eine Erinnerungslücke von 8 Wochen. Er sei in einem Lazarett in Garmisch-Patenkirchen behandelt worden beziehungsweise in einem SS-Sanatorium. In welchem Feldlazarett er versorgt worden sei, könne er nicht angeben. Im Januar 1945 sei er zur Ersatztruppe gekommen. Am 12.1.1945 habe er den ersten Einsatz nach seiner Verwundung gefahren. Kurze Zeit später erfolgte eine abermalige Lazarettbehandlung wegen eines Lymphdrüsenabszess unter dem rechten Arm. Außerdem habe er sich damals im Januar Hände und Füße 2. Grades erfroren. Später gab es einen Einsatz in der Tschechoslowakei. Von dort Rückzug nach München. Hier sei er im Mai 1945 in amerikanische Gefangenschaft geraten *(Hinweis: ausgerechnet im ehemaligen KZ Dachau, wie Julius in seinem Lebenslauf festhielt)*. 1945 während der Gefangenschaft habe er einen Unfall mit einem Sattelschlepper gehabt, er sei damals aber nur kurzdauernd bewußtlos gewesen. Bereits in Garmisch-Patenkirchen, also wenige Wochen nach der Verwundung, seien erstmalig ›Anfälle‹ aufgetreten mit Nasenbluten. Er habe vorher ein Übelkeitsgefühl bemerkt. Oft sei er bewußtlos gewesen, oft sei aber auch das Bewußtsein erhalten geblieben. Diese Anfälle hätten sich bis jetzt regelmäßig wiederholt, im Durchschnitt 1–2x monatlich. Sie wurden häufig durch Aufregungen ausgelöst, gingen meist mit Übelkeit und Würgereiz einher, Häufigkeit der Bewußtlosigkeit wechselnd. Dauer bis zu 10 Minuten. Auftreten der Anfälle sowohl tags als auch nachts aus dem Schlaf heraus, gelegentlich mit Einnässen, jedoch ohne Zungenbiß. Verletzt habe er sich bisher noch nie während eines Anfalls. Lediglich einmal habe er eine Beule am Kopf davongetragen. Außer seinen Anfällen habe er zur Zeit vor allem Kopfschmerzen und Schwindelgefühl zu klagen, auch der Schlaf sei wechselnd, häufig liege er wach. Größeren körperlichen Belastungen sei er nicht gewachsen, dann würde ihm übel, und hinterher würde er ohnmächtig …«

Im Juni 1946 kam Julius aus der Gefangenschaft zurück nach Hause, gesundheitlich stark angeschlagen, ansonsten aber nahezu ungebrochen in seiner Haltung zum Nationalsozialismus.

Was hat seine Schwester Dorothea mit dieser turbulenten »Kriegslaufbahn« vom Pimpf bis zur Gefangenschaft im KZ Dachau ihres Bruders zu tun?

Dorothea gefiel es schon Mitte der Dreißigerjahre nicht, dass Julius in der HJ engagiert war. Sie als Älteste sah es als ihre Aufgabe an, ihn zu erziehen. Doch Julius hat sich schon damals von seiner sieben Jahre älteren Schwester nichts sagen lassen, hatte seinen eigenen Kopf. Ihm gefiel die »Freiheit«, aus dem Elternhaus zu sein und mit Kumpels die Zeit zu verbringen und sich »körperlich, geistig und sittlich im Geiste des Nationalsozialismus zum Dienst am Volk und zur Volksgemeinschaft« erziehen zu lassen – wie es die Nationalsozialisten ausdrückten.

Dorothea als »Hüterin« des Jüngsten konnte Julius' Mitgliedschaft in der HJ nicht verhindern, erst recht, als sie 1936 zur gesetzlichen Pflicht wurde. Julius war gerade mal elf Jahre alt.

Dorothea selbst war im Jahr 1936 schon 18 und damit zu alt für die Laufbahn in dem BDM. Zudem war sie total gegen die HJ und gehörte für die Nazis zu den Unbelehrbaren. Solche Jugendlichen wollte die NSDAP nicht in ihren Reihen haben. Man ließ sie zufrieden. Dorothea war dies recht.

Allerdings musste sie, wie alle jungen Frauen, nach 1938 das landwirtschaftliche Pflichtjahr absolvieren. Sie wurde einer Familie auf Rügen zugeteilt. Sie hat mir später in aller Ausführlichkeit erzählt, wie angenehm und schön es dort war.

Mit diesen so wesentlich unterschiedlichen Lebenserfahrungen und (politischen) Lebenshaltungen trafen sich die beiden Geschwister nach dem Krieg auf dem elterlichen Hof wieder und lebten unter einem Dach, mit gemeinsamer Küche und zeitweise gemeinsamer Verantwortung für die Bewirtschaftung des Hofs. Die Lebenseinstellungen der ältesten Tochter und des sieben Jahre jüngeren, kriegsverletzten Bruders prallten aufeinander wie zwei kämpfende Stiere.

Wenn Julius nach dem Krieg in Gesprächen mit den Folgen des Hitlerregimes konfrontiert wurde, hielt er sich zurück mit seiner politischen Meinung. Das gelang ihm allerdings nicht immer. Er liebte es, bei Bier und Korn immer wieder von seinen Erlebnissen im Krieg zu erzählen, auffällig oft von den Zeiten in Frankreich. Wie gut er es doch hatte als Bursche … und überhaupt. Ich kann mich mit Grausen an diese ausgiebigen, niemanden interessierenden, sich wiederholenden Erzählungen auf den Geburtstagsfeiern erinnern. Seine Kriegsberichte waren für ihn immer positive Geschichten oder ein Schimpfen über andere. Ich kann mich nicht erinnern, dass jemals einer der Erwachsenen ihm wirklich Einhalt geboten hat. Es kam mir vor, als wären die Erwachsenen froh, dass es in der trauten, feierlichen Runde nicht zu unheimlich anmutenden Momenten der Stille kam.

Ich fragte Marlies im Jahr 2021, wie sie als Partnerin seine Kriegsgeschichten empfunden hat:

E. H.: »Hat Julius jemals mit dir als Ehefrau über negative Erfahrungen oder persönliche Leiden im Krieg gesprochen?«

Marlies: »Wenn Kriegsverbrechen angesprochen wurden, waren immer andere Schuld. Ich kann mich nicht erinnern, dass er mal über persönliche Leiden gesprochen hat. Ich hatte den Eindruck, dass er auch Schreckliches erlebt hat. Geredet wurde darüber nicht. Wenn er nicht über seine glorreichen Kriegserlebnisse gesprochen hat, hat er sich stets mit der Gegenwart beschäftigt und auf diese Weise wohl die Vergangenheit verdrängt.«

E. H.: »Weißt du, ob er mal Menschen erschießen musste?«

M.: »Da muss ich überlegen … es gab da mal eine Situation … ich kann mich nicht erinnern.«

E. H.: »Julius hat später viel Alkohol getrunken, auch zu deinem Leidwesen. Wollte er verarbeitete Kriegserlebnisse und innere Probleme mit Alkohol runterspülen? Habt ihr darüber mal gesprochen?«

M.: »Ich nehme an, dass er innere Probleme hatte, es kann sein, dass der Alkoholkonsum damit zu tun hatte. Aber es gab ja in der Gegenwart, in seiner Familie, genug Anlass, sich zu betrinken.

Als wir uns kennengelernt hatten und 1952 heirateten, hat er nicht viel getrunken. Ob er vor der Heirat viel getrunken hat, weiß ich nicht, ich habe ihn zu der Zeit nicht kontrolliert. In die Dorfkneipe ist er schon gegangen, auch mit seinem Vater. Es war ein Treffpunkt für die Dorfbewohner.«

E. H.: »Ist es richtig, dass Julius nicht in den Krieg gemusst hätte, weil sein Bruder gefallen war und er auf dem Hof gebraucht wurde?«

M.: »Ja, das stimmt. Für mich war sein Lebensweg ein typisches Beispiel für die nationalsozialistische Erziehung. Als kleiner Junge zur HJ gegangen, als Schüler schon entschieden, in den Krieg ziehen zu wollen und der SS beizutreten.«

E. H.: »Hat er seine politische Haltung verändert, über den Krieg und die Nazis anders gedacht?«

M.: »Nein, niemals. Er hat die SS nie verdammt. Noch in hohem Alter hat er sich mit seinen Kumpels viel unterhalten, auch die Grausamkeit des Krieges und den Sinn bemängelt. Den Krieg hätten sie alle nicht gebraucht. Wenn sie zusammenkamen, haben sie immer über den Krieg gesprochen. Während die anderen irgendwie aufhören konnten oder wollten, hat Julius nie aufhören können. Sowohl bei den Treffen mit seinen Kumpels als auch sonst. Julius war in allem sehr extrem.«

E. H.: »Selbst auf den Geburtstagen in der Familie hat er nach meiner Erinnerung keine Gelegenheit ausgelassen, über den Krieg zu erzählen. An kritische Töne kann ich mich nicht erinnern.«

M.: »Ich musste mir das ja auch immer anhören. Er hatte viel zu erzählen, das hörte eigentlich nie auf. Er war gern Soldat.«

E. H.: »Gab es deshalb Konflikte zwischen euch?«

M: »Ja, sicherlich. Ich verurteilte alles, was geschehen war, fühlte mich eher schlecht, weil ich mich nicht fähig sah, gegen dieses Regime zu kämpfen. Habe alles ertragen müssen. Es war bei uns unmöglich, darüber zu reden.«

Als Julius aus der Gefangenschaft zurück nach Hause kam, half er nach seinen Möglichkeiten auf dem Hof. Ihm fiel als einzigen Sohn die Rolle des Hoferben zu, da sein Bruder im Krieg gefallen war. Jetzt musste er 1946 mit 21 Jahren die Landwirtschaft neu lernen, da er als 17-Jähriger schon in den Krieg gezogen war und sich vorher wenig für den Betrieb interessiert hatte.

Er besuchte für ein Jahr die Landwirtschaftsschule im fünf Kilometer entfernten Hoya. Von 1947 bis 1949 half er auf dem Hof seiner Eltern, um dann eine einjährige Praktikantenzeit auf dem Lehrhof Wilkens in Balum bei Thedinghausen zu absolvieren und eine andere »Landluft« zu schnuppern. Ab April 1950 kam er zurück zu seiner Eltern, bei denen Dorothea überwiegend lebte und sich seit Jahren verantwortlich für den Hof fühlte.

In dieser Zeit lernte Julius seine spätere Verlobte und Frau Marlies aus dem Nachbarort Bücken näher kennen.

MARLIES, DIE NEUE.
NOCH EINE FRAU VOM LANDE

Marlies war 93 Jahre alt, als sie mir im Jahr 2021 viel aus ihrem Leben und dem von Julius und Dorothea erzählte. Ihr Leben war für eine Landfrau ebenso typisch, wie das von Dorothea.

Marlies: »Als ich eineinhalb Jahre alt war, starb meine Mutter. Ich lebte dann bis zum sechsten Lebensjahr bei einer Tante und kam zurück, als mein Vater neu geheiratet hatte. Ich musste dann als Älteste auf die Kinder aus der zweiten Ehe aufpassen. Während die Schulkameradinnen auf dem Marktplatz Völkerball spielten, musste ich die Kleinen hüten. Als ich mal auf dem Marktplatz mitspielte und zwei Geschwister aus dem Kinderwagen stürzten, wurde ich von einer Frau aus dem Dorf verpetzt. Zu Hause gab es Ohrfeigen, und ich durfte mich beim Ausfahren des Kinderwagens dann nur noch in Sichtweite vom Hof bewegen. Das war hart.

Als ich 1938 als zehnjähriges Mädchen in den Jungmädelbund für die zehn bis 14-Jährigen Mädchen der HJ gehen musste, gefiel das meiner Stiefmutter gar nicht, aber sie konnte nichts dagegen tun, es war eine Vorschrift der Nazis. Vor dieser Zeit mussten Eltern noch die Zustimmung geben, wenn die Töchter in den Jungmädelbund oder den BD wollten.

Nach 1935 und besonders im Krieg konnten die Eltern die Mitgliedschaft verweigern, mussten aber ganz vorsichtig sein. Falls sie eine

Begründung angaben und diese dem Ortsgruppenleiter nicht gefiel, wurde mit KZ gedroht. Bei uns wussten alle von den Konzentrationslagern und hatten Angst.

Für mich war der Jungmädelbund eine willkommene Abwechslung. Keine Arbeit zu Hause, dafür zweimal die Woche für zwei Stunden mit den anderen Mädchen Sport treiben. Als ich mit 14 Jahren die Schule beendete, konnte ich zweimal die Woche zu den Abenden des BDM gehen, der Gruppe für 14- bis 18-jährige Mädchen.«

E. H.: »Auf welche Schule bist du denn gegangen? Warst du auch in Duddenhausen?«

M.: »In Bücken hatten wir eine eigene Schule. Ich ging bis 14 Jahre in die Volksschule Bücken. Jeder Lehrer hatte zwei Altersklassen. Während des Krieges gab es nur zwei Lehrer, die älteren Kinder wurden vormittags und die jüngeren nachmittags unterrichtet. Mit zehn Jahren konnte man auf die Mittelschule und danach bei Bedarf auf das Gymnasium. Für diese Schulen musste Schulgeld bezahlt werden. Das konnten und wollten meine Eltern nicht.

Stattdessen ging ich nach der Volksschule 1942 für ein halbes Jahr auf eine private, kaufmännische Handelsschule in Bremen und wohnte in Brinkum bei Verwandten. Die Schule wurde bezahlt von dem Geld, was ich zur Konfirmation geschenkt bekam. Das fand ich ja nun gar nicht gut. Kannste wohl verstehen.

Danach absolvierte ich auf einem Lehrhof das von der Regierung verpflichtende Landfrauenjahr. Es war Voraussetzung, um später einen Beruf erlernen zu dürfen, der nicht mit der Landwirtschaft zu tun hatte.«

E. H.: »Was bedeutet ein verpflichtendes Landfrauenjahr?«

M.: »Das Landfrauenjahr gab es schon länger, als Unterstützung der Landwirtschaft. Zunächst auf freiwilliger Basis, später vom NS-Regime ein verpflichtendes Dienstjahr. Die Mädchen wohnten und arbeiteten dabei in den Haushalten beziehungsweise auf den Bauernhöfen. Mit Beginn des Krieges meist in kinderreichen Familien oder auf Höfen. Zur Unterstützung der Familien, wenn die männlichen Familienmitglieder oder Hilfskräfte für den Krieg eingezogen waren.

Nach diesem Jahr ging ich ein halbes Jahr auf die Landwirtschaftsschule in Hoya, um dort 1944/45 die Hauswirtschaftsprüfung abzulegen.

Mit dieser Qualifikation arbeitete ich zwei Jahre als Hauswirtschaftshilfe auf dem großen Gut Reetzen, gleich hinter Bruchhausen-Vilsen. Das war eine furchtbar anstrengende Arbeit.«
(Es folgte eine Pause von fast einer Minute, die mir vorkam wie eine Stunde, bevor Marlies weitersprach:)
M.: »Immer gehorchen … immer gehorchen, ich sage dir! Das war hart.«

Mit dieser Lebenserfahrung trat Marlies im Jahr 1952 in das Leben von Julius und der Familie Meier. Zu einer Zeit, in der die Spannungen zwischen den Eltern und insbesondere zwischen Dorothea und Julius zunahmen.

JULIUS VEREINT MIT MARLIES. HEIRAT

Mittlerweile hatte sich die Lebenssituation für Julius geändert. Er arbeitete seit zwei Jahren wieder auf dem Hof der Eltern. Er litt noch immer unter den Folgen der Kriegsverletzung und musste mit Ämtern und Ärzten darum kämpfen, dass ihm diese für eine Kriegsversehrtenrente anerkannt wurden. Er musste ebenso mit seinen gesundheitlichen Anfällen und gelegentlichen Ausfällen kämpfen, die ihn oft zum Ausruhen zwangen. Er konnte nicht damit rechnen, dass seine Eltern und insbesondere seine Schwester Dorothea Rücksicht auf seine Krankheiten nahmen und – aus heutiger Sicht – sein Kriegstrauma anerkannten konnten oder wollten. Im Gegenteil. Der Druck auf ihn wurde stärker, den Vater mehr bei der Arbeit auf dem Hof zu unterstützen. Besonders Dorothea war mit seinem Arbeitseinsatz nicht zufrieden, obwohl sie zeitweise gar nicht auf dem Hof arbeitete und lebte. Trotzdem nörgelte sie ständig an ihm herum, wo und wie immer sie konnte.

Marlies und Julius 1951

59

1951 verlobte sich der 26-jährige Julius mit der 23-jährigen Marlies, die damit auf dem Sprung war, in die Familie von Julius und Dorothea aufgenommen zu werden.

Dorothea nahm diese neue Situation zum Anlass, Julius noch mehr ins Gewissen zu reden. Mit dem »Neujahrsgruß« 1951 hat sie Julius für das Jahr 1952 etwas zum Nachdenken mitgegeben. Noch einmal ein Auszug aus dem Brief:

»Und wie denkst Du Dir das Leben mit Marlies? Sie lebt schon zu Hause in einer ewigen Aufregung und hat viel Streit. Und wie hast Du sie neulich behandelt, als ich zu Hause war? Willst Du wirklich immer so weiterleben und sollen Deine Kinder nachher auch so unzufrieden sein, wie wir es mit Vater waren und noch sind? Steck Dein Nörgeln auf und mach es besser!

Und wenn Du Marlies auch in der Ehe so belügen willst, wie Du es bisher oft getan hast und Dich so wenig um sie kümmerst, dann heirate sie lieber nicht – sie findet noch manchen netten Jungen, der gut mit ihr sein wird.«

1952 heiratete Julius seine Marlies. Trotz der Bedenken von Dorothea über seine »Reife« und dem mangelnden Geld wurde es anscheinend ein rauschendes Fest in der Nachkriegszeit. Noch heute schwärmt meine damals zwölfjährige Cousine Birgit von dem Fest in Duddenhausen, zu dem sie mit ihrer Familie aus Hamburg anreiste. Über die Auseinandersetzungen in der Familie Meyer wurde damals im Familienkreis nicht gesprochen. Sie erinnerte sich im Jahr 2021:

»Irgendwie ist mir nur in ferner Erinnerung, dass mit Onkel Julius irgendwas nicht stimmte. Ich war nur einmal in Duddenhausen, eben bei der Hochzeit. Das war für mich – übrigens auch für meinen Bruder – damals wie ein Besuch im Schlaraffenland. So gut hatte ich in meinem ganzen Leben noch nicht gegessen, was mir bis heute gegenwärtig ist. Wir lebten in Hamburg von Steckrüben, Milchsuppe und Kartoffeln, und dann auf einmal das alles, was ich noch nie gesehen hatte! Auch die Autofahrt von Hamburg dahin war wohl meine erste längere Fahrt, bei der unser DKW uns kräftig durchschüttelte.«

Im Jahr 2021 fragte ich Marlies, wie für sie das Leben auf dem Hof in den Fünfzigerjahren war:

Marlies: »Mit den Eltern und Dorothea habe ich mich an sich gut verstanden.

Ich habe auf dem Hof gelebt und als Familienmitglied gern mitgearbeitet. Essen und Wohnen war umsonst. Es gab ein Taschengeld, und die Krankenkasse wurde von Julius' Vater bezahlt.«

E. H.: »War das so in Ordnung für dich?

M.: »Mit Essen und einem Bett zum Schlafen waren Julius und ich zufrieden, damals. Die Zeiten waren nicht gut …ich bin so erzogen worden, dass es schon eine Schande ist, wenn ein Stück trockene Brotrinde weggeworfen wird.«

E. H.: »Warst du sonst zufrieden, hast du dich angenommen gefühlt von der Familie?«

Marlies zögert mit verstohlenem Blick: »Wenn du verstehst, was ich meine … (*sie überlegt, sucht die richtigen Worte*) … bei den fast täglich anfallenden Konflikten stand ich von Anfang an immer zwischen den Parteien. Ich habe nicht immer alles gut gefunden, was Julius gesagt oder getan hat. Ich wollte stets vermitteln. Ich konnte es aber nicht. Ich war oft verzweifelt darüber, aber wusste mich nicht recht zu verhalten. Julius war doch mein Mann … mein Einfluss auf ihn war sehr gering. Wenn er Kopfschmerzen hatte oder wenn er von Dorothea unter Druck gesetzt wurde, war er leicht erregbar.«

E. H.: »Ist das wahr? Als du in die Familie von Julius kamst, gab es von Anfang an Probleme?«

M.: »Ja, die Konflikte in der Familie waren nicht neu und zu verleugnen … sie wurden mit jedem Jahr größer statt kleiner. Ungefähr seit dem Zeitpunkt, zu dem Dorothea wieder auf den Hof zurückkam. Sie schien sich immer mehr mit dem Gedanken anzufreunden, den Hof selbst zu übernehmen, anstatt ihn Julius zu überlassen. Die Streitereien zwischen Julius und seiner Schwester Dorothea waren für mich in dieser Heftigkeit kaum zu verkraften. Ich konnte nicht verstehen, dass man in der Familie keine Lösung findet.«

E. H.: »Warum hast du die Kopfschmerzen erwähnt? Gaben sie einen Anlass zu den Auseinandersetzungen? Hast du eine Ahnung von den Gründen der Streitereien gehabt?«

M.: »Auf jeden Fall spielten die Kopfschmerzen von Julius eine Rolle in dem Konflikt.
Julius hat auf dem Hof mitgearbeitet. Seine kriegsbedingte Kopfverletzung machte ihm zu schaffen und schränkte ihn ein, man sprach von

Quetschungen im Kleinhirn. Er bekam Kopfschmerzen und immer wieder Anfälle. Wenn es schlimm kam, drohte er umzukippen und musste sich hinlegen. Lange Zeit ging das. Die Anfälle gingen mit der Zeit zurück. Die Kopfschmerzen hingegen sind geblieben, besonders bei Wetterumstellungen.«

E. H.: »Wie haben seine Eltern und Dorothea darauf reagiert?«

M.: »Der Zustand war für alle nicht einfach. Dorothea schien diese Krankheit nicht ernst zu nehmen. Sie drückte stets durch die Blume aus, dass er simuliere und auf eine Kriegsrente spekuliere. Offen hat sie das nie so gesagt. Stattdessen setzte sie Julius immer stärker unter Druck, er sei zu faul und mache viele Fehler auf dem Hof. Julius schien diesem Druck nicht gewachsen zu sein.«

E. H.: »Wurde die Kriegsverletzung nicht offiziell anerkannt?«

M.: »Offiziell von Amtswegen schon, aber es war nicht einfach und hat Jahre gedauert. Julius hatte sich an den Hirnverletzten-Bund gewandt, der ihn dabei sehr unterstützte.«

(Hinweis: Sie spricht vom »Bund hirnverletzter Kriegs- und Arbeitsopfer«. Er entstand nach dem Zweiten Weltkrieg und leistete bundesweit eine umfangreiche Selbsthilfearbeit. Julius hat von dieser Arbeit stark profitiert).

Marlies weiter: »Es schien nicht so einfach, die Verletzung von Julius genau zu bestimmen. Ich erinnere mich nicht mehr ganz genau. Er hatte eine Kopfverletzung erhalten, als er aus dem Panzer geguckt hatte. Es hieß, er habe Splitter im Kopf, aber auch, dass er Quetschungen im Kleinhirn habe. Äußerlich hatte er nur kleine Narben am Hinterkopf. Sonst war ja nichts zu sehen. Jetzt litt er unter den Folgen der Verletzungen.«

E. H.: »Ich habe gehört, dass nach dem Zweiten Weltkrieg auch von einem sogenannten Knalltrauma gesprochen wurde, das solche inneren Verletzungen zur Folge hatte.«

M.: »Ich gehe davon aus, dass Julius sowas wie ein Trauma hatte … aber Knalltrauma? … Daran erinnere ich mich nicht« … *Sie überlegt weiter* … »Ja, warte mal … im Gutachten für die Anerkennung der Verletzung kam sowas vor wie Hirntrauma … aber ich bin unsicher.«

Die Hinweise auf eine gestörte Beziehung von Julius zu Dorothea waren in den Briefen von Dorothea zu lesen. Jetzt schienen sie konkreter zu werden.

SIEGT ZWIETRACHT ÜBER EINTRACHT?

Meine Großeltern brauchten mehr Unterstützung auf dem Hof, insbesondere der Vater von Lewine und Dorothea wurde unruhig. Fritz Meyer wurde 1889 geboren und hatte den Hof in Duddenhausen von seinem Vater Fritz Meyer (1849–1932) geerbt. Politisch hatte er eine andere Einstellung wie sein Sohn Julius. Er wurde noch 1945 gezwungen, im Dorfeingang Schützengräber zu bauen, um mit Panzerfäusten gegen den Einmarsch der Amerikaner zu kämpfen, zusammen mit 14-jährigen Kindern.

Das hatte ihn schwer belastet. Er war dann einer der ersten Dorfbewohner, die das Gewehr fallen ließen und abhauten, als die Engländer kamen – zusammen mit dem NSDAP-Ortsleiter, der ihn zum Bau der Schützengräber gezwungen hatte.

Anfang der Fünfzigerjahre war Fritz Meyer für seine 61 Jahre noch ein relativ gesunder Landwirt. Das änderte sich nach seinem Unfall mit dem Pferdegespann. Die Pferde waren wegen eines Hornissenstichs durchgegangen. Er hatte gelernt, sich in einem solchen Fall zwischen die Pferde zu werfen und sich von dem Wagen mit den hohen Holzrädern überrollen zu lassen. Aber: Der neue, modernere Rübenwagen hatte schon Gummireifen und war somit wesentlich niedriger gelagert. Der Wagenboden brach ihm elf Rippen und zwei Wirbel, was nicht sofort erkannt wurde. Er musste fortan an Stöcken gehen, auch bei seiner geliebten Jagd. Gefühlt hatte er noch Glück im Unglück. Sein Vater starb an einem solchen Unfall mit einem Pferdegespann.

Vater Fritz Meyer 1961

Auf dem Hof konnte er nicht mehr mitarbeiten und war auf seinen Sohn Julius und seine Helfer angewiesen. Nützlich machte er sich als Bürgermeister in Duddenhausen, erst vertretungsweise und dann als Erster Bürgermeister.

Julius hatte seinen Kriegskameraden Alvin in der Gefangenschaft kennengelernt und ihn auf den elterlichen Hof geschickt, als dieser vor ihm entlassen wurde. Er blieb und war eine sehr große Hilfe.

Mein Großvater wurde langsam ungeduldig, was seine Nachfolge betraf. Die Zusammenarbeit und die Aufteilung der Arbeit auf dem Hof zwischen Dorothea und Julius klappten nicht. Das war offensichtlich. Julius war nach dem Tod seines älteren Bruders der Hoferbe. Aber wollte Julius überhaupt den Hof übernehmen?

Dorothea machte der ganzen Familie überaus deutlich, dass er dazu nicht in der Lage war. Wer sollte den Hof stattdessen übernehmen? Wollte oder konnte Dorothea als Frau den Hof übernehmen? Üblich war dies zu den Zeiten nicht, rechtlich sogar nicht so ohne Weiteres möglich. Tatsache aber war, dass Dorothea auf den Hof mit dem Ziel zurückgekehrt war, diesen zu übernehmen. Was sollte der Vater tun? Er musste und wollte sich zunächst auf Julius als Hoferben einstellen.

Dorothea als »Finanzfrau der Familie« sorgte sich um die Zukunft des Hofes und drängte darauf, wirtschaftlicher zu arbeiten, um Geld zu sparen. Sie nahm jede Gelegenheit wahr, Julius deutlich zu machen, dass er nicht mit Geld umgehen konnte.

In einer handschriftlich abgefassten Bank-Vollmacht meines Großvaters scheint es so, als hätte er die Mitarbeit seines Sohnes auf dem Hof anders eingeschätzt als Dorothea. Warum sonst stellt er eine Vollmacht für Julius aus?

»Vollmacht! Ich erteile meinem Vater, Fritz Meyer in Duddenhausen 23, Vollmacht, mit der Volksbank Hoya über einen von mir beantragten Kredit in Höhe von 2500 DM zweckes Kauf eines Treckers zu verhandeln, rückzahlbar in 18 Monaten; ich erteile Dauerauftrag für diesen Zeitraum monatlich 100 DM unwiderruflich von meiner Rente abzuzweigen bis zum letzten Zahlungstermin. Mein Vater wird monatlich 50 DM zuzahlen und der Volksbank eine Sicherheitsübereignung des Treckers unterschreiben. Duddenhausen 26.II.55 gez. Julius Meyer«.

War dies ein Zeichen, dass sich die Situation mit Julius entspannte? War dies ein Zeichen von Julius, den Hof auf jeden Fall zu übernehmen?

Vielleicht lag Dorothea nicht falsch mit der Einschätzung, dass Julius nicht so gut mit Geld umgehen konnte wie sie. Aber er war pfiffig, wusste sich zu helfen und traute sich zu, die Arbeit auf dem Hof moderner zu gestalten. Er wollte nicht länger mit dem Pferd und den alten Pflügen mühsam die Furchen auf dem Acker ziehen. Er wollte die alten Werkzeuge abschaffen, die auf anderen Höfen langsam von den neu aufgekommenen Bauernmuseen eingesammelt wurden. Diese Ideen passten der »Finanzfrau« Dorothea gar nicht: Das würde sich nicht rechnen. Die Fronten waren verhärtet.

Noch war der Vater nicht vollends von Julius' Herangehensweise überzeugt. Er hielt sich aus dem Konflikt zwischen Dorothea und Julius heraus.

E. H.: »Marlies, wie war es dazu gekommen, dass der Vater bei der Bank einen Kredit für den Sohn verhandelte? Wo doch Dorothea über die Finanzen wachte und sparen wollte?«

Marlies: »Julius hatte einen regen Austausch mit anderen Landwirten und ließ sich von ihnen beraten. Er sah, wie sie die Höfe umgestalteten, vorankamen und für die Zukunft aufstellten. Das wollte er auch! Julius litt immer wieder darunter, wie sie zu Hause mit allem hinterherhinkten und Dorothea Fortschritte und Arbeitserleichterungen abblockte.«

E. H: »Eigenartigerweise hatte Dorothea Julius bereits in ihrem ›Neujahrsgruß‹ 1951 mitgeteilt, statt ins Wirtshaus zu gehen, solle er sich lieber an die Bauernjungs halten und sie fragen, wie sie den Hof führen. Jetzt hielt sie nichts von den Ratschlägen der Bauernjungs. Wie drückte sich sein Streben nach Veränderung in eurem Leben aus?«

M.: »Julius wollte zum Beispiel mehr Schweine im Stall haben, um sie zu mästen und dann verkaufen zu können. Dorothea wollte das partout nicht. Julius wollte einen in den Fünfzigerjahren begehrten, modernen Trecker der Marke Lanz Bulldog kaufen. Sein Vater und besonders Dorothea und teilweise sogar ich selbst waren dagegen.

Julius argumentierte damit, dass es auf dem Hof drei Arbeitspferde für die Landbewirtschaftung gab. Wenn sie nicht arbeiteten, fraßen sie viel teures Futter. Zusätzlich sei die Arbeit mit den Pferden sehr schwer und dauere länger. Dieser Meinung war auch sein schon erwähnter Kamerad Alvin, den er in der Gefangenschaft kennengelernt und auf den Hof geholt hatte. Alvin half noch immer auf dem Hof und war eine große Stütze, aber strikt gegen einen Trecker. Es sollte stattdessen gespart werden.«

E. H.: »Aber wie kam es trotzdem zu dem Treckerkauf?«

M.: »Es dauerte einige Monate, bis ein Kompromiss zwischen Vater und Sohn gefunden wurde. Julius wollte unbedingt den Trecker haben.

Er war dafür sogar bereit, sein geliebtes Motorrad zu verkaufen und einen Kredit für den Rest des Kaufpreises aufzunehmen. Das imponierte wohl dem Vater. So kam der Kompromiss zustande. Einer der anscheinend vielen Kompromisse, über die sich Dorothea immer wieder ärgerte.«

E. H.: »In einem der Briefe bemängelte Dorothea, dass der Vater nicht konsequent genug sei. Hast du das auch so gesehen?«

M.: »Julius und Dorothea hatten eine unterschiedliche Auffassung, was im Leben und speziell auf dem Hof nötig war und was nicht. Dorothea war sehr sparsam mit allem und führte die Finanzen des Hofs. Julius ging mit Geld eher locker um. Er wollte Veränderungen und wäre dazu mehr Risiko eingegangen. Nach dem Motto: Wer nicht wagt, der nicht gewinnt. Immer wieder bedauerte er, dass die eigene Familie hinterherhinkte, nicht nur organisatorisch in der Bewirtschaftung des Hofs. Ein Beispiel war, dass wir nicht einmal ein vernünftiges Klo hatten. Lange mussten wir das wenig romantische Plumsklo benutzen.

So krachte es immer wieder zwischen Julius und Dorothea, von Jahr zu Jahr. In all den vielen Streitereien ging es hoch her, ein Wort holte das andere. Für mich war es kaum auszuhalten.«

Dieser Streit über den Treckerkauf war somit ein deutliches Zeichen, dass es auf dem ehrwürdigen Hof zunehmend »brodelte«, die Zwietracht über die Eintracht immer mehr zu siegen drohte.

Immerhin wurde deutlich, dass Julius von sich aus aktiver wurde und zeigte, Verantwortung für den Hof übernehmen zu wollen. Jetzt hatte er sich mit dem Treckerkauf Rat geholt. Doch auch das passte nicht in das Konzept von Dorothea.

Dorothea trug den Konflikt mit Julius offen aus. Sie haben sich weiterhin nicht verstanden, weder »privat« noch auf die Bewirtschaftung des Hofs bezogen. Lag ein Konkurrenzkampf in der Luft, die zunehmend dicker wurde? Gab es eine Chance zur Verständigung? Für die immer älter und schwächer werdenden Eltern nahezu eine Überlebensfrage im Hinblick auf ihre Altersvorsorge.

Der Einfluss von Dorothea als ältestes Kind war in der Familie schon immer groß. Die Eltern hielten zeitlebens mehr zu Dorothea, sie sei das »liebste Kind« –, was die Geschwister bemängelten. Durch den schweren

Unfall des Vaters im Herbst 1953 wurden die Eltern immer abhängiger von Dorotheas Unterstützung.

Sie vertrauten Dorothea mehr als Julius. Es ging schließlich auch um ihre Altersvorsorge.

Aus dieser »Macht«-Position drängte sie Julius immer stärker in eine »faule, unfähige Ecke«. Sie war auf den Hof zurückgekommen, weil die Arbeit als Angestellte im Büro nicht ihrer Persönlichkeit entsprach, und entschied sich im Zeitraum von 1954 bis 1956, mehr Verantwortung für den Hof zu übernehmen.

MÄRZ 1955. DER KNALLER. VERTRAUEN FUTSCH

Nicht ganz unerwartet nahmen die Streitereien zwischen Dorothea und Julius an Brisanz zu. Julius' Kopfschmerz-Attacken und Anfälle gingen nicht weg. Die Versuche von Dorothea, ihren Bruder als Simulanten bloßzustellen, nahmen im Gegenzug zu.

Marlies: »Julius wollte und musste für sich auch gesundheitlich sorgen. Er musste sich weiterhin nach den Anfällen ausruhen. Besonders bei Gewitter und Wetterumschwung ging es ihm nicht gut. Finanziell bemühte er sich laufend, seine Kriegsverletzung amtlich anerkennen zu lassen, um eine Versehrtenrente zu bekommen. Selbst das warf Dorothea ihm als ein Erschleichen einer Rente vor.«

E. H.: »Von welchem Jahr sprichst du?«

M.: »So richtig brach der Konflikt erst im Jahr 1958 aus. Jetzt krachte es gewaltig, fast hätten sich die Balken in dem alten Bauernhaus gebogen. Jetzt wurde die Grundlage eines Konflikts geschaffen, der sich zunehmend verschärfte.«

E. H.: »Magst du erzählen, was genau die eigentliche Ursache war und welche Rolle Dorothea dabei gespielt hat?«

M.: »Da muss ich ein wenig ausholen. Julius wollte aufgrund seiner Kriegsverletzung eine Versehrtenrente beantragen. Zunächst gab es Schwierigkeiten, weil er in der SS war. Die SS-Mitglieder wurden bei den Anträgen immer zur Seite geschoben. Zusätzlich musste man Zeugen für die Kriegsverletzung haben und die richtigen Krankenhäuser und

Ärzte kennen. Er ließ seit ein paar Jahren mehrere Untersuchungen in Nervenkliniken und Heilkuren über sich ergehen und besuchte diverse Ärzte. Man kam nicht weiter.

Julius wurde Mitglied beim Hirnverletzten-Bund, um sich bei der Durchsetzung einer angemessenen Kriegsrente beraten zu lassen. Nachdem er schon mehrere Jahre erfolglos bei verschiedenen Ärzten und Kliniken untersucht wurde, lehnte das Versorgungsamt Verden den Antrag von Julius auf Erhöhung der Rente ab. Der Hirnverletzten-Bund legte Einspruch ein und forderte für Julius eine eingehende Untersuchung und Begutachtung in der der Universitätsklinik Hamburg.

Mit Alvin und anderen Freunden hatte er die Zeugen für seinen angeschlagenen Gesundheitszustand. Auch hat er eidesstattliche Erklärungen über seinen Zustand von Bekannten erhalten. Darunter auch eine Erklärung von Meta Bösche, die immerhin seit 20 Jahren auf dem Hof der Eltern lebte und arbeitete und Julius schon als Kind erlebt hatte.«

Meta Bösche, Duddenhausen den, 19.12.1954

Eidesstattliche Erklärung!
Ich bescheinige Herrn Julius Meyer aus Duddenhausen, geboren 25.7.1925 hiermit, daß er an Anfällen leidet. Er fällt um, sein Gesicht wird purpurrort, als wenn alles Blut zum Kopf steigt und ist verkrampft. Öfteres Einnässen habe ich beobachtet. Bei den Anfällen ist oft schon was entzwei gegangen, auch waren an Kopf und Körper mal Schwellungen und Blutergüsse, oder die Hände verletzt. Stets waren aber im rechten Bein hernach Lähmungszustände. Bei vorausgegangenen Erregungen sind die Anfälle heftiger. Dabei völlig ohne Bewußtsein und hernach völlig erschöpft. Ich bin seit 1937 im Haushalt seiner Eltern tätig und habe vor seiner Verwundung niemals solche Anfälle bei ihm beobachtet. Gerade in den letzten zwei Jahren treten gehäufte Anfälle auf, die teilweise auch an Heftigkeit zugenommen haben.
Meta Bösche
Vorstehende Unterschrift wird hiermit bescheinigt
Duddenhausen, den 18.12.1954
Der Bürgermeister
Gez. Nordhausen

Aus medizinischer Sicht hatte ihm der Hirnverletzten-Bund den Facharzt Dr. Lennartz von der Universität Hamburg für ein Gutachten empfohlen. Die Erklärungen der Zeugen über seinen Gesundheitszustand waren ein Vorteil für ihn. Jedenfalls wurden sie später offiziell im Gutachten aufgeführt.

Marlies: »Julius wollte zu diesem Arzt fahren und sprach offen voller Hoffnung mit allen möglichen Leuten darüber, warum und zu wem er im Februar 1955 nach Hamburg fahren wollte. Es war eine wichtige Entscheidung für sein weiteres Leben. Er war aufgeregt.«

E. H.: »Mit wem sprach er darüber?«

M.: »Na ja, mit allen, auch zu Hause mit seinen Eltern und Dorothea. Der Brief des Hirnverletzten-Bunds mit dem Datum und der Adresse des Arztes lag zudem offen sichtbar im gemeinsam bewohnten Haus. Er fuhr voller Hoffnung nach Hamburg zu der Untersuchung, die ein paar Tage dauern sollte. Schon am ersten Tag schrieb er mir einen bedrückenden Brief … Ich weiß nicht mehr, hat er mich angerufen? Oder geschrieben? … Er war sehr verstört, es musste irgendwas Schreckliches passiert sein. So kannte ich ihn nicht. Ich war besorgt. Ich suchte Hilfe. Ich sprach mit seinem Vater über den Hilferuf, teilte ihm meine Sorgen mit und wollte schnell nach Hamburg fahren. Die Schwester und Mutter waren gerade nicht auffindbar.«

E. H.: »Wie hat der Vater reagiert? Hat er dir helfen können?«

M.: »Nein, er tat so, als ob er von nichts wüsste. Er konnte und wollte mich nicht unterstützen. Ich nehme an, dass er eingeweiht war in den dann folgenden Vorfall in Hamburg. Er hat sich rausgehalten aus dem Problem.«

E. H.: »Was hast du vorgehabt oder gemacht?«

M.: »Ich habe versucht, mir bei allen möglichen Leuten Hilfe zu holen. Ich wollte unbedingt nach Hamburg fahren. Das war nicht so einfach für mich. Es sollte schnell gehen, aber ich hatte weder einen Führerschein noch ein Auto. Ich war sehr verzweifelt, so hatte ich Julius noch nicht erlebt.
Schließlich fand ich Freunde von Julius, die mich mit einem Auto schnell nach Hamburg fuhren.
In Hamburg angekommen, erfuhr ich von Julius, dass der Arzt ihm schon beim ersten Gespräch, noch vor einer Untersuchung, massiv

vorgehalten habe, dass er keine Verletzung habe und simulieren würde. Julius wurde äußerst skeptisch, weil der Arzt Ereignisse in der Familie als ›Beweis‹ angesprochen hatte, die er gar nicht wissen konnte. Julius war außer sich und hatte mir deshalb in dem Brief geschrieben, dass irgendwas nicht stimmen könne. Bei unserem Wiedersehen konnte ich ihn kaum beruhigen. Julius hatte Hamburg nicht verlassen und trotz der Abweisung des Arztes auf eine Untersuchung bestanden.«

E. H.: »Wie kam der Arzt zu dieser Aussage? Ist er dann dabei geblieben?«

M.: »Na ja, ich bin dann mit Julius zusammen zu dem Arzt gegangen. Ich habe den Arzt gefragt, wie er darauf komme, dass Julius simuliere. Er kenne ihn doch gar nicht. Der Arzt hat uns nach längerem Hin und Her erzählt, dass die Schwester und Mutter ihn vor ein paar Tagen besucht und ihm berichtet hätten, dass Julius simulieren würde, unbeherrscht und aggressiv sei.

Wir waren geschockt. Ich habe dem Arzt dann von der Verletzung im Krieg, den Kopfschmerzen, den Anfällen und Stürzen berichtet.«

Im dem ärztlichen Gutachten vom 4. März 1955 liest sich der Besuch von Dorothea und ihrer Mutter so:

»Die Mutter, Frau Meyer, und die Schwester, Fräulein Meyer, suchten den Referenten am Vormittag des 24.2.1955 in der Klinik auf (ohne Wissen des Antragstellers Julius Meyer) und machten folgende Angaben: M. (Julius Meyer) sei sehr unbeherrscht, haltschwach und energielos. Er trinke sehr häufig in großen Mengen Alkohol. Vor 1½ Jahren habe er monatelang regelmäßig Alkohol getrunken und sei kaum in der Lage gewesen, einer geregelten Tätigkeit nachzukommen. Auch jetzt arbeite er nur sehr wenig, gehe viel aus, spiele regelmäßig Karten und rauche auch sehr intensiv. Wenn man ihm Vorhaltungen mache, treten seine ›Anfälle‹ auf, er schreie dann, drohe, schimpfe und werde auch handgreiflich. So sei es Ende Januar dieses Jahres auch gewesen. Anläßlich einer Feier habe er wieder große Mengen Alkohol getrunken. Als seine Frau ihn am Weitertrinken hindern wollte, habe er diese geschlagen, sodaß sie 2 Tage lang im Krankenhaus behandelt werden musste. M. entschuldigte sich immer damit, daß er Hirnverletzter sei und nicht arbeiten könne. Jedenfalls sei der Zustand unerträglich, da er in letzter Zeit vor allem der Schwester gedroht habe, sie umzubringen.«

Die Aussage von Marlies vom 4. März 1955 wird im Gutachten wie folgt erwähnt:

»Angaben der Ehefrau des M., Frau Meyer am 4.3.1955:

Sie verstehe sich mit ihrem Mann sehr gut, es gebe zwar gelegentlich Auseinandersetzungen, er sei auch unbeherrscht, doch habe es bisher keine größeren Streitigkeiten gegeben. Die Hauptschwierigkeiten seien wohl die Spannungen zwischen ihrem Mann und der Schwägerin (Dorothea Meyer), die sehr herrschsüchtig sei und wodurch ihr Mann wohl sehr viel Aufregungen habe. Wegen seiner Krankheit sei er nicht in der Lage, regelmäßig zu arbeiten. Er trinke aber vor allem in der letzten Zeit praktisch keinen Alkohol mehr und gehe auch kaum aus. Sofern das Verhältnis in der Familie erträglicher würde, würde es wahrscheinlich ihrem Mann auch besser gehen. Sie habe mehrmals Gelegenheit gehabt, Anfälle ihres Mannes zu beobachten. Dabei würde ihm zumeist übel, er würge, manchmal würde er hinterher bewußtlos. Solche Zustände treten auch aus dem Schlaf heraus auf, dann sei er blaurot im Gesicht, lasse unter sich und zittere am ganzen Körper. Ein eigentliches Zucken oder Krampfen sei es nicht. Öfter verspüre ihr Mann hinterher Schwindel und Kopfschmerzen, müsse sich dann ausruhen. Es sei ihr nicht aufgefallen, dass ihr Mann vergeßlicher geworden sei.«

Daraufhin wurde Julius in der Uni-Klinik aufgenommen und von dem Arzt intensiv untersucht. Der Arzt berücksichtigte und bewertete auch all die vorausgegangenen Berichte anderer Ärzte und Kliniken. Am Ende bescheinigte der Arzt ihm im dem abschließendem nervenärztlichen Gutachten: *»es kann kein Zweifel darin bestehen, daß Meyer 1944 ein schweres Schädelhirntrauma im Sinne einer Hirnkontision erlitten hat«.*

Etwas frei übersetzt ist dies eine Hirnverletzung, die nicht von einer offenen Schädelfraktur begleitet wurde. Eine Art Prellung durch äußere Krafteinwirkung, die zu Bewusstseinsstörungen und neurologischen Ausfällen führen kann.

E. H.: »Wie hat Julius reagiert, als er von dem Besuch von Dorothea und der Mutter erfahren hat?«

Marlies: »Wir waren innerlich sehr wütend und geschockt, wie Dorothea und die Mutter Julius auf solch eine Weise hintergangen und in arge

Nöte bringen konnten. Im Nachhinein haben wir von einem Freund eher zufällig erfahren, dass er Dorothea und die Mutter in Hamburg gesehen habe. Er wollte es uns erst gar nicht erzählen. Er befürchtete, dass es daraufhin ›Mord und Totschlag‹ in der Familie geben würde. Er war froh, von uns zu hören, dass es dazu nicht gekommen war. Der Freund bestätigte uns somit die Aussage des Arztes.«

E. H.: »Wie habt ihr darauf reagiert?«

M.: »Wir mussten das erst einmal verkraften. Der Vorfall veränderte die Beziehung zwischen Julius und den beiden Frauen gewaltig. Aber auch zu dem Vater. Wir nahmen ihm nicht ab, dass er unwissend war, als ich ihm von Julius' Sorgen in Hamburg berichtet hatte. Schließlich mussten die beiden Frauen nach Hamburg fahren und den ganzen Tag außer Haus gewesen sein. Die Fahrt musste er mitbekommen haben. Von diesem Augenblick an war für Julius das Vertrauen zu Dorothea, aber auch zu der Mutter zerstört. Sie waren hinter seinem Rücken einfach zu dem Arzt gefahren! Ein Unding für ihn, eine Verletzung höchsten Grades.«

E. H.: »Haben sich Dorothea und die Mutter dazu in irgendeiner Weise mal geäußert?«

M.: »Nein, es wurde nicht darüber gesprochen. Die Beziehungen waren zerstört, das Verhältnis war danach nie wieder ehrlich. Über Probleme wurde ja sonst auch nicht gesprochen. Dazu kam ja noch, dass alle möglichen Leute außerhalb der Familie auch über den Vorfall informiert waren. Das war für sie peinlich.«

E. H.: »Dazu kam, dass ihr noch immer in einem Haus gelebt habt.«

M.: »Ja, wir teilten uns sogar die Küche und zum Teil auch ein Wohnzimmer. Das Leben war nur noch ein Kampf. Dorothea und Julius haben sich gehasst. Es folgten weitere Gemeinheiten und Streitereien.
Nach diesem Vorfall mit dem Arzt nahmen die Auseinandersetzungen zu, sie häuften sich und wurden heftiger. In der Folge verzog sich Julius noch öfter als früher in die Kneipe. Diese häufigen Streitereien konnte er nicht aushalten.«

E. H.: »Das muss für dich der Horror gewesen sein! Das ging ja Jahre lang!«

M.: »Kannst du das nachfühlen? Es waren wirklich enge Wohnverhältnisse. Wir begegneten uns dauernd. Es mussten private und den Hof betreffende Absprache getroffen werden. Schon vor diesem Konflikt ging Julius nach oder während der Streitereien in die nahegelegene Dorfkneipe und kam nicht selten betrunken zurück. Jetzt flüchtete er noch öfter ...« *(Pause mit traurigem Gesichtsausdruck)* »Furchtbar, furchtbar war das!«

E. H.: »In der Familie wurde nie darüber gesprochen. Geredet wurde aber, dass Dorothea und die Eltern Angst vor körperlichen Angriffen von Julius hatten, insbesondere wenn er betrunken war. War die Sorge berechtigt?«

M.: »Oftmals war er nicht ansprechbar, wenn er aus der Kneipe kam. Geschlagen hat er Dorothea und die Eltern nicht. Laut und wütend konnte er werden, wenn er zornig war. Er war dann in sehr aggressiver Stimmung. Es konnte schon furchteinflößend sein.« *(Sie zögert, sucht nach Worten, als ob sie nicht weiß, ob sie mir alles erzählen soll.)* »Man durfte ihm nicht im Wege stehen. Selbst ich musste mich hüten. In solchen Momenten konnte ich ihm nicht meinen Unmut über die Kneipengänge und sein Verhalten mitteilen. Manchmal habe ich es geschafft, ihn früh genug aus der Kneipe abzuholen. Er kam dann freiwillig mit.«

E. H.: »In der Familie wurde erzählt, dass er dich – auch später noch – geschlagen oder an den Haaren gezogen hat. Was stimmt davon?«

M. »Na ja, geschlagen ...« *(Sie zögert wieder.)* »Sagen wir mal so ... geschlagen und wieder vertragen. Behutsam ist er mit mir oftmals nicht umgegangen. Es war furchtbar. Und Elisabeth, gerade mal drei Jahre alt, war ja dann auch da, und sie bekam die Konflikte mit. Später war ich dann wieder schwanger und musste die offenen Streitereien ertragen. Wir wohnten ja eng zusammen, es gab keine Ausweichmöglichkeit für mich. Das war nicht schön, das kannst du mir glauben.«

E. H.: »Wie hast du das aushalten können?«

M.: »Diesen heimlichen Besuch beim Arzt in Hamburg von der Schwester und Mutter habe ich als hinterhältig, als eine Ungeheuerlichkeit empfunden. Es war für mich unvorstellbar, wie Dorothea und die Mutter sowas machen konnten. Ich empfand es als eine bodenlose Gemeinheit. Mit meinem Sinn für Gerechtigkeit war der Besuch beim Arzt nicht vereinbar. Vor diesem Konflikt hatte ich Dorothea in den Auseinandersetzungen manchmal verstanden und habe mich über Julius geärgert. Ich habe nicht alles gut gefunden, was Julius gemacht hat und wie er reagiert hat. Ich habe zu vermitteln versucht.

Nach dem Arztbesuch habe ich nur noch zu Julius gehalten … obwohl ich auch unter seinem aggressiven Verhalten im betrunkenen Zustand gelitten hatte.

Dieser Konflikt war für Julius und mich der Höhepunkt der Auseinandersetzung mit Dorothea und den Eltern. Jetzt stellte sich Julius auf die Hinterbeine … Zu einem wirklichen Frieden ist es nie gekommen in der Familie. Das empfand ich als schade.«

E. H.: »Fürwahr, selbst ich habe diese schlechte Stimmung in der Familie noch viele Jahre später bemerkt.

Was ist aus der Untersuchung beim Arzt in Hamburg geworden? War sie erfolgreich? Wurde die Verletzung von der Rentenversicherung beziehungsweise dem Versorgungsamt dann anerkannt?«

M.: »Ja, nach der Untersuchung bei Dr. Lennartz nahm die Anerkennung an Fahrt auf.

Es hat fast zwei Jahre bis zur endgültigen Anerkennung gedauert. Ihm wurde eine Grundrente gewährt. Für die Zeit, wenn er aus gesundheitlichen Gründen keinen Verdienst hatte, erhielt er eine Ausgleichsrente. Sie entsprach einem Betrag, um insgesamt auf ein normales Arbeitseinkommen zu kommen. Sobald er gearbeitet und Geld verdient hatte, wurde die Ausgleichsrente entsprechend gekürzt. Über die Höhe der Rente wurde noch jahrelang immer mal wieder gestritten. Julius musste immer wieder Untersuchungen über sich ergehen lassen.«

E. H.: »Wurde in der Familie später noch einmal über den Arztbesuch von Dorothea und der Mutter gesprochen?«

M.: »Oh nein, niemals. Es wurde nie darüber gesprochen. Diese Ungeheuerlichkeit stand bis zum Lebensende von Julius zwischen ihm und der Familie. Sie hat jedes Familientreffen belastet … Noch 30 Jahre später, immer wenn man sich zu Geburtstagen traf.«

E. H.: »Das habe ich auch so erlebt. Ich habe nie auch nur ansatzweise etwas von diesem Arztbesuch und dem daraus folgenden Konflikt gehört. Nicht einmal von dir und Julius. Dieses Geheimnis haben meine Großeltern, meine Eltern und meine Tante Dorothea mit ins Grab genommen. Ich stelle mir noch immer die Frage, warum Dorothea und die Mutter so eine Gemeinheit gemacht haben.«

M.: »Ich kann es auch nur erahnen. Sie drängten Julius schon länger, das Haus mit seiner Familie zu verlassen. Wir sollten uns eine eigene Wohnung suchen. Nach dem Vorfall mit dem Arzt im Jahr 1955 stellte Julius sich jedoch quer. Er wollte sich von Dorothea und seinen Eltern nicht länger gängeln lassen. Er ahnte, dass sie ihn hinterrücks loswerden wollten. Immer machte er seinen Standpunkt klar: So wie sein Vater den Hof auch von seinem Vater bekommen hatte, so wolle er auch den Hof von seinem Vater bekommen. Er stehe ihm rechtlich zu. Außerdem habe sein Vater ihm mündlich zugesagt, den Hof zu bekommen.«

E. H.: »Wie ging es dir mit diesem erneuten Streit?«

M.: »Ich wollte Frieden. War hilflos. Es war die Hölle für mich … nichts ging mehr nach dem Konflikt mit dem Arztbesuch. Immer ging es hoch her. Ich konnte mit Julius nicht wirklich reden. Er schien zu verletzt und trotzig. Er hatte ja die ganze Familie gegen sich.«

E. H.: »Wie hat sich der Familienstreit auf die Beziehung zwischen dir und Julius ausgewirkt? Der Streit war nach dem Arztbesuch nicht zu Ende, es ging nach den mir vorliegenden amtlichen Unterlagen noch drei Jahre weiter.«

M.: »Was, so lange noch? Ich kann mich nicht erinnern. Ich habe immer wieder mit Julius zu sprechen versucht, er solle sich zusammenreißen. Es hat nichts genutzt. Immer wenn es Streit gab, ist er in die Kneipe gegangen, hat seinen Ärger runtergespült. Ich hatte immer Angst, wenn er zurückkam.«

1958. DAS JAHR DER WAHRHEIT

Mittlerweile schreiben wir das Jahr 1958, sechs Jahre nachdem sich die ersten familiären Streitereien in den überlieferten und hier erwähnten Briefen angedeutet hatten. Die allgemeine Verzweiflung über die Zukunft des Hofes war nicht geringer geworden, eine Lösung musste her, war aber nicht in Sicht, nicht einmal im Ansatz. Über den weiteren Verlauf des Erbschaftkampfs liegen umfangreiche Dokumente vor. Der Konflikt wurde ausschließlich auf dem Rechtsweg zu lösen versucht, die offizielle Kommunikation zwischen Vater und Sohn lief über Anwälte. Den Anfang machte der Vater am Ende des Jahres 1957, als er seinen Anwalt um eine

Rechtsauskunft bat, wie die Erbschaft und Hofübergabe organisiert werden könnte, möglichst ohne Julius.

Dorothea spielte bei den Streitereien eine wichtige Rolle, wie mir Marlies immer wieder bestätigte. Für mich wurde bei der ersten oberflächlichen Durchsicht dieser umfangreichen Unterlagen zunehmend klar, dass ich mir diese Familien-Zickerei genauer ansehen musste.

Zu stark hatten sich die Lebenswege der Schwestern schon bis zu diesem Jahr 1958 unterschieden. Zu stark schien mir die Beziehung der beiden Schwestern von diesen Streitereien im Elternhaus geprägt worden zu sein. Zu stark schienen mir an Hand dieses Konflikts die unterschiedlichen Lebenshaltungen der Schwestern deutlich zu werden. Insbesondere die von Dorothea sollte hier erkennbar werden. Heraus kam eine Familiengeschichte, die sich für mich anfühlte wie ein Krimi.

In unserer Familie wurde später nicht über diese Erb-Streitereien geredet. Im Gegenteil: Es wurde geschwiegen, geschwiegen und immer noch geschwiegen. Es wurde über alles gesprochen, wer wen heiratet oder wer sich streitet, über die Kinder und Enkelkinder, über Politik, über den Krieg, über das Wetter, aber nicht über die Probleme, die uns betrafen und betroffen hatten, die schmerzlichen, die schwerverdaulichen Verletzungen, die Trauer, die uns den Schlaf oder die Sprache raubten, über die heimlich gerollten Tränen und die innere Wut, die uns in ungeahnte Gefühlswelten trieb. Die sollten wir runterschlucken, so wie es uns vielleicht seit Generationen vorgemacht wurde, unwissend und ohne Absicht … oder absichtlich in der Hoffnung, dass mit der Zeit Gras darüber wächst.

Umso mehr freue ich mich, dass Marlies mehr als 65 Jahre später bereit war, dieses Schweigen zu brechen, als letzte betroffene Zeitzeugin. Sie war bereit, in eine Welt einzutauchen, die für sie schmerzreich war. Sie erlebte mit ihren über 90 Jahren diese Welt neu, weil sie von ihr unbekannten Informationen und Zusammenhängen aus den überlassenen Unterlagen erfuhr, die ihr damals von ihrem Mann und ihrer Familie als Frau, als Mutter kleiner Kinder vorenthalten wurden. Marlies wusste damals nur, dass es das ungebrochene Ziel von Dorothea und den Eltern war, Julius mit ihr und den Kindern vom Hof zu vertreiben. Über das Warum und die Mittel dieses Familienkampfes konnte sie ihr Leben lang nur rätseln.

Ich war gespannt, wie weit uns die mir hinterlassenen Unterlagen dieses Rätsel lösen konnten.

31. JANUAR 1958.
HALLO, HIER SPRICHT DER ANWALT

F alls der Arztbesuch im Februar 1955 ein Versuch war, Julius auf subtile Weise zu schaden oder gar loszuwerden, ist er nicht gelungen. Jetzt, drei Jahre später, drängte die Zeit für eine Lösung. Jedenfalls für den mittlerweile 69 Jahre alten, kranken Vater und für die »mit den Hufen scharrende« Tochter Dorothea. Wer will, soll oder darf den Hof übernehmen?

Das Jahr beginnt mit einem vierseitigen Schreiben des Anwalts T. an den Vater vom 31. Januar 1958, in dem er die gestellten Fragen beantwortet. (*Hinweis: Das Schreiben mit den Fragen vom Vater ist nicht überliefert.*) Das erste mir vorliegende Dokument dieser speziellen Erbgeschichte lässt nicht erkennen, dass Julius als Sohn und eigentlicher Hoferbe in irgendeiner Weise in diese Planung einbezogen wurde. Eher, dass dieses Vorgehen ihm gegenüber geheim gehalten, dass nicht mit offenen Karten gespielt wurde. Das Schreiben ist für mich wie ein Vorwort der gesamten Erbgeschichte und macht deutlich, was der Vater und Dorothea ausgeheckt haben.

In Auszügen teilte der Anwalt mit (direkte Text-Formulierungen des Anwaltes sind gekennzeichnet):

1. »*Ihr Sohn hat keinen Anspruch darauf, auf Ihrem Hof zu leben. Sie können ihn daher jederzeit verklagen, Ihren Hof zu verlassen. Die Vollstreckung dieses Urteils wird insofern gewisse Schwierigkeiten bereiten, als er nur dann zwangsweise herausgesetzt werden kann, wenn eine andere Unterkunft für ihn vorhanden ist. Die Erfahrung lehrt aber, dass dieser Weg praktisch nicht gangbar ist (...) da Sie Ihren Sohn ohnedies versorgen wollen, wäre vielleicht die Erstellung eines Hausgrundstückes in Ihrer oder einer Nachbargemeinde ratsam, das Sie dem Sohn alsdann als Wohnung anbieten könnten.*«

2. »*Nach der geltenden Höfeordnung kann der Bauer den Anerben aus der Zahl seiner Kinder frei bestimmen. Er kann dies durch Testament machen, wie Sie es getan haben, oder er kann es durch einen Übergabevertrag tun. Der Übergabevertrag bedarf der Genehmigung durch das Anerbengericht.*

Nach der Rechtsprechung des Bundesgerichtshofes soll einem Kind das bereits jahrelang auf dem Hof gearbeitet hat, und das durch das ganze Verhalten des Bauern den Eindruck gewonnen hat, dass es den Hof einmal bekommen soll, der Hof weder durch Testament noch durch Übergabevertrag auf einen anderen Abkömmling vorenthalten werden. Eine Ausnahme hiervon soll nur gegeben sein, wenn sich zur Zeit der Übergabe an ein anderes Kind herausstellt, dass jenes nicht geeignet ist. Diese Rechtsprechung ist zwar angegriffen und später auch etwas eingeengt worden. Sie würde aber ihrem Sohn immerhin Angriffsmöglichkeiten auf das bereits von Ihnen errichtete Testament wie auf einen mit Ihrer Tochter zu schließenden Übergabevertrag bieten.

Das von Ihnen errichtete Testament hat für meinen Geschmack einen Nachteil. Es gibt nämlich sehr ausführlich die Gründe an, weshalb Sie nicht den Sohn, sondern die Tochter zum Anerben bestimmt haben. Damit kann Ihr Sohn – ohne auf die Rechtsprechung des Bundesgerichtshofes zurückgreifen zu müssen – das Testament anfechten (...) Deshalb rate ich sehr dazu, dieses Testament in seinem ganzen Umfang aufzuheben und dafür ein neues Testament zu errichten, das ohne Angabe irgendwelcher Gründe die Tochter zum Anerben bestimmt.

Damit würde die Anfechtbarkeit des Testamentes wesentlich erschwert werden. Nicht beseitigen können wir damit aber die auf die Rechtsprechung des Bundesgerichtshofes gestützten Angriffe des Sohnes. Die Folge dieser Rechtslage ist, dass sich Ihre Tochter Dorothea, die Sie als Anerben auserkoren haben, bis zu Ihrem Tode in der Ungewissheit befindet, ob sie den Hof wirklich einmal bekommen wird. Diese Ungewissheit werden Sie ihr nicht zu muten können. Deshalb mache ich einen anderen Vorschlag.«

3. »Ich empfehle, mit Ihrer Tochter einen Übergabevertrag abzuschließen, in dem sie sich und Ihrer Ehefrau im Grundbuch ein näher zu umreissendes, durch grundbuchliche Eintragung abzusicherndes Altenteil ausmachen, die Abfindung Ihrer Tochter Frau Hasper bestimmen und schliesslich auch die Abfindung Ihres Sohnes bestimmen (...) [es] ergeben sich für diese Abfindungen als untere Grenze der Pflichtanteil und als obere Grenze die Tragbarkeit der dem Hof mit diesen Abfindungen auferlegten Belastungen.«

4. »Da Sie Bedenken haben, Ihrem Sohn grössere Werte anzuvertrauen und da er, wie oben unter 1. bereits ausgeführt, ausserhalb des Hofes untergebracht werden muss, schlage ich Ihnen hier folgendes vor:

Sie übertragen seinen Kindern das zur Unterbringung Ihres Sohnes zu errichtende Hausgrundstück und räumen dem Sohne und dessen Ehefrau dran das lebenslängliche unentgeltliche Niessbrauchrecht – im Grundbuch dinglich zu sichern – ein. Darüber hinaus können Sie ihm eine Rente in Form von Geld oder Naturalien gewähren, um ihn zu unterstützen. Ich würde im Übergabevertrag diese Abfindung an den Sohn aber an die Bedingung knüpfen, dass er den Übergabevertrag auf Ihre Tochter anerkennt, nicht im Genehmigungsverfahren oder in anderer Weise eingreift und den Hof nicht für sich in Anspruch nimmt. Sollte er dergleichen tun, so bestimmen Sie, dass seine Abfindung in seinem Pflichtteil bestehen soll. Vielleicht bietet dies für Ihren Sohn einen gewissen Anreiz, sich mit Ihrem Willen abzufinden und Ruhe und Frieden zu halten.«

5. »Zusammenfassend schlage ich vor

a) Sofortige Aufhebung des alten Testamentes

b) Sofortige Errichtung eines neuen Testamentes mit annähernd demselben Inhalt, aber ohne jegliche Begründung.

c) Erwerb eines Grundstückes in einer Nachbargemeinde und die Errichtung eines Hauses darauf.

d) Räumungsprozess gegen den Sohn

e) Übergabevertrag mit Ihrer Tochter und Genehmigung dieses durch das Landwirtschaftsgericht, wobei darauf zu dringen ist, dass dieses den Sohn als Beteiligten zuzieht, ihm mindestens aber seinen Beschluss zustellt, damit er, falls er Ansprüche auf den Hof erheben will, dagegen Beschwerde einlegen kann und somit der Kern der eigentlichen Streitfrage aufgeklärt werden muss.«

Soweit wesentliche Zitate aus dem Antwortschreiben des Anwalts.

Aha, der Vater plante ein neues Testament und für Dorothea eine Möglichkeit, sie als Hoferbin einzusetzen. Das deutet auf einen Konflikt hin. Das Vertrauen war eh zerstört. Es gab aber keine Andeutung, wie die so offensichtliche, persönliche, emotionale Seite der familiären Auseinandersetzung gelöst werden konnte. Sollte nur mit rechtlichen Kniffs eine Lösung gesucht werden?.

Was für ein »Spiel« wurde getrieben? Wollte sich Dorothea wirklich den Hof aneignen? Aus ihrer Rolle als Älteste, als die Klügere, als die wirtschaftlich besser Denkende, als Raffinierte? Oder war es ein neuer Versuch, um Julius lediglich zu »vertreiben«?

Die Entscheidung über die Zukunft des Hofes schien eine knifflige Angelegenheit zu werden.

Rein rechtlich war es zu der Zeit nicht einfach, dass eine Frau ohne einen Mann an ihrer Seite einen Hof bewirtschaften kann beziehungsweise darf. In manchen Gegenden in Deutschland mussten Frauen zu der Zeit dazu entweder heiraten oder mussten eine Art Verwalter anstellen. Frauen wurde diese Verantwortung für die Bewirtschaftung eines Hofes nicht zugetraut. So, wie der Ehemann verbieten konnte, dass die Frau arbeiten geht. Unklar blieb auch, ob Dorothea sich selbst die eigenständige Bewirtschaftung zutraute. Vor ein paar Jahren hatte sie es verneint.

Zudem gab es zu der Zeit bei einer Hofübergabe einige direkte und indirekte Mitentscheider: das Anerbengericht, das Landwirtschaftsgerichts, das Erbrecht, das Nutznießrecht … sogar das Niedersächsische Landvolk und der Kreisverband des Landvolks wurden in die Entscheidungen einbezogen, wer einen Hof unter welchen Bedingungen bewirtschaften darf. Für Laien ein undurchschaubares Gewirr von rechtlichen Verknüpfungen.

Seit dem Anwaltsschreiben vom Januar 1958 wurden die rechtlichen Auseinandersetzungen nur über die Anwälte ausgetragen.

Noch lebten die Eltern, Dorothea und Julius mit seiner Frau Marlies und der fünfjährigen Tochter unter einem Dach. Wie weit war das Zusammenleben auf dem Hof möglich, wo das Knistern der Emotionen lauter zu werden schien als das Knarren des 150-jährigen Gebälks im alten Bauernhaus?

Noch nutzten sie die gleiche Küche und das gleiche Plumpsklo und mussten bestrebt sein, die Arbeit auf dem Hof gemeinsam zu erledigen. Julius und Marlies erwarteten im August 1958 ihr zweites Kind. Durch die persönlichen Auseinandersetzungen wurde die Wohnsituation immer anstrengender und kniffliger. Julius wurde speziell von Dorothea weiterhin unter Druck gesetzt. Sie leitete verschiedene Schritte für eine schnelle Lösung ein.

Julius wollte den Hof auf keinen Fall verlassen und hielt sich seiner kleinen Familie zuliebe wacker. Dorothea und die Eltern hingegen wollten ihn endlich loswerden und griffen zu radikaleren Mitteln. Sie versuchten es mit einem filmreifen Unterfangen. Sie engagierten eine Art Detektiv.

In den nächsten Wochen reisten die von Dorothea und ihrem Vater engagierten »Aufpasser« mehrmals für ein paar Wochen aus Hannover an und wohnten auf dem Hof. Für Julius und Marlies gab es zunächst keinen tieferen Sinn für diese Besuche.

Es wurde ihnen mitgeteilt, dass der Detektiv geholt wurde, um die Eltern und die Tochter Dorothea vor Julius zu schützen. Mehr wusste Julius nicht. Offiziell sollte der Detektiv einen »Bericht über das Betragen des Herrn Julius Meyer in seiner elterlichen Wohnung« abfassen. Der Aufpasser selbst habe sich laut Marlies nie zu seiner Funktion geäußert. War es eine sich über die Jahre entwickelnde reine Hilflosigkeit der Eltern und der Tochter, die sich breitgemacht hatte?

Sollte der Aufpasser oder Detektiv – wie auch immer er zu bezeichnen war – ein Versuch sein, um Julius für »unzurechnungsfähig« erklären zu können? Wollte Dorothea mit tatkräftiger Unterstützung ihrer Eltern den Sohn, den Bruder und Hoferben auf diese Weise loswerden? Ahnten sie, dass es auf (erb-) rechtlichem Weg anscheinend zu schwierig sein würde? Im Anwaltsschreiben vom 31. Januar wurde diese Möglichkeit immerhin als schwierig durchsetzbar eingeschätzt.

Julius wurde in diese Bemühungen um eine Lösung nicht einbezogen. Seine Kopfverletzung war jedoch nicht so schwer, dass er die Machenschaften hinter seinem Rücken nicht bemerkt hätte. Er ahnte, dass er aus der Verantwortung für den Hof gedrängt werden sollte.

Die Berichte des Aufpassers geben einen Einblick in die persönliche, emotionale Seite des Familienlebens, fernab der rechtslastigen Seite. Ein Familienleben, das davon geprägt war, dass die Streithähne bereits seit mindestens zehn Jahren in enger, familiärer Verbundenheit mit Unklarheit und Zwietracht unter einem Dach gelebt hatten. Drei Berichte wurden von dem Aufpasser mit einer Schreibmaschine aufgesetzt:

4. März 1958 »Bei meinem erstmaligen Erscheinen auf dem Hof des Herrn Bürgermeisters Fritz Meyer am 4. März 1958, gegen elf Uhr zwanzig, fand ich Herrn Meyer sen., seine Ehefrau und Tochter in ihrem Schlafzimmer aufgelöst vor. Auf Befragen erklärten sie mir, dass sie aus Angst vor ihrem Sohn ins Schlafzimmer geflüchtet seien. Nach etwa einer Stunde erschien Meyer jun. im Wohnzimmer, nahm einige Zeitschriften zur Hand und warf sie dann wieder zurück und verliess ohne ein Wort zu sagen, das Zimmer. Nach wenigen Minuten erschien Meyer jun. wieder im Wohnzimmer, und fragte mich, ob ich der neue Verwalter sei. Ich gab ihm keine richtige und erschöpfende Auskunft, sodass er das Zimmer verließ.«

7. März 1958 »Vereinbarungsgemäß traf ich mich mit Herrn Meyer sen. und seinem Sohn Julius in den Nachmittstunden in Hoya in der Conditorei Uhde, wo ich eine Unterredung mit Herrn Meyer jun. führte, und zwar im Interesse seines Vaters. Hierbei habe ich versucht, den Meyer jun. zur Vernunft zu bringen. Meyer jun. erklärte mir, dass er auf den Hof nicht verzichten kann, und ihn ganz oder gar nicht haben will.«

15. März 1958 »Beim Abendessen pöbelte Meyer jun. seinen Vater an: ›Du willst mir nicht den Hof geben, aber Deinem Schwiegersohn (Hinweis: er meinte meinen Vater, Lewines Ehemann, Direktor des Kalkwerkes Marienhagen!) willst Du ihn geben. Ich weiss, was ihr mit mir vorhabt; am liebsten seht ihr, dass meine Frau in ihrem Zustand – Schwangerschaft – nicht mehr im Hause sein würde. Sie hat ja für Euch immer als Magd gearbeitet und ihr habt sie auch nur als solche behandelt.‹ Da Herr Meyer Sen. sich dieses nicht mehr anhören wollte, ging er ins Bett.«

29. März 1958 »Herr Meyer jun. kam gegen vier Uhr morgens im angetrunkenen Zustand nach Hause, zog sich um und fuhr mit dem Trecker mit Anhänger ins Dorf, um für einen Bauern etwas zu fahren. Für wen oder was er gefahren hat, weiss ich nicht, da ich um acht Uhr zurück nach Hannover fahren musste.

In der Zeit vom 4. März bis 29. März sind bösartige Auseinandersetzungen nicht zu verzeichnen; jedoch hat Meyer jun. seine Mutter und Schwester mit sehr schmutzigen Redensarten belästigt, die ich hier nicht gerne erörtern will. Im Ernstfall bin ich gerne bereit, diese zu wiederholen.«

Zweiter Besuch im April 1958

17. April 1958 »Ich fand in der Familie Meyer eine erhöhte Spannung vor. Kurz nach meinem Eintreffen wurde ich von Meyer jun. mit Vorwürfen überhäuft, u. a. fragte er mich, was ich hier wieder zu suchen hätte, ich solle, wenn ich einen anständigen Charakter hätte, machen, dass ich zurückfahre. Darauf gab ich ihm keine Antwort.«

20. April 1958 »Am Sonntag kam Meyer jun. mit seiner Ehefrau und Kind Elisabeth in leicht angetrunkenem Zustand heim. Da eine Kuh mit Hilfe fremder Männer kalbte, schrie er in der Diele folgende Worte seinen Eltern entgegen: ›Ja, da haben wir es, Euer Sohn ist immer nicht zur richtigen Stunde da, aber Eure Tochter, die ist zu jeder Zeit da und kann helfen‹. Dazu gebrauchte er noch einige gemeine Ausdrücke.«

21. April 1958 »Bereits am nächsten Morgen gegen 8:30 Uhr, kurz nach seinem Aufstehen, schrie Meyer jun. seine Mutter und die Tochter mit den gemeinsten Worten an: ›Ihr wollt mich mit meiner Frau und Kind vom Hof jagen, aber Dorothea, die soll den Hof mit Herrn Hasper bekommen. Den feinen Herrn Hasper werde ich überall unmöglich machen, er soll sich nicht wagen, hier auf den Hof zu kommen, sonst schlage ich ihn kaputt.‹

Nach dem Mittagessen gegen 13:30 Uhr und nach dem Abendessen gegen 19 Uhr, schrie er im Haus dieselben Worte und fügte noch hinzu, dass er alle erschiessen werde bis auf seinen Vater, seine Frau und sein Kind. Für seine Frau und Kind sollte dann sein Vater sorgen.«

22. April 1958 »Als Meyer jun. über seinen Anwalt die Nachricht erhielt, dass er mit 25.000 bis 30.000 DM abgefunden werden sollte und dieses noch durch einen Brief von Frau Meyer sen. an ihren Schwiegersohn Herrn Hasper, den Meyer jun. aus dem verschlossenen Schlafzimmer entwendet hatte, erhärtet wurde, wurde er dermassen laut und schrie seinen Vater und seine Mutter mit den gemeinsten Schimpfworten an, und zwar: ›Ich habe es nun schriftlich, Ihr wollt mich mit Frau und Kind vom Hof jagen, ich soll auf den Hof zugunsten der Dorothea und Hasper's verzichten, niemals, ich will den Hof genauso übernehmen, wie einst Du – also sein Vater – ihn von seinem Vater erhalten hat.‹

Bei dieser Erregung wollte er auf seinen Vater gehen. Ich hielt ihn davon zurück. Dieser Krach dauerte bis zum späten Abend und wiederholte sich am 23.4. und 24.4.1958.«

26. April 1958 »In den Nachmittagsstunden waren Frau Meyer sen., ihre Tochter Dorothea und ich im Wohnzimmer. Fräulein Dorothea Meyer war mit Buchführung beschäftigt. Plötzlich erschien Meyer jun. und riss seiner Schwester die Papiere und Briefschaften aus der Hand und fing sie an durchzusehen. Unter anderem schrie er seine Schwester an: ›Ach so steht es mit dem Hof, dann habt ihr ja gut gewirtschaftet, das ist auch der Grund, dass ich nie in die Papiere schauen kann.‹

Weiter schrie er seine Mutter an: ›Du alte Hure, Du bist ja nur aus einem kleinen Pachthof zu Hause und nun willst Du diesen Hof und mit Hilfe Dorothea auch zum Pachthof haben.‹ Nach vielem Hin und Her ist es mir gelungen, den Meyer jun. dazu zu bewegen, dass er die Briefschaften zurück auf den Tisch legte und Frl. Dorothea sie an sich nehmen konnte.«

27. April 1958 »Auf Grund dieser Vorfälle haben sich die Eheleute Meyer sen. und Tochter Dorothea mit Herrn Hasper in den Nachmittagsstunden in Hoya getroffen, um über die gespannte Lage zu beraten.«

28. April 1958 »In den frühen Morgenstunden war Meyer jun. nach Hannover gefahren und kehrte gegen 21 Uhr desselben Tages heim.« (*Hinweis: laut seiner Frau Marlies fuhr er zum Vermittler des Landvolkes Niedersachsen.*)

29. April 1958 »In den Vormittagsstunden schrie Meyer jun. seine Eltern an: ›Ach, ich soll vom Hof verschwinden, sonst will der Pächter nicht kommen, aber den Gefallen werde ich Euch nicht tun‹ … und vieles mehr. Die darauf folgenden Tage blieb es einigermassen ruhig – bis auf seine üblichen Redensarten.«

6. Mai 1958 »Gegen 23 Uhr kehrte Herr Meyer jun. von seinem üblichen Ausgang heim und wollte mit Gewalt die verschlossene Wohnungstür öffnen, um aus dem Raum ein Glas zu entnehmen. Frl. Meyer rief nach mir, und ich konnte ihn dazu bewegen, dass er nach Entnahme eines Glases zu Bett ging. Die darauffolgenden Tage bis zu meiner Abreise am 19.5.1958 gab es keine nennungswerten Vorkommnisse mit dem Sohn Julius.«

Soweit die ersten beiden Berichte.

Noch immer war nicht exakt klar, welchen Auftrag dieser Detektiv hatte. Klar war aber, dass Julius mittlerweile selbst einen Anwalt genommen hatte.

Im Jahr 2021 habe ich mit Marlies gesprochen, da sie den Detektiv miterlebt hatte. Sie wusste nichts von den Berichten »über das Betragen« ihres Ehemanns Julius.

E. H.: »Marlies, es gab 1958 diese Aufpasser oder Detektive, die auf dem Hof waren und Berichte in der Zeit von März bis Juni 1958 geschrieben haben. Was war das denn für eine Aktion aus deiner Sicht?«

Marlies: »Stimmt, das habe ich ganz vergessen. Es war so eine Art Detektiv. Erst einer und später ganz kurz ein zweiter, wenn ich mich recht erinnere. Sie waren eigentlich ganz nett zu mir und Julius. Mit Julius haben sie sich gut verstanden.«

E. H.: »Hattet ihr damals eine Ahnung, welchen Auftrag die Aufpasser hatten?«

M.: »Das wurde uns nicht gesagt. Es waren zwei verschiedene Männer … die Namen habe ich vergessen. Sie haben uns das nicht verraten. Wir ahnten nur, dass sie von Dorothea angeheuert waren und das Verhalten von Julius auf dem Hof beobachten sollten. Sie haben dann wohl auch Berichte geschrieben, meines Wissens haben sie nichts gefunden, was Julius schaden konnte.«

E. H.: »Was aber war der Sinn? Was denkst du heute darüber?«

M.: »Dorothea und die Eltern wollten die ganzen Jahre davor, dass wir den Hof verlassen. Julius hat sich gewehrt, ist einfach nicht gegangen. Ich nehme an, dass sie Julius wegen des Alkohols und der Streitereien als unzurechnungsfähig erklären lassen wollten. Dorothea wollte den Hof übernehmen, es ging zunehmend um die Erbschaft.«

E. H.: »Es scheinen heftige Streitereien gewesen zu sein. Ihre Heftigkeit steigerte sich im Laufe des Jahres 1958. Genau in dieser Zeit warst du zum zweiten Mal schwanger. Wie hast du das erlebt oder ertragen?«

M.: »Das war wirklich schlimm. Jahre später, als Julius mal wieder zu einer Gehirn-Untersuchung nach Bad Pyrmont musste, erzählte ich dem Arzt, dass ich vor der Geburt von Friederike wegen der Streitereien täglich aufgeregt und besorgt war, sogar Angst hatte. Der Arzt hat nicht ausgeschlossen, dass mein stressiger Zustand dem Kind geschadet haben könnte. Er hat zu mir gesagt: ›Manchmal tritt ein, was der Volksmund so sagt.‹ Und … du weißt ja, dass Friederike dann behindert zur Welt kam.«

E. H.: »Wie hat sich Lewine, meine Mutter, als Schwester in dem langen Konflikt verhalten?«

M.: »Sie hat sich zurückgehalten. Sie war ja weit weg und hatte fünf Kinder zu versorgen. Sie war sehr beschäftigt. Sie hat ja dann wohl auch noch etwas Geld als Erbe erhalten.«

E. H.: »Stimmt, das hat mir meine Mutter erzählt. Sie war nicht erfreut, dass Dorothea so viel mehr erben sollte als sie. Ich habe einen Brief gefunden, wo angedacht war, dass mein Vater Dorothea unterstützen sollte, quasi formal als Verwalter des Hofes. Darüber haben meine Eltern nie geredet. Welche Rolle hatte mein Vater in diesem Konflikt? Wollte er das Erbe meiner Mutter retten? Oder wollte er nur meine Tante und meine Großeltern unterstützen und Partei gegen Julius ergreifen?«

M.: »Nein, ich wusste nur, dass dein Vater irgendwie beteiligt an dem Streit war. Mehr weiß ich aber nicht. Mit mir wurde nicht gesprochen. Auch von den Anwaltsschreiben wusste ich nichts.«

E. H.: »In den Unterlagen habe ich schon aus dem Frühjahr 1958 Hinweise auf einen Plan gefunden, dass der Hof an Dorothea verkauft oder verpachtet werden und mein Vater (formal) als Verwalter des Hofes auftreten sollte. Sozusagen als Strohmann. Es gab von den Anwälten meines Großvaters Bedenken, dass Dorothea als alleinstehende Frau – damals noch mit Fräulein angesprochen – den Hof nicht allein hätte führen dürfen. In solchen Fällen wurden männliche Personen als Verwalter eingestellt. Das hätte die Rolle meines Vaters sein können. Kannst du dich daran erinnern?«

M.: »Nein … aber warte mal … Julius hat das mal in einem Streit erwähnt. Er schien das geahnt zu haben oder er hat es von seinem Anwalt erfahren. Er war sehr erbost darüber … er hat sich über deinen Vater mächtig aufgeregt … an mehr erinnere ich mich nicht im Moment.«

E. H.: »Das scheint zu stimmen. In meinen Nachforschungen fand ich, dass der ›Aufpasser‹ schon im März 1958 in seinem Bericht erwähnte, dass Julius seinen Vater angeschrien habe: ›Du willst mir nicht den

Hof geben, aber Deinem Schwiegersohn.‹ In einem weiteren Bericht im April fand ich, was Julius von seinem Anwalt wusste oder zumindest ahnte. Er schrie seinen Vater an: ›Ihr wollt mich mit meiner Frau und Kind vom Hof jagen, aber Dorothea, die soll den Hof mit Herrn Hasper bekommen.‹«

M.: »Mag sein. Es gab damals so oft Streit. Es war furchtbar. Die Pläne von Dorothea und deinen Großeltern änderten sich wohl immer wieder mal.«

E. H.: »Nach den Unterlagen erhielt Julius einen Tag später, am 22. April, von seinem Anwalt die Nachricht, dass der Hof verkauft und er mit 25 bis 30.000 Deutschen Mark ausgezahlt werden sollte. Daraufhin hat Julius seinen Vater wohl angeschrien: ›Ich habe es nun schriftlich, Ihr wollt mich mit Frau und Kind vom Hof jagen, ich soll auf den Hof zu Gunsten der Dorothea und Hasper's verzichten, niemals, ich will den Hof genauso übernehmen, wie einst du ihn von deinem Vater erhalten hast‹.«

M.: »Das kann stimmen. Durch die Rechtsberatung von Julius' Anwalt wurde deutlich, dass Julius der Hof aus rechtlichen Gründen nicht ohne Weiteres weggenommen werden kann.«

E. H.: »Wie hat Julius denn darauf reagiert?«

M.: »Tja, wie hat er reagiert … er war enttäuscht … wütend und verzweifelt … aber Julius hatte sich schon vor längerer Zeit auf die Hinterbeine gestellt. Er wollte nicht aufgeben, schon allein, weil er sich hintergangen und benachteiligt fühlte. Er wollte nicht ausziehen. Er wollte unbedingt den Hof bekommen. Irgendwann hat der Vater begonnen, Land zu verkaufen, darunter das beste Ackerland. Es gab damals viele Schreiben der Anwälte. Wahrscheinlich hatten Dorothea und die Eltern rechtlich keine Möglichkeit, uns zu verjagen. Es war auf jeden Fall ein hinterhältiges Spiel, was damals von Dorothea und ihrem Vater getrieben wurde.«

Wie hinterhältig dieses Spiel tatsächlich war, zeigt der Briefwechsel der beiden Anwälte. Der Anwalt T. vertrat den Vater und somit auch die Mutter sowie Dorothea, der Anwalt B. vertrat wiederum Julius. Die zerstrittene Familie schien sich nur noch über ihre rechtlichen Beistände auszutauschen.

Anwalt T. vom Vater machte Anwalt B. von Julius einen Vorschlag:

8. Mai 1958

»Sehr geehrter Herr Kollege! In der Auseinandersetzungssache Meyer, Duddenhausen, teile ich Ihnen unter Bezugnahme auf Ihr Schreiben vom 24.4.58 folgendes mit:

Mein Auftraggeber, Herr Fritz Meyer, hält es für notwendig, sich von Ihrem Auftraggeber, seinem Sohn Julius Meyer, zu trennen. Ich möchte es nach Möglichkeit vermeiden, auf die Gründe einzugehen, weil ich alle Schärfen aus den hiermit einsetzenden Verhandlungen von vornherein heraushalten möchte und wäre dankbar, wenn auch Ihr Herr Mandant in dieser Richtung verfahren würde.

Ich bitte zu erwägen, ob auf folgender Grundlage eine Einigung zwischen den Parteien erfolgen kann:

1) In einem Erbverzichtsvertrag verzichtet Herr Julius Meyer für sich und seine Abkömmlinge auf die Erbfolge nach bürgerlichem Recht, wie auch der Anerbfolge in den Hof.

2) Julius Meyer verlässt bis zum 30.6.1958 mit seiner Familie den Hof.

3) Herr Julius Meyer erhält eine noch auszuhandelnde Abfindung als Ausgleich für seinen Erbverzicht, wovon 3.000 DM Zug um Zug gegen Räumung seiner Wohnung auf dem Hof zu zahlen sind. Der Rest wird zweckgebunden dahin, dass er von Herrn Julius Meyer nur zum Ankauf eines Grundstücks mit Wohnhaus oder zur sonstigen Beschaffung eines derartigen Anwesens nach seiner Wahl für ihn oder eines seiner Abkömmlinge verwendet werden darf. Der Betrag wird spätestens bis 30.6.1959 unter dieser Bedingung bei einem Notar seiner Wahl hinterlegt, bis die Zweckbestimmung gewährleistet ist.

4) Ab Verlassen des Hofs erhält Julis Meyer eine monatliche Mietbeihilfe von 60,- DM, bis er ein Haus hat.

5) Jede Partei trägt ihre eigenen Kosten, die dieser Vergleich auslöst. Die Kosten des Erbverzichtsvertrages trägt der Vater Fritz Meyer.«

Darüber wolle er, Anwalt T., zunächst mit Anwalt B. reden – gegebenenfalls unter Hinzuziehung von Meyer jun. Es sei noch kein verbindliches Angebot, sondern nur eine Skizzierung.

Anwalt T. weiter wörtlich:

»Es ist der Wille meines Auftraggebers, dass Ihr Herr Auftraggeber in aller Ruhe entscheiden soll. Mein Auftraggeber legt Wert darauf, dass die Angelegenheit wohl durchdacht und in Ruhe und Frieden zu einem für beide Teile befriedigenden Ende geführt wird. Es soll nicht vergessen werden, dass es sich hier um Vater und Sohn handelt. Ich wäre für eine Stellungnahme bis zum 20. Mai 1958 dankbar.«

Dieser Lösungsvorschlag vom Vater über den Anwalt T. war der Anfang einer langen rechtlichen Klärung. Der Anwalt des Vaters versuchte mit dem Hinweis auf das Vater-Sohn-Verhältnis die Schärfe in diesem Rechtsstreit ein wenig rauszunehmen. Es half aber nichts. Die persönlichen Auseinandersetzungen auf dem Hof liefen unverblümt weiter. So emotional heftig, als ob es die rechtlichen Bemühungen nicht gegeben hätte.

Trotzdem wurden von Dorothea und dem Vater weiterhin die »Aufpasser« aus Hannover auf den Hof bestellt. Er setzte seine Berichte »Über das Betragen des Herrn Julius Meyer in seiner elterlichen Wohnung« fort. Bisher war es ein klammheimliches Aufzählen von verbalen, lauten und wütenden Angriffen und fast körperlichen Einschüchterungen.

Dritter Besuch ab 3. Juni 1958

6. Juni 1958 »Gegen 22:30 Uhr kam Meyer jun. in leicht angetrunkenem Zustand nach Hause und wollte wieder aus dem verschlossenen Wohnzimmer ein Glas haben. Dabei riss er dermassen gewaltsam an der Tür, dass ich annahm, sie würde dem starken Druck nicht gewachsen sein. Ich befand mich noch in den unteren Räumen und konnte weitere Gewalttätigkeiten des Meyer jun. verhindern.«

7. Juni 1958 »Gegen 18 Uhr, also beim Abendessen, schrie Meyer jun. seinen Vater an, dass er den Klee verkauft habe und aus welchem Grunde er ihn nicht selber einfahren will. Sein Vater gab ihm auch auf weitere dumme Redensarten keine Antwort, stand auf und begab sich ins Bett. Trotzdem schrie er seine Mutter an: ›Ihr wollt nun alles verkaufen und was soll ich mit Frau und Kinder machen?‹ Bis zu meiner Abreise am 15.6.1958 keine nennenswerten Vorkommnisse.«

»Zum Schluss möchte ich hinzufügen, dass Meyer jun. in der Zeit, in der ich im Hause von Meyer's war, zum größten Teil beziehungsweise lange geschlafen hat. Er hat zwar in der ersten Zeit, in der ich mich auf dem Hof aufhielt, etwas gearbeitet, das nicht der Rede wert ist. Auf meinem Vorhalt, aus welchem Grunde er als Sohn nicht ständig mitarbeitet, gab er mir zur Antwort, dass er den Hof doch nicht bekomme und es zwecklos sei, irgendwas noch zu machen.«

Vierter Besuch ab 25. Juni 1958

25. Juni 1958 »Gegen 22:15 Uhr kam Herr Meyer jun. in leicht angetrunkenem Zustande nach Hause und versuchte in das Wohnzimmer seiner Eltern einzudringen. Er rief nach mir und versuchte in meiner Gegenwart die Tür gewaltsam zu öffnen … Ich rief nach Frau Meyer und bat sie die Tür aufzuschliessen, was sie auch getan hatte; obwohl ihm bekannt ist, dass er auch nach 22 Uhr keinen Zutritt in die Räume seiner Eltern hatte. Meyer jun. gab auf Befragen an, dass das Zimmer gemeinschaftlich genutzt würde, und er auch das Recht hätte, jederzeit auch spät abends in das Wohnzimmer der Eltern zu gehen, weil ein Teil seiner Sachen, wie z.B. Couch, Stühle, pp. sich in diesem Raum befinden und er an diesem Abend ein Glas aus dem Schrank nehmen wollte.«

29. Juni 1958 »Gegen 15 Uhr sass ich mit den Eheleuten Meyer und deren Tochter im Garten, wo wir zusammen Kaffee tranken und uns über belanglose Sachen unterhielten. Der Sohn, der in den Morgenstunden das Haus verliess, kam kurz nach 15 Uhr in betrunkenem Zustand nach Hause, setzte sich in das Esszimmer und ass sein Mittagessen. Während des Essens sah ich, dass Meyer jun. von seinem Essen mehrmals aufstand und zu uns nach draussen mit bösem Blick sah. Nach seinem Aussehen vermutete ich, dass er in den nächsten Minuten versuchen würde, gegen seine Eltern vorzugehen. Ich bemerkte, dass sich ein Konflikt anbahnte. Nach Verlauf von 45 Minuten räumte Frau Meyer sen. den Kaffeetisch im Garten ab und trug das Geschirr in die Küche und dort pöbelte Meyer jun. seine Mutter an, dessen Worte ich nicht verstehen konnte. Wir zogen uns dann zu einem gemeinsamen Spaziergang an und wollten durch die Waschküche auf die Chaussee gehen. Plötzlich tauchte Meyer jun. auf und verwehrte seinem Vater den Weg nach draußen, fasste ihn an sei-

nem Jackettkragen und schrie seinen Vater an: ›Du hast nichts mehr zu bestellen. Du wirst von den Weibern in Schach gehalten, zu Bett gebracht und eingeschlossen. Du willst mir nicht den Hof geben. Du hast es mir doch vor der Heirat in Treu und Glauben versprochen!‹ Herr Meyer sen. kam in heftige Erregung und sagte seinem Sohn, dass er ihm den Weg frei geben möge, worauf der Sohn nicht reagierte. Ich stellte mich zwischen Vater und Sohn, damit der Sohn gegen ihn nicht tätig werden konnte. Inzwischen hatte ich beide in dieser Form in den Garten gedrängt. Nun versuchte der Sohn wieder auf seinen Vater zuzugehen, um ihn anzugreifen. Ich stellte mich wieder zwischen die beiden. Dann schrie Meyer jun. seinen Vater so laut an, dass es weit in die Umgebung schallte und die Passanten auf der Chaussee stehen blieben. Dabei gebrauchte Meyer jun. folgende Ausdrücke:

Dass sein Vater die längste Zeit Bürgermeister gewesen sei, da er in seinem Amt Unterschlagungen an Gemeindegeldern gemacht hätte. Dann stiess Meyer jun. gegen seinen Vater die wörtliche Drohung aus: ›Ich werde alle umlegen bis auf meine Frau und meinen Vater.‹

Es muss angenommen werden, dass Meyer jun. im unerlaubten Besitz einer Schusswaffe ist, da er schon mehrmals mit diesen Drohungen gekommen ist. Inzwischen war sein Vater einige Schritte zur Gartenpforte gegangen, dann sah ich, dass Meyer jun. eine zehn Liter Milchkanne von der Hauswand nahm und diese zum Wurf anhob, um sie gegen seinen Vater zu schleudern. Ich versuchte nur durch Festhalten der Kanne ihn an einem gezielten Wurf gegen seinen Vater zu hindern. Da er auch gegen mich gewaltsam werden wollte und Herr Meyer sen. an der Gartenpforte angekommen, liess ich für wenige Sekunden die Milchkanne los. In dem Moment warf Meyer jun. sie gegen seinen Vater. Die Milchkanne fiel auf einen roten Ziegelstein und schlug dann gegen den rechten Unterschenkel seines Vaters. Durch das Aufschlagen der Milchkanne auf den Ziegelstein hatte der Wurf der Kanne nicht mehr den Erfolg. Herr Meyer sen. hatte dadurch nur einen leichten körperlichen Schaden. Am nächsten Tag zeigte Herr Meyer sen. die Stelle. Ich stellte fest, dass an der rechten Wade eine blaunterlaufende Stelle in Grösse einer Handfläche war.

Inzwischen waren die Eheleute etwa 30 m auf der Straße entfernt. Plötzlich schrie Meyer jun. ihnen wieder mit den gleichen Redensarten nach. Hob die Milchkanne auf und versuchte diese wieder gegen seinen

Vater zu werfen. Dieser Wurf erreichte seinen Vater nicht da sich der Abstand wesentlich vergrößert hatte. Bei dem Wurf der Milchkanne kamen erneut Passanten auf Fahrrädern vorbei. Meyer jun. schrie ihnen zu, dass sie sich als Zeugen gegen ihn melden sollten, da er verrückt geworden sei. Durch dieses Skandalieren wurden die Nachbarn aufmerksam. Sie werden jederzeit bestätigen können, dass durch dieses Treiben des Meyer jun. das Ansehen des Herrn Meyer sen. in seiner Eigenschaft als Bürgermeister gefährdet ist.

Unterschrift Bruno G.«

Damit endeten die »Berichte über das Betragen des Herrn Julius Meyer in seiner elterlichen Wohnung«. Immer wieder musste ich mir beim Lesen diesen Auftragstitel noch einmal über die Lippen ergehen lassen. Es fehlte nur noch, dass Julius eine Zensur für sein »Betragen« ausgestellt wurde, mit Unterschrift vom Dorflehrer oder Bürgermeister.

Der Detektiv/Aufpasser schien gerade im letzten Bericht krampfhaft versucht zu haben, belanglose Ereignisse als ungeheuer wichtig darzustellen. Wollte er damit seinem Auftrag eine gewisse Bedeutung geben, um eine Rechtfertigung für seinen Arbeitseinsatz und seinen Verdienst zu erlangen?

Die Berichte wurden in den Unterlagen über den Rechtsstreit nie wieder erwähnt. Sie schienen ihr Ziel verfehlt zu haben, Argumente für eine Erklärung der Unzurechnungsfähig oder eines Gewaltpotentials von Julius zu finden. Das Argument, dass die Aufpasser allein zum Schutz der Eltern und Dorothea anwesend sein sollten, verfällt, da alle Parteien in den nächsten Monaten weiterhin unter einem Dach zusammenwohnten. Die Eltern und Dorothea drückten weiterhin aus, Angst vor Gewaltausbrüchen von Julius zu haben. Sollten sie selbst anstatt Julius den Hof verlassen?

DER VERSUCH,
NÄGEL MIT KÖPFEN ZU MACHEN

Ihr Ziel hatte Dorothea noch nicht aufgegeben: Der eigentliche Anerbe Julius, als alleiniger Sohn, sollte den Hof nicht bekommen. Der Grund sei, dass er den Hof nicht gut genug bewirtschaften könne, wie Dorothea es 1952 im Brief an ihre Freundin Brigitte formulierte: »Der Hof wird zu Grunde gehen. Oder der Vater muß ihn mir geben, und mein Bruder muß sich um etwas anderes kümmern. Aber dazu ist er viel zu feige und zu bequem! Hoffentlich gelingt es meiner Schwester und mir, unseren Erbteil in Land zu erhalten – denn an Geld ist nicht zu denken – und bei diesen unsicheren Zeiten ja auch kein Gewinn. Sonst wischen wir uns die Nase und mein Bruder vertut alles.«

Ab jetzt sollte es Schlag auf Schlag beim Streit um den Hof gehen, mit immer neuen »Hämmern«, um Nägel mit Köpfen zu machen.

Die erhaltenen Anwaltsschreiben belegen, dass es rein rechtlich nicht einfach war, einen Hof zu verkaufen, zu verpachten oder an eine andere Person zu übertragen.

Es galt nicht nur das Bürgerliche Gesetzbuch und das Erbrecht, wie wir es heute kennen. Es musste die sogenannte Anerbfolge bei Höfen beachtet werden. Der »Grundstücksverkehrsausschuss der Landwirtschaftsbehörde« hatte ein Mitspracherecht, und sogar das Niedersächsische Landvolk in Vertretung des Kreislandvolksführers hatte ein Wort mitzureden.

Es waren durch die sehr verworrenen rechtlichen und familiären Verzwickungen in der Familie Meyer immer wieder neue Verhandlungen zwischen den Anwälten nötig. Vater und Sohn als unmittelbar Beteiligte sollten, wenn möglich, daran teilnehmen. Es schien ein wahres Ringen auf Biegen und Brechen zu sein. Eine große psychische Belastung für alle Beteiligten nach vielen Jahren des Streits und gegensätzlichen Verletzungen.

Noch verfolgten die Eltern und Dorothea das Ziel, dass Dorothea sich irgendwie den Hof sichern sollte. Mein Vater unterstützte Dorothea und meine Großeltern dabei, ihre Ansprüche über den gesetzlichen Rahmen hinaus geltend zu machen. Es war überhaupt nicht sicher, ob ihr ursprünglicher Plan durchsetzbar war. Dem Briefwechsel zufolge war mein Vater dazu bereit. Er riet Dorothea und den Eltern aber, sich für den Ernstfall so schnell wie möglich anderweitig abzusichern. Er deutete an, dass mein Großvater als Besitzer noch selbst bestimmen konnte, was auf und von dem Hof gekauft oder verkauft werden konnte. Daher riet er ihnen mit dem Schreiben vom 9. Juni 1958: »Verkauft 20 ha oder sogar den ganzen Hof. Kauft Euch ein Eigenheim in der Nähe und regelt von da in Ruhe die Erbschaft.« Ein gewagter und rechtlich nicht abgesicherter Tipp.

Für den Altenteil der Eltern hatte mein Großvater schon Anfang Juni 1958 mehr als fünf Hektar Land verkauft und mit dem Ausverkauf des Hofes begonnen. Das waren bereits mehr als 20 Prozent der Gesamtfläche von knapp 25 Hektar. Gesetzlich war ein Landverkauf eines Hofs vor einer Hofübergabe nur möglich, wenn der Hof nach dem Verkauf noch genug Fläche für eine erfolgreiche Bewirtschaftung bieten konnte. Diese Vorgabe wurde vom Niedersächsischen Landvolk streng überwacht. Der Vater hatte seinen Sohn Julius nicht über den ersten Landverkauf informiert. Doch Julius ahnte schon Anfang Juni, dass der Vater und Dorothea mithilfe der Anwälte ihn vor vollendete Tatsachen stellen wollten und er klammheimlich den Kürzeren ziehen würde.

11. JULI 1958. ERSTER HAMMERSCHLAG: LANDVERKAUF

In den nächsten Wochen und Monaten beabsichtigten Dorothea und ihr Vater, weitere zehn Hektar Land und damit bis zu 50 Prozent des Landes zu verkaufen. Dazu stellte er über seinen Anwalt am 11. Juli 1958 bei dem sogenannten Grundstückverkehrsausschuss der Landwirtschaftsbehörde den Antrag, »ob der Ausschuss grundsätzlich bereit ist, die noch geplanten Abkäufe zu genehmigen«.

Dem Antrag legten sie eine Liste von genau aufgeführten Flurstücken bei, die sie zu verkaufen beabsichtigten. Als Begründung führten sie zum Ersten auf, dass »ihre ledige Tochter Dorothea in Anrechnung auf ihren väterlichen Erb- und Pflichtteil schenkungsweise einen Bauplatz erhalten soll«.

Zum Zweiten seien »die geplanten Abkäufe notwendig geworden, um die Töchter, nämlich die ledige Dorothea Meyer und die verehelichte Margarete Hasper geb. Meyer vom Hof abzufinden«.

Dem Hofe würden von den ursprünglichen knapp 24,93 Hektar dann noch 12,17 Hektar übrigbleiben, die eine gute Lage zu den Gebäuden haben.

22. JULI 1958. ZWEITER HAMMERSCHLAG: ERBVERTRAG

Parallel zu diesem Klärungsversuch mit dem Ausschuss des Landvolks über den zulässigen Landverkauf überschlugen sich die Schreiben zwischen den Anwälten von Vater und Sohn. Es musste eine Einigung über einen Erbvertrag her. Möglichst schnell, warum auch immer.

Am 22. Juli 1958 boten Dorothea und der Vater über ihren Anwalt T. einen ersten Entwurf für einen Erbvertrag an. Grundlage des Vorschlags: Der Vater und Dorothea trauten Julius weiterhin nicht zu, den Hof bewirtschaften zu können, und bezweifelten, dass er mit dem Hoferbe gemäß ihrer Vorstellungen umzugehen vermochte.

War dies ein rechtlicher Kniff? Der Vertragsinhalt deutet darauf hin.

Erbvertrag.
I. Der erschienene Ehemann erklärt:
»§1 Ich, der Bauer Friedrich, genannt Fritz, Meyer bestimme zum Hoferben meines in Duddenhausen gelegenen Hofes den ältesten ehelichen Sohn meines Sohnes Julius Meyer. Sollte mein genannter Sohn bei meinem Tod keinen ehelichen Sohn besitzen, so soll seine älteste eheliche Tochter Hoferbe sein. Die Eltern des Hoferben schliesse ich von der Verwaltung und Nutzniessung an dem, was der Hoferbe von mir durch diesen Erbvertrag bekommt aus und zwar auch dann, wenn die Verwaltung und Nutzniessung meiner Ehefrau, die ich ihr unten einräume, wegfällt.
§2 Meiner Ehefrau Margarete Meyer, geb. Meyer steht Verwaltung und Nutzniessung am Hofe bis zur Vollendung des fünfundzwanzigsten Lebensjahres des Hoferben zu.

Mit Beendigung der Verwaltung und Nutzniessung meiner Ehefrau am Hofe bekommt diese vom Hoferben ein lebenslängliches und unentgeltliches Ausgedinge, das der Hoferbe im Grundbuch des Hofes hinter der bei meinem Tode vorhandenen Belastung eintragen zu lassen hat. (...)

§3 Meiner Tochter Dorothea Meyer setze ich als Vermächtnis eine mit dem Tode des Letztlebenden ihrer Eltern folgenden Monatsersten beginnende monatliche Rente von 75,– DM aus, die ihr mein Hoferbe monatlich im Voraus frei ihres jeweiligen Aufenthaltsortes zu zahlen hat. Die Rentenzahlung endet mit dem Monat, in dem der Hoferbe sein 21. Lebensjahr vollendet.

§4 Ich, der Bauer Friedrich, genannt Fritz, Meyer behalte mir den Rücktritt von diesem Vertrag vor für den Fall, dass mein Sohn Julius Meyer mit seiner Familie meinen genannten Hof nicht bis zum (...) 1958 geräumt und verlassen hat oder dass er den Hof wieder betritt, solange ich und meine Ehefrau leben. (...)

II Die erschienene Ehefrau erklärt:

§7 Ich, die Ehefrau Margaret Meyer, geb. Meyer nehme die vorstehenden Erklärungen meines Ehemannes Friedrich, genannt Fritz, Meyer an (...)

III Beide Erschienenen erklären:

§8 Wir geben den Geschäftswert der vorstehenden Erklärungen im Kosteninteresse mit 30.000,– DM (Einheitswert des Hofes) an (...).«

Diesen Vorschlag zum Erbvertrag schickt der Anwalt T. im Auftrag des Vaters mit folgendem Anschreiben vom 22. Juli an den Anwalt B. des Sohnes, Julius Meyer. Das Schreiben scheint auf einen möglichen Vergleich hin zu zielen und wird hier wörtlich wiedergegeben.

»Hoya, den 22. Juli 1958

Sehr geehrter Herr Kollege

In der Auseinandersetzungssache Meyer, Duddenhausen, macht mein Auftraggeber Ihrem Auftraggeber folgenden Vorschlag:

1.) Ihr Auftraggeber verlässt bis zum 1. Oktober 1958 den Hof mit seiner Familie und wird ihn nicht mehr betreten.

2.) Ihr Auftraggeber erhält von meinem Auftraggeber bis dahin einen noch auszuhandelnden Betrag, der ihn in die Lage versetzten soll, sich auf eigene Füsse zu stellen.

3.) Ihr Auftraggeber erhält darüber hinaus einen weiteren noch auszu-
handelnden Betrag, mit dem er abgefunden werden soll. Höhe und Fälligkeit
müssen noch vereinbart werden.

4.) Mein Auftraggeber schließt mit seiner Ehefrau den aus anliegendem
Entwurf ersichtlichen Erbvertrag, in dem im § 4 als Datum der 1.10. einzu-
setzen sein wird.

5.) Jede Partei trägt ihre eigenen Kosten.

Mit diesem Vorschlag will mein Auftraggeber versuchen, den Wünschen
Ihres Auftraggebers, den Hof in der männlichen Linie Meyer zu erhalten,
Rechnung tragen. Mehr vermag er indessen nicht in dieser Richtung zu tun.

An diesen Vorschlag hält sich mein Auftraggeber gebunden bis zum 31.
Juli 1958.

Durchlag liegt anbei.

Kollegial – ergebenst T. Rechtsanwalt«

Jetzt erhöhten Dorothea und der Vater mächtig den Druck: Innerhalb von
acht Tagen sollten Julius und sein Anwalt sich für oder gegen den Vorschlag entscheiden. Das Besondere an diesem (verborgenen) gemeinen
Kniff bestand unausgesprochen darin, dass damit Dorothea, im Namen
ihrer Mutter, die Möglichkeit hatte, den Hof zu bewirtschaften oder ihn zu
verpachten. Denn die Mutter war dazu nicht in der Lage.

Das gezwungene Zusammenleben unter einem Dach schien für alle
Parteien kaum auszuhalten. Der Sohn Julius wohnte mit seiner jungen
Familie die ganze Zeit auf dem Hof und hatte neben wenigen eigenen
Räumen solche, die er mit den Eltern und Dorothea teilen musste: Küche
und Esszimmer. Zusätzlich sollte Ende August Julius' zweites Kind das
Licht dieser Welt erblicken. Trotzdem wollten die Eltern und Dorothea,
dass Julius den Hof bis spätestens Ende September verließ. Doch Julius
wollte sich weiterhin nicht dem Willen seiner bestimmenden Schwester
beugen. Er hing emotional zu sehr an dem Hof, wie seine Frau mir erzählte. Er suchte (anscheinend insgeheim) eine Lösung mit seinem Vater.
Doch die Eltern vertrauten und hörten auf Dorothea.

Anhand von erhaltenen Quittungen aus dem Zeitraum von 1955 bis
Mitte September 1958 ist zu ersehen, dass der Sohn Julius von seinem
Vater Geld für seine Arbeit auf dem Hof bekommen hat. Ansonsten hatte
er bis zu diesem Zeitpunkt keine Rechte auf dem Hof.

AUGUST 1958.
ES KNARRT IM GEBÄLK DES HOFES

M it dem, positiv ausgedrückt, gerade nicht wohlwollenden Vorschlag vom 22. Juli verschärfte sich der Konflikt erneut. Jetzt ging es ums Ganze. Der nächste Hammerschlag lag in der Luft.

Der Veräußerungsantrag meines Großvaters beim Grundstücksver-kehrsausschuss für weitere knapp zehn Hektar Land war noch nicht positiv entschieden worden. Es gab Anzeichen dafür, dass der Ausschuss die weitere Klärung in Sachen Erbschaft in der Familie Meyer abwarten wollte.

Bisher hatten sich Dorothea und die Eltern mit dem Verkauf von fünf Hektar nur einen kleinen Teil der Altersvorsorge gesichert. Das war gerechtfertigt und so in Ordnung. Nicht geklärt war die Erbschaft an sich und damit das Kuchenstück für Dorothea. Wie nicht anders zu erwarten, war Julius mit dem nicht gerade redlichen Vorschlag vom 22. Juli nicht einverstanden. Die vorgegebene kurze Frist vom 31. Juli verstrich ohne Entscheidung.

Bis zu diesem Datum hatten Dorothea und der Vater ihren Plan noch nicht erreicht und konnten ebenso wie Julius nicht unbeschwert in die weitere Klärung über die Erbangelegenheiten gehen.

11. AUGUST 1958. ANWALT SALZT DIE SUPPE

A m 8. August 1958 gab es eine Unterredung mit allen Beteiligten, bei der neben den Anwälten auch die beiden Streithähne, Vater Fritz Meyer und Sohn Julius, anwesend waren. Als neutraler Beobachter wurde der Kreislandvolkführer, Herr Bockhop, hinzugezogen. Ein Protokoll der Unterredung wurde uns nicht überliefert, nur eine einseitig anmutende »Zusammenfassung« des Treffens von Anwalt T. am 11. August. Auf der Grundlage der bisher vergeblich gemachten Vorschläge und der letzten Unterredung brachte Anwalt T. neue Vorschläge, die auf einige Knackpunkte der Unterredung hinwiesen. Hier (verkürzt) der Inhalt des Schreibens:

»Die Unterredung vom 8. Augst 1958 hat zwar keine Einigung gebracht, jedoch die gegenseitigen Wünsche geklärt, sodaß ich nachfolgende neue Vorschläge unterbreiten kann«:

1. Es soll ein Erbverzichtsvertrag abgeschlossen werden, *»wonach Herr Julius Meyer und seine Abkömmlinge auf ihr gesetzliches Erb- und Pflichtteil nach den Eltern sowie auf die gesetzliche Hoffolge verzichten.«* Julius würde bei Auszug 4.000 DM erhalten und am 1. April 1960 beziehungsweise am 1. Oktober 1961 weitere 2.000 DM beziehungsweise 11.500 DM, nachdem die Familie Julius Meyer die Gemeinde Duddenhausen endgültig verlassen hat und in eine andere Gemeinde gezogen ist.

2. Der vorgeschlagene Erbvertrag vom 22. Juli wird abgeschlossen, Der Vater könne davon zurücktreten, falls Julius den väterlichen Hof nicht bis zum 30. September 1958 geräumt hat.

3. Der Vater lehnt es ein für alle Mal ab, dass er den Hof weder belasten noch ganz oder teilweise veräußern darf. Er habe seine wohlwollende Gesinnung genügend zum Ausdruck gebracht.

Die Vorschläge enthielten kein bindendes Angebot. Der *»sehr geehrte Herr Kollege möchte mir bis zum 21. August 1958 mitteilen«*, ob Julius bereit sei, wie vorgeschlagen, abzuschließen. Er selbst werde bei Zustimmung einen Vorschlag für einen Vergleich schicken.

Weiter wörtlich:

»Mein Auftraggeber muß darauf bedacht sein, den Hof ab 1. Oktober 1958 zu verpachten, bis dahin muß Ihr Herr Auftraggeber nebst Familie den Hof verlassen haben. Für den Fall, dass der Vergleich nicht zustande kommt, würde ich Räumungsklage erheben müssen. Um diese auch vollstrecken zu können, müsste diesseits notfalls Ersatzraum durch Neubau geschaffen werden. Der Neubau würde mehr verschlingen, als Ihrem Herrn Auftraggeber an Abfindung zugedacht ist. Außerdem erfordere er etwa vier Wochen Zeit, deshalb muß ich die Frist verhältnismäßig kurz, nämlich auf den 21. August bemessen.

Kollegial – ergeben
Rechtsanwalt T.«

Das war harter Tobak. Anwalt T. hielt weiterhin an Bedingungen fest, die nicht annehmbar schienen und am 8. August zu emotional heftigen Auseinandersetzungen geführt hatten. Anwalt T. erhöhte im Namen vom Vater und Dorothea den Druck. Eine Einigung schien weiterhin in die Ferne gerückt, das Ringen wie auf einem Basar musste fortgesetzt werden. Jetzt waren vorerst die Anwälte wieder gefragt. Es ging Schlag auf Schlag. Am 16. August 1958 versuchte der Anwalt B. von Julius in einem Schreiben an Anwalt T., die Schärfe ein wenig rauszunehmen, ohne nicht deutlich sein Unbehagen auszudrücken. Er schlug ein verbindliches Treffen aller beteiligten Personen vor.

»*Nach Ihrem Schreiben vom 11. August möchte ich als letzten Versuch anregen, dass wir noch einmal zusammenkommen, um anschließend die Abmachung zu protokollieren. Bei der Zusammenkunft und Protokollierung müsste auch wiederum Herr Bockhop zugegen sein. Ich hoffe, er wird sich dieses letzte Mal nicht verschliessen. Ich bitte um baldige Antwort.*

Mit kolleg. Hochachtung!

Rechtsanwalt B.«

Womit der Ball wiederum dem Anwalt vom Vater zugeworfen wurde.

18. AUGUST 1958.
JETZT KOMMT PFEFFER IN DIE SUPPE

A nwalt T. geht auf das Schreiben vom 16. August ein, erhöht den Druck aber erneut. Verkürzt führt er auf:

1. Es sei nicht ratsam, dass sich »*mein Auftraggeber Fritz Meyer einer erneuten persönlichen Verhandlung wie der vom 8. August 1958 – sei es mit oder ohne vermittelnde Mitwirkung des Herrn Bockhop – nochmals aussetzt, denn er erlitt nach der Unterredung am 6. August hinterher daheim einen vollständigen Zusammenbruch mit krampfartiger Ohnmacht. Ich halte es vielmehr für besser, dass sie und ich uns allein zusammensetzen, um die Dinge vorbereitend durchzusprechen.*«
2. »*Bei einer derartigen Besprechung bitte ich aber davon auszugehen, dass eine Bindung unter Lebenden völlig indiskutabel sei, dass der Vater*

Abkäufe oder Belastungen nicht oder nur mit Zustimmung ihres Herrn Auftraggebers vornehmen darf. Wenn sich Ihr Herr Auftraggeber nicht entschliessen kann, auf diesen seinen Wunsch ein für alle Mal und endgültig zu verzichten, ist jede weitere Verhandlung sinn- und zwecklos.«

»Um in dieser Sache voranzukommen, sehe ich Ihrer diesbezüglichen Erklärung bis zum 25. August 1958 entgegen. Nach fruchtlosem Fristablauf würde ich alle weiteren Verhandlungen wegen Aussichtslosigkeit abbrechen.«

3. Es gehe für den Vater um eine eindeutige Erklärung, den Sohn *»ein für alle Mal von der Erbfolge in den Hof auszuschließen«* und jedwede weitere rechtliche und wirtschaftliche Berührungspunkte zwischen ihrem Auftraggeber und seinen Eltern auszuschließen. *»Andererseits will er aber ihren Auftraggeber durch eine zu vereinbarende Abfindung fördern und ihm den Weg zu einer Existenz ebnen helfen.«*

4. Er weist darauf hin, dass der Sohn nur einen Pflichtteil von 1/12 des Erbes beanspruchen könne, der nicht jetzt, sondern nur beim Tode seines Auftraggebers oder einer – nicht beabsichtigten – anderweitigen Übergabe fällig sein würde. *»Zur Zeit hätte Ihr Herr Auftraggeber also überhaupt keine Ansprüche.«*

5. *»Abschliessend darf ich noch bemerken, dass der Gesundheitszustand meines Auftraggebers einen möglichst baldigen Abschluss der ganzen Angelegenheit erwünscht lässt, und das mit Rücksicht auf das vorstehend Gesagte auch im Interesse Ihres Herrn Auftraggebers!«*

21. AUGUST 1958.
DAS KARUSSELL DREHT SICH WEITER

Anwalt T. ist weiterhin äußerst aktiv, um die Verhandlungen voranzubringen, und stellt erneut einen Vergleichsvorschlag auf, der im Wesentlichen auf dem Vorschlag vom 11. August 1958 beruht.
Verkürzt dargestellt, umfasst er

1. Die Eltern können noch die bisher beantragten Landflächen verkaufen, soweit es der Grundstücksverkehrsausschuss des Landvolks genehmigt.

2. Julius und seine Abkommenschaft sollen auf das gesetzliche Erbrecht, den Pflichtanteil und das Anerbenrecht verzichten. Und die Eltern würden sich verpflichten, an Julius Meyer nach Räumung des Hofes im Zeitraum bis 1. Oktober 1961 den Betrag von 17.500 DM zu zahlen.

3. Zum Anerben würde der älteste Sohn des Julius Meyer, in Ermangelung eines solchen die älteste Tochter, berufen, wobei weiterhin das Verwaltungs- und Nutznießungsrecht der Eltern dieses Anerbens ausgeschlossen wird. Das würde der Mutter von Julius bis zum 25. Lebensjahr des Anerbens eingeräumt. Sie würde zudem danach ein Wohnrecht erhalten.

4. Dorothea würde bis zum 21. Lebensjahr des Anerbens eine monatliche Rente von 75,00 DM erhalten, die sie sich auf ihre Erb- und Pflichtteilsansprüche anrechnen lassen muss.

5. Vater Fritz Meyer kann von diesem Vertrag zurücktreten, falls Julius den Hof nicht bis zum 30. September 1958 geräumt hat.

6. Neu: Vater Fritz Meyer verpflichtet sich gegenüber Julius Meyer, keine weiteren Landflächen zu verkaufen oder sonst zu übereignen – »es sei denn, dass er in eine unverschuldet wirtschaftliche Notlage gerät.« Außerdem muss er den Viehbestand (lebendes Inventar!) erhalten.

Diesen erneuerten Vergleichsentwurf sendet Anwalt T. als weitere Verhandlungsgrundlage an Anwalt B. und den Kreislandvolksführer Bockhop, der vorab einzelne Punkte geändert haben wollte.

Im Schreiben an Herrn Bockhop bemüht sich Anwalt T. daher um folgende Erklärungen, um alle von Herrn Bockhop geäußerten Zweifel und Bedenken auszuräumen.

1. Die im Erbvertrag für Dorothea vorgesehene Rente muss auf deren Erb- und Pflichtteil angerechnet werden. Ebenso ist der noch zu ermittelnde Verkehrswert im Schenkungsvertrag mit Dorothea anzurechnen.

2. Dem jeweiligen Eigentümer des Hofes wird ein Vorkaufsrecht für den ersten Fall des Verkaufs des Dorothea geschenkten Landes eingeräumt.

Gleichzeitig schreibt Anwalt T. am 22. August an den Vater Fritz Meyer, dass Herr Bockhop darauf drängt, dass er, Fritz Meyer, den Hof nicht weiter belasten darf, auch gegenüber den künftigen Hoferben. Zusätzlich habe er Herrn

Bockhop mitgeteilt, »*dass wir abwarten wollen, ob dieser Wunsch von der Gegenseite vorgetragen werden wird und, wenn ja, in welcher Formulierung. Ich meine, dass wir nun die Stellung der Gegenseite abwarten müssen.*«

Außerdem informierte Anwalt T. den Vater, dass der Grundstücksverkehrsausschuss mitgeteilt hat, »*dass die Genehmigung sämtlicher Veräußerungsanträge nicht erfolgt sei. Wenn bis zum 9. September 1958 ein Vergleich mit Ihrem Sohn zustande kommen würde, würden die Anträge alsdann genehmigt werden.*«

Hoppla … Ist da wieder eine anwaltliche Schlitzohrigkeit im Streit zwischen Vater und Sohn passiert?

Es wäre eh schon eine Gemeinheit gewesen, wenn dem Vater erlaubt gewesen wäre, den Hof durch neue Landverkäufe noch weiter zu verkleinern oder zu belasten, da der Hof damit wirtschaftlich untragbar wäre. Jetzt hatte sich dies auch der Kreislandvolkführer verbeten. Dennoch streicht der Anwalt T. beziehungsweise der Vater diesen Passus im Vergleichsvorschlag nicht, sondern wartet ab, ob die Gegenseite diese Gemeinheit bemerkt und von sich aus streichen lässt. Das klingt wahrlich »abgebrüht«.

29. AUGUST 1958.
ZUSTIMMUNG MIT HAKEN

Anwalt B. informierte Anwalt T., dass Julius dem Entwurf zustimme, jedoch müsse im Vertrag berichtigt werden, »*dass der Hof, ebenso wie nicht mehr davon verkauft, auch nicht weiter belastet werden darf. Dies ist selbstverständlich, wurde ausserdem auch so besprochen. Ausserdem muss bis zum 1. Oktober 1960* (Hinweis: statt 1961) *die ganze Summe der Abfindung ausgezahlt sein. Herr Julius Meyer kann nicht drei Jahre darauf warten. Auch darüber waren wir uns einig geworden.*

Mit kolleg. Hochachtung! Rechtsanwalt B.«

Wieso ist Anwalt B. so wenig erbost, dass der Passus über einen weiteren Landverkauf wiederholt in dem Vorschlag auftauchte? Julius und sein Anwalt B. sind also dem Anwalt des Vaters nicht auf den Leim gegangen.

30. AUGUST 1958. WESENTLICHE FRAGEN

Anwalt T. schickt Fritz Meyer den Entwurf für den Vergleich mit der Bitte um Stellungnahme und bemerkte im Anschreiben:

»Gegen die Verpflichtung, eine weitere Belastung des Hofes zu unterlassen, ist nichts einzuwenden.

Die Auszahlung eines Restbetrages bis 1. Oktober 1960 ist zwar damals nicht vereinbart, sondern nur von Herrn B. angestrebt worden. Ich meine aber, dass es letzten Endes gleichgültig ist, bis wann das Geld gezahlt wird.

Ich frage an, ob ich nunmehr den Vergleich unter Berücksichtigung obiger gegnerischen Wünsche abschliessen soll und wäre für umgehende Antwort dankbar.«

Zusätzlich fragte er beim Vater an: *»Haben Sie bereits ein Käufer für das restliche Land gefunden? Ich halte dies für sehr wichtig, weil u. a. auch davon die Gültigkeit des Vertrages abhängig gemacht worden ist.«* Außerdem fragt er an, ob *»sich schliesslich eine Wohnung für Ihren Herrn Sohn bis zum 1. Oktober 1958 finden lassen wird«.*

Dies fragte der Anwalt nicht umsonst, war es doch rechtlich eine Voraussetzung, dass Julius eine Wohnung haben musste, bevor er den Hof zu verlassen hatte.

War dieser Punkt vom Vater und Dorothea in Vergessenheit geraten? Anwalt T. hatte dem Vater und Dorothea schon im ersten Schreiben vom 31. Januar darauf aufmerksam gemacht.

30. AUGUST 1958. GEBURT IM HAUS

Der 30. August 1958 war Teil des familiären Dramas, wenigstens für die Familie von Julius und insbesondere für seine Frau Marlies, die unter den Auseinandersetzungen am meisten litt. Die zweite Tochter Friederike wurde zu Hause geboren, inmitten des ganzen Trubels und der Streitereien.

Die Geburt selbst lief problemlos, sieht man davon ab, dass sie ein paar Wochen zu früh kam. In den nachfolgenden Jahren stellte sich heraus, dass Friederike in der Entwicklung immer »hintendran war« – wie die Mutter Marlies es ausdrückte.

Freunde und Bekannte von Marlies hatten die Vermutung, dass die familiären Streitereien und die damit verbundenen Aufregungen und enormen psychischen Belastungen von Marlies während der gesamten Schwangerschaft ein wesentlicher Grund für die Behinderung von Friederike sein konnten.

Friederike kam 1965 in die Dorfschule Duddenhausen. Es gab dort noch immer nur zwei Klassen für alle Altersstufen – so wie es ihre Tanten Dorothea und Lewine und ihr Vater in den Zwanzigerjahren erlebt hatten. Als die Dorfschule im Jahr 1968 für immer geschlossen wurde und alle Kinder in die Mittelpunktschule im Nachbarort Bücken fuhren, wurde Friederike dort nicht aufgenommen. Man sah sie als »nicht fähig genug« an, sie wurde ausgegrenzt und ihr Lebensweg schon mit zehn Jahren vorbestimmt. Anfang der Siebzigerjahre wurde Friederike in die Lebenshilfe in Hoya integriert, woran ihre Tante Margarete nicht ganz unbeteiligt gewesen war.

5. SEPTEMBER 1958. POKERSPIEL

Nach Rücksprache mit Fritz Meyer verschickt Anwalt T. an Anwalt B. »*einen neuen Vergleichsentwurf, der die Wünsche der Gegenseite erfüllt*«. Wenn es ein Einverständnis gebe, solle der Vertrag bitte unterschrieben zurückgesendet werden.

Diesen neuen Vorschlag erhielt auch der Kreislandvolkführer Bockhop, da das Landvolk dem Vertrag zustimmen musste. Anwalt T. drückte in seinem Anschreiben die Hoffnung aus, »*dass dieser Vergleich geschlossen wird. Mein Auftraggeber möchte jedoch vorher die Unterbringung seines Sohnes nebst dessen Familie gesichert wissen und bemüht sich in diese Richtung.*«

Im Übrigen sei das Vorkaufsrecht für das an Dorothea geschenkte Land vertraglich integriert.

»*Für baldige Nachricht wäre ich dankbar, damit der Vertrag nicht abermals geändert werden muss. Hochachtungsvoll! Rechtsanwalt T.*«

Die Ungeduld von Seiten des Anwalts T. beziehungsweise der des Vaters und Dorothea wurde durch den zunehmenden Zeitdruck genährt. Der Vater und Dorothea beabsichtigten weiterhin, den Hof schon zum 1. Oktober 1958 zu verpachten. Wer die Pächterin oder der Pächter sein sollte, wurde nicht erwähnt. Voraussetzung für eine Pacht blieb, dass Julius und seine Familie den Hof bis dahin verließen. Danach sah es allerdings nicht aus.

Allen schien bewusst zu sein, dass der Auszug von Julius der Knackpunkt des Vergleichs sein könnte – allein schon aus Zeitgründen. Ohne Auszug keine Verpachtung des Hofs!

Nur sieben Tage später sah sich der Anwalt T. erneut berufen, wegen des notwendigen Auszugs ein Schreiben an die Gegenseite zu verschicken.

12. SEPTEMBER 1958.
WER BESORGT DIE WOHNUNG?

Anwalt T. fragt Anwalt B., ob ihr Herr Auftraggeber bereit sei, »*sich selbst eine Wohnung zum 30. September 1958 zu besorgen oder ob er bereit ist, in eine Wohnung zu ziehen, die ihm mein Auftraggeber evtl. besorgt.*«

Zum letzteren Fall »*muss ich allerdings bemerken, dass wenig Aussichten dafür bestehen, Ihrem Auftraggeber eine Wohnung zu besorgen Ich bitte um Beantwortung dieser Fragen bis zum 19. September, weil mein Auftraggeber je nach Ausfall der Antwort seine Entschlüsse fassen muss, die mit Rücksicht auf die fällig werdende Herbstbestellung einen Aufschub nicht mehr gestatten.*«

War dies ein weiteres zeitliches Druckmittel?

15. SEPTEMBER 1958. JETZT SPRICHT DER KREISLANDVOLKFÜHRER

Der nicht zu übersehende Druck und das Schachern um die beste Position in dem Vergleich veranlasste den Kreislandvolkführer Bockhop, sich mit Anwalt B. zusammenzusetzen, der daraufhin mit Julius noch einmal verhandelt hat. Herr Bockhop setzte den folgenden Brief auf, den er jetzt direkt an den ihm gut bekannten Vater schickte.

Die Deutlichkeit seiner Position in dem Rechtsstreit lässt es zu, den Brief in der Hauptsache wörtlich wiederzugeben, weil er den damaligen Umgang des Kreislandvolkführers mit den Streitparteien und seinen persönlichen Einsatz als »Schlichter« von Problemen in der Landwirtschaft ausdrückt. Herr Bockhop war selbst Rechtsanwalt und ist in späteren Jahren Vorsitzender des Niedersächsischen Landvolks geworden.

Niedersächsisches Landvolk   *Syke, den 15. September 1958*
Kreisverband Grafschaft Hoya

Lieber Herr Meyer

Aufgrund unserer letzten Unterredung in Syke und Ihres Besuches vom 11. September habe ich ausführlich mit Herrn Rechtsanwalt B. gesprochen, der inzwischen mit Ihrem Sohn verhandelt hat.

Nach dem Ergebnis dieser Besprechung meine ich, daß alles in Ordnung kommt. Herr Rechtsanwalt B. hat mir zugesagt, daß Ihr Sohn sich auf jeden Fall verpflichtet, die Wohnung auf dem Hofe zum 1. Oktober zu räumen. Mehr können Sie nicht verlangen. Es ist ja richtig, dass die Verpachtung nicht so leicht ist und sich sicherlich noch dadurch erschwert und verzögert, daß Ihr Sohn noch auf dem Hofe ist, aber bei den ganz großen Schwierigkeiten, die in letzter Zeit bestanden haben und noch bestehen, sollte man diese Schwierigkeiten wegen der Verpachtung nicht überschätzen. Die Hauptsache ist – das habe ich immer vertreten – daß die Familie des Sohnes die Wohnung auf dem Hofe erstmal räumt; und das scheint ja nun sichergestellt zu sein.

Wegen des Zeitpunktes für die Auszahlung des Geldes (Abfindung für Julius) *sind wohl noch kleine Differenzen. Auch diese Frage scheint mir nicht* *so schwerwiegend, daß sie nicht zu regeln wäre. Mir scheint die Hauptsache, daß Sie mit Ihrem Sohn auseinanderkommen, damit der tägliche Ärger, die Spannung und der Verdruß ausscheidet und Sie wieder <u>leben</u> können. Deshalb sollten Sie sich entschließen, die Abfindung auch schon früher auszuzahlen, wenn daran sonst eine baldige Einigung scheitert. Ihr Sohn muß so oder so mit seinem Leben fertig werden – ob er es wird, muß die Zukunft lehren – daran können Sie mit einer längeren Zurückhaltung des Geldes auch wenig oder gar nichts ändern.*

Am 23. September ist die nächste Sitzung des Grundstücksverkehrsausschusses. Da sollten Ihre Verträge – wie ich Ihnen zugesagt hatte – genehmigt werden. Voraussetzung wäre allerdings, daß inzwischen eine endgültige Regelung mit Ihrem Sohn erfolgt. Sollte der Vergleich bis dahin noch nicht perfekt sein, schreiben Sie mir doch bitte bis <u>Montag, d. 22.9.58,</u> über den Stand der Regelung nach Syke oder bitten Sie Herrn Rechtsanwalt T., mir Mitteilung zu machen. Ich werde mich bei dem Ausschuß für eine Genehmigung einsetzen. Mir liegt nur Ihretwegen und Ihrer Frau willen daran, daß wir so bald wie möglich mit der Sache fertig werden, damit Sie wieder Ruhe finden und wieder gesund werden.

Mit den besten Grüßen
Ihr Bockhop

D amit wäre auch die Position des »Schlichters« klar: Er hatte weniger Interesse, Julius zu unterstützen, auch wenn er dem Vater deutlich machte, dass er von der Forderung ablassen sollte.

Auch dieses Schreiben lässt es noch völlig offen, ob es zu einer Einigung über die Erbschaft und die Zukunft des Hofes kommt, obwohl sie »nur« noch von dem Auszug von Julius und dem Termin der Abfindungszahlung abzuhängen schien.

DIE SCHREIBEN ÜBERSCHLAGEN SICH ... WIRKUNGSVOLL!

Noch am 15. September 1958 schreibt Anwalt B. an Anwalt T, dass Julius »den von Ihnen mit Schreiben vom 5. September 1958 übersandten Vergleich annimmt, jedoch mit folgender Maßgabe:

»In Ihrem Entwurf steht wiederum, dass mein Auftraggeber Julius Meyer die Restzahlung erst am 1. Oktober 1961 erhält. Mein Auftraggeber nimmt jedenfalls den Vergleich nur mit der Bedingung an, dass am 1. Oktober 1960 die gesamte Restsumme gezahlt wird.«

Im letzten Absatz weiter: *»Eine Wohnung, die mein Auftraggeber bis Ende des Monats beziehen kann, hat er im Augenblick noch nicht. Trotzdem geht er die Verpflichtung, bis Ende des Monats auszuziehen, ein und wird sie selbst unter unglücklichsten Umständen einhalten. Sein Vater soll unter allen Umständen in der Lage sein, den Hof zum vorgesehenen Termin zu verpachten.*

Mit kolleg. Hochachtung

Rechtsanwalt B.«

Währenddessen ist in der Angelegenheit der Wohnungssuche für Julius ein ungewöhnlicher Brief des Landkreises Grafschaft Hoya an den Wohnungsbesitzer Johan A. in Duddenhausen unterwegs.

»Landkreis Grafschaft Hoya 15. September1958
Herrn Johan A.
in Duddenhausen 28

Betr.: Zuweisung eines Wohnungssuchenden

Für nachstehende Wohnräume: 3 Räume im Obergeschoß – ehem. Kautz – wird Ihnen nach § 15 Abs. 6 des Wohnraumbewirtschaftungsgesetzes folgender Wohnungssuchender benannt:
Herr Julius Meyer in Duddenhausen Nr. 23 mit Ehefrau und 2 Kindern
Das Auswahlrecht nach § 15 Abs. 1 des Wohnraumbewirtschaftungsgesetzes

muß versagt werden, weil der Zugewiesene der einzige Bewerber um diese Wohnung ist. Er ist hirnverletzt und bedarf wegen seiner Umschulung dringend einer anderen Wohnung.

Sie werden als Verfügungsberechtigter hiermit aufgefordert, bis zum 15. Oktober 1958 mit dem vorgenannten Wohnungssuchenden ein Rechtverhältnis (Mietvertrag) zu vereinbaren.«

Die Folge: Der Vermieter musste auf Anweisung des Kreisdirektors mit Julius einen Mietvertag vereinbaren und den Abschluss des Rechtsverhältnisses der Wohnungsbehörde mitteilen.

»Kommt mit dem benannten Wohnungssuchenden ein entsprechendes Rechtsverhältnis nicht fristgemäß zustande, so wird die Wohnungsbehörde eine Verfügung nach §16 des Wohnraumbewirtschaftungsgesetzes erlassen müssen, welche die Wirkung eines Mietvertrages hat. (…)
Der Oberkreisdirektor«

Auf der Rückseite ging es kurz und knapp weiter:

Herrn Julius Meyer in Duddenhausen Nr. 23
»Sie haben bis zum 15. Oktober 1958 einen Antrag auf Erlaß einer Mietverfügung zu stellen, falls mit Ihnen auf freiwilliger Grundlage ein entsprechendes Rechtsverhältnis nicht zustande gekommen ist und Sie zum Bezug der Wohnung bereit sind.«

Nachrichtlich:
der Gemeinde Duddenhausen
zur Kenntnis und zum Bericht, ob und wann der Zugewiesene eingezogen ist.
Der Oberkreisdirektor

Nach dem Krieg gab es das Wohnraumbewirtschaftungsgesetz. Bürger und Bürgerinnen, die in einer Notlage dringend eine Wohnung suchten, konnten bei dem Landkreis einen entsprechenden Antrag stellen. Wenn dem Antrag stattgegeben wurde, musste der Vermieter einer freigewordenen Wohnung auf Anweisung des Oberkreisdirektors dem Suchenden die freie Wohnung geben. Der Vermieter konnte sich seine Mieter nicht selbst aussuchen. Wehrte er sich, wurde das Kreiswohnungsamt eingeschaltet, welches das Mietverhältnis amtlich verfügte. Die Gemeinde in Vertretung des Gemeindevorstehers/Bürgermeisters musste dem Landkreis über das Ergebnis berichten.

Das Kuriose in diesem Fall war, dass Julius keinen solchen Antrag gestellt hatte, wie es das Gesetz vorsah. Warum sollte er auch?

Hatten hier Dorothea und ihr Vater versucht, Julius und seiner Familie im Dorf unter amtlicher Mithilfe des Kreiswohnungsamtes eine Wohnung in Duddenhausen zuzuweisen? Schließlich war das Vorhandensein einer Wohnung Voraussetzung dafür, um Julius zur Hofräumung zu zwingen.

Der Vater Fritz Meyer war seit dem 9. Juni 1956 Bürgermeister der Gemeinde Duddenhausen und musste damit diese Wohnungsabgabe für die Wohnungsbehörde stellvertretend überprüfen.

Rechtlich galt, dass eine andere Person als der Wohnungssuchende selbst für einen solchen Antrag einen sehr triftigen Grund haben musste, um eine amtliche Anweisung zu erhalten – zum Beispiel, dass aus betrieblichen Gründen ein Angestellter auf dem Hof nicht mehr mitarbeiten kann oder ihm betriebswirtschaftlich schadet.

Die Frage war nur, ob Julius sich hintergehen ließ. Denn eigentlich wollte er selbst Dorothea und den Vater austricksen, indem er mehrfach hoch und heilig versprach, den Hof zum 30. September 1958 »selbst unter unglücklichsten Umständen« zu verlassen – wie er über seinen Anwalt mitteilen ließ.

Jetzt waren nur noch vierzehn Tage Zeit dazu, ohne dass Julius sich darum gekümmert hatte.

17. SEPTEMBER 1958

Anwalt T. erwidert pflichtgemäß dem Anwalt B. von Julius:

»Sie haben recht gehabt, es handelt sich bei dem Zahlungstermin um einen Schreibfehler. Eine frühere Auszahlung bei günstigen Anlagemöglichkeiten zu vereinbaren, halte ich nicht für zweckmäßig, weil das nur Streit gibt. Mein Auftraggeber hat aber den Auszahlungstermin vorverlegt.

Anliegend überreiche ich Ihnen die erste Seite des zu schließenden Vergleichs neu. Ich habe nunmehr die Auszahlungszeitpunkte dementsprechend neu formuliert.

Ich bitte nunmehr um Unterzeichnung des starken Exemplars des Vergleichs durch Ihren Herrn Auftraggeber und Übersendung an mich. Alsdann werde ich Ihnen ein gleiches Stück mit der Unterschrift meines Auftraggebers zuleiten. (…)

Kollegial ergebenst! Rechtsanwalt T.«

OKTOBER 1958. POKERSPIEL VERLOREN?

Julius hat den Vergleich nicht unterschrieben und auch nicht den Hof bis zum 1. Oktober 1958 verlassen oder die Wohnung in Anspruch genommen, die ihm sein Vater von Amtswegen als Bürgermeister zuweisen wollte.

Am 8. Oktober meldete das Kreiswohnungsamt, dass Julius Meyer »durch sein Verhalten zu erkennen gegeben hat, dass er auf die ihm zugeteilte Wohnung keinen Wert legt«. Mit anderen Worten: Er widersetzte sich seit zwei Monaten, in die Dreizimmerwohnung zu ziehen. Stattdessen bekam der Vater von seinem eigenen Anwalt T. über den gegnerischen Anwalt B. die folgende Aussage von Julius übermittelt:

»Ihr Sohn Julius habe seinem Anwalt B. gesagt, dadurch, dass Sie zum 1. Oktober 1958 einen Pächter nicht bekamen, jetzt aber einen zum 1. April 1959 in Aussicht hätten, sei der Auszug von Julius per 1. Oktober 1958 nicht mehr vordringlich. Julius habe zu Ihrer Zufriedenheit auf dem Acker gearbeitet und Sie seien ganz zufrieden, seine Arbeitskraft noch bis zum 1. April 1959 zu haben.«

Das riecht nach Widerspruch, dem sein Vater auch prompt über seinen Anwalt T. am 16. Oktober 1958 in einem Schreiben an den Anwalt B. von Julius nachkam:

»Ihr Auftraggeber hat Sie nicht wahrheitsgemäß unterrichtet. Mein Auftraggeber hat nie die Absicht gehabt, bis zum 1. April 1959 zu warten. Er legt auch keinen Wert auf die Arbeitskraft Ihres Herrn Auftragsgebers. Ihr Herr

Auftragsgeber hat sich vielmehr als völlig unzuverlässig und ungeeignet für landwirtschaftliche Arbeiten erwiesen. (…) Ich habe Auftrag, Räumungsklage gegen Ihren Auftraggeber zu erheben, die ich gleichzeitig mit diesem Brief abdiktiert habe.«

Die Räumungs-Klageschrift des Anwalt T. endet mit den Worten:

»Das Verhalten des Beklagten zeigt deutlich, dass er den Kläger in einer Verhandlungsdauer von 6 Monaten nur an der Nase herumgeführt hat. Der Kläger ist daher gezwungen, Räumungsklage gegen den Beklagten zu erheben.«

Der Gerichtstermin für die Räumungsklage wurde auf den 28. November 1958 festgelegt.

NOVEMBER 1958.
VERHANDLUNGEN IM VERBORGENEN

Nach der eingereichten Räumungsklage finden sich keine weiteren Unterlagen zu der Erbschaftsangelegenheit. Täuschte die Ruhe? Schließlich konnte niemand mit der verworrenen Situation zufrieden sein. Alle Beteiligten standen da wie am Anfang.

Daraufhin schien der Kreislandwirtschaftsführer Bockhop als »Schlichter« versucht zu haben, die Beteiligten aus den psychisch belastenden Verwicklungen zu befreien und das rechtliche Hickhack in eine seriösere Bahn zu lenken.

Er war wohl daran beteiligt, dass der Grundstücksverkehrsausschuss dem Vater den Verkauf von weiteren zehn Hektar Land genehmigte. Damit hatte der Vater das Geld, um am 12. November 1958 ein Haus im Nachbarort Hoyerhagen zu kaufen. Die landwirtschaftlichen Flächen für den Hof waren jetzt halbiert. Der Hof könne nach Ansicht des Landvolks mit den restlichen Ländereien noch rentabel arbeiten.

Das Haus in Hoyerhagen wurde mit der Absicht gekauft, eine Altersvorsorge zu leisten und dem Ehepaar eine alternative Wohnung zu ermöglichen. Damit war aber noch nicht geklärt, wie es mit dem Hof weitergehen sollte. Herr Bockhop führte Gespräche sowohl mit dem Vater als auch mit dem Sohn, was aus einem Vermerk des Herrn Bockhops vom 25. November zu ersehen ist.

In der Zwischenzeit mussten laut den Unterlagen die Eltern Meyer und Dorothea den Hof bereits verlassen haben. Der genaue Termin ist nicht bekannt. Bekannt ist aber, dass in unserer Familie erzählt wurde, dass die Eltern mit Dorothea den Hof aus Angst fluchtartig in einer Nacht verlassen haben sollen, nachdem Julius den Vater angeblich körperlich angegriffen hat. Darüber gibt es aber keinen überlieferten Hinweis.

Mein Bruder Dieter erinnert sich, dass er zu dieser Zeit zu Besuch auf dem Hof war. Er habe mitbekommen, dass Julius eine körperliche Auseinandersetzung mit seinem Vater hatte. Selbst gesehen habe er es nicht. Die Eltern und Dorothea flüchteten mit dem 14-jährigen Dieter mitten in der Nacht zu dem Bruder unserer Großmutter im gleichen Ort. Die körperliche Auseinandersetzung soll der letzte Anlass für die Eltern und Dorothea gewesen sein, den Hof jetzt ganz schnell zu verlassen.

Für einen überstürzten Umzug der Eltern und Dorothea spricht, dass in den laufenden Briefen die Postanschrift des Vaters in der zweiten Novemberwoche ein Postschließfach in Hoya war und erst später die neue Adresse von Hoyerhagen aufweist. Mit dem Umzug endete für Fritz Meyer die Amtszeit als Bürgermeister am 20. November 1958, da er ab sofort kein Bürger der Gemeinde Duddenhausen mehr war.

Julius ist somit mit seiner Familie auf dem Hof geblieben. Ab diesem Zeitpunkt war nur noch der Erbvertrag zu regeln.

Am 26. November wurde das Amtsgericht gebeten, »den auf den 28. November 1958 anberaumten Termin der Räumungsklage wegen außergerichtlicher Vergleichsverhandlungen zu vertagen und einen neuen Termin nur auf diesseitigen Antrag anzuberaumen.« Der Trick mit der Wohnungszuweisung und der Zwangs-Räumung von Dorothea und dem Vater war nicht erfolgreich.

28. NOVEMBER 1958. NAHT DIE LÖSUNG?

Die Schlichtungsgespräche scheinen gefruchtet zu haben, was aus einem Schreiben von Herrn Bockhop an den Vater vom 28. November 1958 zu ersehen ist:

Niedersächsisches Landvolk   *Syke, den 28. November 1958*
Kreisverband Hoya

»Sehr geehrter Herr Fritz Meyer
    Auf dem Sprechtag in Hoya habe ich heute eine längere Unterredung mit Ihrem Sohn gehabt. Wenn auch nicht alles klar geworden ist, so hoffe ich doch, daß sich eine Lösungsmöglichkeit in dem Sinne, wie wir sie in Syke besprochen haben, anbahnt. Ich halte es für richtig, dass wir uns nochmals in Hoya auf dem Sprechtag über die Angelegenheit unterhalten. Daher bitte ich Sie, am Freitag, dem 5. Dezember 1958 um neun Uhr zum Landbundhaus zu kommen.
    Mit Landvolkgruß!
    Bockhop, Vorsitzender«

Eine Einigung war tatsächlich in Sicht. Nach vielen Jahren Streit in der Familie, nach vielen Monaten erfolgloser Bemühungen unter starker psychischer Belastung aller Beteiligten wurde jetzt binnen weniger Tage und Wochen eine Lösung gefunden: ein wahrlich landwirtschaftlich geprägter Vertrag, der zum Beispiel einen Altenteil statt in Geld in Roggenmengen einschließt.

Damit war ein Ende des irrationalen Machtkampfes auf rechtlicher Basis beendet.

Der Anerbe Julius hatte seinen Hof bekommen. Die Schwester Dorothea hat sich mit einer guten Abfindung und der Aussicht auf das Erbe des Hauses in Hoyerhagen ihre Zukunft als »alleinstehende« Landfrau gesichert. Die von den Streitereien zermürbten Eltern hatten ihren verdienten Altenteil und eine Tochter, die weiterhin für sie sorgen wollte.

Geblieben sind viele Fragen.

War es lediglich ein geschwisterlicher Machtkampf zwischen dem hilflos wirkenden Julius und seiner dominanten Schwester?

War es der Kampf einer Frau, die infrage stellen wollte, dass nur die männlichen Nachfolger einen Hof erben oder übertragen bekommen dürfen? *(Hinweis: Der für diese Zeit so typische Vertrag einer Hofübergabe kann in der Anlage 3 eingesehen werden.)*

FAMILIÄRER RÜCKBLICK DES JAHRZEHNT-KONFLIKTS

Seit dem ersten Vorschlag des Anwalts vom 31. Januar 1958 an Dorothea und den Vater für eine Hofnachfolge waren mittlerweile viele Tränen geflossen und viel menschliche Energie verschwendet, bevor es zu einer Lösung gekommen war. Die Nerven aller Beteiligten lagen immer wieder blank, selbst die Anwälte hielten sich in den Schreiben untereinander irgendwann nicht mehr zurück, persönliche und emotionale Auseinandersetzungen in ihre Überlegungen einzubeziehen. Noch im Mai 1958 schlugen die gegnerischen Anwälte einander vor, dass sie »alle Schärfen aus den Verhandlungen von vornherein heraushalten« wollten. Schließlich ging es um einen rein familiären Streit zwischen Vater, Tochter und Sohn. Spätestens seit Juli gab im Besonderen der Anwalt vom Vater und Dorothea jedoch jede Zurückhaltung auf und verschärfte den Konflikt erheblich.

Irritierend war, dass ihr Anwalt schon in seinem Schreiben vom Januar 1958 fast »nebenbei« angedeutet hatte, dass die Rechtslage sehr ungewiss sei und es nicht einfach sein würde, Julius zu enterben und ihn vom Hof zu verjagen. Ein reiner Rechtsstreit hätte Jahre gedauert, da Julius als gesetzlicher Hoferbe hätte zustimmen müssen. Er aber stellte sich auf die Hinterbeine und beharrte darauf: »Ich will den Hof ganz oder gar nicht« – wie es einer der Detektive in einem Bericht festgehalten hatte. Julius berief sich zudem auf ein älteres Versprechen seines Vaters. So wie sein Vater den Hof geerbt hat, so wolle auch er den Hof übernehmen. Punkt. Es konnte keine einvernehmliche rechtliche Lösung herbeigeführt werden. Im Grunde lag sie allein im Privaten.

Dennoch versuchte Dorothea mit ihrem Vater über viele Jahre mit nicht enden wollenden rechtlichen Tricks und schlitzohrigen Maßnahmen, den Hof zu übernehmen. Der privat ausgetragene »Kampf« um den

Hof scheint ein Psycho-Krieg unter Geschwistern gewesen zu sein. Die anderen Familienmitglieder mussten zwangsläufig an diesen Auseinandersetzungen über fast zehn Jahre teilnehmen.

Unübersehbar war, dass Marlies als eingeheiratete Frau von Julius besonders unter diesen schrägen familiären Auseinandersetzungen leiden musste. Sie brachte in den Streitjahren der Fünfzigerjahre zwei Töchter zur Welt. In den Monaten im Jahr 1958, als der Streit den Höhepunkt erreicht hatte, war sie sogar hochschwanger.

JETZT SPRICHT MARLIES

Es lag nahe, im Jahr 2020 die mittlerweile 92 Jahre alte Marlies zu befragen, wie sie als Ehefrau von Julius diesen Familienstreit erlebt und ertragen hat. Sie ist zudem die letzte Zeitzeugin der Familie aus ihrer Generation.

E. H.: »Marlies, ich hatte in unseren Gesprächen den Eindruck, dass du viele Hintergründe des Familienkonfliktes nicht kanntest und von mir erst nach mehr als 60 Jahren einige neue Informationen über die Auseinandersetzungen auf dem Hof in Duddenhausen erfahren hast. Du wurdest damals offenbar über viele der Einzelheiten nicht informiert oder du hast einige Ereignisse vergessen. Letzteres würde mich wundern, da du mir andere Einzelheiten nach dieser langen Zeit sehr ausführlich erzählt hast. Ich möchte dir noch ein paar Fragen stellen. Aber nur, wenn es dich nicht belastet, über diese schwere Zeit zu sprechen.«

Marlies: »Stell nur deine Fragen, es tut mir sogar gut, über diese Zeit zu reden, auch wenn mir hinterher viele Gedanken durch den Kopf gehen.«

E. H.: »Angefangen hat die Erbschaftsfrage mit einem Brief des Anwalts im Januar 1958, in dem er Dorothea und dem Vater rechtliche Ratschläge gegeben hat, um Julius als Hoferben loszuwerden. Hast du von diesem Brief etwas mitbekommen?«

M.: »Nein habe ich nicht, sowas wurde mir nicht gezeigt.«

E. H.: »Ich habe mich gefragt, warum Dorothea und der Großvater Ende 1957 den Anwalt nach diesen Ratschlägen gefragt haben. Kannst du dich erinnern, ob Ende 1957 irgendein besonderer Streit stattgefunden hat?«

M.: »Ach, Streit gab es immer, schon von Anfang an, als ich 1952 auf den Hof kam. Außerdem kann ich mich nicht erinnern, in welchem Jahr was passiert ist.«

E. H.: »Okay, dann gehen wir mal davon aus, dass der Konflikt mit dem Arztbesuch in Hamburg, von dem du mir erzählt hast, nicht der erste war. Ich habe aus den überlieferten Unterlagen herausgefunden, dass dieser Konflikt im Jahr 1955 war. Ab diesem Zeitpunkt war das Vertrauen von Julius und dir zu Dorothea deiner Meinung nach zerstört. Dorothea begann im Frühjahr 1958 verstärkt, eine Lösung der Erbschaft auf dem rechtlichen Weg zu suchen. Dann hat Dorothea die Detektive bestellt. Sie kamen zum ersten Mal im April und zum letzten Mal im Juni 1958. So weit die zeitliche Einordnung für dich.«

M.: »An die beiden Detektive kann ich mich noch genau erinnern. Sie waren besonders nett zu uns.«

E. H.: »Aus den Unterlagen ist zu ersehen, dass der Herr G. von April bis Juni bei euch war. Später gab es noch einen zweiten Detektiv.«

M.: »Ja, den G. sehe ich noch ganz genau, wie er am Fenster stand, herausschaute und verzweifelt mit dem Kopf schüttelte. Mit ihm haben wir uns gut verstanden. Er hat sich rührend um unsere fünfjährige Tochter Elisabeth gekümmert, mit ihr gespielt. Die ganze Familiensituation kam ihm persönlich sehr sonderbar vor.«

E. H.: »Aufgrund der Berichte müssen wir annehmen, dass sie keine Ereignisse gefunden haben, die rechtlich dafür herhalten konnten, Julius und euch vom Hof zu jagen oder Julius als unzurechnungsfähig erklären zu können. Während die Detektive im Juni auf dem Hof waren, hat der Vater schon die ersten Ländereien verkauft. Es gab Vermutungen, dass Dorothea den Hof übernehmen wollte. Die Detektive berichteten, wie Julius aggressiv gegen diese Pläne wetterte und deutlich machte, dass er auf keinen Fall vom Hof gehen würde. Kanntest du die Pläne von Dorothea, oder kannst du dich an solche erinnern?«

M.: »Nein, nicht in Einzelheiten. Es gab immer wieder neue Pläne, neue Auseinandersetzungen. Über die Hintergründe war ich nicht informiert.«

E. H.: »Okay, dann erzähle ich dir verkürzt, wie im Juni/Juli 1958 die Post so richtig abging. Diese Informationen habe ich aus dem Schriftverkehr, den Dorothea mir überlassen hat.

Parallel zu den Landverkäufen machte Anwalt T. Dorothea und dem Vater diverse, teilweise unfaire Vergleichsvorschläge, wie man Julius loswerden und den Hof auf Dorothea übertragen könnte, obwohl diese Pläne rechtlich auf sehr wackeligen Füßen standen. Am 8. August 1958 gab es dann eine erste persönliche Verhandlung mit Julius, dem Vater und den beiden Anwälten, nachdem vorher die gesamte Kommunikation nur über die Anwälte lief. Wurdest du in diese Vorgänge einbezogen? Warst du bei diesem Treffen dabei, oder hast du von Julius etwas erfahren?«

M.: »Nein, ich war nicht dabei und habe auch nichts davon gewusst.«

E. H.: »Interessant. Dieses Treffen am 8. August muss sehr emotional gewesen sein. Der gegnerische Anwalt T. fasste das Treffen anschließend so zusammen: ›Die Unterredung hat zwar keine Einigkeit gebracht, jedoch die gegenseitigen Wünsche geklärt.‹ Er machte daraufhin einen neuen Vergleichsvorschlag und riet gleichzeitig von einer erneuten persönlichen Verhandlung ab, da der Vater hinterher einen vollständigen Zusammenbruch mit krampfartiger Ohnmacht erlitten hätte. Es sei besser, dass sich die Anwälte allein zusammensetzen. Kannst du dich an einen solchen Zusammenbruch des Vaters erinnern?«

M.: »Nein, nichts, ist alles neu für mich. Aber ich kann mir gut vorstellen, dass die ewigen Streitereien dem Vater an die Nieren gegangen sind. Es ging um den Hof, und er hatte zu Julius doch noch einen guten Draht.«

E. H.: »Müssen wir annehmen, dass entweder Dorothea oder der Rechtsanwalt diesen enorm zunehmenden Druck ausgeübt haben, um Julius jetzt schnell loszuwerden? Oder wie schätzt du diese Entwicklung ein?«

M.: »Ich denke, dass der Druck eher von Dorothea kam. Manchmal konnte ich das verstehen. Der Vater war mittlerweile 69 Jahre alt. Nach seinem Unfall mit dem Pferdegespann konnte er nur noch an zwei Stöcken gehen. Die Eltern wurden immer abhängiger von Dorothea. Sie hatte sich entschieden, auf dem Hof zu bleiben und die Eltern zu versorgen. Es musste ja eine Lösung her« … Sie atmete mehrfach ein und aus, ihr Blick wurde traurig … »So konnte es nicht weitergehen. Aber warum auf diese schreckliche Weise? Es war furchtbar für mich.«

E. H.: »Ja, genau, das habe ich beim Lesen auch empfunden. Ich musste beim Forschen in der Vergangenheit oft daran denken, wie es dir wohl in diesem entscheidenden Konfliktjahr ergangen ist, so kurz vor und nach der Geburt von Friederike im August 1958.«

M.: »Was soll ich sagen. Ich war hochschwanger, Ende August sollte die Geburt von Friederike sein.« Sie zögerte, holte tief Luft, es vergingen ewig erscheinende Sekunden. »Ich habe die ganze Zeit immer fürchterliche Angst gehabt. Was du mir gerade über dieses Jahr und all die Konflikte erzähltest, läuft vor mir ab wie ein Film. Vieles, was du erzählst, höre ich zum ersten Mal, heute, wo ich schon 92 Jahre alt bin. Ich frage mich, wie ich alles geschafft habe mitten in diesen Konflikten, mitten zwischen den Streithähnen, mit denen ich Küche und Haus teilen musste.«

E. H.: »Hattest du Unterstützung? Deine Tochter Elisabeth war ja gerade erst fünf Jahre alt.«

M.: »Meine Cousine aus Bücken kam zu uns und hat Friederike nach der Geburt versorgt. Die Spannungen gab es weiter. Julius hat nicht zugelassen, dass Dorothea das Kind auch nur anguckte. Auf sowas musste ich zusätzlich achten. Einmal hatte die Mutter, deine Großmutter, das Baby auf dem Arm und wollte mit Friederike in Dorotheas Zimmer, um ihr das Baby zu zeigen. Ich musste ihr sagen, dass sie es besser sein lassen sollte. Wenn Julius es erführe, gäbe es wieder Ärger.« Marlies schaut mich ein wenig erschrocken, verstört und grübelnd an und fährt fort: »Wie konnte ich das nur schaffen? Wie? Es ist mir heutzutage ein Rätsel, wenn ich alles so höre von dir und du es aufschreibst. Kannst du dir das vorstellen?«

E. H.: »Nur insoweit, dass ich mich selbst im Nachhinein oft frage, wie ich so manche Krise in meinem Leben durchgestanden habe. Aber konkret, was du durchgemacht hast und dazu in einer Zeit, wo du hochschwanger warst … das ist für mich ein Psychothriller … den kann ich mir nicht vorstellen.«

M.: »Ja, es ist ja wirklich wie ein Krimi, wenn du mir das so erzählst.« Ihr Blick hellt sich auf bei größer werdenden Augen, ein Lachen huscht über ihr Gesicht, wie eine Erlösung.

E. H.: »Stimmt, wie ein Krimi, so empfinde ich es auch bei eurer Geschichte. Aber der Krimi war ja noch nicht beendet. In dem jetzt neu formulierten Vergleichsvorschlag des Anwalts vom Vater und Dorothea gab es die Bedingung, dass Julius eine Abfindung erhalten sollte und den

Hof zum 30. September 1958 verlassen musste, damit der Hof am 1. Oktober 1958 verpachtet werden konnte.

Im Hintergrund der ganzen Auseinandersetzungen rumorte der Plan, Dorothea oder eine stellvertretende Person als Pächterin einzusetzen. Weißt du, wer es sein sollte?«

M.: »Nein, ich wusste nicht einmal von der Pacht.«

E. H.: »Am 15. September gab es dann den letzten Vergleichsvorschlag, in dem euch eine Dreizimmerwohnung in Duddenhausen zugewiesen wurde. Bis zum 30. September solltet ihr den Hof verlassen. Julius akzeptierte den Vorschlag zunächst. Weißt du davon?«

M.: »Nein, nichts. Ich weiß nur, dass ich irgendwann in einem Raum saß und einen Vertrag unterschrieben habe.«

E. H.: »Den Unterlagen gemäß hat Julius sich gewehrt, mit euch Ende September auszuziehen. Er begründete es damit, dass ein Auszug nicht vordringlich sei, weil es keinen Pächter zum 1. Oktober 1958 geben würde. Am 16. Oktober 1958 reichte der Anwalt die angedrohte Räumungsklage ein. Julius hätte mit Familie die Wohnung im Elternhaus verlassen müssen. Das Theaterstück schien vorerst zu Ende oder wenigstens verschoben. Hast du von diesen Plänen erfahren?«

M.: »Nein, nichts von alledem. Wie ging es weiter?«

E. H.: »Ende November ging der Vorhang des Theaters wieder auf. Es gab einen Übergabe- und Erbvertrag, der den seit Juli immer wieder veränderten und teilweise unfairen Vergleichsvorschlag ersetzte. Mit diesem seriös erscheinenden Übergabe- und Erbvertrag konnte Julius mit euch auf dem Hof bleiben. Er erhielt den Hof und die Hälfte der landwirtschaftlichen Flächen. Dieser Vertrag wurde am 13. Dezember 1958 unterschrieben, von allen Beteiligten, also auch von dir als Ehefrau in dem besagten Raum, den du gerade angesprochen hast. Als du den Vertrag unterschrieben hast, waren die Eltern und Dorothea schon ausgezogen und wohnten bereits in Hoyerhagen. So, Marlies, das war in Kurzform das aufregende Jahr 1958.«

M.: »Ich kann immer wieder nur fragen: Wie konnte ich das schaffen? Ich wusste, dass sie irgendwann mal beim Rechtsanwalt waren. Aber wann das war? Ich weiß die Jahreszahlen nicht mehr. Ich war innerlich die ganze Zeit aufgeregt. Ich war hilflos, konnte nichts machen. Wir haben zwar unter einem Dach im gleichen Haus gelebt. Doch jeder hat für sich gekocht, in der gleichen Küche. Gegessen haben Julius und ich nur in der kleinen Stube, neben der Küche. Die Eltern und Dorothea in der großen Stube.«

E. H.: »Und du hast nichts gewusst von all den rechtlichen Kniffen und Vorschlägen? Kaum zu glauben! Dabei wollte ich von dir mehr Informationen über die Hintergründe der entsetzlichen Streitereien hören.«

M.: »Ja, komisch, nicht? Nach so vielen Jahren habe ich jetzt vieles zum ersten Mal gehört. Es war alles so schlimm und aufregend, dass ich das gar nicht begriffen habe.«

E. H.: »Meinst du, dass sie dich nicht informiert haben, weil du eine Frau bist? Oder weil sie dich schonen wollten, da du im Sommer 1958 hochschwanger warst?«

M.: »Das kann ich nicht sagen. Ich weiß nur, dass ein Ereignis das andere jagte. Das eine war noch nicht beendet, da kam schon wieder ein aufregendes Neues. Sowas zu erleben, wünsche ich meinem ärgsten Feind nicht. Das habe ich nicht nur einmal, sondern sehr oft hinterher gesagt, zu mir selbst und zu anderen.«

E. H.: »Mitte Dezember kam die endgültige Entscheidung: Ihr könnt auf dem Hof bleiben. War das nicht wie ein Geschenk des Himmels, mitten in der Adventszeit, kurz vor Weihnachten?«

M.: »Na ja, nicht ganz. Die Eltern und Dorothea hatten ja den Hof schon vor der Unterzeichnung verlassen.«

E. H.: »Wie war das für euch? Konntet ihr begreifen, dass der Streit jetzt zu Ende war?«

M.: »Zeit zum Begreifen gab es kaum. Jetzt saßen wir da, leicht verstört. Allein in einem so großen Haus mit einem Hof und großen Stallungen. Das war kein Zuckerschlecken. Das glaub mal.

Wir hatten viel zu tun. Ich hatte die beiden Kinder und musste die drei Kühe melken, Julius musste die Schweine füttern und zusehen, dass wir sie verkaufen konnten. Das wenige Land, dazu noch nicht die besten, fruchtbarsten Landstücke, musste auch mühsam bewirtschaftet werden. Ich war voll mit Arbeit bis oben hin. Das Leben ging ja weiter. 1959 kam Elisabeth zur Schule, noch in die Dorfschule für die ersten Jahre. Und ich hatte ja auch Friederike, die Unterstützung brauchte. Sie war nicht nur geistig, sondern auch körperlich gehandicapt, lernte spät laufen und sprechen.«

Nach all dem Kuddelmuddel und den verzweifelten Versuchen, Julius vom Hof zu vertreiben, war es also zu einer rechtlichen Lösung gekommen. Der Kreislandvolkführer Herr Bockhop hatte erreicht, was er dem Vater Fritz Meyer Mitte September geraten hatte. Des Vaters Hauptanliegen solle sein, mit seinem Sohn auseinanderzukommen, »damit der tägliche Ärger, die Spannung und der Verdruss ausscheidet und Sie wieder leben können.«

JETZT SPRICHT SCHWIEGERSOHN BURKHARD

Es war aber kein Leben in Frieden. Nur eine rechtliche Klärung war erreicht. Dieser dramatische Familienkonflikt hat in der Familie Meyer einen nachhaltigen Bruch hinterlassen. Einen wirklichen Familien-Frieden hat es nicht mehr gegeben. Wurden die Spannungen in die nächste Generation übertragen, ihr quasi mit in die Wiege gelegt? Darüber habe ich mit dem Schwiegersohn Burkhard im Jahr 2021 gesprochen.

Burkhard kam 1972 als Freund der ältesten Tochter Elisabeth in die Familie und wurde 1983 ihr Ehemann. Die Auseinandersetzungen hatte er nicht miterlebt, nur die Folgen. Die haben ihm im Grunde als Konfliktstoff schon gereicht, speziell von Julius hatte er nichts Gutes angedeutet bekommen. Denn gesprochen wurde nicht über diese unvollendete Familienkrise, auch mit ihm nicht.

E. H.: »Burkhard, du hast alle Geschwister der Familie, also Julius, meine Mutter Lewine und Dorothea, kennengelernt. Mich interessiert, was du für ein Verhältnis zu deinen angeheirateten Verwandten hattest. Zunächst Mal zu Julius und Dorothea, weil du in der Vergangenheit immer wieder deutlich gemacht hast, dass du dich mit deinem Schwiegervater nicht gut verstanden hast, was noch positiv ausgedrückt ist. Zu Dorothea hattest du aus meiner Erinnerung ein gutes Verhältnis.«

Burkhard: »Mit Julius hatte ich es schwer, das stimmt. Das fing schon damit an, dass er mich nicht akzeptiert hat. Er hatte sich für Elisabeth einen Bauerssohn aus dem (Nachbar-) Dorf gewünscht. Julius' Alkoholsucht und seine nationalsozialistische Gesinnung waren der Hauptgrund, warum ich zu ihm auf Distanz gegangen bin. Julius hat es auch gestört, dass Elisabeth und ich regelmäßigen und guten Kontakt zum Rest der Familie Meyer hatten, also zu Lewine sowie zu Dorothea und der Großmutter in Hoyerhagen. Sein Kontakt zu seiner Familie war weiterhin gestört. Zudem hat er auf den Familientreffen immer wieder nur die gleichen Kriegsgeschichten erzählt. Das hat alle, aber besonders Dorothea gewurmt. Keiner der Erwachsenen hat sich getraut, ihn zu stoppen.

Bei den Geburtstagsfeiern auf dem Land gehörte Schnaps angeblich immer zum Feiern dazu, so wie der Kuchen zur Kaffeezeit. Im Hause der Familie Meyer in Hoyerhagen musste Dorothea ihm Schnaps anbieten. Damit seine Exzesse nicht ausarteten, hielt Dorothea für seine Besuche immer eine kleine Flasche Schnaps bereit. In einen Flachmann hatte sie vor den Besuchen immer nur Schnaps für zwei bis drei Schnapsgläser eingefüllt. Mehr gab es nicht. Das hat Julius enorm gestunken. So ein Verhalten kannte er von seiner ältesten Schwester seit der Kindheit und während des großen Familienkonflikts, sie schien weiterhin seine moralische Instanz und Bestimmerin zu sein.

Dorothea trank nie Alkohol und hasste die Sucht von Julius, weil sie vor Jahren mit ihm schlechte Erfahrungen gemacht hat. Sie ließ es nie aus, davon zu erzählen, dass Julius früher auf dem Hof im betrunkenen Zustand sehr aggressiv gewesen sei. Das führte meines Wissens zu dem großen Familienkonflikt.«

E. H.: »Hast du mit Elisabeth über die Hintergründe des Familienkonflikts gesprochen? Oder weißt du Genaueres aus Erzählungen von den drei Geschwistern?«

B.: »Elisabeth hat mir nicht viel erzählt und konnte es auch nicht unbedingt. Ihre Erklärungen glichen denen von Dorothea und der Großmutter. Wenn der Konflikt überhaupt angesprochen wurde, war es nur allgemein. Hängengeblieben sind bei mir drei Erklärungen.

Julius und Marlies waren sauer, dass Dorothea und die Eltern in den Fünfzigerjahren Privatdetektive ins Haus geholt hatten. Sie wollten Julius als nicht geschäftstüchtig anerkennen lassen, und er sollte den Hof verlassen.

Die zweite Erklärung war, dass Dorothea befürchtete, Julius würde den Hof versaufen und wäre nicht in der Lage, den Hof zu führen.

Die dritte Erklärung lautete, Dorothea und die Eltern hätten Angst vor Julius, weil er im betrunkenen Zustand aggressiv auftrat. Er hätte den Vater angegriffen. Diese Befürchtung musste tief sitzen. Dorothea hat erzählt, dass sie noch Jahre später die Haustür abschließen musste, obwohl sie und die Eltern schon längst in einem eigenen Haus in Hoyerhagen wohnten. Mehr habe ich auch bei Nachfragen nie erfahren. Im Grunde war immer Sendepause, wenn es um das gemeinsame Leben mit Julius auf dem Hof ging und warum sich die Familie so zerstritten hat.«

Daraufhin habe ich Burkhard alles erzählt, was ich über die Hintergründe des Streits aus den überlieferten Unterlagen erfahren hatte. Alles, was selbst Marlies unbekannt war.

B.: »Auweia … was du da alles rausbekommen hast. Eine völlig andere Perspektive für mich. Na ja, voll des Tatendrangs und nach Arbeit schreiend habe ich Julius nicht erlebt. Ob das nun seine Grundhaltung war oder von der Verletzung kam, kann ich nicht beurteilen. Kopfschmerzen jedenfalls hatte er zeitweise noch in den Siebzigerjahren, knapp 30 Jahre nach Kriegsende. Daran erinnere ich mich. Ich kann mir allerdings ebenso gut vorstellen, dass er mit einem Kriegstrauma zurückkam. Die Soldaten hatten damals keine Unterstützung. Ich habe Julius trotz meiner Abneigung nie als unzurechnungsfähig gesehen. Im Gegenteil. Er konnte kämpfen und war stur.«

E. H.: »Das hat ihm letztendlich sicherlich auch geholfen. Er hatte zwar eine Kopfverletzung, aber auf den Kopf war er anscheinend nicht gefallen. Er war Hoferbe und beharrte auf seinem Recht, als er mit all den Gemeinheiten und Tricks vertrieben werden sollte. Nach langem Hin und Her gab es im Dezember 1958 einen Erbvertrag, laut dem Julius auf dem Hof bleiben konnte.

Nach der Sichtung der Unterlagen war er für mich nicht länger nur der Bösewicht und Täter, der im Suff aggressiv und laut wurde und seine Frau geschlagen hat – wie du es auch berichtet hast. Er war für mich auch ein Opfer, hilflos, um sich schlagend mit Worten und Fäusten, um Hof und Erbe für seine Familie kämpfend.«

B.: »Das ist ja ein Ding. Von alledem habe ich nicht einmal im Ansatz was gehört, nicht einmal von Lewine. Okay, ich hatte auch Erlebnisse mit

Dorothea, bei denen ich merken konnte, dass sie nicht nur korrekt und hilfsbereit sein konnte. Aber dass sie so weit gehen konnte, erschüttert mich.«

Diese Erschütterungen von Marlies und Burkhard konnten mir die Frage nach dem »Warum«, dem tiefen Grund des Familienstreits nicht beantworten. Dorothea selbst schwieg zeit ihres Lebens zu dem Konflikt und hinterließ uns Nachkommen nur die dicke, staubige Mappe mit all den Fakten der rechtlichen Auseinandersetzungen auf vergilbtem Durchschlagspapier der Anwälte und Richter.

Es bleibt nur eine Vermutung: Zu der Zeit war es für die Bauern wichtiger als heute, einen Nachfolger, einen Stammhalter zu haben, allein für ihre Altersvorsorge. Meine Großeltern hatten derer zwei. Der Ältere bekam in der Regel den Hof. Dieser überlebte den Krieg allerdings nicht, und so fiel die Erbfolge auf Julius. Seine Ideologie, die Kriegsverletzung und die Sucht haben das Zusammenleben und das Vertrauen schwer beeinflusst.

Auf diese Weise verloren Eltern und Schwester auch den zweiten Stammhalter. Sie konnten diese Art des Verlustes nicht anerkennen und kämpften einen Privat-Krieg. Ein Krieg, der wie jeder Krieg nur Verlierer hervorbrachte.

1961. TRAUMATISCHER BRUCH

Es gab wohl kaum eine Familie, die sich nicht mit diesen gesellschaftlichen Umtrieben auseinandersetzen musste. Nicht allen gelang es, sich dazu zusammenzusetzen und nach Lösungen zu suchen. Meine Familie brachte in den Sechziger- und Siebzigerjahren alle Voraussetzungen für derartige Konflikte und Auseinandersetzungen mit – wie es sich schon seit Jahren gezeigt hatte. Immerhin war in unserer Familie die Welt Ende der Fünfzigerjahre im Verhältnis zu der meiner Großeltern und Dorothea zunächst noch heil – jedenfalls nach außen.

Kaum war das Jahr 1961 angebrochen, verlor mein Vater völlig unerwartet und unvorbereitet seine Arbeit als Betriebsleiter des Kalkwerkes Marienhagen. Die Muttergesellschaft, das Stahlwerk der Ilseder

Hütte in Peine, gab als Grund für die Stilllegung an, dass der Kalk aus Marienhagen als Rohstoff für die moderne Stahlgewinnung nicht mehr gut genug sei.

Das Kalkwerk in Banteln

Das gesamte Werk wurde von der Ilseder Hütte an einen Schrotthändler verkauft. Richtig verstanden: an einen Schrotthändler! Verkauft wurden nicht nur alle Betriebsgebäude, die Werkswohnhäuser der Arbeiter und das Inventar wie die Maschinen bis zu den Besen und Schaufeln. Auch die Arbeiter und Angestellten wurden gleich mit verkauft. Es wurde vereinbart, dass vom Schrotthändler die Löhne aller Mitarbeiter vorerst weiterzuzahlen sind. Das war der »Sozialplan«!

In der Vergangenheit waren in den Arbeitsverträgen die offiziellen Bruttolöhne der Mitarbeiter und Mitarbeiterinnen, die in Werkswohnungen wohnten, um die Mietkosten und Nebenkosten für die bereitgestellten Werkswohnungen und Firmenautos gekürzt. Nur die Höhe dieser (gekürzten) Löhne berücksichtigte der Schrotthändler als Bruttolohn und berechnete ihnen zusätzlich die Miete und andere Sozialabsprachen.

Alle Mitarbeiter wurden auf die gleiche »Wertestufe« wie die Schaufeln und Besen des Betriebs gestellt. Sie wurden gemäß dem Geschäftszweck des neuen Eigentümers behandelt: als Schrott.

Die Muttergesellschaft bot meinem Vater nach längeren Auseinandersetzungen als Notlösung an, in Peine im Werk zu arbeiten. Dieser Arbeitsplatz war zum einen uninteressant für meinen Vater, zum anderen war er gekränkt, wie alles abgelaufen war, und lehnte innerlich empört ab. Er musste letztendlich aber zähneknirschend in den sauren Apfel beißen und das erniedrigende Angebot annehmen. Als unglücklicher, gebrochener Ehrenmann musste er neustarten. Unsere Familie musste umziehen.

Unser Vater hatte gleichzeitig noch mehr zu »verarbeiten«. Denn innerhalb unserer Familie spiegelten sich die Auflehnung und der Protest der Jugend wider. Durch die Strenge unseres Vaters war der Druck vom

Elternhaus groß, anscheinend zu groß, denn die beiden ältesten Geschwister verließen zeitig das Haus als »Flucht vor der Strenge«.

Unsere Mutter »schützte« uns jüngeren Geschwister zunehmend mit ihrem liberalen Erziehungsansatz.

1963. STOLPERNDER NEUSTART

Die verkleinerte Familie zog 1963 von Banteln/Leine in die Nähe von Peine, in den kleinen Ort Ölsburg/Ilsede.

Der draufgängerische Bruder Dieter machte den Umzug noch mit und absolvierte in den Jahren 1963 bis 1965 eine Lehre in Peine.

Nach der Lehre »flüchtete« auch er umgehend aus dem Elternhaus. Es sollte Schluss sein mit der langjährigen Gängelei, der strengen, knallharten Erziehung mit Verboten (Fußball, Führerschein, Disco). Noch waren die seelischen »Spuren« der väterlichen Erziehungsmethode und die wunden Striemen der Reitpeitsche auf seinem Hintern aus der Vergangenheit nicht vergessen. Er ließ sich nur selten zu Hause blicken, genauso wie mein ältester Bruder und meine Schwester.

Mein ein Jahr jüngerer Bruder Fritz wurde in ein Internat geschickt. Nicht freiwillig. Er hatte einen scheinbar undefinierbaren Sprachfehler, der geschult werden sollte. Jedenfalls nach Meinung so mancher »Experten« und meiner Eltern. Positiv für ihn war: Er kam raus aus dem Elternhaus, raus aus der ständigen Bevormundung.

Ich trainierte einfach nur eifrig, meine Interessen gegenüber meinem Vater heimlich durchzusetzen, jedem offenen Konflikt aus dem Weg zu gehen, um mit dieser »Trickserei« erfolgreich zu sein.

In dieser Zeit habe ich mehrere Monate nicht mit meinen Eltern – insbesondere nicht mit meinem Vater – geredet, außer Guten Tag, Mahlzeit und Gute Nacht. Ich erinnere mich, dass meine Eltern zwei meiner Tanten, mit denen ich mich gut verstand und postalisch ausgetauscht hatte, inständig baten, mich zur Besinnung zu bringen. Ich blieb bei meinem »Schweige-Protest«, obwohl ich noch »meine Füße unter ihrem Tisch hatte«. Muss hart gewesen sein für meine Eltern.

Gleich als ich 16 Jahre alt wurde, machte ich den Moped-Führerschein, kaufte eine gebrauchte NSU Quickly und konnte mich frei bewegen. Ich war wenig zu Hause, was meinem Vater nicht so gut gefiel. Hatte er doch beständig Bedenken, dass meine Schulleistungen unter meinen vielen »Rumtreibereien« leiden würden.

Ich kann mich nicht daran erinnern, dass mein Vater mir jemals tiefergehende Fragen zu meinem Leben gestellt hatte. Er kam nie zu meinen Sportveranstaltungen. Er kannte weder meine Freunde noch wusste er, was in Peine die »Milchbar« und die Hagenschänke mit dem Tanzboden waren, geschweige denn, dass ich mich dort oft aufhielt. Ich kann mich nicht erinnern, ihm Fragen zum Verständnis des Lebens gestellt zu haben. Es war sinnlos. Wir waren zu unterschiedlich. Wir ließen uns gegenseitig in Ruhe, wo immer es möglich war. Ich habe den Eindruck, dass es meinen Geschwistern ähnlich erging.

Während mein Vater sich innerlich noch mehr zurückzog, wurde meine Mutter immer offener. Jetzt, wo nur noch zwei Kinder im Haus waren und sie sich in neuer Umgebung langsam zu langweilen begann.

In dieser Zeit fingen wir an, unsere Mutter nicht mehr »Mutti« zu rufen, sondern auf ihren Wunsch hin mit einem ihrer sechs Vornamen (neben Margarete) anzusprechen: Lewine. Dieser Name passte zu ihrer gestiegenen Offenheit und Lebensenergie.

Unser Vater war mit unserer Anrede »Lewine« nicht einverstanden, war doch das vorher verwendete »Mutti« schon ein Kompromiss zu der eigentlich von ihm gewünschten Ansprache »Mutter«. Jetzt blieb meinem Vater nichts anderes übrig, als unsere Ansprache mit Lewine hinzunehmen. Auch das noch, nach all seinen negativen Erlebnissen.

1966. LEWINE SCHAUKELT SICH FREI

Meine Mutter Lewine war mit sich selbst mehr beschäftigt als mit meinem Vater und mir.

Sie hatte in Banteln wenig befriedigende Kontakte. Die vielen Kinder, das große Haus und der große Garten hatten sie 20 Jahre voll ausgefüllt. Stillsitzen und ihre Zeit mit »Kaffee-Kranz-Tratschereien« unter gelangweilten, herrschaftlich anmutenden Damen zu verbringen, hat sie nicht interessiert. Mit mittlerweile mehr als 44 Jahren sehnte sie sich nach neuen Aufgaben, als sich ihre Zeit der »Kinderfürsorge« zum Ende neigte.

Sie suchte nach sozialem Engagement, nach einem weißen Kittel – symbolisch –, mit dem sie als Wochenpflegerin in jungen Jahren die Welt erobern wollte und schon nach wenigen Jahren als Hausfrau und Mutter von fünf Kindern stecken blieb.

Meine Schwester und ich unterstützten sie moralisch bei ihrem Wunsch nach neuen Aufgaben. Sie fand zunächst aushilfsweise, dann regelmäßig Arbeit im Krankenhaus Peine als Pflegerin und Nachtschwester.

Mein Vater hatte Probleme, diese erneute Veränderung im Familienleben mitzumachen. In sein Weltbild passte zunächst keine arbeitende Ehefrau. Er hatte aber genug eigene Probleme. Der neue Arbeitsplatz in der Schlacke-Verwertung der Ilseder Hütte in Peine machte ihn unglücklich, er fuhr täglich mit Widerwillen zur Arbeit. Das zeigte sich zum Beispiel daran, dass er eines Tages mit dem Auto gegen eine geschlossene Schranke auf dem Betriebsgelände fuhr. Ihn quälte das Gefühl seines sozialen Abstiegs, und er stand kurz vor der Rente.

Genau in diesem Zeitabschnitt startete Lewine mit großen Sprüngen und mit viel Enthusiasmus in eine neue Zeit, in »ihre Zeit« der sozialen Arbeit. Es war zugleich der zarte Beginn eines ehelichen Rollentauschs in Raten, einer Emanzipation einer geplagten, mutigen Hausfrau, deren Lebensgeister neu geweckt wurden.

Für Lewine war die Arbeit im Krankenhaus mit den wechselnden Schichten zwar anstrengend, doch wichtiger für sie war ihr Gefühl, ihre soziale Ader aufleben zu lassen und eine neue Aufgabe im Leben zu haben. Sie genoss die neuen sozialen Kontakte – auch wenn sie anfangs nur bei der Arbeit stattfanden.

Schon bald zogen wir von Ölsburg/Ilsede direkt nach Peine. In eine Wohnung in einem Reihenhaus, ganz in der Nähe vom Arbeitsplatz meines Vaters bei der Ilseder Hütte und näher am Krankenhaus.

Sicherlich war dieser Umzug praktisch. Mein Vater konnte zu Fuß zur Arbeit gehen. Lewine mit dem Fahrrad zum Krankenhaus. Faktisch hatten sich meine Eltern nach wenigen Jahren wohnlich noch einmal verkleinert, ohne Garten und nur Häuser um sich herum. Es war enger geworden, zu eng für Lewine, die bereit war, die Welt zu erobern.

Lewine bemerkte sehr bald, dass die Arbeit im Krankenhaus ihrem Anspruch an soziale Arbeit nicht erfüllte. Sie suchte mehr menschlichen

Kontakt, eine besondere soziale Aufgabe. In unserer Familie in Dudden-hausen lebte ihre Nichte, Friederike Meyer, die Tochter von Julius und Marlies. Sie wurde 1958 mit einer Behinderung geboren, und die ganze Familie machte sich Sorgen über ihre Zukunft.

Lewine empfand den gesellschaftlichen Umgang mit Menschen mit Behinderung und speziell den mit Kindern in dieser Zeit als schmerz-haft, als soziale Katastrophe. Sie erfuhr, dass es in Peine seit 1963 eine Lebenshilfe-Gruppe mit acht Jugendlichen mit Behinderung gab und eine kleine Tagesstätte mit Kindern aufgebaut werden sollte. Lewine bewarb sich noch im Jahr 1966 als ungelernte Lehrkraft für diese Kindergruppe in Peine und wurde angenommen. Sie zögerte nicht lange und beschloss, »Nägel mit Köpfen« zu machen. Sie wollte nicht »nur« als ungelernte Be-treuerin in der Lebenshilfe arbeiten und begann nebenberuflich eine Aus-bildung zur Pädagogischen Lehrkraft für Kinder mit Behinderung. Sie musste zwei Jahre lang am Wo-chenende in ihrer Freizeit nach Hannover fahren. Sie ahnte damals nicht, wie bedeutsam »Lebenshil-fe« für ihr weiteres Leben sein würde.

Lewine 1966

Schon bald spürte sie, dass dies in mehrfacher Hinsicht eine gute Entscheidung war: Als älteste Schülerin mit 45 Jahren unter den vielen jungen Frauen blühte sie regelrecht auf, sog die frische, le-bensfrohe Energie dieser Frauen auf, wurde offener und kritischer. Ihr Selbstbewusstsein stieg ebenso wie ihre Fröhlichkeit und ihr Mut für Neues. Dafür sorgte sie selbst.

Sie machte einen Führerschein, um noch un-abhängiger zu sein. Sie hörte auf zu rauchen, von heute auf morgen! Sie ließ sich ihre wunderschönen langen Haare abschneiden, die sie seit ihrer Kind-heit zu einem dicken Knoten gebunden hatte. »Alte

Haare ab 1966

Zöpfe abschneiden« galt als Symbol eines Aufbruchs zu einem neuen, erwünschten Lebensabschnitt. Sie wollte klären, ob sie in ihrem Alter und als Ehefrau ihre Lebenssituation zu ändern vermochte, in Zeiten, wo die Frauen noch stark abhängig von den Ehemännern waren, wo es die Frauen noch schwerer hatten als heute.

Trotz der Anstrengung drückte sie gern noch einmal die Schulbank, während sie wochentags in Teilzeit bei der Lebenshilfe Peine arbeitete.

Es standen weitere Veränderungen an. Sie selbst hat die Veränderung in ihrem Leben einmal so ausgedrückt:

»Als unsere Kinder selbstständig genug waren, begann ich zum Schrecken einiger Mitmenschen, außerhalb vom Haushalt zu arbeiten. Meine Kinder halfen mir beim Sprung ins Krankenhaus, und dann war es nicht mehr weit bis zum Ausbildungsende in der Lebenshilfe 1968: Eine wichtige Prüfung für mein Leben, die mich anders ›leben‹ ließ, mich in Kontakt mit allen Facetten des Lebens brachte, nicht nur mit denen, die ich als schön und angenehm empfand.«

Villa Berkhöpen der Lebenshilfe Peine 1968
und links Prüfung bestanden 1968

FEBRUAR 1968: LEWINE KOMMT INS TRABEN

Im Februar 1968 beendete Lewine ihre Ausbildung in Hannover mit einem Examen. Sie war »stolz wie Oskar« – sie hat sich gefreut, dass sie die Ausbildung gemacht hat und sich jetzt als Pädagogische Lehrkraft bezeichnen konnte. Als sie von der Prüfung kam, wurde sie am Bahnhof in Peine mit einem großen Blumenstrauß feierlich begrüßt und strahlte Glück und Anstrengung zugleich aus. Ein weiterer Schritt Emanzipation und für das Gefühl, ein selbstständiges Leben führen zu können, war erreicht.

Der Landkreis Peine kaufte im Jahr 1967 die herrschaftliche Villa »Haus Berkhöpen« von der Weltfirma Preussag und vermietete sie an die Peiner Lebenshilfe für die Arbeit mit Behinderten. Die hochherrschaftliche Villa lag außerhalb des Dorfes Edemissen in einem Waldstück, abgelegen von jeglicher Zivilisation. Die Peiner Lebenshilfe zog im März 1968 mit 25 Kindern und acht Jugendlichen aus der Sonderschule L in die Villa Berkhöpen ein. Lewine wurde die Leiterin der Kindertagesstätte. Unten in der Villa waren die Aufenthalts- und Schulungsräume. Im ersten Stock hatten wir als Familie eine großzügige Wohnung. Die Kinder und Jugendlichen kamen in der Woche täglich nach Berkhöpen.

Wumms! Noch ein Umzug. Wieder Veränderung. Ein weiterer Schritt ihrer »Laufbahn Lebenshilfe«. Der dritte Umzug innerhalb von wenigen Jahren. Es sollte nicht der letzte sein.

Lewine brauchte sich um ihre eigenen Kinder nicht mehr zu kümmern.

Ich hatte mittlerweile im Mai 1967 die Schule abgeschlossen und eine Banklehre bei der Sparkasse Peine begonnen. Um von Berkhöpen zur Arbeit in Peine und in die eine oder andere Dorffiliale des Landkreises zu kommen, hatte ich mir einen VW Käfer gekauft. Meine Eltern sahen mich selten.

Frisch ausgebildet und mit einem großen Herz voll Liebe hatte Lewine sich für die Arbeit in der Lebenshilfe viel vorgenommen: Sie wollte die gesellschaftlich immer noch bemerkbare Ausgrenzung der Kinder mit Behinderung überwinden. Sie kam mit vielen neuen Ideen aus der Ausbildung und versuchte, die gelernten Inhalte beim Aufbau der Lebenshilfe Peine sofort umzusetzen.

Schon während der Ausbildungszeit kamen ihr Bedenken, inwieweit sie die Zielsetzung im schon festgelegten Konzept der Lebenshilfe Peine ihren Ansprüchen gemäß umsetzen könnte. Für sie war die Zielsetzung zu sehr darauf konzentriert, den Kindern und Jugendlichen so schnell wie möglich Arbeit auf dem zweiten Arbeitsmarkt zu verschaffen. Das war ihrer Meinung nach ein Entwicklungsschritt zu früh für die neuen Kinder, die gerade aus dem Elternhaus kamen. Es kursierten schon die ersten Pläne einer »beschützenden Werkstatt« – zum Beispiel für eine Serienfertigung von Gasarmaturen. Der Verein sollte in eine gGmbH umgewandelt werden.

Lewine spürte in Berkhöpen sehr schnell ihre Unzufriedenheit mit dem Konzept der Lebenshilfe Peine. Ihr Anspruch von der Arbeit mit den beeinträchtigten Kindern und Jugendlichen war, dass Sie zunächst deren Persönlichkeit fördern und nicht »nur« verwalten wollte. Sie wollte ihnen helfen, sich mehr im normalen Leben zurechtzufinden, wollte sie integrieren und ihnen die genommene Menschenwürde zurückgeben. Sie verstand die Arbeit in der Lebenshilfe für behinderte Kinder mehr als eine »Hilfe fürs Leben« statt einer »Hilfe zur Arbeit«.

Während meine Mutter in den letzten Jahren so richtig in Trab kam, hatte sie mit ihren Eltern und ihrer Schwester Dorothea in Hoyerhagen sowie ihrem Bruder Julius in Duddenhausen nur wenig Kontakt. Sie war mit sich selbst beschäftigt und hatte nur am Rande mitbekommen, wie es ihrer Schwester und ihren Eltern nach dem Streit um den Hof und dem Umzug nach Hoyerhagen ergangen war.

DOROTHEA. ELTERNPFLEGE. HAUSBESITZERIN. ARBEIT

Wie ist es Lewines Schwester Dorothea und ihren Eltern in Hoyerhagen in der Zwischenzeit ergangen? Hatte Dorothea sich von ihren Eltern loslösen können oder wollen? Wie hat die Familie ihres Bruders in Duddenhausen gelebt?

Haus Hoyerhagen – renoviert 2013

Gedanklich war Lewines Familie für meine Eltern und vor allem für mich weit weg. Es gab zu viele Veränderungen in unserer eigenen Familie.

Seit der Flucht von dem Bauernhof in Duddenhausen im Jahr 1958 lebte Dorothea mit ihren Eltern in der Siedlung »Am Vorberg« mit Reihenhäusern, die nach dem Krieg für Flüchtlinge gebaut wurden. Na ja, geflüchtet waren meine Großeltern ja auch irgendwie, von einem großen, ehrwürdigen Bauernhof mit viel Platz in einen engen Siedlungsbau eines Doppelhauses. Es war eine große Umstellung für die ehemalige Bauernfamilie.

Nicht ganz überraschend war, dass die familiären Auseinandersetzungen der Familie Meyer nicht vollends beendet waren. Noch bis Dezember 1959 gab es überlieferte Schreiben zu Streitereien um das Zuckerrübengeld, die Lieferung der Roggenmengen und anderen Kleinigkeiten. Statt der testamentarisch festgelegten, unpraktischen Natural-Lieferung einigte man sich auf eine monatliche Geldzahlung. Aber selbst das klappte erst nach Einschaltung der Anwälte im November 1961 mit Nachzahlungen und der Einrichtung eines Dauerauftrages.

Dorothea war anfangs damit beschäftigt, für sich und ihre Eltern in Hoyerhagen das Haus nach ihren Vorstellungen umzubauen und einzurichten … und vor allem, den Schmerz der Auseinandersetzungen, die Wut und den Verlust des Hofes zu vergessen.

Dorothea und ihre Mutter begannen, in dem großen Garten hinter dem Haus Obstbäume zu pflanzen und allerlei Gemüsebeete im Garten anzulegen. So, wie sie es vom Hof in Duddenhausen zeit ihres Lebens gewohnt waren. Auf diese Weise haben sie sich seit Beginn der Sechzigerjahre langsam an ihr neues Zuhause gewöhnt.

Die rechtlichen Fragen der Eigentumsverhältnisse nach der Hofübergabe zogen sich schleppend dahin und belasteten die Großeltern zusätzlich. Das Grundstück und das Haus in Hoyerhagen sollte auf Dorothea umgeschrieben werden. Ein mühsamer rechtlicher Prozess, denn dazu musste der (voreheliche, nicht anwaltsverbriefte) Ehevertrag meiner Großeltern aus dem 1918 erst einmal anerkannt werden. Allein für diesen Vorgang brauchte die Justiz einige Jahre. Das Erbe und damit das Haus und Grundstück in Hoyerhagen musste zunächst auf meine Großmutter als Ehefrau und Alleinerbin umgeschrieben werden und erst dann auf Dorothea. Im Februar 1964 wurde das Haus mit Grundstück zwar formal auf Dorothea umgeschrieben, aber erst im Jahr 1979 rechtsgültig geklärt.

Mit dem Besitz des Hauses übernahm Dorothea weiterhin die Fürsorge ihrer Eltern, jetzt nicht nur »privat«, sondern auch gesetzlich verpflichtend. Dorothea war mit der Bewältigung ihres Lebens voll ausgelastet und bekam von all den großen Veränderungen in der Familie ihrer

Schwester Margarete Lewine nach meinem Wissen wenig mit. Dorothea war erleichtert, dass sie als »alleinstehende« Landfrau vom Hof durch die Überschreibung des Hauses in Hoyerhagen jetzt fürs Alter abgesichert war. Als unverheiratete Frau ohne Partner und Kinder musste sie darüber hinaus noch etwas für ihre Altersversorgung tun.

Genau wie ihre Schwester Lewine begann sie Anfang der Sechzigerjahre mit über 40 Jahren noch eine Ausbildung. Sie wohnte dazu die Woche über in Bremen, um sich als Sozialarbeiterin ausbilden zu lassen. Sie genoss es, mal woanders zu sein und Bremen näher kennenzulernen. Schließlich war sie trotz ihres Alters kaum aus dem Elternhaus gekommen.

Dorothea erzählte mir in den letzten Jahren ihres Lebens, wie schwer diese Zeit für sie war:

»Ich wohnte in einem sehr kleinen Kämmerlein in der Neustadt. Das war genauso ungewohnt, wie als Frau vom Lande in die Stadt verfrachtet zu sein. Eine Woche ganz allein, um am Wochenende wieder auf dem Land zur Unterstützung der Eltern zu sein beziehungsweise sein zu müssen. Das war nötig, da es meinem Vater zunehmend schlechter ging. Neben der Pflege der Eltern hatte ich diese anstrengende Ausbildung zu machen. Ich kam nur selten zu Dingen, die mich interessierten, wie Theater oder in der Stadt zu bummeln oder zu Karstadt zu gehen.«

Sie wirkte unglücklich und klang sehr leidvoll. Dieses »Klagen« über ein versäumtes Leben passte zu Dorothea und kann sicherlich auch nachvollzogen werden. Aber sie hatte sich diese Art von Leben selbst ausgesucht. Vom Hörensagen weiß ich, dass Dorothea nach der Ausbildung aufblühte. Sie verdiente jetzt Geld, löste sich in dieser Hinsicht finanziell von den Eltern. »Fräulein Meyer« – wie sie damals noch angesprochen wurde – sollte und wollte sich langsam auf eigene Füße stellen.

Dennoch, die Familie Meyer war gespalten. Nur die beiden Töchter von Julius und Marlies, Elisabeth und Friederike, besuchten manchmal die Großeltern und Dorothea.

Mein Großvater ging im wahrsten Sinne des Wortes »am Stock« – seelisch und körperlich. Er war durch seine Verletzung beim Unfall mit den Pferden arg gehindert, musste mühsam an einem oder auch zwei Stock gehen und wurde wegen seines langsamen, wackeligen Gangs von den Kindern aus der Nachbarschaft auch »Schlendermeyer« genannt. Er ging täglich mit seinem Hund spazieren und wurde ab und an von seinen Jagdfreunden zur Jagd abgeholt. Er ging mit Freuden diesem Hobby und seiner gebliebenen Aufgabe als »Kreisjägermeister« nach.

In der Familie hieß es immer, dass er keinen Kontakt zu seinem Sohn und dessen Familie hatte. Marlies berichtete mir, dass sich Vater und Sohn mehr oder weniger regelmäßig in der Gaststätte Tivoli trafen, quasi auf der Mitte zwischen Hoyerhagen und Duddenhausen. Diese »Geheimtreffen« passte zu dem Bericht der Detektive aus dem Jahr 1958. Damals hatte Julius in einem Wutanfall während der familiären Auseinandersetzungen geäußert, »dass er alle erschießen werde bis auf seinen Vater, seine Frau und sein Kind. Für seine Frau und Kind sollte dann sein Vater sorgen.« Der Vater schien also die ganze Zeit mehr mit seinem Sohn verbunden gewesen zu sein, als er es nach außen zeigen wollte oder konnte. Wurde er durch die zunehmende Abhängigkeit von Dorothea zu dieser Distanz »gezwungen«?

Zurück zu Dorothea. Sie schloss die Ausbildung in Bremen ab und wurde Anfang April im Jahr 1964 als Sozialarbeiterin im Angestelltenverhältnis beim damaligen Landkreis Grafschaft Diepholz eingestellt. Ihr Einsatz erfolgte in der Nebenstelle des staatlichen Gesundheitsamtes in Sulingen.

Genauso wie ihre Schwester Lewine machte sie noch mit über 40 Jahren ihren Führerschein.

1965 verstarb ihr Vater, mein Großvater. Nach einem erneuten Unfall erlag er im Krankenhaus einer Lungenentzündung. Dorothea hat ihren Bruder Julius und seine Familie nicht direkt über den Tod des Vaters in Kenntnis gesetzt, sondern nur indirekt über einen Nachbarn, »der uns informieren sollte«, wie Marlies berichtete. Bei der Beerdigung gab es dann eine erste direkte Begegnung von Dorothea, ihrer Mutter und Julius. Die Beziehung war noch immer spannungsgeladen.

Erst einige Jahre nach dem Tod des Vaters war ein Familientreffen möglich. Die Großmutter und Dorothea wurden von Julius zur Konfirmation seiner ältesten Tochter Elisabeth im Jahr 1967 eingeladen. Fortan öffnete meine Großmutter wieder die Tür für ihren Sohn, geredet wurde über das vergangene Familiendrama nie wirklich. Es hieß stets: »Darüber möchten wir nicht reden«, wie sie uns Enkeln gegenüber immer wieder betonten. Sie schwiegen – ganz zeitgemäß für diese Generation – in der Erwartung, dass alle Beteiligten vergessen, warum es überhaupt ein Problem gibt. Das war die Haltung, mit der sie zu leben versuchten. Mit unterschiedlichem Erfolg.

Dorothea blieb nach dem Tod des Vaters die Betreuung ihrer 72-jährigen Mutter, die in der Woche tagsüber allein im Haus war, während Dorothea arbeitete.

Dorothea musste täglich nicht nur eine halbe Stunde zur Arbeit, sondern auch während der Arbeit für Familienbesuche viel mit dem Auto fahren. Oft waren es sozial schwierige Familien mit Gesundheits- und Pflegeproblemen (z. B. Läuseprobleme bei den Schulkindern). Das war zusätzlich anstrengend. Als ihr diese Doppelbelastung zu viel wurde und sie flexibler in der Betreuung der Mutter sein wollte, ließ sie sich vom Landkreis Diepholz von Sulingen nach Hoya versetzen. Im fünf Kilometer entfernten Rathaus von Hoya arbeitete sie hauptsächlich als Fürsorgerin.

Es war jetzt Ruhe und Beständigkeit in die klein gewordene Familie Meyer in Hoyerhagen eingetreten. Langsam und vorsichtig nahm meine Großmutter mehr und mehr Kontakt zu ihrem Sohn Julius, seiner Frau Marlies und besonders zu den beiden Enkelinnen auf – auch wenn es zunächst hauptsächlich zu Geburtstagen war.

SIEBZIGERJAHRE IN DEUTSCHLAND. POLITISCHER AUFBRUCH ZU NEUEN UFERN

Die politisch und wirtschaftlich angespannte Situation vom Ende der Sechzigerjahre hielt in Deutschland in den Siebzigerjahren zunächst noch an.

Da ich damals in Berlin wohnte, wurden mir diese gesellschaftlichen Veränderungen besonders stark vor Augen geführt und bewusst. Die Jugend wollte sich von der Generation der Eltern befreien. Sie rebellierten gegen die noch weitverbreiteten Haltungen und politischen Ansichten der Eltern aus der Nazi-Vergangenheit.

In allen gesellschaftlichen Bereichen gab es Bewegung. Diese Aufbruchsstimmung gefiel gerade uns jungen Menschen, weil sie auf gesellschaftliche Veränderungen und der Hoffnung auf Verbesserungen zielte. Weniger gefiel uns, dass der Ausbau des Sozialsystems gebremst wurde, die Stabilisierung der Wirtschaft als wichtiger angesehen wurde. Schon damals – wie heute – war die zunehmende soziale »Schere von Arm und Reich« ein öffentliches Thema. Das Bewusstsein über soziale Probleme rief in den folgenden Jahren immer mehr Menschen auf die Straßen.

In der ganzen Welt und ebenso in Deutschland griffen radikale, gewaltbereite politische Gruppen zu den Waffen (Black Panther in den USA, ETA in Spanien, Rote Brigaden in Italien, Bewegung 2. Juni in Deutschland) und organisierten Entführungen von Persönlichkeiten. Die zunehmende Radikalisierung schien die Demokratisierungswelle zu bremsen.

Das gesamte gesellschaftliche Leben geriet in Unruhe und verunsicherte die auf Stabilität fixierte Nachkriegsgeneration. Nahezu jede Familie wurde in unterschiedlicher Weise in diesen Sog der Veränderung hineingezogen. Der gesellschaftliche Wandel fernab der großen Politik ging jedoch weiter, litt allerdings unter der aufwühlenden politischen Stimmung. Die aufmüpfige Jugend gab nicht auf, forderte zu Veränderungen im Leben auf oder veränderte das gesellschaftliche Leben auf ihre Art.

Die daraus folgenden gesamtgesellschaftlichen Veränderungen verliefen auf dem Lande schwerfälliger als in den Städten. Warum auch hier diese Veränderungen notwendig waren, berichtete mir die Landfrau Renate Paul aus dem Landkreis Hoya/Weser an einem Beispiel:

Renate Paul: »Solange du im Dorf gelebt hast, unterlagst du dem moralischen Druck und den Regeln des Dorfes.

Das Dorf hat die Familien geprägt. Man musste gehorchen und sich unterordnen. Die Bewohner waren angewiesen auf die Dorfgemeinschaft. Alles, was in der Familie geschah, war bekannt im Dorf. Es erzeugte Freude und Anerkennung. Auffällig waren der erzeugte Neid, Scham und das schlechte Gewissen.

Es entsprach in den Siebzigerjahren noch immer nicht den Dorfregeln, dass die Frau vom Landwirt sich außer Haus Arbeit suchte. Obwohl es seit Mitte 1958 schon das Gesetz zur Gleichberechtigung von Mann und Frau gab, brauchten die Frauen auf dem Land die Zustimmung der Männer. Ich war damals die erste Frau im Dorf aus der Landwirtschaft, die arbeiten ging.

Die Empörung in meiner Familie war groß. Die Familie meiner Schwiegereltern hatte sich nicht mehr zum Kegeln getraut. Es war eine Schande für die ganze Familie, wenn die Frau oder nur eine aus dem engsten Familienkreis anderswo Arbeit aufnahm. Oder ein anderes Beispiel. Meine Schwiegereltern hatten mit fünf Paaren aus dem Dorf einen Kartenklub. Genauer gesagt, die Männer spielten Karten, die Frauen häkelten oder spielten Schafkopf. Als ein Mann aus dem Klub starb, wurde ein Nachfolger gesucht. Es musste unbedingt ein Einheimischer sein, jemand aus dem Dorf oder einem der Nachbardörfer. Ein Flüchtling aus dem Osten bewarb sich vergeblich.

Für die Landfrauen war es besonders schwer, sich aus dieser Hörigkeit zu befreien, anders zu sein, als es die Regeln und Moral der Dorfbewohner vorgaben. Bei einer Trennung warst du als Frau ausgestoßen. Wenn die Ehefrau den Mann verlassen hatte, verließ sie den Hof mit einem Schuhkarton, mehr gab es nicht. Außer der Schande für die ganze Familie.«

E. H.: »Aus meiner Familie kann ich diese Situationsbeschreibung der Landfrauen bestätigen. Meine Mutter hat mir erzählt, wie oft sie sich in den Fünfziger- und Sechzigerjahren trennen wollte. Wie sie nachts vor Verzweiflung über die Felder lief. Sie hat sich wegen uns Kinder nicht von unserem Vater getrennt ... gesellschaftlich wäre sie ausgestoßen gewesen, meinte sie. Meine Tante Marlies aus Duddenhausen hätte meinen Onkel in den Fünfzigerjahren verlassen können, weil sie unbegreiflich viel ertragen musste. Oder meine Tante Dorothea. Sie hat es anscheinend nicht geschafft, aus dem Chaos des Hofes zu fliehen, obwohl sie in einem Brief an ihre Freundin schon Anfang 1952 mit diesem Gedanken spielte, den Hof und das Landleben hinter sich zu lassen. Am Ende hat sie die traditionsbedingten Zwänge als Landfrau ertragen und ist dem Landleben treu geblieben. Das Zugehörigkeitsgefühl auf dem Land und in der Landwirtschaft muss stark gewesen sein.«

Wie in den Jahrzehnten zuvor wirkten diese gesellschaftlichen Veränderungen bis in die Familien hinein – unabhängig davon, ob sie auf dem Land oder in der Stadt lebten.

LEWINE. AUFBRUCH AUF DEM LAND

Lewine wollte das auf Jugendliche mit Behinderung und auf wirtschaftliche Interessen ausgelegte Konzept der Lebenshilfe in Peine/ Berkhöpen nicht länger mittragen. Ihre Aufgabe sah sie nicht darin, die Jugendlichen mit Behinderung auf den zweiten Arbeitsmarkt, sprich Behindertenwerkstatt, vorzubereiten. Für die ihr übertragenen Kinder strebte sie zunächst eine angepasste Förderung an – egal wie stark ihre Behinderung war. Ihren pädagogischen Ansatz konnte sie in der Lebenshilfe Berkhöpen nicht umsetzen.

Sie wollte mehr Freiheit in ihrer Arbeit und mehr Verantwortung tragen. In ihrer Haltung verfestigte sich, als bekannt wurde, dass viele der Kinder mit Behinderung über Jahre zu Hause »versteckt« worden waren und das normale Leben (noch) nicht mitbekommen hatten. Ein Grund dafür war, dass es diesen Eltern peinlich war, ein behindertes Kind zu haben, und die Akzeptanz von Behinderten in der Bevölkerung sehr gering war.

Lewine geriet in emotionale und konzeptionelle Auseinandersetzungen mit dem Geschäftsführer der Lebenshilfe Peine, die sie unnötig belasteten. Sie hatte sich privat gerade aus den Krallen eines strengen, emotionsarmen Lebens als Ehefrau, Hausfrau und Mutter befreit. Jetzt wollte sie sich schon nach kurzer Zeit aus den Krallen von den Männern in ihrem neuen Lebensprojekt befreien, die über sie bestimmen konnten und wollten.

Wir Kinder waren alle aus dem Haus. Sie war »frei«, sich nach einem befriedigenderen Job umzusehen. Ihre Chancen waren gut, in einem anderen Projekt der Lebenshilfe eine Anstellung zu finden. Es fehlten ausgebildete Pädagogische Lehrkräfte für Kinder mit Behinderung. Überall in Deutschland entstanden Elterngruppen zur Fürsorge ihrer Kinder und neue Einrichtungen der Lebenshilfe. Lewines Ausbildung und ihre Einstellung zu dem Beruf passte in diese Zeit der Veränderungen und der wachsenden Ansprüche der Gesellschaft. Lewine wollte mehr, als in der Lebenshilfe Berkhöpen möglich war.

Nicht ganz zufällig hörte Lewine von ihrer Familie in Hoya/Weser, dass die Lebenshilfe Syke/Hoya eine Tagesbildungsstätte für Kinder aufbauen wollte und eine ausgebildete Pädagogische Lehrkraft gesucht wurde. Sie bewarb sich und wurde angenommen. Lewine zog mit ihrem Ehemann im Dezember 1970 ohne Kinder in das kleine Dorf Hassel bei Hoya an der Weser. Jetzt waren sie endgültig auf sich allein gestellt. Nach mehr als 30 Jahren kehrte Lewine zurück in ihre alte Heimat, die sie 1939 als gelernte Wochenpflegerin verlassen hatte. Sie war zurück zu ihren Wurzeln gekommen.

Schon der vierte Umzug in knapp zehn Jahren! Mit dieser nicht enden wollenden Entwicklungsgeschichte von Lewine häuften sich für ihren Mann die weniger angenehmen Veränderungen. Sollte er sich freuen, dass seine Frau jetzt einen Vollzeitjob mit noch mehr Einsatz hatte? Sollte er sich freuen, jetzt schon wieder umziehen zu müssen, jetzt sogar in die alte Heimat seiner Frau nach Hoya, wo er niemanden außer der Familie kannte? Jede Veränderung brachte bisher auch eine Veränderung in der Beziehung zu seiner Frau. Jetzt, wo er seinen Ruhestand erreicht hatte, kam er nicht zur Ruhe. Er zeigte nach außen keine Unruhe, obwohl es für ihn Anlass genug gab.

Mit der Übernahme der Pädagogischen Leitung in der Lebenshilfe in Berkhöpen und vor allem jetzt mit der leitenden Anstellung in Hoya war der Rollentausch in der Beziehung zu ihrem Mann nahezu vollendet. Hier eine engagierte, lebenshungrige, in der sozialen Arbeit aufgehende 49-jährige Frau, die das Geld verdiente. Da ein vom Leben gekennzeichneter, verunsicherter, mit seiner Freizeit nichts anzufangen wissender Rentner, der in eine fremde Gegend »versetzt« wurde und emotional abhängig von seiner Frau war. Lewine hatte ihrem Mann als Ehe- und Hausfrau mehr als 20 Jahre den Rücken freigehalten, sodass er seinen Beruf ausüben konnte. Jetzt war angesagt, dass ihr Mann ihr den Rücken ein wenig freihielt. Er tat ihr den Gefallen. Als Rentner entlastete er Lewine fortan bei vielen Verwaltungsaufgaben in der Lebenshilfe.

Die Siebzigerjahre waren für Lewine das »Jahrzehnt der Lebenshilfe«.

Um Lewine und ihre »Lebensaufgabe« zu verstehen, hilft es, aufzuzeigen, welche gesellschaftlichen Bedingungen sie für ihre Arbeit vorfand, unter welchen Bedingungen die Kinder mit Behinderung leben mussten und wie sie diese »Hilfe für das Leben« praktisch umsetzte.

LEWINES »JAHRZEHNT DER LEBENSHILFE«

L ewine hatte sich nach ihrer Zeit als Mutter und Hausfrau eine neue Lebensaufgabe auserkoren, die ihr einen neuen Lebenssinn geben sollte. Ihr »Jahrzehnt der Lebenshilfe« hat dazu beigetragen, die Lebenssituation der Menschen mit Behinderung in Hoya entscheidend zu verändern.

Das heutige Wirken der Lebenshilfe baut auf diesen engagierten Einsatz und Mut der Mitarbeiterinnen und Mitarbeiter sowie der Eltern in der Anfangszeit auf. Ein solch gezeigter Einsatz war und ist auch heute noch nicht selbstverständlich – auch wenn ihn die jeweilig Agierenden als selbstverständlich angesehen haben und noch heute ansehen. Es lohnt sich, in die Vergangenheit zu schauen.

In den Sechzigerjahren wurde noch von vielen angenommen, dass »unwertes Leben« zu vernichten sei – so wie es im Nazi-Regime praktiziert wurde. Gemeint waren damit unter anderem die »Asozialen« (unnütze Esser aus den sozialen Unterschichten), »Zigeuner« (Sinti und Roma) sowie die »Blöden und Irren« (Menschen mit Behinderungen). Im Naziregime wurden sehr viele zwangssterilisiert, deportiert und umgebracht.

In der Bevölkerung gab es daher in den Nachkriegsjahren weiterhin Berührungsängste und Ausgrenzung von Menschen mit Behinderung. Zum Teil wurden die Kinder von den Eltern in Zimmern mit geschlossenen Gardinen versteckt, oder sie wurden in die ehemaligen »Irrenanstalten« eingewiesen. Sei es, weil die Eltern sich für ihre behinderten Kinder schämten oder die abfälligen Äußerungen ihrer Mitbürger und Mitbürgerinnen nicht ertragen konnten … oder warum auch immer.

Kurzum, mit dem Beginn der umfassenden gesellschaftlichen Veränderungen in Deutschland entstanden in den Sechzigerjahren die ersten zaghaften, meist privaten, Initiativen, den Kindern mit Behinderung ein würdigeres Leben in der Gemeinschaft zu ermöglichen. Sie sollten aus der erniedrigenden »Schmuddelecke« befreit werden.

Die Bundesvereinigung Lebenshilfe e.V. als gemeinnütziger Verein verstand sich als Selbsthilfevereinigung sowie als Eltern-, Fach- und Trägerverband. Nicht alle Initiativen liefen von Anfang an unter dem Namen »Lebenshilfe«. In der Regel waren es betroffene Eltern und Angehörige, die sich zusammenschlossen.

Das klingt einfach. Der Aufbau war schwieriger, es gab damals für die Kinder und Eltern keinerlei staatliche Unterstützung, keine Förderangebote, keine Kindergärten. Der Aufbau der Vereine setzte engagierte Eltern und Mitarbeitende voraus, die zum ersten Mal die Probleme der geistig Behinderten ernst nahmen und etwas für sie tun wollten. Mütter und ehrenamtliche Hausfrauen mussten beim Aufbau mithelfen, bevor den Mitarbeiterinnen und Mitarbeitern der sich langsam entwickelnden Lebenshilfe-Bewegung professionelle Bedingungen zur Verfügung standen.

Es wurde versucht, nicht nur Kinder, sondern auch Jugendliche und später Erwachsene mit Behinderung zu fördern.

Von der Bundesvereinigung der Lebenshilfe gab es Anfang der Siebzigerjahre noch kaum ausgearbeitete Konzepte und Lehrinhalte. Die meist jungen Betreuerinnen waren zum großen Teil noch nicht fertig ausgebildet. Was sie mitbrachten, war ein offenes Herz und Nächstenliebe. Einige wurden in einer berufsbegleitenden Ausbildung am Wochenende oder abends bei ihrer Arbeit in der Lebenshilfe begleitet.

In den ersten Jahren existierte eine große Bandbreite an unterschiedlichen Vorstellungen von der pädagogischen Arbeit mit behinderten Kindern und Jugendlichen. Einige Konzepte zielten darauf, den Kindern und speziell den Jugendlichen so schnell wie möglich Arbeit auf dem zweiten Arbeitsmarkt zu verschaffen. Es kursierten schon früh die ersten Pläne für »beschützende Werkstätten«. Die Jugendlichen sollten zum Beispiel im Achtstundentag für Firmen serienweise Waren abpacken.

Anderen Fachkräften war dies ein Entwicklungsschritt zu früh. Sie wollten die Kinder zunächst auf eine Teilhabe am öffentlichen Leben vorbereiten. Sie verstanden die Lebenshilfe als »Hilfe für das Leben« der Kinder. Je nach Grad der Behinderung sollten sie einfache, lebenspraktische Dinge lernen, für die die Eltern oftmals zu wenig Geduld hatten und sich zu wenig Zeit nahmen: wie Schuhe zubinden, Jacke anziehen, Müll entsorgen und so weiter. Die Kinder sollten vorrangig im Alltagsleben weniger »behindert« sein und mehr und mehr an der Gesellschaft teilhaben können.

Am Beispiel der beiden Kinder Friederike und Swen und deren Mütter schauen wir auf ihre sehr persönlichen Lebenserfahrungen. Friederike ist die Nichte von Lewine, Swen ein Nachbarskind von Lewine. Wie erging es den beiden Kindern mit Behinderung in einer Zeit ohne Lebenshilfe, ohne Förderung? Mit welchen Lebensbedingungen wurden Lewine und ihre Mitarbeiterinnen in den Siebzigerjahren konfrontiert? Die Geschichte dieser Kinder ist eng verbunden mit dem Leben und Wirken von Lewine und wurde dadurch zu ihrer Geschichte.

FRIEDERIKE GESTEMPELT: »NICHT FÄHIG GENUG«

Friederike 1958

Friederike wurde 1958 in Duddenhausen bei Hoya/Weser geboren. Sie ist die jüngste Tochter von Marlies und Julius Meyer, damit die Nichte von Lewine. Sie kam in die kleine Dorfschule in Duddenhausen, mit zwei Klassen für alle Altersstufen. Einrichtungen für Menschen mit Behinderung gab es noch nicht.

Friederike, heute 63 Jahre alt, hat diese Zeit nicht vergessen. Auf meine Frage, wie es ihr dort in der Schule ergangen ist, berichtete sie:

Friederike: »Die anderen Schüler wollten mit mir als Behinderte nichts zu tun haben. Sie haben mich geärgert.«

E. H.: »Wie haben sie dich denn geärgert?«

F.: »Mit Worten gemobbt. Es gab zwei Jungen *(deren Namen sie nicht vergessen hat)*, die sehr aggressiv waren. Das war schlimm. Ich musste mir das Weinen verbeißen. In der Zeit nach der Schule wurde es besser.«

Als die Dorfschule im Jahr 1968 für immer geschlossen wurde und alle Kinder in die Mittelpunktschule im Nachbarort Bücken mussten, wurde Friederike dort nicht aufgenommen. Man sah sie als »nicht fähig genug« an. So wurde sie ausgegrenzt, mit gerade mal zehn Jahren. Sie hätte zu Hause bleiben müssen. Die Eltern hofften auf weitere Förderung für Friederike. Aber wo konnte sie die bekommen?

Dazu Marlies, ihre Mutter:

»Es war eine schwierige Zeit. Nach der Geburt habe ich mich gefragt, was ich denn verbrochen habe, ein behindertes Kind zu bekommen. Oder was ich falsch gemacht habe. Später habe ich versucht, es so hinzunehmen, wie es war. Es gab ja keine andere Möglichkeit. Gefühlsmäßig gab es immer wieder Augenblicke, wo ich gedacht habe, dass Friederike durch Medizin oder gute Bildung ›geheilt‹ werden kann. Jede noch so kleine Veränderung bei Friederike habe ich als Lichtblick angesehen, dass sich was entscheidend verändern kann.«

Marlies holte sich 1968 Rat bei ihren Schwägerinnen. Gemeinsam suchten sie mehr oder weniger verzweifelt nach weiteren Förderungsmöglichkeiten. Für Kinder mit Behinderung gab es zu der Zeit weder eine Lebenshilfe noch eine Sonderschule in der Nähe. Aber es gab die »Rotenburger Anstalten« in Rotenburg/Wümme, rund 50 Kilometer entfernt. Dort wurde damit geworben, Kinder mit Beeinträchtigungen aufzunehmen und schulisch zu fördern. Friederikes Eltern hofften, dort eine Verbesserung durch mehr Förderung zu erreichen.

FRIEDERIKE. IDIOTISCH UNTERGEKOMMEN

So kam Friederike in eine Einrichtung, die im Volksmund vor und auch noch nach dem Krieg als »Irrenanstalt« bezeichnet wurde und im nationalsozialistischen Regime Ruhm erlangte.

Bald stellte sich heraus, dass diese Anstalt für die Förderung von Menschen mit Behinderung noch nicht vorbereitet war.

Weil sich diese Anstalt in dieser Zeit aber als einzig mögliche Einrichtung für Kinder mit Behinderung erwiesen hatte, lohnt es sich, dass wir uns das Leben von Friederike dort genauer ansehen. Dazu habe ich mit Friederike und ihrer Mutter Marlies gesprochen. Nach mehr als 50 Jahren konnte sich Friederike sehr genau erinnern und war hinterher sehr stolz auf ihr funktionierendes Gedächtnis.

Marlies: »Friederike lebte dort fern der Heimat in einer Wohngruppe und hatte großes Heimweh. Besonders am Anfang, als wir sie das erste halbe Jahr nicht besuchen durften. Auch später, als sie übers Wochenende mal

Eingangstor Rotenburger Werke

nach Hause konnte und wir sie zurückbrachten, reagierte sie noch sehr verstört, als wir uns Rotenburg näherten.«

Friederike selbst: »Ich hatte am Anfang Heimweh. Alles war neu. Ich habe mit 24 Personen in einem Raum geschlafen, alles Mädchen.«

E. H.: »Wie waren denn die Betreuerinnen zu euch?«

F.: »Die Betreuerinnen waren nett ... bis auf die Stationsleiterin Frau R. Die war im Umgang mit uns sehr forsch, das hat mir nicht gefallen.«

E. H.: »Gab es auch Jungen in der Anstalt?«

F.: »Ich kann mich nicht erinnern ... zu lange her. Es gab in dem Haus noch zwei Gruppen mit 22 und 24 Mädchen in einem Schlafraum. Alle Mädchen aus allen Gruppen haben zusammen in einem Raum gegessen.«
(*Hinweis: Es gab auch Jungen und strikte Geschlechtertrennung*)

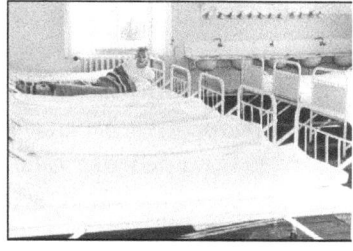

Schlafsaal Rotenburg 1969

E. H.: »Habt ihr einen privaten Raum oder eine private Ecke für euch persönlich gehabt?«

F.: »Nein ... es war sogar so: Vor Weihnachten wurden alle Betten der Mädchen im Keller aufgestellt. Wir mussten dort schlafen. Die Schlafräume wurden für die Weihnachtsfeier gebraucht. Ich hatte Glück, ich konnte Weihnachten nach Hause. Die meisten Mädchen mussten in Rotenburg bleiben, wie immer.«

E. H.: »In der Schule in Duddenhausen wurdest du von den anderen Schülern geärgert. Wie war das in Rotenburg mit den vielen Mädchen?«

F.: »Genauso, die Älteren haben mich oft geärgert.«

E. H.: »Wie, womit denn? Mit Worten?«

F.: »Alles Mögliche, sie haben mir das Bett nass gemacht und meine Lieblingspuppe kaputtgemacht, ihr die Arme rausgerissen, später den Kopf und die Beine. Das war sehr gemein. Es gab ein älteres Mädchen, Heidi, die hat auf mich geachtet, auf mich aufgepasst und verteidigt.«

E. H.: »Hast du dich dort mit ein paar weiteren Mädchen gut verstanden?«

F.: »Ich erinnere mich am meisten an drei Schwestern. Sie taten mir leid. Ihre Mutter war gestorben. Ihr Vater hat sie nach Rotenburg gebracht. Er kam nicht zu Besuch. Er hatte ihnen versprochen, dass er sie nach Hause zurückhole, wenn er neu verheiratet sei. Aber er hat das Versprechen nicht eingehalten, nie. Auch später nicht. Das fand ich schrecklich traurig. Ich hatte noch lange Kontakt zu den Mädchen. Dann gab es noch ein Mädchen, das von weither kam. Es war immer weggelaufen, wollte nach Hause, obwohl sie den Weg nicht kannte. Die Polizei hat sie immer eingefangen, und sie bekam eine Spritze zur Beruhigung.«

E. H.: »Du hattest es besser. Deine Eltern konnten dich besuchen.«

F.: »Ja, das war schön. Wir sind dann nach Scheeßel gefahren, haben Kaffee getrunken und Kuchen gegessen. Wir sind spazieren gegangen. Bei schlechtem Wetter konnten wir im Café Karten spielen, durften dort lange sitzen bleiben, ohne was zu bestellen, wenn das Café leer war. Danach gingen wir zu Leo, dort gab es den besten Hamburger mit Zwiebeln.«

M.: »Wir hatten gerade ein Auto bekommen und sind jeden Sonntag zu Friederike gefahren. Am Anfang war sie traurig, wenn wir weggefahren sind. Später war es einfacher. Die Mädchen wollten Sonntag gegen Abend immer fernsehen. Friederike war dann abgelenkt.«

E. H.: »Was habt ihr denn gesehen?«

Friederike mit glänzenden Augen: »Die Leute von der Shiloh-Ranch oder Bonanza.«

1970 Rotenburger Anstalten Ausflug

E. H.: »Konntet ihr mal eines der Mädchen mitnehmen nach Hause oder zu einem Ausflug?«

F.: »Nein, das ging nicht. Die Mädchen durften nur als Gruppe und in Begleitung die Anstalt verlassen.«

M.: »Den Mädchen, bei denen keine Eltern oder Verwandten kamen, ging es nicht gut. Um das Essen und Trinken mussten sich die Eltern nicht kümmern. Anders war es mit der Kleidung. Die Mädchen wurden von der Anstalt mit alten, schäbigen Kleidungsstücken eingekleidet. In der Öffentlichkeit war jedem Menschen klar, dass diese Mädchen aus der (Irren-) Anstalt kamen. Das war schrecklich anzusehen und für die Mädchen eine psychische Belastung. Also haben wir Friederike bei jedem Besuch frische Anziehsachen mitgebracht.«

Ablenkungen wie Fernsehgucken waren der Anstaltsleitung anscheinend recht. Die Mädchen mussten allein mit sich klarkommen. Für die Aufarbeitung der emotionalen Erlebnisse im Alltag gab es in Rotenburg keinen Platz, keine ausgebildeten Personen. Die Cowboys des Wilden Westens mussten dafür herhalten.

E. H.: »Wie war das in Rotenburg mit der Schule und der Förderung im Lesen und so weiter? Seid ihr zu einer öffentlichen Schule in Rotenburg gegangen?«

F.: »Wir gingen in eine Schule, die auf dem Gelände der Anstalt war. Nur Kinder aus der Anstalt waren in der Schule. Es gab zwei Klassen nur für die Mädchen aus der Anstalt. Die Jungen hatten eigene Klassen.«

E. H.: »Was habt ihr denn in der Schule gemacht?«

F.: »Spazieren gegangen sind wir … an der Wümme.«

E. H.: »Habt ihr auch Lesen, Schreiben und Rechnen gehabt?«

F.: »Ja, auch, nur sowas, was ich in der Schule in Duddenhausen schon gelernt hatte. Nur Sport hatten wir nicht.«

M.: »Es war eine reine Beschäftigungsschule. Friederike hatte zu unserem großen Bedauern dort in punkto Lesen, Schreiben und Rechnen nichts dazugelernt. Wir mussten uns an kleinen Verbesserungen erfreuen, wenn sie zum Beispiel das Schleifenbinden gelernt hatte, um eine Schürze zuzubinden. Das war alles. Gefehlt hat den Kindern ebenso eine Vorbereitung, sich am öffentlichen, sozialen Leben zu beteiligen.«

E. H.: »Wieso habt ihr Friederike dann so lange in Rotenburg gelassen?«

M.: »Hinterher haben wir uns gefragt, wieso wir Friederike überhaupt nach Rotenburg geschickt hatten. Wir sahen damals keine Alternative für behinderte Kinder. Im Großen und Ganzen war Rotenburg eine herbe Enttäuschung für uns. Die Rotenburger Anstalten waren eine reine Aufbewahrungsstelle, mehr nicht. Schreckliche Vorstellung, noch heute. Es war ein Riesenfehler von uns.«

Diesen Fehler hatte Lewine auch gesehen und drängte seit 1971 darauf, Friederike aus Rotenburg zurückzuholen und in die Lebens-

---

Hinweis: Die Darstellung der Situation in den »Rotenburger Anstalten« (heute Rotenburger Werke) bezieht sich auf die Zeit um 1970. In vielen Großeinrichtungen in Deutschland ging es damals sehr ähnlich zu. Die Rotenburger Werke sind heute eine anerkannte Einrichtung der Behindertenhilfe, die zeitgemäße Arbeit leistet. Anlage 4 berichtet genauer über die grausame Geschichte aus der Nazi-Zeit und deren Aufarbeitung.

hilfe nach Hoya zu bringen, um sie dort zu fördern. Friederike aber hatte sich mit den Zuständen in Rotenburg mittlerweile arrangiert. Ein Wechsel wäre ihr schwergefallen und wurde deshalb von den Eltern nicht als förderlich angesehen.

Sie blieb in Rotenburg bis 1973. Die »Schulbildungszeit« war mit ihrem 15. Lebensjahr abgeschlossen. Hätte sie dort länger bleiben wollen, hätte sie in der Wäscherei oder Küche arbeiten müssen. Jetzt war Friederike bereit, Rotenburg zu verlassen. Lewine holte ihre Nichte in die Lebenshilfe Hoya. Sie sollten diese Entscheidung nicht bereuen.

SWEN. SCHWER GETROFFEN. IN DIE ARME GENOMMEN

Swen Breiter wurde mit dem Downsyndrom, heute **Trisomie 21** genannt, geboren. Seine Mutter, Renate Breiter, wuchs in Hoyerhagen auf und hatte zuvor keinen Kontakt zu behinderten Menschen. Nach einer Chromosomenuntersuchung wurde sie über die starke Behinderung ihres Kindes informiert. Unterstützung gab es keine, weder von den Ärzten noch vom Krankenhaus. Die Mutter wurde mit dem behinderten Kind und der Pflege komplett alleingelassen. Der Vater verließ die beiden, als Swen zwei Jahre alt war. Trotzdem gibt Renate nicht auf: Sie nimmt ihren Sohn überall mit hin, lässt ihn an ihrem Leben teilhaben und versteckt ihn nicht.

Sie zog im März 1978 von Hannover in ihre alte Heimat nach Hoya in ein Mehrfamilienhaus. Sie bekam Unterstützung von ihrer Schwester und deren zwei kleinen Mädchen, die in Hoya wohnten. Die Cousinen spielten ungezwungen mit Swen, wuchsen mit ihm auf. Das tat allen drei Kindern gut.

E. H.: »Renate, du hast gesagt, dass du Swen immer überall mit hingenommen hast, auch zum Einkaufen, auf den Weihnachtsmarkt, egal wohin. Wie ist es dir ergangen in der Öffentlichkeit? Wie haben die Menschen in Hoya auf euch reagiert?«

Renate Breiter: »Das war anfangs recht brutal. Swen war ein unruhiges Kind. Ich war anfangs nur mit der Kinderkarre unterwegs. Er konnte nur sehr schwerfällig gehen. Er konnte nicht sprechen, brummte sehr viel vor sich hin, manchmal auch laut. Ich musste mir von den Mitmenschen viel anhören und gefallen lassen. Manche haben mich bewusst geschubst, haben gegen den Kinderwagen getreten oder uns angespuckt. Es kamen auch böse Worte, dass ich aus ihren Augen verschwinden soll. Ich kann mich noch daran erinnern, dass jemand rief: ›Nehmen Sie das Verbrecherkind weg.‹«

E. H.: »Wie konntest du das ertragen?«

R. B.: »Ich musste lernen, damit umzugehen. Ich bin einfach weitergegangen, habe nicht reagiert, sie nicht beachtet. Es wäre eh unnötig gewesen und hätte mich noch mehr aufgeregt. Es waren ja nicht alle Menschen so fies. Solche schlimmen Begegnungen haben mich zuweilen in meinem Willen zum Durchhalten gestärkt.«

E. H.: »Wie hast du dein Leben organisiert, als du nach Hoya mit deinem vierjährigen Swen gekommen bist? Er konnte ja nicht in eine normale Kindertagesstätte.«

R. B.: »Ich habe Swen tagein, tagaus betreut. Je älter er wurde, desto schwieriger wurde es für mich. Wir hatten hinter dem Mehrfamilienhaus einen kleinen Garten, den ich nutzen konnte. Dort hielten wir uns gern im Sommer auf. Ins Nachbarhaus zog ungefähr ein Viertel Jahr später deine Mutter, Lewine, ein. Sie sah uns im Garten, hörte das laute Gebrummel von Swen und sprach mich an. Zunächst unterhielten wir uns über den Gartenzaun, sie schenkte mir Rhabarber aus ihrem Garten. Sie erkannte sofort, dass Swen stark behindert war, spürte meine Verzweiflung und Ungeduld und merkte, dass ich mich nicht auskannte in Hoya.

Deine Mutter fragte mich sehr bald: ›Betreuen Sie Ihr Kind ausschließlich allein zu Hause?‹

Nachdem ich mit ›Ja‹ geantwortet hatte, sagte sie sofort in einem bestimmenden Ton: ›Swen nehme ich mit in die Lebenshilfe! Sind Sie bereit, Ihr Kind in fremde Hände zu geben? Wir können Swen unterstützen. Ich bin die Leiterin der Lebenshilfe.‹

Mir hat ihre einfühlsame Art gefallen, und ich merkte, dass sie wusste, wovon sie sprach. Ich wollte es versuchen. Deine Mutter organisierte alles. Ich konnte Swen und mich wenig später in der Lebenshilfe am Sonnenweg vorstellen, und er wurde aufgenommen. Deine Mutter hat mir sehr geholfen. Das war die beste Hilfe, die ich haben konnte.«

LEBENSHILFE – WIE SIE LEBTE UND HALF. HOYA ZEIGT COURAGE

So ein unwürdiges Leben wie Friederike und Swen mussten in Deutschland viele Kinder mit Behinderung ertragen. Die Lebenshilfe sollte Abhilfe schaffen und für mehr Würde der behinderten Kinder sorgen. In Hoya wollte Lewine dazu beitragen und baute im Team mit jungen, ungelernten, aber engagierten Mitarbeiterinnen mit viel Mut konzeptionell und organisatorisch eine Kindertagesstätte auf. Sie begannen im kleinen Dorf Bücken bei Hoya ihre Arbeit.

Der zweite Vorsitzende der Lebenshilfe, Horst Richter, hielt 1981 in der Festschrift zum zehnjährigen Bestehen der Lebenshilfe in Hoya den Beginn folgendermaßen fest:

»Die Lebenshilfe Syke richtete im April 1971 für das Gebiet des Altkreises Hoya in der alten Bückener Schule eine provisorische Tagesbildungsstätte ein. Bei allem Entgegenkommen der Gemeinde Bücken verlangte dieser Behelf der Leiterin und den Mitarbeitern viel Einsatz ab. Frau Margret Hasper, vom Vorstand mit der Leitung der Einrichtung betraut, hatte eine schwierige Aufgabe übernommen.«

Fürwahr. In der »Alten Schule« in Bücken konnten drei große Klassenräume, ein Kellerraum, sanitäre Einrichtungen und eine winzige Teeküche genutzt werden. Unter diesen Voraussetzungen konnten im ersten Halbjahr zunächst acht Kinder in einer Halbtagsbetreuung aufgenommen werden. Mit der Eröffnung einer zweiten Gruppe im Oktober 1971 und einer Ganztagsbetreuung traten neue organisatorische Schwierigkeiten auf. Die Kinder mussten mit einem warmen Mittagessen verpflegt werden. Das Team behalf sich mit aufgewärmter Tiefkühlkost.

Besonders im ersten Jahr in den »provisorischen« Räumen der alten Schule in Bücken war viel Kreativität

Alte Schule Bücken 1965

gefragt. In der pädagogischen Arbeit musste improvisiert werden. Es waren eigene Ideen und ein hohes Maß an Engagement erforderlich, um ihren eigenen Ansprüchen und denen des Teams sowie der Eltern gerecht zu werden. Zwanzig Kinder in unterschiedlichem Alter und mit unterschiedlichem Behinderungsgrad mussten von zum Teil noch nicht ausgebildeten Betreuerinnen und Betreuern pädagogisch und sozial betreut werden.

Dazu kam die Unterstützung der Eltern, die ihre Kinder jahrelang allein zu Hause betreut hatten. Jetzt gaben sie einen Teil der Erziehung an fremde Menschen ab. Viele Eltern waren anfangs unsicher, ob und wie sie sich jetzt gegenüber ihren Kindern und den Betreuerinnen und Betreuern verhalten sollen. Nur eine möglichst gemeinsame ›Erziehung‹ der Kinder schien erfolgversprechend zu sein. Hierfür war für alle Beteiligten sehr viel Fingerspitzengefühl im Umgang miteinander gefragt.

Die Räumlichkeiten in Bücken ermöglichten auf dem als Spielplatz genutzten Marktplatz Kontakt zu nichtbehinderten Kindern verschiedener Altersgruppen. Das war für Lewine ein erster kleiner Schritt ihres Konzepts.

In den Gruppen der Lebenshilfe wurden die Kinder als »normal«, wie in der normalen, öffentlichen Schule, angesehen und anerkannt. Die meist jungen Helferinnen waren zum großen Teil noch nicht fertig ausgebildet. Was sie mitbrachten, war ein offenes Herz und Nächstenliebe.

Die pädagogische Arbeit konnte daher am Anfang noch nicht professionell durchgeführt werden. Es musste improvisiert und ausprobiert werden. So ergab sich eine besondere Lern-Situation: Alle Beteiligten, Kinder, Eltern und Betreuerinnen lernten gemeinsam voneinander. Das Bindeglied war Lewine als ausgebildete Pädagogische Leiterin. Ihre Ruhe und Gelassenheit, ihr privater Einsatz und die Zusammenstellung der Lehrpläne durch eigene Unterrichtsmaterialien sowie Bastel-Anleitungen waren eine große Hilfe für das Team. Mancher Abend oder manches Wochenende ging für Lewine »verloren«, um diese Materialien zu erstellen. Sie selbst hätte das so nie ausgedrückt. Für sie war es eine Selbstverständlichkeit, ja eine Herzensangelegenheit, den Kindern, Eltern und den äußerst lernwilligen Mitarbeiterinnen ihre Erfahrungen weiterzugeben. Sie als Ältere verstand sich gut mit den Jüngeren und fühlte sich wohl in deren Anwesenheit.

Neben der pädagogischen Arbeit in den engen Räumen der »Alten Schule« konnten sich die Kinder schon sehr bald an vielen Aktivitäten erfreuen: In der Turnhalle in Bücken wurde etwas für die körperliche Ertüch-

Freizeit mit Übernachtung 1979

tigung gemacht. Im Hallenbad in der Nachbargemeinde Bruchhausen-Vilsen wurde nicht nur mit viel Spaß im Wasser geplanscht. Nein, einige Behinderte schafften sogar ihren »Freischwimmer«. Die Lebenshilfe hatte sehr bald einen kleinen Bus. So konnten schöne Ausflüge und Spaziergänge gemacht werden, um die Umgebung von Hoya zu erforschen. Die Kinder sahen etwas von der Welt, erlebten die Natur im wahrsten Sinn des Wortes. Ein Höhepunkt waren die sogenannten »Freizeiten« über acht bis zehn Tage. Bilder von diesen Ausflügen zeigen, dass die Kinder in Schlafsäcken in Reih und Glied nebeneinander auf Matratzen zur Übernachtung lagen.

Lewine hat die mehrtägigen Ausflüge so beschrieben: »Die ›Freizeiten‹ bedeuteten für viele Kinder erstmals Trennung vom Elternhaus über mehrere Tage. Für Eltern entfiel die Sorgepflicht – für viele Kinder die Überbehütung – eine Herausforderung für alle Beteiligten.«

An dieser Einschätzung von Lewine wird deutlich, dass die »Freizeiten« eine wichtige pädagogische Aufgabe sowohl für die Kinder als auch für die Eltern waren. Aufgrund der jahrelangen gesellschaftlichen Ausgrenzung der Kinder mit Behinderung und der dadurch notwendigen, besonders intensiven Fürsorge der Eltern entstanden starke emotionale Bindungen zwischen den Eltern und den Kindern. Diese standen im Extremfall einer Förderung der Kinder zu mehr Selbstständigkeit und Eigenverantwortung im Wege. Nicht alle Eltern konnten damit anfangs gelassen umgehen.

Die Förderung der Selbstständigkeit aber war ein erklärtes Ziel von Lewine und ihrem Team in der Betreuung der Kinder. Neben den Kindern mussten auch manche Eltern »betreut« werden.

Die Problematik solcher Themen wurde auf Elternabenden besprochen. Die Eltern tauschten ihre Erfahrung aus, und die pädagogischen Betreuerinnen brachten ihre Erfahrungen aus der Tagesbildungsstätte ein. Bei diesen Gesprächen wurden einzelne Probleme der Eltern deutlich und gemeinsam besprochen. Manche Eltern hatten sich nach der Geburt der behinderten Kinder gefragt, ob sie was falsch gemacht hatten. Manche fühlten sich schuldig. Sie waren verunsichert, wie sie sich mit einem behinderten Kind verhalten sollten. Manche schämten sich und zogen sich gesellschaftlich zurück oder wurden durch Mitmenschen isoliert. Durch den Erfahrungsaustausch wurden die Eltern sicherer, und manche Probleme lösten sich auf. Sie merkten, dass sie nicht allein waren mit ihren Problemen, dass es Lösungen gab.

Für die Betreuerinnen ergaben diese oftmals intensiven, emotionalen Gespräche in der Gruppe oder im Einzelgespräch wichtige Hinweise für die pädagogische Arbeit und den zwischenmenschlichen Kontakt zu den Kindern und Eltern. Gerade in den Anfangszeiten der Lebenshilfe war Lewine darauf bedacht, dass ihre Mitarbeiterinnen in den Elterngesprächen in hohem Grad sensibel reagierten – achtsamer als in einer »normalen« Schule. Es galt, ein intensives Vertrauen zu den Kindern und Eltern aufzubauen. Dadurch erreichten Lewine und ihr Team, dass immer mehr Eltern verstanden, dass es nicht beschämend sein muss, sich professionelle Unterstützung zu suchen und sie anzunehmen.

Lewine lebte diese Empathie vor. Sie hatte gelernt, offen mit ihren eigenen Emotionen umzugehen. Sie konnte somit angemessen auf die Gefühle anderer Menschen reagieren. Es fiel ihr so leichter, die Gefühle anderer zu erkennen und gegebenenfalls zu deuten. Diese Stärke machte sie als Pädagogische Leiterin und Ausbilderin sehr beliebt, ebenso wie als Privatperson.

Die Eltern kamen neben den Elternabenden auch zu gemeinsamen Feiern mit den Kindern zusammen. In den engen Räumen der »Alten Schule« wurde es kuschelig, wenn Karneval oder andere Feste stattfanden. Es war eine weitere Möglichkeit für alle Beteiligten, sich öffentlich ungezwungen und frei in Gemeinschaft zu bewegen. Das Team und die Eltern wurden bei diesen gemeinsamen Aktivitäten immer wieder von unerwarteten, spontanen Reaktionen der Kinder überrascht, wenn sie sich laut juchzend freuen konnten, witzige Fragen stellten, ihre Liebe zu anderen ausdrückten und sich somit viel natürlicher verhielten als viele »normale« Kinder, denen dies oftmals schwerer fiel.

Der Bedarf an Plätzen im Landkreis Hoya für die Lebenshilfe war groß. Es gab von Anfang an eine Warteliste von 20 Kindern, darunter auch Kinder im Kindergar-

Karneval 1980

tenalter. Von Zeit zu Zeit konnten immer wieder einige wenige Kinder mehr aufgenommen werden. Am Ende der Bückener Zeit kamen insgesamt 26 Kinder in die provisorische Tagesbildungsstätte. Es gab weiterhin eine lange Warteliste. Für eine zukünftige Erweiterung der Tagesstätte musste in Erfahrung gebracht werden, wie viel Kinder mit Behinderung es im Kreis gab.

Neben der Arbeit mit den Kindern und Eltern mussten die Bürger und Bürgerinnen der Stadt Hoya und des Landkreises für das zunehmende Miteinander mit den behinderten Kindern sensibilisiert werden. Für Lewine galt es, Spenden von Privatpersonen und Firmen zu sammeln, da es immer mehr Anmeldungen für die Tagungsbildungsstätte gab.

Die Vorrausetzungen in Hoya waren gut. Neben der öffentlichen Förderung durch die Stadt, den Landkreis und den Bund wurde die Lebenshilfe als wichtige Institution der Stadt anerkannt. Lewine freute sich über die vielen Spenden von Banken, Firmen, Vereinen wie zum Beispiel dem »Funkclub Hoya«, einem Club von jungen Leuten.

Spende Funkclub, ca. 1972

Lebenshilfe Spende 1.200 DM, 1974

FRIEDERIKE UND LEWINE. FÖRDERUNG MAL ANDERS

Konfirmation
Friederike 1972

Als Friederike 1973 in die Lebenshilfe kam, hatten Lewine und die Betreuerinnen die ersten beiden Jahre im Provisorium schon hinter sich. Das war ein Vorteil für Friederike, die als 15-jähriges Mädchen aus der »Aufbewahrungsanstalt« Rotenburg kam. Jetzt konnte die Tante Lewine die Nichte Friederike unter ihre Fittiche nehmen. Sie versuchte, Friederike innerlich von den Rotenburger Anstalten zu lösen, um ihr eine bessere Förderung für ein Leben mit mehr Selbstständigkeit zu generieren. Friederike hatte sich an das Leben und die Menschen in den Rotenburger Anstalten gewöhnt und hatte die geringen Anforderungen genossen.

Friederike kam in die Gruppe von Monika H. Hier wurde sie im Lesen, Schreiben und Rechnen stärker gefordert und gefördert als in Rotenburg. Hier in der Lebenshilfe Hoya wurde auf die Kinder in dem Maße eingegangen, wie es der jeweilige Entwicklungsstand forderte. Mindestens genauso wichtig war für Friederike und die anderen Kinder die Teilnahme an den Ausflügen in die Stadt, unter die Menschen zu gehen, in Geschäften das Einkaufen lernen, in der Eisdiele am Tisch ein Eis zu schlecken und sich einigermaßen »normal« zu verhalten.

Eine ernstere Beschäftigung für die Kinder war der Unterrichtsbesuch im Konfirmandenraum beim Pastor Studer. Die Kinder wurden in der Stiftskirche in Bücken konfirmiert. Bei einer Konfirmation gab es ein schönes Erlebnis, wie sich Friederike nach fast 50 Jahren noch erinnerte: »Jürgen Wolf aus unserer Gruppe war katholisch und hat an dem Konfirmandenunterricht nicht teilgenommen. Bei der Konfirmation ist er einfach von zu Hause weggelaufen und ist in unsere Kirche gekommen. Er hatte gemerkt, dass die Konfirmation für uns wichtig ist. Er hat sich zu uns auf die vorderen Bänke gesetzt. Bei der Einsegnung hat der Pastor ihn auch einbezogen und hat zu ihm nur gesagt: Jürgen, Gott ist die Liebe!«

Friederike konnte wieder zu Hause wohnen. Für die Eltern war die Unterbringung in der Nähe vom Wohnort eine Erleichterung.

Es war für die Eltern nicht immer leicht, mit den Kindern in die Öffentlichkeit zu gehen. Viele Jahre wurden die behinderten Kinder mehr oder weniger vor der Öffentlichkeit versteckt. Vielen Bürgern und Bürgerinnen in Hoya war die Anwesenheit von Behinderten neu, anderen waren die Behinderten suspekt, manche wollten sie am liebsten nicht sehen. Diese Haltungen galt es aufzulösen.

Marlies: »Wenn die behinderten Kinder sich auffällig im Café benahmen … und sei es nur, dass sie vor Freude laut waren, wurde abfällig über die Kinder geredet oder die Menschen verließen das Café. Wenn aber andere Kinder, die als ›normal‹ angesehen wurden, über Stühle und Bänke tobten und laut waren, so hat man sie gelassen oder vielleicht mal ermahnt. Aber abfällig wurde nicht über sie gemunkelt«.

Renate Breiter: »Wenn Lewine durch die Stadt ging mit mir und Swen oder auch mit anderen Kindern, wusste sie sich selbstbewusst zu verhalten. Wenn andere Menschen äußerten, dass sie nicht mit behinderten Kindern umgehen können, meinte sie immer: ›Sprechen Sie die Kinder freundlich an, wie Sie es sonst auch machen bei Menschen. Dann reagieren die Kinder auch freundlich.‹

Und so war das auch bei Swen. Er konnte nur wenige Worte sprechen. Er freute sich über Begegnungen mit Menschen und grüßte manchmal mit ›Moin‹. Wenn die Menschen dann nicht reagierten oder abfällig guckten, hat er sie nie wieder gegrüßt.«

Lewine nahm ihre Arbeit ernst, auch im Privaten. Das merkte auch Friederike. Sie war zwar froh, in der Lebenshilfe zu sein, merkte aber, dass sie hier stärker gefordert wurde als zu Hause oder damals in den Rotenburger Anstalten. Sie »beschwerte« sich öfter bei den Eltern: »Tante Margret ist zu allen anderen Kindern netter als zu mir.«

Marlies: »Es schien Friederike so, dass Lewine sie mehr fördern wollte als andere Kinder. Ich sehe das so: Bei den anderen Kindern war sie eventuell nicht sicher, ob die Eltern mit einer stärkeren Förderung einverstanden waren. Manche Eltern sahen sich überfordert, wenn die Kinder selbstständiger wurden. Ich habe mich über die Strenge, das konsequente Verhalten Friederike gegenüber gefreut. Mir hat dies im Alltag und im Umgang mit Friederike geholfen.«

Lewine war es in den ersten Jahren sehr wichtig, dass die Kinder nicht nur schulisch und sportlich gefördert wurden, sondern auch lernten, sich im Alltag zu bewegen, soweit es ihnen möglich war. Die Kinder sowie die Betreuerinnen und Betreuer sollten sich bei Besuchen im Café oder der Eisdiele in Hoya an überraschte oder entgeisterte Blicke gewöhnen, wenn sie es sich dort an den Tischen gerade gemütlich machen wollten. Schwieriger zu ertragen waren die bösen Kommentare. Lewine und ihr Team wurden durch solche »negativen« Begegnungen eher ermuntert, sich nicht vertreiben zu lassen, und blieben ihrem Konzept treu, die Kinder gesellschaftlich integrieren zu wollen. So auch bei den Besuchen in den Geschäften, wo das Einkaufen geübt wurde und ein Gefühl zum Umgang mit Geld vermittelt werden sollte. Viele Kinder kannten solche Begegnungen mit verschiedenen Menschen nicht und lernten, damit umzugehen. Sogar mit solchen Menschen, die den Behinderten gegenüber nicht wohlgesinnt waren. Die Kinder wurden vorsichtig an die Regeln des sozialen Miteinanders herangeführt.

Mit der Zeit wurden die bösen, verachtungsvollen Blicke einiger Bürgerinnen und Bürger in Hoya weniger. Lewine und ihr Team waren dem Ziel nähergekommen, die Kinder mit Behinderung im Alltagsleben weniger zu »be-hindern« und stattdessen mehr und mehr an der Gesellschaft teilhaben zu lassen. Wo so manche Eltern aufgaben, zu wenig Geduld hatten und sich zu wenig Zeit nahmen, probierten Lewine und ihr Team es bis zu mehreren Jahren immer wieder: das Anziehen, Schultasche selbst tragen, mit Messer und Gabel essen und so weiter ... »Das hat uns Eltern viel geholfen. Schön, dass es sowas gab, habe ich immer wieder gedacht«, meinte Renate Breiter.

Vorurteile entstehen aus Unkenntnis. So aktiv stellen sich nur wenige einen geistig Behinderten vor.

Bundesvereinigung Lebenshilfe Nr. 4, 1976

SIEBZIGERJAHRE
DOROTHEA – FRÄULEIN VON UND ZU HEFTIG

Dorothea und Lewine waren in den Zwanzigerjahren als Kinder gemeinsam aufgewachsen. Dorothea lebte – wie viele Frauen nach dem Krieg – unverheiratet bei ihren Eltern. Lewine machte durch ihren Beruf und die Heirat ganz andere Erfahrungen. Jetzt lebten sie seit 1937, also schon 33 Jahre, »getrennt« voneinander. Insbesondere die sechs Jahre Krieg und die anstrengende Nachkriegszeit haben diese jungen Landfrauen unterschiedlich geprägt.

1970, mit dem Umzug von Lewine in ihre alte Heimat Hoya, kamen sich die beiden Schwestern örtlich wieder näher. Ihnen gemeinsam war, dass sie in den Sechzigerjahren beide mit über 40 Jahren noch eine Ausbildung absolvierten. Dorothea arbeitete schon seit 1964 im Gesundheitsamt des Landkreises als Sozialarbeiterin und Fürsorgerin, während Lewine sich in der Lebenshilfe engagierte. Ihre inhaltlichen Vorstellungen von sozialer Arbeit unterschieden sich allerdings fundamental: griesgrämig streng und bestimmend gegenüber empathisch, offen und lösungsorientiert.

Lewine bekam in der Arbeit mit gehandicapten Kindern die Anerkennung, die sie als Hausfrau 30 Jahre lang vermisst hat. Sie lebte auf, sie ging ihren Weg. Sie fand Anerkennung von ihren Mitbürgerinnen und fügte sich aktiv in Gesellschaft ein.

Dorothea fehlte diese Anerkennung. Sie kannte sich in dem Landkreis Hoya gut aus und war vielen Menschen als Person bekannt. Schließlich war sie die Tochter des anerkannten Landwirts Fritz Meyer, genannt »Botter Meyer«, um die vielen Meyers in der Gegend auseinanderhalten zu können. Tochter eines Ex-Bürgermeisters von Duddenhausen und hochrangigem Funktionär der Kreisjägerschaft. Das war doch schon was. Sie wurde – wie damals üblich – noch bis in die Siebzigerjahre mit mehr als 55 Jahren als »Fräulein Meyer« angesprochen. Jetzt als Fürsorgerin der Gemeinde und des Landkreises wurde sie für viele Familien im Kreis noch bekannter.

Bekannt war sie anscheinend wie »ein bunter Hund«, aufgrund meiner Recherchen aber bei vielen Menschen leider nicht beliebt.

Eine Zeitzeugin aus dem Nachbarort hat mir meine Tante Dorothea aus ihrer Sicht geschildert. Sie war zeitweise selbst in der Gemeindeverwaltung tätig und hat Dorothea als »Kollegin« erlebt:

Zeitzeugin: »Der Zeit entsprechend waren die Mitmenschen auf dem Land stets freundlich. Auch dann, wenn deine Tante Dorothea Meyer sich nicht scheute, ungefragt ihre Meinung in einem barschen Ton kundzutun. Es war allgemein bekannt: Sie wollte immer alles bestimmen, alles musste nach ihrer Nase gehen. Sie schien ihre Autorität zu genießen. Das kam nicht gut an.«

E. H.: »Sie war tätig als Fürsorgerin beziehungsweise Sozialarbeiterin, also dem Gemeinwohl verpflichtet. Wie hat sich das vertragen?«

Z.: »Diese Art ungeliebte Person war sie auch als Beamtin im Gesundheitsamt: streng, ohne Wärme. Als kalte Hexe nahm man sie damals als Fürsorgerin des Allgemeinwohls wahr. Die Mitbürger mussten mit solchen Beamtinnen und Beamten zurechtkommen. Kaum jemand traute sich, diesem strengen, alten, frustrierten Fräulein zu widersprechen, geschweige denn, sich beim Amt zu beschweren. Niemand beschwerte sich damals über Vorgesetzte. Heute und in der Zeit nach ihrer Pensionierung hätte sie keine Chance gehabt, sich so zu verhalten.«

E. H.: »Konnte sie darüber bestimmen, welche gesundheitlichen Maßnahmen zu befolgen waren?«

Z.: »Im Amt war bekannt, dass sie von anderen Mitarbeiterinnen auf ihre versuchten Kompetenzüberschreitungen hingewiesen werden musste. Man musste ihr stets deutlich machen, dass sie noch einige Vorgesetzte hatte und auf unterster Ebene arbeitete. Auf diese Weise konnte man sie punktuell in ihre Schranken weisen. In kleinem Rahmen konnte sie schon entscheiden und bestimmen. Für mich war Dorothea Meyer intelligent und bösartig, eine gefährliche Mischung, die schwer zu bewältigen war. Wenn sie Leute nicht mochte, konnte sie besonders streng und gemein sein.«

E. H.: »Hast du ein Beispiel?«

Z.: »Wenn die Kinder Läuse hatten, mussten sich die Eltern bei ihr eine Bescheinigung holen, um sie wieder in die Schule schicken zu dürfen. Hier konnte sie je nach Gefallen bestimmen. Manche Menschen haben gelitten unter ihrer Herrschaft. Wie gesagt, es war gesellschaftlich noch nicht die Zeit, sich über so einen demütigenden Umgang beschweren zu können.«

Barbara H. hatte die ältere der Meyer-Schwestern in hohem Alter kennengelernt, als Dorothea auf die Hilfe von Pflegerinnen angewiesen war. Sie hat Barbara viel aus alten Zeiten erzählt. Aufgrund dieser Berichte und eigener Erfahrung in der Sozialarbeit hat die Pflegerin ein anderes Bild von der Strenge Dorotheas im Umgang mit anderen Menschen erhalten:

»Ich hatte von Dorothea einen positiveren Eindruck. Dennoch finde ich, dass man es auch anders sehen kann. Als Fürsorgerin kam sie in Familien, wo es viele Probleme gab. Oftmals musste sie das Wohl der Kinder im Auge behalten. Wenn sie zum Beispiel in eine Familie kam, in der die Kinder kein eigenes Bett hatten und auf Sesseln schlafen mussten oder sowas. Dann konnte sie diesen Zustand nicht akzeptieren, sowohl ihren Ansprüchen als Fürsorgerin als auch privat nicht. Sie hatte dann versucht, ihre Ansprüche durchzusetzen. Solche Eingriffe in das Familienleben gefielen den Erwachsenen natürlich nicht ... und Dorotheas direkte Art der Zurechtweisung im Besonderen nicht. Ich kann mir gut vorstellen, dass sie durch ihre schroffe, bestimmende Art bei Leuten aneckte.«

Bei den Personen, mit denen ich bei meinen Recherchen über Dorothea sprach, überwiegte der unfreundliche Eindruck. Als eine entfernte Verwandte von uns eine Ärztin in Syke auf Dorothea ansprach, war die Reaktion eher herablassend: Sie verdrehte verklärt die Augen und schmunzelte dazu.

Dieser Eindruck von Strenge und Verbissenheit erlebten meine Geschwister und ich privat auch. Mein Bruder Dieter erinnerte sich an einen Aufenthalt bei unserer Tante Dorothea in den Sechzigerjahren:

»Ich musste mal kurzfristig für einen Lehrgang in der Reitschule Hoya bei Dorothea wohnen.

Sie war sehr streng und verbittert. Sie kam mir vor wie eine Amtsdeutsche aus der Jugendfürsorge. Ich hätte lieber mit den anderen Kursteilnehmern in der Reitschule gewohnt. Anstatt mit denen in der Freizeit noch zusammen zu sein, musste ich immer sofort nach Hause kommen. Tante Dorothea hat den Eltern auch gepetzt, wenn ich mal später aus der Reitschule kam, weil ich mich noch mit anderen Teilnehmern getroffen hatte. Meine Gedanken waren damals: Meine Kinder werde ich später stets vor so einer Fürsorgerin beschützen.«

In den Siebzigerjahren kam Burkhard Teiwes in die Familie Meyer. Als Freund und später als Ehemann von Elisabeth, der ältesten Tochter von Julius und Marlies. Er sollte in der Folgezeit eine nicht unbedeutende Rolle in der Familie spielen. Da meine Cousine Elisabeth leider schon früh verstarb, blieb mir nur Burkhard als Zeitzeuge meiner Generation für das Familienleben ab den Siebzigerjahren.

E. H.: »Lieber Burkhard, ich habe dir erzählt, dass ich über das Leben meiner Mutter Lewine und Dorothea schreibe, um sie besser zu verstehen. Du warst und bist ein geselliger Typ und hast viel Kontakt zu den Schwestern und ihrem Bruder gehabt. Wir hatten ja schon über Julius gesprochen. Was hattest du für ein Verhältnis zu Dorothea? Was war sie für ein Mensch für dich?«

Burkhard: »Na ja, Dorothea war eine starke Frau. Sie war eine strenge Frau. Streng mit sich selbst und mit anderen. Sie bestimmte, was in der Familie gut und richtig war, besonders in ihrem eigenen Haus, in dem sie ihr Leben lang lebte. Ihre Entscheidungen waren nicht verhandelbar. Darin war sie standhaft. Sie konnte sehr direkt und dabei auch verletzend sein.

Sie hatte eine sehr starre Seite und schien ihr Leben lang mit Lewine und Julius im Clinch zu liegen. Bei Familientreffen hatte ich stets den Eindruck, als ob sie sich immer stark zusammenreißen müsste. Die Treffen fanden für mich in einer verkrampften Atmosphäre statt.

Dorothea war sehr belesen. Ich selbst hatte mit ihr stets genug Gesprächsstoff, wenn wir allein zusammensaßen. Besonders als sie im hohen Alter immer schlechter sehen konnte und nur noch Hörbücher hörte, suchte sie anspruchsvolle Gespräche. Sie erzählte gern ausführlich aus der Vergangenheit und ihrer Jugend. Mit einer Ausnahme: Bei dem alten und offensichtlichen Familienkonflikt war sie sehr kurz angebunden, da schwieg sie lieber.«

E. H.: »Du hast beschrieben, wie du Dorothea erlebt hast. Wie ging es dir mit dieser strengen Frau, wie du sie beschrieben hast?«

B.: »Ich hatte mit ihr keine grundlegenden Probleme. Ich habe sie als überaus korrekt erlebt, fast zu korrekt. Andererseits war sie hilfsbereit. Sie versuchte, meine Frau, ihre Nichte Elisabeth, zu unterstützen und betreute auch unsere Tochter Nele in den Achtzigerjahren, als sie

Rentnerin war. Sie schien mir verbittert, schien mit ihrem Leben und mit ihrem Lauf des Lebens nicht zufrieden zu sein. Als ob sie zu viel verpasst hätte, zum Beispiel zu reisen, fremde Sprachen zu sprechen. Das hat sie immer wieder erwähnt. Sie tat mir sogar manchmal leid. Über ihre gelegentlichen kleinen sarkastischen Bemerkungen über andere Menschen konnte sie selbst schmunzeln oder hämisch lachen. Richtig frohgelaunt habe ich sie nicht in Erinnerung. Das hat mir gefehlt an ihr.«

E. H.: »Und wie ging es dir mit ihrer Schwester Lewine?«

B.: »Im Gegensatz zu Dorothea war Lewine sehr offen. Zu mir, aber auch zu anderen Menschen. Sie war für mich auf andere Art eine sehr starke Frau, so wie sie ihr Leben meisterte, Lebenskrisen bewältigte und dabei nicht verbittert wurde. Im Gegenteil, sie war unternehmungslustig, konnte fröhlich sein und lachen, war gesellschaftlich engagiert.

In dem immer wieder aufkeimendem Familienkonflikt mit Julius schien mir Lewine gnädiger mit ihm umzugehen als Dorothea. Sie schien ihn so zu akzeptieren, wie er war.

Lewine war stets hilfsbereit. Sie war immer da, für Elisabeth, mich und unsere Tochter Nele, wenn wir sie brauchten. Wir konnten uns über sehr private Angelegenheiten intensiv austauschen und ebenso über gesellschaftspolitische Themen.«

Das waren nicht gerade herzliche Worte und Erinnerungen an Dorothea. Ich kann mir vorstellen, dass vieles davon wahr ist. Diese bräsige Seite meiner Tante Dorothea war mir nicht unbekannt. Ich erlebte noch in den Jahren nach 2010, dass es Menschen gab, die sie mieden, wo immer sie konnten. Später, als Dorothea älter war, haben ihr manche verziehen, aber nicht vergeben. Stattdessen haben sich die meisten von ihr abgewandt. Und ihre Verwandtschaft war groß! Meine Großmutter mit ihren 15 Geschwistern hatte zu ihrem 80. Geburtstag im Jahr 1973 nur die engsten Verwandten bis zum ersten Grad der Cousinen geladen. Es kamen 250 Personen. Ich werde dieses gewaltige Familienfest im großen Saal des Gasthofs Thöle in Bücken nie vergessen.

DOROTHEA. GESELLSCHAFTLICH. GRADLINIG. STARR

Das Leben von Dorothea spielte sich hauptsächlich in ihrer Familie ab, da sie ihre Eltern bis zu deren Tod betreute und mit ihnen zusammenlebte. Mir war bekannt, dass sie auch am gesellschaftlichen Leben der Kirchengemeinde Hoyerhagen teilgenommen hat.

In den Siebzigerjahren war Dorothea eine ständige Kirchgängerin. Nach ihren Erzählungen war sie im Vorstand der Kirchengemeinde Hoyerhagen tätig, aber unzufrieden mit der Arbeit des Vorstands. Bei Nachfragen über die Gründe wich sie mir stets vornehm und elegant aus. Ich nahm an, dass dort etwas Unangenehmes passiert war und recherchierte. Tatsächlich war sie nie selbst im Vorstand. Sie stand 1976 und 1982 lediglich auf der Wählerliste, wurde dann jeweils »nur« Ersatzvorsteherin im Kirchenvorstand Hoyerhagen. Das hinderte sie aber nicht daran, kräftig mitzureden. Was gefiel ihr nicht am Vorstand? Ich sprach dazu mit Renate Paul, die zu späterer Zeit in der Kirchengemeinde Hoya/Hoyerhagen tätig war und meine Tante kannte.

E. H.: »Wie war das mit dem Kirchenvorstand Hoyerhagen? Ich nahm aufgrund von Dorotheas Erzählungen an, dass sie im Kirchenvorstand war. Nach meinen Recherchen war sie aber nie Mitglied im Vorstand. Sie stand nur auf den Wählerlisten.«

Renate Paul: »Ich war damals noch nicht in der Kirchenarbeit tätig. Von der Persönlichkeit, wie ich deine Tante kennengelernt hatte und was von ihr erzählt wurde, passte sie nicht in den Kirchenvorstand.«

E. H.: »Wieso nicht? Wer oder was hatte darüber zu entscheiden?«

R. P.: »Ihre Strenge und, sagen wir mal, ihre Herzlosigkeit im Umgang mit Menschen war in dieser Umbruchzeit der Siebzigerjahre selbst in der Kirche langsam nicht mehr gefragt.«

E. H.: »Für mich ist die Institution Kirche noch heute streng und konservativ. Wie ist eine solche Ablehnung zu erklären? Wonach wurde auserwählt?«

R. P.: »Das muss ich genauer erklären. Es gab sicherlich noch weitere Argumente gegen sie. Für die Mitgliedschaft im Kirchenvorstand war damals nicht allein die Fähigkeit oder die Sympathie einer Person wichtig. Personen und insbesondere Töchter aus dem ›Fußvolk‹ waren nicht vertreten. Wichtig war auf dem Land die Herkunft, möglichst vom Hof und die gesellschaftliche Anerkennung ihrer Familie. Diese Bedeutung hatte deine Tante aufgrund ihrer Herkunft und der Anerkennung ihres Vaters vorzuweisen. Zudem war sie als Fürsorgerin vom Gesundheitsamt Hoya in der Gegend bekannt, wenn auch nicht allgemein beliebt. Vor der Wahl zum Vorstand brauchte man eine bestimmte Anzahl von Unterschriften der Kirchenmitglieder aus der Gemeinde, um sich überhaupt der Wahl stellen zu können. Anscheinend hat sie anfangs die Stimmen erhalten, sonst wäre sie nicht auf die Wählerliste gekommen. Als Ersatzvorsteherin durfte sie an den Vorstandssitzungen allerdings nicht teilnehmen, konnte somit wenig Einfluss nehmen.«

E. H.: »Ich kann mir vorstellen, dass ihr das nicht gefallen hat. Hat sie trotzdem versucht, die Entscheidungen zu beeinflussen?«

R. P.: »Ja, das hätte zu ihr gepasst. Genau weiß ich es nicht. Ich nehme an, dass sie Anfang der Achtzigerjahre irgendwann ›ausgezählt‹ wurde, also die nötigen Unterschriften für eine Wahl nicht mehr bekommen hat.«

Über die »Unbeliebtheit« meiner Tante wurde im Kreis der Familie nicht gesprochen, vor allem gegenüber uns Kindern nicht. Man versuchte stets, freundlich zu sein.

Meine Tante Dorothea war allerdings für mich in der Kindheit auch keine »von mir geliebte« Tante, keine Vertraute. Sie war für mich einfach anwesend, so wie das Haus meiner Großeltern, so wie die Möbel. Sie war für mich stets körperlich pflichtbewusst anwesend, jedoch gefühlsmäßig abwesend. Ich kam nicht in ihr Haus, um sie zu besuchen, sondern um meine Großeltern und insbesondere meine alte Großmutter zu besuchen. Meine Großmutter war sehr warmherzig, für mich eine wunderbar weise, zarte Großmutter. Noch heute wird mir warm ums Herz, wenn ich mir Bilder von ihr länger ansehe.

Meine Tante hat mir damals kaum Einblick in ihre Welt, ihre Gedanken und Wünsche verschafft. Weder bei den Geburtstagsbesuchen bei meiner Großmutter noch dann, wenn ich meine Tante besucht hatte. Selbst dann nicht, als ich fast drei Wochen bei ihr und meiner Großmutter mit zwei Freunden in den beiden Zimmern unter dem Dach gewohnt habe. Wir kamen aus Berlin und haben in ihrem Haus an unseren Abschlussarbeiten geschrieben.

Die Besuche jeglicher Art bei meiner Großmutter bedeuteten für meine Tante zusätzliche Arbeit, was sie unmissverständlich freundlich zu zeigen verstand. Sie blieb in meiner Wahrnehmung stets im grauen Hintergrund, mit ausdrucksloser, leicht verbitterter Ausstrahlung. Vielleicht hat sie gespürt, dass wir nicht sie, sondern nur ihre Mutter besuchten, sie mehr Bedienstete als Tante für uns war.

Ich bewunderte allerdings ihre Fähigkeiten, die für die damalige Zeit für mich außergewöhnlich waren: ihre Gradlinigkeit und ihr Mut zur Ehrlichkeit. Sie machte nie den Eindruck, sich zu »verbiegen«, war nicht bemüht, sich so zu verhalten oder zu reden, um von anderen geliebt zu werden. Außerdem bewunderte ich ihre Eigenschaft, sich sehr konkret und bestimmend ausdrücken zu können. Sie wusste sich zu helfen, auch wenn ihre Wünsche nicht immer erfüllt wurden. Es schien ihr egal zu sein, ob den Mitmenschen ihr Verhalten gefiel.

Mit dieser positiven Einstellung zu sich selbst hatte Dorothea immer wieder Erfolg. In das Nachbarhaus in Hoyerhagen zog im Jahr 1976 Familie Hormann ein. Für Dorothea und ihre Mutter war es wie »Sechs Richtige im Lotto« oder wie ein »Geschenk des Himmels«. Detlef Hormann war ein handwerklich geschickter Mann mit Zeit, Geduld und dem Hang, gern zu helfen. Zudem kannte er über seinen Vater das Elternhaus von Dorothea sowie den Bruder Julius aus Duddenhausen.

Im Leben von Dorothea passierte in den Siebzigerjahren nicht viel Neues. Ihre Arbeit war im Laufe der Jahre eingespielt und plätscherte ohne Probleme in ruhigen Gewässern. Auch wenn die Arbeit im Amt als Fürsorgerin nicht einfach war.

Zum 31. März 1979 hat Dorothea ihre Arbeit gekündigt, um in den Ruhestand gehen zu können. Ruhestand ist nicht ganz passend, denn jetzt konzentrierte sie sich voll auf die Betreuung ihrer Mutter, die 86 Jahre alt geworden war. Diese Betreuung nahm sie sehr ernst und streng.

Es war nicht verwunderlich, dass wir Kinder wenig Kontakt zu unserer Tante Dorothea hatten. Wir waren stark mit unserem eigenen Leben beschäftigt. Wir lebten in einer völlig anderen Welt.

Wir besuchten Dorothea selten. Gleiches in abgeschwächter Form traf auch für meine Mutter Lewine zu. Der Unterschied war, dass ich meine Mutter gern besuchte und mich immer besser mit ihr verstand. Das konnte ich bei Dorothea nicht sagen.

LEWINE. TRIUMPH. ROLLENTAUSCH. EMOTIONEN PUR

Lewine hat in den letzten Jahren die Herausforderungen an sich selbst und an ihre auserwählte Arbeit angenommen. Sie konnte in Bücken beim Start der Lebenshilfe in Hoya Erfolge erzielen. Später bemerkte sie mir gegenüber immer wieder, dass es ihr gutgetan hat, diese Erfolge zu spüren, zu sehen, dass ihr Einsatz an Energie und Liebe zu einem positiven Ende führte. Dies machte ihr immer wieder Mut für die Zukunft. Denn die Aufgaben wurden ja nicht weniger. Im Gegenteil. Mit der Arbeit in der provisorischen Tagesbildungsstätte in Bücken im Jahr 1971 konnte Lewine ihren ersten Triumph feiern.

Schon nach wenigen Monaten hatte sie ein Ziel erreicht: Die Kinder, aber auch die Eltern mussten sich nicht länger gesellschaftlich ausgegrenzt fühlen. Die erfolgreich begonnene Arbeit der Lebenshilfe sprach sich im Raum Hoya herum, und immer mehr Kinder mit einer Behinderung wollten und sollten in diesen Genuss eines normaleren Lebensgefühls kommen. Lewine erhielt immer wieder Hinweise, in welchen Familien es »kranke«, schwierige Kinder gab. Sie besuchte die Familien und fand dort Kinder mit Behinderung, die zum Teil von den Eltern regelrecht »versteckt« wurden. Sie holte sie aus diesen Verhältnissen raus. Die Warteliste der Kinder für die Lebenshilfe wurde länger und länger. Der Bau eines weiteren Gebäudes wurde immer dringlicher.

Jetzt war Lewine wieder gefragt. Der zweite Vorsitzende der Lebenshilfe, Horst Richter, hatte dies 1981 in der Festschrift so zusammengefasst:

»Sie musste sich nicht nur mit fachlichen und personellen Problemen im ›Provisorium Bücken‹ auseinandersetzen, sondern wurde auch stark bei der baulichen Konzeption für den Neubau in Hoya einbezogen, damit ihre Vorstellungen und pädagogischen Erfahrungen mit in die Planung einfließen konnten.«

Der dringend erforderliche Neubau sollte wohldurchdacht sein. Er sollte vor allem nicht nach kurzer Zeit schon wieder zu klein sein und sollte den pädagogischen und organisatorischen Anforderungen genügen. Fundierte Erfahrungen in der Behinderten-Pädagogik lagen noch nicht vor. Viele dieser weitgehenden Entscheidungen mussten von Lewine und ihrem Team vorbereitet werden: Wie viele und wie große Räume werden gebraucht, mit oder ohne Küche, wo sollen die Steckdosen hin … Kurzum: Jeder, der schon einmal ein Haus hat bauen lassen, kann sich vorstellen, was alles »nebenbei« mal kurz entschieden und wieder rückgängig gemacht werden muss, um dann wieder neu entschieden zu werden.

Für Lewine ging es zunehmend nicht nur um die eigentliche pädagogische Arbeit. Sie musste sich mehr und mehr in die notwendigen Verwaltungsaufgaben reinfuchsen. Die neuen Angestellten mussten eingestellt, versichert und bezahlt werden. Die öffentlichen Gelder mussten sachgerecht und transparent gebucht werden. Sie wuchs mit ihren Aufgaben und tat es mit viel Herz und viel Einsatz, ohne die nach Liebe und Anerkennung »schreienden« Kinder zu vergessen.

In der pädagogischen Arbeit half es, dass die »Lebenshilfe-Bewegung« in Deutschland im Laufe der Siebziger- und später der Achtzigerjahre den regionalen Gruppen immer mehr Unterstützung zukommen ließ. Der Lebenshilfe-Verein Deutschland stellte Lehrpläne, Unterrichtsmaterialien, Gerätschaften etc. zur Verfügung. Dies erleichterte in Hoya die Arbeit mit den Kindern und den Eltern.

Bei den Verwaltungsaufgaben erhielt Lewine weiterhin Unterstützung von meinem Vater, ihrem Mann. Er hatte seine ungeliebte Arbeit in Peine beendet und war mittlerweile Rentner geworden. Er war in Hoya innerlich noch nicht angekommen. Zudem hatte er kein wirkliches Hobby. Er schien sich zusehends überflüssig zu fühlen. Daran änderte seine Aufgabe, seiner Frau als »Sekretär« und »Kassenwart« bei ihrer vielfältigen Arbeit in der Lebenshilfe zu unterstützen, nichts. Als ehemaliger Geschäftsmann kannte er sich mit Buchführung, Verwaltung, Schriftver-

Ernst Günter Hasper 1974

kehr und Steuern aus oder konnte sich bei Problemen ohne Zeitdruck Hilfe suchen.

Es schien meinem Vater aufgrund seiner Erziehung schwerzufallen, den Veränderungen der Lebensbedingungen und der Zeit zu folgen. Er fand keinen Zugang zu all den gesellschaftlichen und sozialen Fragen der Zeit. Ganz im Gegensatz dazu lebte Lewine diese Veränderungen. Sie zeigte Offenheit, Konfliktbereitschaft und Emotionalität. Für ihn als konservativ geprägten Mann zu viele Veränderungen.

Bei aller gegenseitigen Achtung und Dankbarkeit waren die Lebenshaltungen der beiden auseinandergedriftet. Jetzt brachte Lewine als Ehefrau das Geld nach Hause, und er konnte »nur« nebenbei für sie ehrenamtlich tätig sein, ihr den »Rücken freihalten« für die von ihr so geliebten Arbeit. Er fühlte sich überflüssig. Er erledigte alle ihm übertragenden Aufgaben ohne Murren und Klagen, so korrekt wie er es Zeit seines Lebens gewohnt war. Er konnte aber nicht über seine Probleme sprechen. Er machte sie mit sich selbst aus. So konnte Lewine privat nicht das umsetzen, was ihr beruflich mit den behinderten Kindern und deren Eltern gelang: Lebensprobleme gemeinsam lösen. Das jedenfalls war das Ergebnis vieler Gespräche der beiden. Sie einigten sich darauf, ihr Leben dennoch gemeinsam weiterzuführen.

Nach 30 Jahren Ehe zeigte sich jetzt offenkundig, was schon seit vielen Jahren unterschwellig vorhanden war: eine lebensfrohe, offene Landfrau und ein disziplinierter ehemaliger Oberleutnant der Kaiserzeit hatten völlig unterschiedliche Vorstellungen vom Leben.

Der Rollentausch in ihrer Beziehung war jetzt vollzogen. Die Frau ging arbeiten und brachte das Geld ins Haus. Der Mann saß mehr oder weniger gelangweilt allein zu Hause.

Mein Vater versuchte, mit seinem Leben klarzukommen, allein. So wie er es sein Leben lang gewohnt war. Wir Kinder bekamen von unseren Eltern und ihrem Zusammenleben wenig mit. Kein Wunder, denn wir lebten über ganz Deutschland verteilt, besuchten die Eltern selten und waren alle mit unserem eigenen Leben beschäftigt.

Die beiden Ältesten hatten in den Jahren von 1968 bis 1974 Nachwuchs erhalten, jeweils zwei Kinder.

Meinen jüngeren Bruder Fritz hat es nach Abschluss seiner Lehre in Peine Anfang der Siebzigerjahre auch nach Berlin gezogen.

Während ich in Berlin immer mehr gemeinschaftlich organisiertes Leben ausprobierte, lebten meine Eltern mehr oder weniger konfliktlos in dem kleinen Dorf Hassel bei Hoya. Sie schienen sich mit ihrem Rollentausch und ihren unterschiedlichen Lebensvorstellungen arrangiert zu haben. Das war unser Eindruck, wenn wir Kinder sie ab und an besuchten. Sie selbst beschränkten die Besuche auf die beiden ältesten Kinder, vor allem wegen der Enkel.

Überraschend besuchte mein Vater ab Ende 1974 nacheinander alle Geschwister und Enkel. Mich und meinen Bruder Fritz besuchte er in Berlin. Uns Kinder hat diese Aktivität erfreut, aber auch verwundert – denn so besuchsaktiv war er vorher nie.

Unter diesen privaten und von der Arbeit in der Lebenshilfe geprägten Bedingungen erlebten meine Eltern im Oktober 1974 gemeinsam den großen Moment der Eröffnung des Neubaus der Tagesbildungsstätte Weserschule Hoya im Sonnenweg von der Lebenshilfe Hoya/Syke. Das »Provisorium« Bücken war beendet.

Lewine erlebte damit ihren zweiten Triumph auf ihrem »Lebenshilfe-Weg«. Zum Ausruhen gab es nicht viel Zeit, die Arbeit für sie und ihr Team ging weiter. Mit dem Neubau konnte die Lebenshilfe Syke/Hoya ihre Arbeit im Umfang und in der Qualität weiterentwickeln. Sie konnte ihrem Ziel näherkommen, eine engagierte und zukunftsorientierte Interessenvertretung für Menschen mit Behinderung zu sein, soweit sie dies nicht selbst tun konnten. So wie die Lebenshilfe Syke/Hoya noch heute ihren Auftrag sieht.

Immer mehr Kinder kamen in die Lebenshilfe. Zum Teil wurden sie weiterhin aus den Familien herausgeholt. Manche Eltern mussten überzeugt werden, ihre Kinder betreuen zu lassen. Die neu eingestellten, jetzt vermehrt qualifizierten Fachkräfte mussten eingeführt, die neuen Gruppen eingerichtet werden. Last, not least musste Lewine sich noch mehr um die Öffentlichkeitsarbeit kümmern. In all diesen Aufgaben lag ihre Stärke. Es schien perfekt zu laufen für Lewine.

Doch der Schein trog. Wenige Monate nach dem Neubau der Tagesbildungsstätte im Sonnenweg musste Lewine einen heftigen persönlichen Rückschlag verkraften: Ein im wahrsten Sinne des Wortes mächtiger Knall veränderte nicht nur ihr Leben, sondern auch unsere Familie entscheidend.

13. MAI 1975. EIN UNERHÖRTER KNALL

Mittlerweile weckte der Frühling des Jahres 1975 die Gemüter. Lewine hatte sich mit Schwung ganz bewusst in ihre geliebte Arbeit gestürzt. Wir Kinder erfuhren oft nur per Telefon oder Brief, dass mein Vater Lewine so gut wie möglich zu unterstützen versuchte. Seine Besuche bei uns Kindern im Winter 1974 deuteten wir so, dass er neuen Lebensmut geschöpft hatte.

Er besuchte seinen ältesten Sohn, der mit seinem Job nicht zufrieden war und sich am liebsten selbstständig machen wollte. Nicht ganz sorgenfrei verließ mein Vater ihn und besuchte unsere sportliche Schwester Inka in Heidelberg. Sie war eine engagierte Lehrerin und kümmerte sich mit viel Hingabe um ihre Jungs Matthias und Thilo sowie ihren Mann Hans Heinrich. Inkas geregeltes Leben beruhigte unseren Vater: Lehrerin, zwei Kinder, solide verheiratet. Das passte.

Dieter, damals ebenfalls in Heidelberg, kletterte als Referent bei den Bayer-Werken stetig auf seiner beruflichen Erfolgsleiter aufwärts. Auch beruhigend.

Weniger beruhigend fand er mich in Berlin vor. Ich hatte gerade mein Studium als Handelslehrer beendet. Ich war mir sicher, dass ein Lehrerdasein mich nicht erfreuen würde. Bei meiner Entscheidung half mir, dass zeitgleich der Radikalenerlass der Bundesregierung beschlossen wurde. Speziell Lehrer von der Uni Berlin erhielten Berufsverbot oder wurden erst gar nicht eingestellt, zum Teil auch aus Kostengründen. Ich war nicht erbost darüber. Stattdessen stürzte ich mich mit viel Mut und Freude in eine selbstständige Arbeit. Von diesen unausgegorenen Gedanken und Plänen erzählte ich meinem Vater nichts. Emotional war ich ihm weiterhin wenig verbunden. Er hatte sich ja sonst auch wenig für mein Leben interessiert. Ich wollte ihn nicht zu sehr verunsichern. An meinem privaten Leben in Berlin – noch dazu in einer Wohngemeinschaft – sowie meiner politischen Einstellung hatte er genug zu knabbern. Ich war ein Kommunist für ihn.

Ähnlich erging es ihm mit seinem »Sorgenkind« Fritz. Fritz hatte sich langsam in Berlin eingelebt und stellte auf selbstständiger Basis seine Kenntnisse als Steuergehilfe zur Verfügung. Dies war für meinen Vater eine noch zu wacklige Existenz, und ihm schien Berlin nicht der richtige Lebensmittelpunkt für Fritz zu sein.

Mit diesen gemischten Gefühlen über das Wohl seiner Kinder kehrte er zurück in das kleine Dorf Hassel bei Hoya. Die Kinder brauchten die Eltern nicht mehr, die Eltern brauchten die Kinder für ihr Leben nicht mehr.

Die Welt der Familie schien – wenn auch oberflächlich – für alle Familienmitglieder in Ordnung zu sein. Bis zu diesem heftigen Knall am 13. Mai 1975, den keiner hören oder auch nur ahnen konnte und meiner Mutter einen gewaltigen Schmerz zufügte: Mein Vater hatte sich im nahegelegenen Waldstück erschossen.

Meine Mutter rief völlig verstört meine Schwester Inka an. Mein Bruder Dieter konnte seine Probezeit für einen neuen Job ohne Probleme unterbrechen. Beide waren sehr schockiert. Inka kam mit ihren Kindern Matthias (3 Jahre) und Thilo (6 Monate) und ihrem Mann. Zusammen mit Dieter und seiner Frau nahmen sie sich alle gemeinsam eine Ferienwohnung, um meine Mutter in ihrer eigenen Wohnung nicht zu belasten.

Die Nachricht vom Freitod meines Vaters hat mich als 27-Jährigen in Berlin durch einen Anruf meiner Schwester erreicht. Ich war mitten in einer Abschlussprüfung meines Studiums und fuhr zwei Tage später mit meinem Bruder Fritz von Berlin aus zu unserer Mutter. Sie tat mir leid, und ich habe versucht, sie so viel wie möglich emotional zu unterstützen.

Mein ältester Bruder kam etwas später. In meiner Erinnerung kam er ohne seine Familie. Dennoch kam er nicht allein, er brachte zusätzliche Probleme für die Familie mit.

So trafen wir Kinder uns nach vielen Jahren mal wieder alle gemeinsam im Haus der Eltern in dem kleinen Dorf Hassel bei Hoya/Weser. Wir waren unterschiedlich stark von der Nachricht des Freitods betroffen. Nicht ganz ungewöhnlich brachten wir alle die gleichen Fragen mit: Wieso hat der Vater sich das Leben genommen? Warum haben wir nichts bemerkt? Hat oder konnte unsere Mutter was bemerkt haben?

Mein Bruder Dieter erinnert sich später:

»Wir haben gerätselt, ob unser Vater vielleicht krank war. Über Probleme hat er nie geredet, auch nicht bei Spaziergängen vor gar nicht so langer Zeit bei seinem letzten Besuch. Wir haben nicht einmal Anzeichen von Problemen bemerkt. Im Nachhinein erst konnten wir uns vorstellen, dass es Probleme in der Beziehung der Eltern gegeben hat. Aber wenn, dann gab es diese schon sehr lange. Ich erinnerte mich an einen alten Konflikt der Eltern. Lewine hatte es gestört, dass der Vater noch 20 Jahre nach der Hochzeit ein großes Bild von seiner ersten Frau, meiner leiblichen Mutter, in der Wohnung hängen ließ. Aber wir konnten uns nicht vorstellen, dass dies auch nur annähernd mit dem Freitod zu tun gehabt hat.«

Wir fanden eine schockierte, verzweifelte Mutter vor. Das Verständnis für den Schock von Lewine wurde größer, je mehr wir von dem Hintergrund und der Ausführung des Freitodes erfuhren.

Es war ein Freitod, den ich nicht so schnell vergessen sollte. Immer wenn ich später daran dachte, hatte ich dieses Lebensbild von einem strengen, ordnungsliebenden Vater und ehemaligen Offizier der Reichswehr vor mir: eine stramme Haltung, alles perfekt organisiert, bis ins kleinste Detail, ohne viel zu reden. Mit dieser Haltung hatte er auch seinen Freitod geplant. Seine Verzweiflung muss groß gewesen sein. Darüber zu reden, hatte er leider nie gelernt.

Als Lewine völlig ahnungslos von der Arbeit nach Hause kam, fand sie auf dem Küchentisch einen Abschiedsbrief und fein säuberlich geordnet die Unterlagen vor, um die sich mein Vater während all der Ehejahre stets allein gekümmert hatte. Der Schreck fuhr ihr in die Knochen und vor allem ins Herz … und blieb dort für unbestimmte Zeit. Diese Art seiner Verabschiedung und die Hinterlassenschaft einer Fülle von formalen Unterlagen waren für meine Mutter eine schwere Bürde. Eine Bürde, die ihr das Trauern schwermachen sollte. Verkraften musste sie auch die Begründungen für seinen Freitod und seine persönlichen Grüße am Anfang und am Ende des Abschiedsbriefs.

DER »ABSCHIEDSBRIEF«

Ernst Günter Hasper   Hassel, den 13. Mai 1975

Liebe Magret!
Weil ich Dir nicht mehr im Wege stehen will und damit Du Deine ver-
antwortliche und schöne Berufsaufgabe ohne Belastung weiter ausführen
kannst, gehe ich.

Meine Todesanzeige soll bitte ohne viel Worte so aussehen, wie ich es neben-
stehend entworfen habe
und soll bitte in der Kreiszeitung und im Gronauer Blatt veröffentlich wer-
den und an die in meinem »Adressenverzeichnis« (kleines grünes Büchlein)
aufgeführten Bekannten + Verwandten als Drucksache verschickt werden.
Vielleicht ist es richtig, daß Du »Im Namen der Hinterbliebenen« noch Dei-
nen Namen unter die Anzeige setzen läßt.
Grüße bitte die Kinder und Enkel von mir noch einmal sehr herzlich…

(Dann folgen einige Hinweise zum Leben der Kinder und »noch einige
nüchterne Dinge, die Du für die Zukunft wissen mußt«:)

Bestelle den billigsten Sarg für die Verbrennung im Krematorium in Bremen
…
zu Lebensversicherungen für Inka und Fritz …
Zu seinen Renten …

Die Asche aus dem Krematorium darf man ja wohl nicht in alle Winde zer-
streuen (Umweltschutz). Damit sie Dir aus den Augen kommt, ist es wohl
am Besten, eine Urne auf die Grabstelle in Banteln zu stellen (Hinweis: dort
liegen seine 1. Frau und deren Familie). Die Grabstelle ist von mir – wie Du
weißt – bis 1975 bezahlt. Bitte teile das Grete (seine Ex-Schwägerin) mit, die
ich auch zu grüßen bitte. Sie übernimmt dann bitte die weitere Bezahlung
der Friedhofsgebühr an das Kreiskirchenamt Elze, wenn sie die Grabstelle
weiterhin erhalten will …

All diese wirtschaftlichen resp. pekuniären Dinge mußt Du nun selbst wei-
terführen. Sie sind auf dem heutigen Stand …

Liebe Magret! Es fällt mir der Abschied nun doch schwer. Mir stehen die
Tränen in den Augen. Aber es muß sein, damit Du frei wirst und <u>ohne Be-</u>
<u>lastung</u> arbeiten kannst. Sei tapfer und nimm die Arbeit schnell wieder auf.
Deine Schützlinge brauchen Dich, Du findest in der Arbeit schneller Deine
Konzentration und Ruhe wieder. Bitte habe zum letzten Mal Verständnis für
meinen Freitod. Es geht nicht anders. Gott helfe mir.

Ich danke Dir für alles, was Du für mich und die Kinder getan und gelitten
hast. Trotz allem: Ich habe Dich lieb und deshalb muß ich gehen.
Mutter und Dorothea werden Dir in der ersten Zeit helfen. Nimm ihre Hilfe
an.

Leb wohle, liebe Magret, und Glückauf für Deine Arbeit
Dein Ernst Günter (Unterschrift)

In Ihrem Schockzustand fand Lewine die Klarheit, nicht selbst an den Ort
der Erschießung zu gehen. Sie rief ihren Bruder Julius an, der zusammen
mit dem örtlichen Polizeimeister in den Wald fuhr.

Julius als Einheimischer war die geeignete Person für die Behörden-
gänge nach dem Tod ihres Ehemanns. Julius kannte die Personen in den
Ämtern und organisierte auch die Trauerfeier mit Hilfe von meinen Geschwistern Inka und Dieter. So waren die Tage bis zur Trauerfeier wenig
empathisch mit formaler Organisation ausgefüllt.

W ie ging es Lewine? Widersprüchliche Gefühle erschütterten sie:
Trauer, Wut, Schuld, Verzweiflung, Befreiung … Das gleichzeitige
Auftreten dieser Gefühle ließ sie kaum atmen und machte sie zunächst
hilflos.

Das wiederholte Bezugnehmen in dem Abschiedsbrief, dass er den
Freitod gewählt habe, damit sie ihre Arbeit »ohne Belastung« fortführen
könne, machte ihr das Verstehen über seine Entscheidung nicht leichter.
Mein Vater wollte ihr »helfen«. Er erreichte, dass sie sich zutiefst verletzt
fühlte, als ob ein wesentlicher Teil ihrer eigenen Persönlichkeit gestorben

wäre. Der Teil, den sie an ihren Mann nach langer, reiflicher Überlegung und vielen Gesprächen abgegeben hatte: ihre Entscheidung, ihn nicht zu verlassen.

Zudem hat er in dem Brief Gefühle gezeigt, zu denen er in all den gemeinsamen 30 Jahren nie in der Lage war. Er wollte ihr helfen und hat ihr stattdessen ein Leid hinterlassen, wie es vielen Hinterbliebenen nach einem Freitod geht: ein quälendes Schuldgefühl. Und die Frage nach dem Warum. Warum? Immer wieder kam ihr diese Frage, die nur er hätte beantworten können. *(siehe dazu Anlage 7 Gedanken der Schwester)*

Niemand konnte diese Frage beantworten. Selbst ihre Kinder nicht. Einen Sohn schien diese Frage besonders zu quälen.

17. MAI 1975. TRAUERFREIER. ZUM VERGESSEN TRAURIG

Noch vor der Trauerfeier gab es erhebliche Spannungen in der Familie. Ein Sohn hatte erfahren, dass es einen Abschiedsbrief gab, der bei der Polizei hinterlegt war. Bevor er zu unserer Mutter fuhr, besuchte er die Polizeistation, um den Abschiedsbrief meines Vaters zu lesen. Er wollte für den Besuch bei unserer Mutter »gut vorbereitet sein«, wie er später angab. Er wollte unserer Mutter nicht zu viele Fragen stellen müssen, sondern glaubte, die Antworten seiner mitgebrachten Fragen in dem Abschiedsbrief zu finden. Ihn störte nicht, dass der Brief allein an seine Mutter gerichtet war. Die Polizei erlaubte ihm, den ausdrücklich nur an seine Mutter gerichteten Brief zu lesen, und rechtfertigte sich später damit, dass er in dem Brief erwähnt wurde. Das war ein erheblicher Verstoß gegen das Briefgeheimnis und sollte ungeahnte private Folgen haben.

Dieser Sohn informierte Inka und Dieter über den Inhalt des Abschiedsbriefs, den die beiden nicht kannten. In dem Abschiedsbrief erwähnte unser Vater, dass Lewine die Urne auf dem Familiengrab seiner ersten, verstorbenen, Frau in Bantelen niederlassen könne, damit die Urne ihr »aus den Augen kommt«. Lewine hatte aber für sich entschieden, die Urne auf dem Friedhof in Hoya im Familiengrab ihrer Eltern beizusetzen, in ihrer Nähe. Der Sohn meinte zu wissen, dass der Vater einen ausdrücklichen Wunsch geäußert habe, auf jeden Fall in Banteln beigesetzt zu werden. Diesen Wunsch wollte er entgegen dem Wunsch seiner Mutter mit aller ihm zustehenden Macht durchsetzen und versuchte, uns Geschwister auf seine Seite zu ziehen. Die Beisetzung auf dem Friedhof in Hoya hatte aber schon längst stattgefunden. Lewine wollte nicht, dass ihr die Urne aus den Augen kam. Damit wollte er sich nicht zufriedengeben, sein »Kampf« hielt an.

Diese negative Energie begleitete das Familienleben vor und noch lange Jahre nach der Trauerfeier. Das war sicherlich nicht im Sinne unseres Vaters. Er hatte den Freitod mit der Begründung gewählt: »Ich will Dir nicht mehr im Wege stehen, damit Du *(Lewine)* Deine verantwortungsvolle Berufsaufgabe ohne Belastung weiter ausführen kannst.«

Mit einer solchen Belastung eines Streits mit einem seiner Söhne über den Grabplatz hat er wohl nicht gerechnet. Dazu war die Beziehung zwischen unserem Bruder und unserem Vater zu ungeklärt, und sie hatten zu wenig Kontakt – was wahrscheinlich noch zu positiv ausgedrückt ist.

An die Trauerfreier habe ich wenige Erinnerungen. Es waren viele Menschen da, was mich gewundert hat. War doch mein Vater viel allein, hatte kaum Freunde. Die meisten kannte ich nicht. Ich fragte mich: Wo waren all diese Menschen, als mein Vater sie gebraucht hat?

Auf dieser Trauerfeier wollten und durften Menschen aus der Vergangenheit meines Vaters reden. Für mich positiv beeindruckend war nur die Trauerrede von Pastor Ruh *(siehe Anlage 6)*.

Die anderen Reden hatten allerdings wenig mit dem Schock, der Wut, der Trauer und Verzweiflung meiner Mutter zu tun. Es muss furchtbar gewesen sein für sie. Sie saß in der ersten Reihe auf der harten Kirchenbank. Zusammengeknickt neben mir. Manchmal hielt sie meine Hand. Ab und zu reichte ich ihr ein neues Taschentuch.

Meine Emotionen bei der Trauerfeier drückten sich hauptsächlich in Wut aus. Wut über die schleimigen Worte der ehemaligen Vorgesetzten der Ilseder Hütte, seinem ehemaligen Arbeitgeber. Sie lobten den Einsatz meines Vaters für den Betrieb und die Arbeiter. Mir erschienen wieder die Bilder von der Schließung des Kalkwerks und dem daraus folgenden seelischen Zusammenbruch meines Vaters. Es waren genau dieselben Herrschaften, die meinen Vater und seine Angestellten aus finanziellen

Gründen an einen Schrotthändler »verkauft« hatten, auf einer Stufe mit den Gebäuden, den Maschinen bis zu den Schippen und Besen. Jetzt fanden sie viele warme Worte. Ohne zu erwähnen oder zu erahnen, dass sie zu seinem Leid beigetragen haben. Einen Schaden, den er nie zu verarbeiten vermochte, der in seinen Knochen und seinem Gehirn verwurzelt schien. Wo waren diese Leute, als er sie brauchte? Diese Reden kamen mir so falsch, so wenig authentisch vor, ich war entsetzt. Warum hat es ihn befriedigt, sich in diesen honorigen Kreisen bewegen zu dürfen? Ich habe es nie begriffen.

Während der Trauerfeier wurde mir deutlich: So will ich nicht leben. Aus diesem oberflächlichen, scheinbar emotionslosen »Teufelskreis« musste ich raus. Gesellschaftlich gehörte mein Vater als Lions-Club-Mitglied zu den »Vornehmen« dieser Gesellschaft. Aber ich konnte nicht erkennen, dass sie ihn wirklich als einen der ihren anerkannt hatten. Spätestens von dem Moment an, wo er seinen Job als Geschäftsführer des Kalkwerks verloren hatte. Mein Vater tat mir leid.

All diese Reden machten mich wütend. So wütend, dass meine Lähmung hinter den Augäpfeln sich löste und die Tränen fließen konnten. Nicht aus Trauer. Nein, aus Wut über die mir so »falsch« vorkommenden Worte dieser Herren. Sie schienen für mich in der Mehrzahl nur aus gesellschaftlich notwendigen Ritualen auf die Trauerfeier gekommen zu sein. Weil »Mann« das macht. Um sich zu zeigen. Ekel überkam mich. All dies musste meine Mutter auch ertragen.

Erschreckend auch das Essen nach der Trauerfeier. Der sogenannte Trauerschmaus. Ich weiß nicht mehr, was es zu »schmausen« gab. Ich weiß noch, dass viel Alkohol floss. Ich empfand die Atmosphäre bedrückend steif und erschrak mich, die Herren halb betrunken zu erleben, darunter auch meinen Onkel Julius. Bedrückend empfand ich den spürbaren Konflikt zwischen unserem Bruder, der den Abschiedsbrief gelesen hatte, und meiner Mutter. Bedrückend die Unfähigkeit meines Schwagers, der sich anscheinend nicht imstande sah, meiner Schwester Inka für ein bis zwei Stunden einmal die Betreuung der beiden Kinder abzunehmen. Ich musste höllisch aufpassen, auf der Trauerfeier nicht auszurasten. Im Nachhinein war ich froh, dass ich solche Gefühlsausbrüche in meinem Leben bisher nicht erprobt hatte.

NACHTISCH BEIM TRAUERSCHMAUS

Noch hatten nicht alle Gäste den Trauerschmaus verlassen, als sich unser kritischer Bruder anschickte, uns zu verlassen. Er bestand darauf, sich zum Abschluss noch einmal mit allen Geschwistern und der Mutter in einem kleinen, ungemütlichen Nebenzimmer zu treffen. Der Raum war eher als Abstell- und Besenkammer zu bezeichnen. Es gab keinen Platz, um sich zu setzen. Wir standen eng im Kreis, umgeben von gestapelten Stühlen, Besen und Staubsaugern. Unser Bruder regte ein Gespräch an, was sich leider zunehmend zu einem Verhör unserer arg strapazierten Mutter entwickelte.

Er sprach erneut den (angeblichen) Wunsch seines Vaters an, in Banteln begraben zu werden. Er setzte uns alle, besonders die Mutter, noch einmal moralisch unter Druck.

Ich war über diesen Konflikt vorher nicht informiert, wurde auf dem falschen Fuß erwischt und blieb vor Entsetzen nahezu starr. Schließlich hatte sich diese Frage für mich von selbst gelöst: Unsere Mutter wollte das Grab in Hoya haben, ganz in ihrer Nähe. Sie wollte die Grabstelle pflegen, was für sie im 120 Kilometer entfernten Banteln äußerst umständlich gewesen wäre und für einen Trauerbesuch am Grab zu weit. Wir Kinder waren über ganz Deutschland verteilt, niemand von uns würde in Banteln die Grabpflege durchführen können oder sie regelmäßig besuchen. Was sollte dieser Vorwurf meines Bruders, der vorgab, den Willen unseres Vaters genau zu kennen, obwohl er sich kaum um ihn gekümmert hatte und seine Beziehung zum Vater gestört war?

Trautchen, die Schwester meines Vaters, und ihr Mann hatten schon vor der Trauerfeier versucht, in dem Konflikt zu vermitteln. Unser Bruder hatte sich nicht darauf eingelassen. Er beharrte weiter auf seinen Prinzipien, blieb stur und war zu einem Umdenken nicht in der Lage. Weder hier in der Besenkammer des Gasthofs Thöle in Bücken noch in entscheidendem Maße in den folgenden Jahren.

Meine Mutter war verzweifelt, wurde während der Zusammenkunft in der Besenkammer immer blasser und stellte infrage, dass der Vater den ausdrücklichen Wunsch hatte, in Banteln beerdigt zu werden. Der Abschiedsbrief sprach nur von einer Möglichkeit.

Mitten in diesem Wirrwarr platzte der Mann von Inka in den stickigen Raum und »bedrängte« seine Frau massiv, rauszukommen. Die Kinder würden schreien. In einschneidender Weise zeigte er sein Unvermögen, in dieser Situation einfühlsam zu sein. Der Horror steigerte sich. Der Trauerfeier-»Nachtisch« wurde immer bitterer.

Immerhin war damit das Thema der Grabstelle erst einmal erledigt. Nicht aber das Verhör unseres Bruders. Jetzt wollte er von unserer Mutter eine Erklärung haben, wieso sie verheimlicht habe, dass der Vater einen Abschiedsbrief geschrieben hat. Auf diese Weise erfuhr unsere Mutter, dass er den Brief gelesen hatte. Sie war entsetzt von diesem übergriffigen Verhalten. Er hat einen Brief gelesen, der nur an sie gerichtet war! Es war nicht irgendein Brief. Es war der »intimste Brief ihres Lebens von ihrem Mann« – wie sie es ausdrückte. Ohne um Erlaubnis zu fragen, hat er ihn gelesen. Dazu kritisierte er, dass die Mutter keinem von uns von der Existenz des Briefs erzählt hat. Lewine wurde noch blasser und sah mindestens zwanzig Jahre älter aus, erbärmlich schwach und hilflos, schluchzend, in Tränen versunken.

Der Bruder ließ nicht locker. Schließlich wollte er ja nach Hause fahren, und »so schnell kämen wir alle nicht mehr zusammen«, wie er sich verteidigte. Gereizt und in vorwurfsvoller Anmutung wollte er von unserer Mutter noch wissen, ob sie denn nicht bemerkt habe, dass es dem Vater emotional schlecht gegangen ist. Sie habe doch eng mit ihm zusammengelebt. Warum hat er sich das Leben genommen?

Dieses fast an psychische Folter ausartende Verhör war jetzt allen Geschwistern zu viel. Was wollte er bezwecken? War unser Bruder so unsensibel? Musste er unsere Mutter zusätzlich damit quälen? Jetzt, unmittelbar bei einer noch nicht beendeten Trauerfeier? In einer Besenkammer. Im Stehen. Im Begriff, nach Hause fahren zu wollen.

Wir brachen das Familiengespräch ab, unser aufdringlich gewordener Bruder verließ die Trauerfeier und hinterließ bei allen Beteiligten eine große Wunde.

Zum ersten Mal kapierte ich, dass ich meinen Bruder überhaupt nicht kannte. Er war mir fremd. Nach diesem gemeinsamen Erlebnis bei der Beerdigung und Trauerfeier unseres Vaters kam mir zum ersten Mal der Gedanke, dass mir der Bruder vorkam wie aus einem anderen Jahrhundert, als ob er eine ganze Generation älter wäre als ich. Diesen Gedanken bin ich bis heute nicht losgeworden.

Ich erschrak, wie sehr mich mein Bruder an die steife, emotionslos erscheinende Art meines Vaters erinnerte. Er wollte noch korrekter sein. Gerade hatten wir unseren Vater mit einer Handvoll Erde und einer Blume verabschiedet. Seine Haltung zum Leben, seine Strenge und Korrektheit schien er bei uns gelassen zu haben, in Person meines Bruders.

Nach der Beerdigung nahm ich mir vor, meine Mutter mehr zu unterstützen – ohne in dem Moment zu wissen, wie und auf welche Art. Ich ahnte nicht, dass ich im Laufe der Jahre genug Gelegenheit dazu bekommen sollte.

RÜCKBLICK. WARUM. WARUM. WARUM?

Die Frage »Warum hat der Vater den Freitod gewählt?« beschäftigte uns natürlich.

Wir Kinder hatten wenige Anhaltspunkte für Spekulationen. Uns war zudem klar, dass diese Frage rational eh nicht zu beantworten war. Wenn überhaupt, so konnte uns am ehesten unsere Mutter etwas dazu sagen. Dazu brauchte sie Zeit und Abstand, bevor sich für mich zunehmend tiefere Gespräche ergaben.

Aus verschiedenen Unterhaltungen in den folgenden Jahren mit Lewine kristallisierte sich heraus, dass die Unterschiede in den Erfahrungen des Alltags, die Freude am Leben sowie der Altersunterschied von 15 Jahren problematisch waren.

Ich hatte Lewine erlebt, wie sie geprägt war von unstillbarer Neugier. Schon während ihrer Ausbildung und dann in der Lebenshilfe Hoya blühte sie im Kreis der vielen jungen Mitarbeiterinnen auf. Ganz im Gegenteil zu ihrem eher resignierenden Ehemann. Meine Eltern waren zudem – wie viele Paare dieser Generation – nicht gewohnt, mit persönlichen Krisen und Konflikten offen umzugehen. Sie jedoch hatte im Umgang mit den jungen Leuten ansatzweise erlernen dürfen, Konflikte anzusprechen und zu lösen. Sie hatte gelernt, ihre Bedürfnisse und Wünsche zu äußern – beruflich und privat.

25 Jahre später beschrieb Lewine mir ihr Gefühl aus dieser Zeit vor dem Freitod:

Lewine: »Ich fühlte mich in der Arbeit der Lebenshilfe sehr wohl. Ich hatte eine große Aufgabe gefunden, eine Lebensaufgabe. Ich durfte als Leiterin mit einem Team die Lebenshilfe Syke/Hoya aufbauen. Ich blühte auf mit meinem Team aus lauter jungen Menschen, die mein Konzept enthusiastisch unterstützten. 1974 sollte unsere neue Tagesbildungsstätte in Hoya mit dem heilpädagogischen Kindergarten eröffnet werden.

Der Umgang mit den jungen Leuten ließ mich freier werden, Gedanken und Fragen auszusprechen. Bei der Arbeit, aber auch im Privaten. Ich war mit meinem Privatleben nicht zufrieden. Alte Probleme und Konflikte aus meiner Ehe kamen hoch. Ich erinnerte mich, wie oft ich in den Fünfzigerjahren als junge Frau deinen Vater verlassen wollte. Ich hatte nie die Kraft dazu, obwohl der Drang sehr groß war. Jetzt hatte ich den Mut, diese Dinge anzusprechen.«

E. H.: »War unser Vater zu Gesprächen bereit? Wie hat er reagiert?«

L.: »Ich hatte den Eindruck, dass er dazu nicht in der Lage war. Ich kann mir andererseits vorstellen, dass er tief im Herzen gern eine Klärung gehabt hätte. Er hat sich nie dazu geäußert. Er hatte es nie gelernt.«

E. H.: »Hat er verstanden, was du wolltest?

L.: »Ich war mir unsicher. Es kam mir so vor, als würde er für sich innerlich andere Schlüsse ziehen, ohne es auszusprechen. Heute denke ich, dass er nicht verstehen konnte, was ich meinte und fühlte.«

E. H.: »Woran hast du das bemerkt?«

L.: »Ein Beispiel. Ich hatte mein Bedürfnis nach Zärtlichkeit ausgedrückt. Ich hatte mit meinen 50 Jahren schon lange auf den Austausch von Zärtlichkeiten verzichtet.« Pause, es fiel ihr schwer, weiterzusprechen. »Viel zu lange! Ich wollte herausbekommen, wie er darüber denkt, ob wir vielleicht einen neuen Anfang machen können.

Seine Reaktion war, dass er sich eine Salbe zur Erektionssteuerung besorgt hat. Damit hat er mein Bedürfnis nach Zärtlichkeit und Emotionalität auf einen Geschlechtsakt verkürzt. Dieses Experiment hat in jeder Hinsicht nicht geklappt, was seine Unsicherheit sicherlich vergrößert hat.«

Pause, große Stille, die mir wie Stunden, Tage vorkamen. Schweres Atmen auf beiden Seiten. Ich spürte großen Respekt vor meinen Eltern. Mir schwirrte der Kopf. Was haben die beiden sich denn da vorgenommen? Wahnsinn … solche Konflikte allein klären zu wollen! Hatte ich doch gelernt, dass es ratsam und heilsam war, Konflikte lösen zu wollen. Aber bitte mit Unterstützung von außen!

E. H.: »Magst du erzählen, wie es weiterging?«
Pause, mit Tränen in ihren Augen.
L.: »Ich stand kurz vor der Entscheidung, euren Vater zu verlassen. Es quälte mich. Immer wieder ging es bei mir hin und her. 20 Jahre davor, in den Fünfzigerjahren, hatte ich es mit dem Argument ›wegen der Kinder‹ nie geschafft. Dieses Argument galt jetzt nicht mehr. Die Zeiten hatten sich geändert. Moralisch wäre ich in den Siebzigerjahren nicht unbedingt gesellschaftlich isoliert worden, anders als in den Fünfzigerjahren. Das Risiko wäre ich eingegangen. Trennungen wurden jetzt eher akzeptiert, auch hier auf dem Land, in meiner alten Heimat. Ich konnte auf Unterstützung hoffen. Wirkliche Gesprächspartner für einen Austausch hatte ich damals allerdings nicht. So offen war ich noch nicht. Ich entschied mich, euren Vater im Rentenalter nicht zu verlassen. Jetzt nicht mehr.«
E. H.: »Wie ist es dir mit dieser Entscheidung gegangen?«
L.: »Na ja, was denkst du denn? Auf der einen Seite war es eine Erleichterung, mich nicht länger mit der Frage beschäftigen zu müssen. Ich hatte mich entschieden. Ich hatte ja noch was vor mit meinem Leben. Wir beendeten die Diskussion mit der Entscheidung, dass wir zusammenbleiben. Ich war gespannt, wie ein weiteres Zusammenleben mit eurem Vater sein würde. Er gab sich alle Mühe, mich zu unterstützen.«
E. H.: »Wie ist es dir nach dem Freitod ergangen?«
Lewine schaute mich mit großen fragenden Augen an. Sie musste schlucken, ihr Gesicht verzog sich, sie wirkte verzweifelt.
L.: »Neben all der Trauer und den Schuldgefühlen spürte ich Wut. Mich hat zusätzlich zutiefst verletzt, dass dein Vater mich verlassen hat, nachdem ich mich in den Gesprächen mit ihm entschieden hatte, ihn nicht zu verlassen.«
E. H.: »Spürst du noch heute Wut?«
L.: »An sich nicht. Nur wenn wir darüber sprechen, werde ich an diese Wut erinnert.«

E. H.: »Was hast du mit deinem Bedürfnis nach Zärtlichkeit und Emotionalität gemacht?«

L.: »Ach, ich weiß auch nicht so recht.« Sie holte mehrfach tief Luft. »Ich glaube heute, dass ich mir meine Liebe und Emotionalität bei der Arbeit geholt habe … mit Erfolgserlebnissen und der Anerkennung für meine Arbeit von außen … In verstärktem Maße habe ich meine Liebe den Gehandicapten geschenkt … und: Ich bekam diese Liebe zurück von den Zöglingen. Eine besondere Liebe, deren Stärke es war, bedingungslos lieben zu können. Das hat mir gutgetan. Außerdem hatte ich gelernt, mich bei Problemen mit neuen Freundinnen und meinen jungen Arbeitskollegen auszutauschen. Diese Offenheit wenigstens bei der Arbeit ansatzweise ausleben zu können, hat mir ebenfalls gutgetan.«

Lewines Freundin Renate Paul berichtete mir über intensive Gespräche, in denen Lewine 25 Jahre nach dem Freitod offen über ihr Leid in der Ehe und über den Freitod sprechen konnte:

»Von Liebe in der Ehe hat Lewine nie gesprochen. Ich habe auch keine Trauer mehr bemerkt, nur Schuldgefühle habe ich wahrgenommen. Die waren drückend. Ich schätze auch durch die Art und Weise des Freitods und dass ihr Mann keine Verantwortung übernommen hat, sondern sich einfach aus dem Staub gemacht hat. Die Schuldgefühle wurden noch verstärkt durch die Einstellung und das Verhalten des Sohns.«

Ich hatte den gleichen Eindruck. Ihre Schuldgefühle verschwanden nie, sie wurden nur etwas blasser mit der Zeit. Geholfen hat ihr sicherlich, dass sie intensiver mit vertrauten Menschen darüber sprechen konnte. Meine Schwester und ich versuchten, sie dabei zu unterstützen, und bewunderten, wie sie es schaffte.

Die Frage nach dem Warum konnte auch Jahre später nicht beantwortet werden. Es blieb dabei, dass die Antwort nur mein Vater hätte geben können. Es blieb unsere Vermutung, dass unser Vater gelitten haben muss. Es blieb unser Gefühl, dass es uns leid tat.

Pastor Ruh aus Hoya hat es in Bezug auf den gewählten Freitod und unserer Mutter später so ausgedrückt: »Das Suchen nach Gründen, der Versuch, den Freitod zu verstehen, blieb unfertig. Ein persönliches Schicksal, das nicht leicht zu verarbeiten war.«

WEITER GEHT'S. LEWINE STEHT WIEDER AUF

Meiner Mutter kam es in der Zeit nach dem Freitod meines Vaters zugute, dass sie gelernt hatte, ihre Probleme nicht allein lösen zu wollen. Nach dem emotionalen Sturz suchte sie Heilung in Gesprächen mit Vertrauten. Nach kurzer Zeit der Besinnung entschied sie sich für ein baldiges »Weiter so« in der Lebenshilfe. Sie hat diesen Entschluss nie als Ausdruck einer Stärke oder als »Tapferkeit« angesehen, wie ihr Mann es ihr im Abschiedsbrief nahegelegt hatte.

Ihr Leben ging weiter. Sie gab nicht auf und stürzte sich im Sommer 1975 mit einem erhöhten Einsatz wieder in die Arbeit. Sie wurde beim Aufbau der Lebenshilfe Hoya weiterhin dringend gebraucht. Das spürte sie. Die gehandicapten Kinder und jungen Mitarbeiterinnen und Mitarbeiter haben sie weiterhin freudig empfangen. Das tat ihr gut.

In der vor circa neun Monaten vergrößerten Tagungsbildungsstätte Weserschule am Sonnenweg in Hoya gab es noch viel zu tun. Die im Provisorium Bücken betreuten Kinder hatten den Umzug in die großzügigen Räume mit einem lachenden und einem weinenden Auge erlebt. Einerseits hatten sie sich in Bücken sehr wohlgefühlt und mussten sich jetzt davon trennen. Andererseits wurden sie durch Besichtigungen beim Bau der Tagesbildungsstätte am Sonnenweg langsam auf ihr neues »Heim« vorbereitet. Das war spannend für die Kinder. Sie brauchten in diesem Veränderungsprozess Unterstützung. Eine zusätzliche Veränderung war, dass jetzt doppelt so viele Kinder, mehr als 50, in dem Neubau betreut werden mussten.

Mit der Erweiterung des Angebots der gesamten Lebenshilfe Syke/ Hoya wurden Lewine als Pädagogische Leiterin in Hoya durch die Geschäftsstelle in Syke immer mehr Verwaltungsaufgaben abgenommen. Das passte zusammen, denn es kamen für sie und ihr Team immer neue Aufgaben dazu.

Aus manchen Kindern waren mittlerweile Jugendliche geworden. Jüngere Kinder kamen neu dazu. Mit neuem Schwung und zusätzlichen qualifizierten Mitarbeiterinnen konnte die Förderung der Kinder mit Behinderung in den neuen Räumen wesentlich verbessert werden. So gut, dass bereits 1976, knapp zwei Jahre später, die Tagesbildungsstätte Hoya am Sonnenweg sogar im Sinne des Niedersächsischen Schulgesetzes anerkannt wurde. Die Schüler und Schülerinnen mit einer Behinderung konnten jetzt ihre Schulpflicht in der Lebenshilfe-Einrichtung ableisten. Eine enorme Leistung aller Beteiligten innerhalb von wenigen Jahren.

Ute und Wilhelm Mestwerdt ließen ihre 1962 geborene Tochter in der Lebenshilfe Hoya betreuen und fassten deren Arbeit in der Festschrift 1991 kritisch wohlwollend zusammen:

»*Der Verein Lebenshilfe für das geistig behinderte Kind strebte eine Tagesbildungsstätte im Hoyer Gebiet an und fand endlich auch jemanden, der bereit war, mit dem Aufbau in den Räumen der alten Bückener Schule zu beginnen. Dazu gehörte Mut, und sowohl Frau Hasper, die die Leitung übernahm, als auch der Vereinsvorstand hatten ihn.*

Zwar besaßen die ersten Gruppenerzieherinnen nicht das, was wir heute eine qualifizierte Ausbildung nennen, aber sie alle brachten den guten Willen mit, den behinderten Kindern zu größtmöglicher Selbstständigkeit zu verhelfen und pädagogisches Neuland zu betreten. Hierzu war die Zusammenarbeit mit den Eltern unverzichtbar, und deshalb existierte in jener Zeit auch ein sehr reger Elternbeirat.

Mit dem Einzug in das neue Gebäude in Hoya verbesserten sich nicht nur die äußeren Bedingungen. Immer mehr nahmen die Betreuer Weiterbildungsmöglichkeiten wahr, und für freie Stellen bewarben sich nun ausgebildete Erzieher und Sozialpädagogen. Der Mangel an begleitenden Fachdiensten für Sprachbildung und spezielle Bewegungstherapien macht uns allerdings ständig Sorgen. (…)

Wenn wir Eltern dieser jetzt erwachsenen Kinder deren Förderung mit jener der in den letzten Jahren geborenen behinderten Kinder vergleichen, müssen wir wehmütig erkennen, wieviel kostbare Zeit und welche Möglichkeiten bei unseren Kindern versäumt wurden. Doch sind wir all jenen dankbar, die sich mit uns bemüht haben, die oft kleinen Lernschritte zu gehen, die möglich waren und noch sind.«

Lewine und ihr Team fanden in ihrer Arbeit dadurch Unterstützung, dass sich die Entwicklung der »Lebenshilfe-Bewegung« in Deutschland mit großen Schritten entwickelte.

Überall in Deutschland wurden beschützende Werkstätten für Behinderte eingerichtet, wo für Jugendliche und Erwachsene ein Arbeitsplatz geschaffen wurde. Dieser Entwicklung schloss sich auch die Lebenshilfe Syke/Hoya an. Die Konzepte für die geschützten Werkstätten wurden landesweit vorgegeben. Nachdem sich 1975 die Delme-Werkstätten eGmbH gegründet hatte, wurde die erste Delme-Werkstatt schon im Oktober 1977 in Bassum eröffnet. Mehr als 30 der aufgenommen Jungen und Mädchen kamen aus den Tagungsbildungsstätten Syke und Hoya. Nach der intensiven Betreuung und Förderung waren sie in den Tagesbildungsstätten in Hoya und Syke auf diesen neuen Lebensabschnitt vorbereitet.

Lewine blieb mit ihrem Team in der Tagesbildungsstätte Hoya, um die Kinder mit Behinderung zu betreuen, zu fordern und zu fördern. Es gab noch genug zu tun. Noch immer gab es Kinder mit Behinderung, die eine Hilfe im Leben benötigten oder sogar zu Hause »versteckt« wurden.

Frau Straßburg, eine ehemalige Mitarbeiterin der Lebenshilfe, hat mir im Jahr 2022 berichtet, wie sie Lewine und die Lebenshilfe kennengelernt hatte:

Frau S.: »Ich lernte Frau Hasper im April 1980, in den letzten Jahren ihrer Leitung der Lebenshilfe, kennen. Ich war als gelernte Erzieherin derzeit arbeitslos und erhielt von der Arbeitsvermittlung den Hinweis, mich bei der Lebenshilfe zu bewerben. Frau Hasper als Leiterin machte auf mich von Anfang an einen ruhigen, angenehmen Eindruck. Sie lud mich ein, einen Tag in der Lebenshilfe zu hospitieren. Ich habe an dem Tag erlebt, wie die Betreuerinnen mit den Kindern umgegangen sind. Der menschliche Umgang in der Arbeit der Lebenshilfe hat mich überzeugt. Dennoch war ich unsicher. Ich hatte noch nie mit Kindern mit Behinderung gearbeitet und auch privat keinen Kontakt zu solchen Kindern. Nach einem ausführlichen Gespräch hat Frau Hasper mich ermuntert, noch einen zweiten Tag zu hospitieren, sie würde mich jederzeit weiter unterstützen. So hospitierte ich einen zweiten Tag in der Einrichtung und entschied mich danach, in der Lebenshilfe eine heilpädagogische Kindergartengruppe zu übernehmen, was ich nie bereute. Im Laufe meiner Beschäftigungsjahre erwarb ich berufsbegleitend den Heilpädagogen-Schein und war insgesamt 40 Jahre bei der Lebenshilfe angestellt.«

E. H.: »Meine Mutter ließ sich gern mit ihrem zweiten Vornamen Lewine ansprechen. Haben Sie auch Lewine zu ihr gesagt?«

Frau S.: »Nein, unter den überwiegend jungen Mitarbeiterinnen haben wir uns geduzt, aber die Leitung wurde gesiezt. Heute wäre dies vielleicht anders. Frau Hasper hat sich mit all den jungen Mitarbeiterinnen immer gut verstanden und wohlgefühlt, obwohl sie gesiezt wurde.«

E. H.: »Wie haben Sie meine Mutter auf der Arbeit erlebt?«

Frau S.: »Am meisten beeindruckt hat mich, dass Frau Hasper viele Leute kannte, viele Kontakte in Hoya und Umgebung hatte, obwohl sie nach 40 Jahren Abwesenheit erst wenige Jahre wieder in Hoya gelebt hatte. Sie kannte Gott und die Welt und hat das auch für die Arbeit genutzt. Wenn sie hörte, dass es in Familien kranke Kinder gab und es unklar war, warum die Kinder nicht in die normale Kita oder die Schule gingen, hat sie den Mut gehabt, diese oft fremden Familien zu besuchen. Oft war es beim ersten Besuch nicht einmal klar, ob die Kinder eine Behinderung hatten oder anderweitig krank waren. Wenn es dort Kinder mit Behinderung gab, hat sie versucht, sie in die Lebenshilfe zu holen. Soweit die Eltern dazu nicht bereit waren, hat sie nicht aufgegeben, hat bei ihnen immer wieder um Vertrauen geworben, zum Wohle der Kinder. Wenn sie Erfolg hatte, hieß es dann bei uns Mitarbeiterinnen: ›Frau Hasper hat wieder Kinder eingesammelt.‹ Das klingt komisch, aber wir haben ihren Einsatz und ihr Engagement sehr geschätzt. Wir fanden es bewundernswert, mit welcher Geduld sie das Vertrauen der Eltern erworben hat. Nachdem Frau Hasper in Rente gegangen ist, sind viele gute Kontakte zum Umfeld leider abgebrochen. Vertrauen aufzubauen, war eine ständige Aufgabe in ihrer Arbeit. Bei den Kindern war das einfach. Bei den Eltern nicht immer, besonders wenn sie ihre Kinder sehr emotional an sich gebunden hatten. Beim Vertrauensaufbau hat ihr geholfen, dass sie aus der Gegend kam und gut Plattdeutsch sprach.«

E. H.: »Meine Mutter hat viel darüber berichtet, wie schwer es manchen Eltern fiel, ihr bisher so stark behütetes Kind in die Hände fremder Menschen zu geben. Für ihre Entwicklung war es wichtig, dass sie sich ein wenig von dieser Abhängigkeit der Eltern lösten.«

Frau S.: »Das stimmt. Mir ist schnell aufgefallen, dass für Frau Hasper die Selbstständigkeit der Kinder im täglichen Leben im Vordergrund stand und sie viel Wert darauf legte, diese zu fördern. Manche Eltern lehnten es anfangs ab, ihr Kind bis 16 Uhr in der Kita zu lassen, und holten es schon um zwölf Uhr ab. Nach einer Zeit bemerkten die Eltern, wie stark sie durch die Lebenshilfe in der Betreuung der Kinder entlastet wurden. Daraufhin befürworteten sie die Betreuungszeit bis 16 Uhr.«

E. H.: »Gab es dabei Unterschiede, aus welchen sozialen Schichten die Kinder kamen? Waren auch Kinder aus Akademiker-Familien dabei?«

Frau S.: »Überwiegend waren es wohl Familien aus weniger wohlhabenden Familien. Aber mit der Loslösung von den Eltern gab es keine Unterschiede. Wenn für die Kinder eine Freizeit mit Übernachtung geplant war, egal ob es übers Wochenende oder länger war, hatten manche Eltern Probleme. Sie kamen am Abend zur Lebenshilfe und wollten ihr Kind sehen. Nach intensiven Gesprächen an der Haustür konnten sie beruhigt werden und fuhren entspannter nach Hause. Wenn Eltern Probleme von ihrem Kind ansprachen, wurden diese in Einzelgesprächen erörtert. Auf den Elternabenden wurden allgemeine Themen besprochen, oder die Eltern tauschten sich aus und stellten so Parallelen fest.«

Frau Straßburg hat damit bestätigt, dass für Lewine die »Arbeit« zur Förderung der Selbstständigkeit der Kinder ein Hauptanliegen war. Es war eine gute und notwendige Voraussetzung für die Kinder, um später in den Werkstätten oder gar bei einem Arbeitsplatz der freien Wirtschaft zu erlangen.

Mit Friederike und Swen wurden hier schon zwei der »Schützlinge« von Lewine und der Lebenshilfe Hoya vorgestellt. Wie hatten sich diesen beiden jungen Menschen entwickelt? Hatten sie ein Leben mit weniger Ausgrenzung, mit mehr Anerkennung und einem höheren Grad an Zugang zu allen Lebensbereichen bekommen?

FRIEDERIKE. ERWACHSEN. ZUFRIEDEN

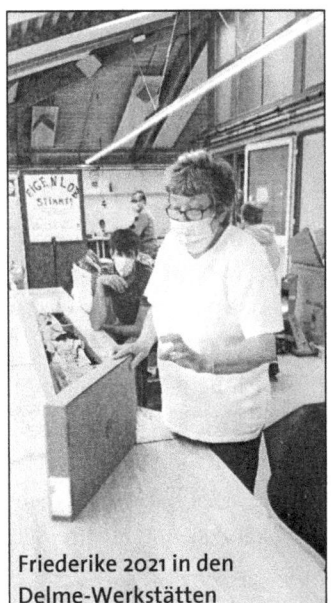

Friederike 2021 in den Delme-Werkstätten

Mit Vollendung des zwanzigsten Lebensjahrs wurde Friederike zum 1. September 1978 aus Altersgründen bei der Lebenshilfe Hoya entlassen. Normalerweise wäre die nächste Station eine Einrichtung in Nienburg gewesen. Aber weil ihr Freund und ihre Gruppenleiterin Monika H. nach Bassum kamen, konnte auch sie nach Bassum, um ihre wichtigsten Bezugspersonen nicht zu verlieren. Diese Ausnahme konnte mit der Unterstützung von Lewine umgesetzt werden. Sehr zur Freude von Friederike.

Friederike musste sich erneut auf eine Veränderung in ihrem Leben einstellen. Von nun an musste sie früher aufstehen und wurde noch vor sieben Uhr morgens mit einem Bus vor der Haustür abgeholt. Der Weg zur Arbeit war lang, da der Bus über viele Dörfer fuhr, um noch andere Arbeitskolleginnen und Kollegen abzuholen. Sie kam erst zwischen 16 und 17 Uhr nach Hause. Fünf Tage die Woche. Eine enorme Umstellung für sie und die Eltern.

Friederike erinnert sich 43 Jahre später genau:

Frederieke: »In der Werkstatt musste ich Schwämme in Kartons packen oder Vitakraft-Produkte für eine maschinelle Verarbeitung zuarbeiten, also vorbereiten. Und *(mit stolzem Ausdruck)* ich musste sogar einmal große Ölwannen für Autos in Kartons packen, 18 Stück in einen Karton!«

E. H.: »War die Umstellung für dich okay? Hört sich nach großer Veränderung an.«

F.: »Ja, das war okay, ich habe es gern gemacht. Ich habe mich anerkannt gefühlt.«

E. H.: »Konntest du die Arbeit immer allein machen, ohne Betreuerinnen?«

F.: »Ja, natürlich, wir wurden vorher trainiert. Es gab immer wieder neue Herausforderungen. Da musste ich mich reinfummeln.«

E. H.: »Wie lange musstest du denn arbeiten?«

F.: »Den ganzen Tag mit langen Pausen. Ich hab das gern gemacht. Bei Fehlern wurde nicht geschimpft. Die Fehler wurden einfach korrigiert. Fertig.«

Als im Jahr 1996 die neuen Delme-Werkstätten in Weyhe fertiggestellt waren, kam Friederike von Bassum nach Weyhe. Ihre Arbeitsstellen in der Delme wechselten. Sie arbeitete lange Zeit in der Küche. Es wurde nie langweilig für Friederike.

Das ist auch der Grund, warum Friederike noch heute, im Jahr 2021, mit ihren 63 Jahren in den Delme-Werkstätten glücklich ist und noch nicht daran denkt, in Rente zu gehen. Sie fühlt sich wohl in der Delme und ist auch für die Zukunft gut versorgt. Wenn sie eines Tages nicht mehr bei ihrer 93-jährigen, vitalen Mutter leben kann, kann sie mit einem Platz in einem Wohnheim der Lebenshilfe rechnen.

SWEN UND LEWINE. GESCHÜTZT. LEBENDIG

Swen wurde 1978 mit vier Jahren in die Lebenshilfe Hoya im Sonnenweg aufgenommen. Dort gab es damals schon verschiedene Gruppen, die nicht nur nach Alter, sondern auch nach Förderungsbedarf eingeteilt waren. Swen war in der Hauptsache geistig und weniger körperlich behindert. Er konnte sich nur sehr beschwerlich auf den Beinen halten, besonders bei den Treppen zu der eigenen Wohnung brauchte er Unterstützung. Ebenso in der Lebenshilfe. Renate Breiter, seine Mutter, berichtete:

Renate Breiter: »In der Lebenshilfe gaben sich die Betreuerinnen, einschließlich Frau Hasper, viel Mühe.
Die Kinder haben sich sehr gefreut, wenn sie Lewine gesehen haben. Sie hat die emotionalen Umarmungen und Küsschen der Kinder erwidert, selbst bei den Mongoliden, die viel spuckten.«

E. H.: »Welche Unterstützung erhielt Swen durch die Arbeit von Lewine?«

R. B.: »In der Fördergruppe von Swen gab es circa zehn Kinder. Neben dem Basteln und den Bewegungsspielen zur Verbesserung der Motorik gab es sogar Unterricht am Computer. Bei den meisten Beschäftigungen hatte es Swen schwer. Er konnte daher länger als die zehn Jahre Schulpflicht in der Lebenshilfe bleiben. Seine Entwicklung war noch nicht weit genug fortgeschritten. Ich erinnere mich, dass sich besonders Holger G. viel um Swen gekümmert hat. Er hat auch dafür gesorgt, dass Swen länger als die zehn Jahre von der Lebenshilfe schulisch betreut wurde. Das war aber nur eine seiner zahlreichen Hilfestellungen.«

E. H.: »Hast du ein Beispiel für einen solchen besonderen Einsatz?«

R. B.: »Es gab immer wieder Lebenssituationen, wo ich keine Lösung parat hatte. Zum Beispiel hat sich Swen oft seine Kleidungsstücke zerrissen, wenn er verärgert war. Manchmal hat er zusätzlich noch sein Essen ausgebrochen. Ich war völlig hilflos und verzweifelt. Ich konnte nur lauter werden, sodass er merkte, dass mir sein Verhalten nicht gefällt. Aber er zerriss sich immer wieder morgens die Kleider oder spuckte sie voll, obwohl er gern in die Lebenshilfe ging. Ich musste ihn dann mühsam neu einkleiden, kam zu spät in die Gruppe, was mir dann wieder peinlich war. Ich konnte dieses Problem nicht länger verheimlichen und sprach mit dem Betreuer Holger darüber. Er riet mir dann, Swen einfach mal nicht umzukleiden und mit ihm in den zerrissenen Klamotten in die Gruppe zu kommen. Das fiel mir sehr schwer, doch ich wollte es versuchen.«

Holger G. beschreibt die Situation:
»In der Einrichtung angekommen, beim alltäglichen Morgenkreis, wurde Swen auf seine ungewöhnliche Kleidung angesprochen. Wie es seine typische Art war, kasperte er herum und ging sogar in die Mitte des Kreises. Seine Mitschüler bemerkten natürlich auch seine kaputten und schmutzigen Sachen, und es wurde auch gelacht. In diesem Moment hat er sich nicht viel anmerken lassen, aber die Situation war ihm doch wohl unangenehm. Danach hat er die Klamotten nicht mehr zerrissen, wenn er zur Lebenshilfe ging.«

E. H.: »Hat Swen sich geschämt, oder warum hat er damit aufgehört?«

R. B.: »Es war ihm peinlich, und er schämte sich. Auch deine Mutter Lewine konnte sehen, dass Swen emotional reagierte. Danach hat er sich nur noch selten die Kleider zerrissen – bis heute! Ich war Holger sehr dankbar für diese Idee.«

E. H.: »Du hast gesagt, dass Swen gern in die Lebenshilfe ging. Kann es nicht sein, dass das Zerreißen der Kleider eine Botschaft war, dass er nicht in die Lebenshilfe wollte?«

R. B.: »Nein, das schließe ich aus. Es stimmt aber, dass Swen sehr feinfühlig war und ist. Wenn er in der Lebenshilfe bei Gesprächen nicht alles verstehen konnte, so hat er doch gespürt, um was es ging. Ein Beispiel. In der Lebenshilfe hatte er einen Freund. Als er längere Zeit gefehlt hatte, wollte Swen von den anderen Kindern wissen, wo sein Freund ist. Da hörte er, dass der Freund gestorben sei, und andere Kinder wiederholten immer laut und deutlich ›er ist tot … er ist tot‹. Dies sagten sie so eindringlich-ehrlich, wie wir es von den Kindern gewohnt waren. Swen war daraufhin sehr traurig und zog sich zurück.«

E. H.: »Das kann ich verstehen. Es passt ja zu der Geschichte, dass er andere Menschen nicht mehr angesehen hat, wenn sie ihn nicht gegrüßt oder beachtet haben. Du hast gesagt, dass er sich später nur noch selten die Kleider zerrissen hat. Wie habt ihr den Konflikt gelöst, wenn das mal wieder passierte?«

R. B.: »Das war unterschiedlich und hing von seiner Stimmung ab. Einmal war die Situation für mich so heftig, dass ich alles aufgeben, am liebsten aus dem Fenster springen wollte, ohne zu wissen, ob ich es allein oder mit ihm zusammen machen sollte. Ich konnte ihn ja nicht bestrafen oder ihm alles erklären wie anderen Kindern. Ich konnte ja nur laut werden, um ihm sein Verhalten zu verdeutlichen. Aber es half damals nicht. Er wollte nicht aufhören. Ich war so verzweifelt, dass ich ihn versuchsweise in ein Heim gebracht habe, um mal durchatmen zu können. Er kam dort in eine geschlossene Abteilung. Dort war es so furchtbar, dass ich ihn nach dem Wochenende wieder nach Hause geholt habe. Ich denke, dass Swen gemerkt hat, wie verzweifelt ich war.«

E. H.: »Und trotzdem hast du durchgehalten und weitergemacht.«

R. B.: »Ja, das stimmt schon, auch wenn es hart war. Die Betreuerinnen und Betreuer der Lebenshilfe haben mich mit ihren Herangehensweisen immer wieder überrascht. Ich musste lernen. Ich erinnere mich noch an ein Beispiel, wo ich sehr erstaunt war über den Erfolg. Es war wieder Holger.

In der Lebenshilfe wurden die Kinder regelmäßig ins Schwimmbad gefahren. Holger wollte Swen das Schwimmen beibringen und hatte viel, sehr viel Geduld. Es ging über Jahre. Holger sagte, dass er Swen nicht eher aus der Lebenshilfe entlassen werde, bevor er schwimmen kann.

Eines Tages forderte er mich auf, ins Schwimmbad mitzukommen. Als wir dann am Beckenrand standen, tat er dann das, was die beiden schon ganz viele Male geübt und trainiert hatten. Er nahm meinen Sohn auf den Arm und beförderte ihn ins Wasser. Mir blieb fast das Herz stehen. Ich wollte hinterherspringen und ihn ›retten‹. Holger hielt mich zurück und meinte: ›Warte!‹ Zu meinem Erstaunen hatte Swen Spaß und konnte tatsächlich schwimmen! Ich hätte nie gedacht, dass Swen solche Fortschritte machen kann.«

E. H.: »Wie ging es dir persönlich? Wie bist du mit dem Stress umgegangen?«

R. B.: »Die Lebenshilfe war für mich eine große Unterstützung. Deine Mutter Lewine hatte viele kleine Tipps, die für uns Eltern im Alltag sehr hilfreich waren. Außerdem hat mir sehr geholfen, dass sie immer wieder betont hat, dass es darum geht, den behinderten Kindern ein besseres Leben zu ermöglichen. Das lag ihr sehr am Herzen, das habe ich gemerkt, und es hat mir geholfen, durchzuhalten.«

E. H.: »Habt ihr euch auf Elternabenden ausgetauscht?«

R. B.: »Zum Teil schon. Meistens hat deine Mutter die Abende geleitet. Sie hat uns vor allem Mut gemacht. Sie hat uns ständig Tipps gegeben, wo und wann immer sie gerade gebraucht wurden, oft ganz spontan.«

E. H.: »Verrate mir mal einen Tipp.«

R. B.: »In ihrer Wohnung lag in einem Korb immer ein kleiner Ball, etwa halb so groß wie ein Fußball. Swen war immer so zappelig und konnte mit seinen Händen nicht viel anfangen. Daher spielte deine Mutter ab und an mit Swen und dem Ball in unserem Garten. Er sollte seine Hände auf den Ball legen und den Ball dann unter seinen Händen rollen lassen. Das könnte seine Feinmotorik verbessern. Sie hat uns den Ball dann geschenkt. Das hat geholfen, auch wenn Swen nie lange mit dem Ball gespielt hat.«

E. H.: »Das waren ja sehr einfache, praktische Tipps.«

R. B.: »Oh, es gab auch andere Tipps, die wirkungsvoller waren. Deine Mutter hatte die Erfahrung gemacht, dass es Ärzte gab, die keinen Zugang zu behinderten Kindern fanden. Sie konnten oder wollten die Kinder nicht so wie normale Kinder behandeln. Manche sogar in dem Sinne von ›die sind doch eh behindert‹. Lewine kannte immer wieder Ärzte, die sich den behinderten Kindern rührend annahmen. Ich war ja anfangs neu in Hoya und kannte mich nicht aus. Bei meiner Suche nach einem Hausarzt gab sie mir den Tipp, nicht zu jedem beliebigen Hausarzt zu gehen. Sie schlug mir Dr. Ficker vor. Der Tipp war Gold wert. Oder ein anderes Beispiel. Swen humpelte sehr, weil er ein Problem am Knie hatte. Ein Chirurg in Nienburg wollte Swen nicht operieren, er sei doch eh behindert. So kam es, dass deine Mutter Swen und mich eines Tages in ihr Auto packte und mit uns in der Nähe von Bremerhaven zu einem Chirurgen fuhr. Er hat Swen dann gut operiert.«

E. H.: »Es ist nicht immer leicht, solche Hilfe anzunehmen. Wie bist du damit umgegangen?«

R. B.: »Manchmal habe ich mich gewundert, wie sie das alles geschafft hat. Immer wieder hat sie sich bei Problemen auch für einzelne Kinder oder Eltern eingesetzt und Lösungen gefunden, auch bei mir. Mein Ex-Mann, der Vater von Swen, wollte ihn ja nicht annehmen. Er hat uns verlassen, als Swen zwei Jahre alt war und sich jahrelang nicht um ihn und mich gekümmert. Auf einmal kam er immer in die Räume der Lebenshilfe und wollte Kontakt zu Swen. Das war für uns schwierig, ich habe es als Schikane angesehen. Ich konnte mich nicht wehren. Deine Mutter hat das bemerkt und meinem Ex-Mann Hausverbot in der Lebenshilfe erteilt. Da gab es Ruhe.«

E. H.: »Meine Mutter hat mir ja viel erzählt, aber dieses aufregende Erlebnis nicht.«

R. B.: »Oh, es gab noch mehr Aufregungen, wo deine Mutter die Hand mit im Spiel hatte. Geholfen hat mir ihr Einfluss bei der Konfirmation von Swen. Ich wollte unbedingt, dass er konfirmiert wird. Der Pastor hatte anfangs die Kinder in der Lebenshilfe gesondert konfirmiert, so hörte ich. Swen aber war mit den normalen Kindern im Konfirmandenunterricht. Er konnte aber nichts verstehen, er konnte nur anwesend sein. Daher hat deine Mutter vermittelt, dass der Pastor einmal die

Woche für eine Stunde in die Lebenshilfe kam. Er hat sich mit Swen beschäftigt, auch mal Fußball gespielt mit ihm, soweit er es konnte. Das war rührend. Noch rührender war, als die Konfirmation selbst anstand. Er wollte oder musste die anderen Eltern informieren, dass er Swen mit den anderen Kindern zusammen konfirmieren wollte. Bis auf ein Elternpaar hatte niemand was dagegen. Der Pastor hat diesen Eltern dann mitgeteilt, dass sie sich einen anderen Pastor suchen müssen, der ihr Kind konfirmiert, Swen würde auf jeden Fall dabei sein. Die Eltern ließen ihr Kind dann doch zusammen mit Swen konfirmieren. Am Ende kam dabei her-

Swen bei der Konfirmation 1989

aus, dass ihr Kind zusammen mit Swen in der ersten Reihe stand. Das waren wirklich angenehme Erlebnisse.«

E. H.: »Was waren denn die unangenehmen Erlebnisse?«

R. B.: »Ich hatte ja schon von schwierigen Situationen in den ersten Jahren berichtet, als Swen noch im Kinderwagen oder in der Karre saß und wir in der Stadt angepöbelt wurden. Später wurde es besser, aber immer wieder gab es schmerzhafte Erlebnisse. Selbst im Familienkreis.«

E. H.: »Magst du das auch erzählen?«

R. B.: »Bei besonderen Anlässen wie Geburtstagen gingen wir zu den Großeltern von Swen, wo auch Bekannte meiner Schwiegereltern anwesend waren. Sie hatten ein kleines Mädchen, was bei solchen Anlässen immer mit Swen spielte. Als diese Familie eines Tages nicht mehr zu den Geburtstagen kam, erhielt ich auf die Frage nach dem Warum die Antwort von meinen Schwiegereltern: die Eltern meinten, ihr Kind könne den Anblick von Swen nicht mehr ertragen. Das waren die kleineren oder größeren schmerzvollen Schocks, die ich erfahren musste. Es gab immer mal wieder solche Erlebnisse. Nicht immer so tragisch. Swen musste wieder operiert werden. Nach einer Wartezeit von einem halben Jahr konnte ich ihn endlich ins Krankenhaus in Bremen-Lesum in die Orthopädie bringen. Swen war ungefähr 16 Jahre alt. Ich war in seinem Krankenzimmer schon dabei, seine Sachen auszupacken. Da kam eine Frau mit ihrem etwa gleichaltrigen Kind in unser Krankenzimmer. Es war eine OP-Krankenschwester, wie sich später herausstellte. Die Frau sah Swen und machte den Stationsschwestern deutlich, dass ihr Kind in ein anderes Zimmer verlegt werden müsse. Sie habe nicht ein halbes Jahr auf diesen Termin gewartet, um jetzt ihr Kind mit diesem Behinderten in einem Raum lassen zu müssen. Die Schwestern machten deutlich, dass kein anderes Zimmer frei sei. Der Stationsarzt wurde gerufen. Der Arzt hörte sich an, was die OP-Schwester wollte, sah in die Krankenpapiere ihres Sohns und knallte ihr sie zurück auf den Tisch. Sie möchte ihre Sachen zusammenpacken, das Kind mitnehmen und sich ein Krankenhaus suchen, wo draußen an der Tür groß geschrieben steht: ›Alte und Behinderte werden nicht aufgenommen‹. Ich war sowas von erleichtert. Die OP-Schwester blieb dann mit ihrem Kind. Sie wollte nicht noch ein halbes Jahr warten mit der Operation. Wie bei anderen Kinder auf der Station auch wurden die Betten zeitweise zusammengeschoben, damit die Kinder spielen konnten. So spielten ein paar Tage später auch Swen und das Kind miteinander, als die OP-Schwester ins Krankenzimmer kam. Ich war gerade anwesend. Ich erschrak und fragte sofort aufgeregt, ob ich Swen von ihrem Kind wegnehmen soll. Sie lehnte das ab und wir kamen ins Gespräch. Sie entschuldigte sich für ihr Verhalten bei der Ankunft. Sie habe schlechte Erfahrungen gemacht. Sie wuchs als kleines Kind in einer Straße auf, in der ein behindertes Kind mit anderen Kindern sehr grob umging, sehr übergriffig war und andere Kinder geschlagen hat. Daran habe sie sich erinnert und hatte Angst. Jetzt sei alles okay.«

E. H.: »Ein Beispiel, wie sich Menschen auch ändern können. Wie hast du das empfunden?«

R. B.: »Besonders große Unterstützung habe ich Anfang der Neunzigerjahre bekommen. Eine Frau, die eine Firma hatte und anonym bleiben wollte, schenkte mir ein Fahrrad, bei dem ich vorn den Rollstuhl einhaken konnte. So konnte ich Swen überall mitnehmen, den Rollstuhl aushaken und in Geschäfte, Restaurants und Wohnungen schieben. Das Fahrrad war bestimmt 6.000,– DM wert. Es war einmalig damals. Heute werden solche Fahrräder viel gebaut. Meins wurde im Nienburger Sanitätshaus zusammengebaut. Ich hatte ja kein Auto. Ich bin circa 3.000 Kilometer pro Jahr mit dem Fahrrad und Swen unterwegs gewesen, nicht nur zum Einkaufen, immer wieder auch zu weiten Ausflügen.«

E. H.: »Die Spende ist ja sehr passend für euch gewesen und kam von einer wohlhabenden Frau. Gab es in der Lebenshilfe auch Kinder aus wohlhabenden Familien? Mir ist keine Untersuchung bekannt, aus welchen sozialen Schichten die Kinder in der Lebenshilfe zu dieser Zeit kamen. Aus Erzählungen meiner Mutter und einiger

Spende 1990 für Swen

Eltern konnte ich raushören, dass in die Lebenshilfe nur wenig Kinder aus Akademiker-Familien kamen. Auf Nachfragen hieß es, dass bei den eher vermögenden Familien viele Kinder mit Behinderung in sehr frühem Alter in ein Heim abgegeben und nicht zu Hause aufgezogen wurden. Welche Erfahrung hast du gemacht?«

R. B.: »Dazu kann ich nicht viel sagen. Ich erinnere mich nur, dass später bei Swen in der betreuten Werkstatt in Nienburg ihres Wissens nur ein Kind von einem Arzt gewesen sei, alle anderen Eltern kämen aus Familien von ›Normalbürgern‹, also von Handwerkern, Arbeitern, Landwirten. Ich hatte aber mal ein Erlebnis mit einem Pastor bei einem unserer Ausflüge.«

E. H.: »Wenn es dabei auch um die Frage ging, ob wohlhabendere Familien vielleicht andere Entscheidung treffen konnten, so berichte doch bitte über dieses Erlebnis.«

R. B.: »Wir fuhren in den Achtzigerjahren des Öfteren an einen Ort mit einem See, um Schiffe anzusehen und Tiere zu beobachten. Dabei sahen wir vor einem Haus ein Kind stehen. Swen mit seiner Geh- und Sprachbehinderung merkte – wie immer – schon von weitem, dass dort ein Kind mit einer körperlichen und geistigen Behinderung in seiner Art wackelnd stand. Beide nahmen auf ihre Art Kontakt zueinander auf und zeigten laut bewegend ihre Freude über ihr zusammentreffen. Ein erwachsener Mann stellte sich als Vater vor, der sein Kind über das Wochenende mal aus dem Heim zu sich geholt hat. Wochen später trafen wir den Mann wieder vor seinem Haus. Er stellte sich als Pastor vor und fragte mich, ob ich die Mutter von Swen sei und ob er sich richtig erinnere, dass wir uns schon einmal hier getroffen hätten, als sein behinderter Sohn bei ihm zu Besuch war. Als ich das bejahte, begann er zu erzählen, es war eigentlich eine ›Beichte‹. Er hatte nach der Geburt seinen Mitbürgern verheimlicht, ein Kind mit Behinderung zu haben und das Kind sofort in ein Heim gebracht. Er hatte das Geld für die Heimunterbringung. Heute schäme er sich dafür, gerade auch dann, wenn er mich als Mutter aus einfachen Verhältnissen sähe, die ihr Kind zu Hause behalten hat.«

E. H.: »Solche Erlebnisse waren gefühlsmäßig sicherlich ein Ausgleich für die vielen unangenehmen Erlebnisse in der Öffentlichkeit. Oder wie hast du das empfunden?«

R. B.: »Im Laufe der Jahre hat sich schon was geändert. Das war angenehm. Immer mehr Mitmenschen haben gelernt, mit Behinderten zu leben, oder sie wenigstens zu dulden. In Hoya hat deine Mutter durch ihre offene Art erheblich dazu beigetragen. Heute helfen mir die Bediensteten im Restaurant und fragen nach meinen Wünschen, wie unser Aufenthalt am besten klappen kann.

Swen Praktikum Schäferhof 1998

Ein schönes Beispiel habe ich noch. Ein Mädchen aus der Nachbarschaft hat als kleines Kind immer lieb mit Swen im Garten gespielt. Als sie etwas älter wurde, hatte das Mädchen auf einmal Angst, wenn sie Swen auf der Straße begegnete. Sie fing dann an, in ihrer Karre zu schreien. Der Vater hat diese Veränderung bemerkt und war bemüht, richtig damit umzugehen. Später hat er seine Tochter in eine Inklusionsklassen aufnehmen lassen. Heute geht sie ganz natürlich mit Swen und mit anderen Behinderten um.«

E. H.: »Was machst du heute bei unangenehmen Begegnungen?«

R. B.: »Eigentlich nichts anderes als früher. Ich wende mich weiterhin ab von denen, die Swen und mich meiden wollen. Heute fällt mir das leichter. Wir suchen uns andere Bekanntschaften. Das musste ich lernen, auch wenn es hart war. «

E. H.: »Du hast erwähnt, dass Swen länger als andere Jugendliche in der Lebenshilfe bleiben konnte. Wie ging es weiter mit Swen?«

R. B.: »Swen konnte ja nur wenige Worte sprechen, so wie ›Mama‹, einige Namen oder kurze Sätze. Er war noch sehr babyhaft, auch mit mehr als 20 Jahren. Ich glaub es war 1997. Mit 23 Jahren machte er Praktika in geschützten Werkstätten. Als wir in Verden waren, um eine beschützende Werkstatt zu besichtigen, war Swen ganz ruhig und traurig und hat zu niemandem Kontakt aufgenommen. Das war ungewöhnlich. Anders war es im Schäferhof bei Nienburg, den uns die Lebenshilfe Hoya empfohlen hat. Dort hat er sich sofort wohlgefühlt, war lebendig, hat alle gegrüßt und hat mit den Menschen auf seine Art Kontakt aufgenommen. Es hat dann nicht mehr lange gedauert, bis er dort seine Art Lehre machen konnte.«

E. H.: »Eine Lehre? Wie ist das zu verstehen? Wie eine normale Lehre über drei Jahre?«

R. B.: »Im Grunde schon. Zwei Jahre wurde ausprobiert, in welcher Abteilung Swen seinen Fähigkeiten entsprechend am besten arbeiten kann. Er kam dann in die Kleinteil-Abteilung, in der er noch heute arbeitet.«

E. H.: »Was arbeitet er dort und wie kommt er dort hin?«

R. B.: »Er hat einen eigenen Arbeitsplatz mit einem auf ihn angepassten Spezialstuhl. Er muss zum Beispiel Schrauben nach Größe sortieren, wozu ihm eine Schablone hilft. Er gibt die Schrauben dann weiter zu einem Kollegen, der die Schrauben dann eintütet, zum Beispiel für Ikea. Aber es kommen immer wieder andere Aufgaben. So geht es seit Jahren, jede

Woche, jeweils fünf Tage. Er freut sich auf die Arbeit und die damit verbundene Anerkennung und den sozialen Kontakt. Er wird morgens mit einem Bus abgeholt und kommt nachmittags um 16 Uhr nach Hause.«

E. H.: »Bist du selbst mit dieser Lösung zufrieden?«

R. B.: »Oh ja, sehr. Swen fährt gern zum Schäferhof und ich bin entlastet. Was Besseres hätte mir nicht passieren können. Ich bin deiner Mutter noch heute dankbar. Die Lebenshilfe Hoya war eine gute Vorbereitung für diesen Arbeitsplatz. Andere Jugendliche wurden in dem Alter in ein Heim gesteckt.«

Lewine begleitete Swen in der Lebenshilfe Hoya noch circa drei Jahre. Im Jahr 1981 beendete sie ihre Arbeit, nicht aber ihre Lebensaufgabe, anderen Menschen Hilfe anzubieten und zu geben. So behielt sie noch viele Jahre engen Kontakt zu Swen und seiner Mutter Renate Breiter, als Nachbarin und Beraterin.

Lewine bereitete sich langsam auf ihren »Ruhestand« vor. Als Rentnerin konnte und wollte sie sich auch wieder mehr um ihre Familie kümmern. Der Familienstreit um die Hofübernahme in Duddenhausen war ja rechtlich geklärt, aber das weitere Schicksal des Hofes und der Familie ihres Bruders noch nicht.

Hof Meyer 1962

Mai 1963

1960 BIS 2000. HOF MEYER. AUFGABE

In den Folgejahren verfolgten Dorothea und Lewine in unterschiedlichem Maße, was mit dem Hof unter der Regie ihres Bruders passierte. Das Geschehen auf dem Hof war oft Gesprächsthema in der Familie Meyer – meistens nur, wenn Julius nicht anwesend war.

Julius hatte nach der Rückkehr aus der Gefangenschaft auf einem Lehrhof seine Ausbildung als Landwirt gemacht. Unter den gegebenen Bedingungen mit den um 50 Prozent reduzierten landwirtschaftlichen Flächen wurde die Herausforderung für Julius immer größer, den Hof zu halten.

Auf die Frage, ob er damals überhaupt in der Lage war, den Hof zu führen, antwortete mir ein entfernter Verwandter aus dem Nachbarort zweideutig mit schmunzelnder Miene und einem zugedrückten Auge: »Er war im Dorf gut vernetzt und konnte sich jederzeit Hilfe holen. Er war pfiffig, wusste sich zu helfen, hatte Kontakte und war stur genug.«

»Pfiffig« ist sicherlich eine angemessene Beschreibung. Zum Beispiel, dass er sich schon seit Jahren von dem erwähnten Hirnverletzen-Bund weiterhin beraten ließ, der ihm viel bürokratische Arbeit abnahm und für ihn um den Hof »kämpfte«. Seine Frau Marlies erwähnte mir gegenüber: »Der Hirnverletzten-Bund half Julius bei der Beschaffung von billigen Fördergeldern zum Aufbau und Erhalt des Hofes. Langfristig reichten diese Gelder allerdings nicht, um den Hof zu halten. Die Gebäude waren auch sehr alt und reparaturbedürftig. Wir hatten gerade genug zu essen, auf Dauer ging das nicht.«

Schon nach wenigen Jahren blieb dem Hirnverletzten-Bund nichts anderes übrig, als Julius zu raten, den Hof aufzugeben. Schweren Herzens musste er einsehen, dass er seine Vorstellungen nicht umsetzen konnte – auch wenn ihm diese Erkenntnis schwerfiel.

Seine Frau Marlies bemerkte in einem Gespräch mit mir:

Familie Julius Meyer 1963

»Diese Entscheidung hat Julius selbst getroffen. Dazu hat auch bei-getragen, dass er in Folge seiner Kriegsverletzung am Kopf immer mal wieder Kopfschmerzen und Anfälle bekam und sich hinlegen musste. Als er älter wurde, gingen die Anfälle zurück. Seine Kopfschmerzen hat er behalten.«

Bereits im Jahr 1963 ging er dazu über, die verbliebenen landwirt-schaftlichen Flächen zu verpachten und die Stallgebäude an andere Bau-ern zu vermieten.

Im Mai 1963 erschien in der Heimatzeitung und in einer Bremer Zei-tung eine Anzeige: »**Inventar-Verkauf in Duddenhausen bei Hoya**«.

Julius wohnte mit seiner Familie weiterhin auf dem Hof in Duddenhau-sen. Als weiterer Schritt entschloss er sich, einen alten Plan umzuset-zen: Er machte in Bad Pyrmont eine Ausbildung als Verwaltungsange-stellter. Anschließend arbeitete er im fünf Kilometer entfernten Hoya bei der Firma Lühmann mit Landwirtschaftlichen Produkten.

Während der ersten Hälfte der Sechzigerjahre gab es keine verwandt-schaftlichen Treffen zwischen den Familien in Duddenhausen und Hoyer-hagen. Die Wunden aus dem Familienkonflikt waren noch nicht geheilt. Es hieß, dass insbesondere Dorothea diese Treffen ablehnte. Sie beobach-tete mit Argwohn, wie Lewine den Kontakt zu Julius, Marlies und den Kindern weiterhin hielt.

Dorothea durfte nicht wissen, dass Julius und sein Vater sich laufend »heimlich« im »Tivoli«, einem Restaurant in Hoyerhagen, trafen. Zu einem Umtrunk wie in alten Zeiten. Quasi auf halbem Weg. Sie erfuhr es auch nicht.

Diese »Eiszeit« innerhalb der Familie wurde nur langsam aufgelöst. Zunächst mit dem tragischen Ereignis, als der Vater und Großvater im Jahr 1965 an einer Lungenentzündung im Krankenhaus starb.

Über dieses Ereignis sprach ich mit Marlies:

E. H.: »Gab es Kontakt zwischen euch und Dorothea, als dein Schwie-gervater im Jahr 1965 an einer Lungenentzündung im Krankenhaus gestorben war?«

Marlies: »Wir wussten, dass der Vater im Krankenhaus lag. Julius durf-te ihn besuchen. Allerdings wurden wir nicht informiert, dass es ihm schließlich so schlecht ging und er eine Lungenentzündung bekam. Von seinem Tod hatten wir zunächst keine Kenntnis. Dorothea hat uns nicht direkt informiert, sondern nur indirekt über einen Nachbarn. Lewine lebte damals in der Nähe von Peine. Sie wurde direkt informiert.«

E. H.: »Ihr habt nur über euren Nachbarn vom Tod des eigenen Vaters erfahren? Woher wusste er es denn?«

M.: »Dorothea hatte den Nachbarn gebeten, uns über den Tod des Vaters zu informieren.«

E. H.: »Konntet ihr euch von dem Vater verabschieden? Wie lief der weitere Kontakt?«

M.: »In meiner Erinnerung gab es diese bewusste Verabschiedung nicht. Bei der Beerdigung gab es dann eine erste direkte Begegnung von Dorothea, ihrer Mutter und Julius. Die Beziehung war noch immer spannungsgeladen.«

E. H.: »Wann gab es wieder regelmäßige Treffen der Familie? Gab es eine Versöhnung aufgrund des Todes vom Großvater?«

M.: »Etwa zwei Jahre nach dem Tod des Vaters war ein Familientreffen möglich. Julius hatte die Großmutter und Dorothea zur Konfirmation unserer ältesten Tochter Elisabeth im Jahr 1967 eingeladen. Dorothea und die Großmutter schlugen die Einladung nicht aus. Mit Lewine waren wir immer in Kontakt, daher war sie bei der Konfirmation sowieso anwesend, da sie die Patentante von Elisabeth war. Eigentlich war es Tradition, dass die älteste Tante die Patentante wird, also Dorothea. Doch 1953 waren die Konflikte zwischen Julius und Dorothea schon störend, und Lewine wurde die Patentante. Das hatte die Beziehung der beiden Schwestern sicherlich auch nicht verbessert.«

E. H.: »Wie ging es dann weiter mit den Kontakten innerhalb der Familie?«

M.: »Fortan öffneten Dorothea und die Großmutter wieder die Tür für ihren Bruder und Sohn. Die Kinder Elisabeth und Friederike hatten die Großmutter und Dorothea schon vor der Konfirmation besuchen können. Die Besuche der Erwachsenen beschränkten sich zukünftig auf Geburtstagsfeiern und irgendwelche Feiertage. Die Stimmung war in der Regel verkrampft. Dorothea versuchte, ihre Verbitterung mit einer kühlen Gastfreundschaft zu übertünchen. Nur mit Lewine, deiner Mutter, war es lockerer. Bemerkbar war, dass Dorothea und deine

Mutter sich nicht grün waren und Dorothea und Julius sich weiterhin nicht verstanden.«

E. H.: »Marlies, mich interessiert noch, was aus dem Hof geworden ist, nachdem ihr die Ländereien verpachtet und die Gebäude vermietet habt. Ich kann mich erinnern, dass der Hof immer mehr zu einem Museum wurde und dass es um das Jahr 1970 heftigen Unmut in der Familie gegeben hatte, weil Julius ein Teilgebäude vom Hof verkauft hat. Selbst Lewine war sehr verwundert und traurig darüber.«

M.: »Es fiel Julius schwer, den Hof zu verkaufen oder wenigstens Teile der Neben- und Stall-Gebäude nach und nach zu versilbern. Er wusste auch, dass es dem Rest der Familie nicht gefallen würde, Teile des schönen alten Hofs zu verkaufen. In den folgenden Jahren war es Julius nicht möglich, die ganzen Gebäude in Stand zu halten. Es fehlte das Geld für die anfallenden Reparaturen. Den ganzen Hof wollte Julius nicht verkaufen. Er wollte weiterhin selbst dort leben.«

E. H.: »Oh ja. Ich erinnere mich. Julius konnte sich nicht von dem Hof trennen, in der Familie wurde viel darüber gesprochen. Es wurde zu einem Familien-Problem in späteren Jahren. Wie kam es zu diesem Teilverkauf?«

M.: »Ein Interessent von Sylt bedrängte uns für lange Zeit. Immer wieder kam er auf den Hof und wollte das alte Backhaus Balken für Balken naturgetreu abbauen und auf Sylt wiederaufbauen. Erst nach langen Überlegungen willigte Julius ein. Er stand unter Druck, seine Schwester Dorothea war gegen den Verkauf.«

E. H.: »Ach, das kleine wunderschöne alte Backhaus aus dem Garten. Ihr hattet in dem Backhaus einmal die Woche Schwarzbrot gebacken. Das war für uns Kinder immer ein Erlebnis, das Holz zu sammeln, den Ofen anzufeuern, beim Backen zu helfen und dann auf das Ergebnis zu warten. Meine Mutter war traurig, dass das Backhaus verkauft wurde. Für alle Familienmitglieder gingen wunderschöne Erinnerungen verloren.«

Mit dem ersten Verkauf eines Teilgebäudes vom Hof begann der langsame »Zerfall« unter Schmerzen der drei Geschwister. Anfang der Siebzigerjahre gab es einen heftigen Sturm, der an den Dächern einiger Hofgebäude Schaden anrichtete. Es dauerte ein paar Jahre, bis wieder ein Interessent für alte, beschädigte Fachwerk-Gebäude kam.

Der Schafstall 1977

1977. GOLDSTÜCK ADE

Am Hofeingang des alten Bauernhofs prangte stets ein wundervoller, ehrwürdiger Schafstall. Neben dem Riegel der Tür aus knorrigem Eichenholz stand stolz eine unauffällige Zahl, die viele Besucher vor Ehrfurcht fast erblassen ließ: 1684. Die Eichen für diesen Stall hatten den 30-jährigen Krieg (1618–1648) miterlebt, um dann 38 Jahre später die Balken zu liefern. Fast 300 Jahre hatten sie das Fachwerk aufrechterhalten. Geschützt wurden die Balken durch immer wieder neue, strohgedeckte Dächer. Es wird davon ausgegangen, dass der Stall irgendwann einmal auf einer Weide als Unter-Stand für Schafe gedient hatte, abgebaut wurde und hier seinen vorerst endgültigen Platz gefunden hat.

Es sollte nicht sein letzter Platz sein. Mitte der Fünfzigerjahre zerstörte ein gewaltiger Sturm das Dach. Eigentlich sollte der Schafstall abgerissen werden. »Die zuständige Behörde vertrat jedoch die Ansicht, dass dann das Bild des Hofes darunter leiden würde. Deshalb entschloss sich der Besitzer *(mein Großvater)*, das Dach wieder strohgedeckt in einen guten Zustand zu versetzen:« – wie ein überlieferter Zeitungsartikel berichtet.

Das Wohnhaus 1981

Im Jahr 1974 erfasste ein erneuter gewaltiger Sturm das ehrwürdige Strohdach des Schafstalls und zerstörte es nahezu vollständig.

Dann nahm das Schicksal seinen Lauf und schickte Professor Dr. Hans Albert Kurzhals vorbei. Er kaufte den Schafstall, ließ Balken um Balken kennzeichnen, vorsichtig abbauen und naturgetreu in Morsum, Kreis Verden, neu aufbauen. Ich rief Herrn Kurzhals an, um Genaueres über den Kauf zu erfahren:

Albert Kurzhals: »Es war im Jahr 1977, an dem Tag, an dem ich meine Doktorprüfung bestanden habe. Ich war gut gelaunt und fuhr mit meiner Frau auf der Rückfahrt von Hannover nach Bremen in ruhigem Tempo ganz bewusst über Land- und Dorfstraßen nach Hause. Wir waren zu der Zeit auf der Suche nach alten Gebäuden, da wir uns eine kleine Hofstelle mit alten Fachwerkbauten zusammenstellen wollten. Mehr durch Zufall fuhren wir durch Duddenhausen und sahen den eingefallenen Schafstall. Wir hielten an, wollten sofort Kontakt zu den Besitzern des Hofs aufnehmen und klopften vorsichtig an der Haustür.«

E. H.: »Es war sicherlich nicht so leicht, den Eingang zu der Wohnung zu finden. Können Sie sich erinnern?«

Bilder aus Dud-
denhausen 1981

A. K.: »Da haben sie Recht. Der gesamte Hof war nicht in einem guten Zustand, und wir haben einfach laut an einer Tür zur Straße geklopft. Erst später haben wir gemerkt, dass es nur ein Nebeneingang war. Nach längerem Warten erschien die Tochter. Sie erklärte uns, dass die Eltern nicht anwesend seien, aber bald wiederkommen würden. Wir merkten, dass die Tochter behindert ist, und zogen uns rücksichtsvoll zurück. Wir wollten nicht einfach allein auf den Hof, um uns den Schafstall genauer anzusehen. Wir warteten vor dem Haus im Auto auf die Eltern.«

E. H.: »Mussten Sie lange warten?«

A. K.: »Da kann ich mich nicht erinnern. Wir kamen dann mit den Besitzern ins Gespräch. Wir merkten, dass es Herrn Meyer nicht gutging. Er litt gerade unter einer Kriegsverletzung und stieg nur zögerlich in das Gespräch über einen Verkauf ein. Frau Meyer wurde von Minute zu Minute die treibende Kraft in den Verhandlungen. Wir konnten mit ihnen zusammen den alten Schafstall besichtigen. Wir waren begeistert von dem guten Zustand. Am Riegel der Eingangstür konnten wir die Zahl 1684 erkennen. Ein stolzes Alter. Der Stall entsprach genau unseren Vorstellungen.«

Marlies erzählte mir: »Herr Kurzhals und seine Frau waren sehr angetan von dem Schafstall. Ich kann mich noch erinnern, dass sie die Qualität sehr gelobt haben. Sie waren die Ersten, die den Stall nicht schlechtgeredet hatten und … Ja, das Lob über den Zustand des Schafstalls war außergewöhnlich für einen Kaufinteressenten. Wenn ich mich recht erinnere, war dies für uns einer der Gründe, warum Herr Kurzhals den Zuschlag für den Kauf erhalten hat. Wir hatten zwar das Geld für den Dachneubau nicht, aber Julius war erst nach langem Zögern bereit, den Schafstall abzugeben.«

E. H.: »Warum einer der Gründe? Gab es weitere?«

M.: »Wir empfanden es außerdem als sehr achtsam, dass sie Friederike in unserer Abwesenheit nicht unter Druck gesetzt haben und einfach auf den Hof gegangen sind, um sich den Stall anzusehen. Wir haben es ihnen hoch angerechnet, dass sie sie nicht belästigt haben. Diese Achtsamkeit machte es Julius leichter, sich von dem Schafstall zu trennen, zum Glück. Denn es war noch unklar, ob der strohbedeckte Stall denkmalgeschützt war und ob er ihn hätte abreißen dürfen.«

Prof. Dr. Kurzhals baute 1989 den alten Schafstall im Dorf Morsum, Kreis Verden/Aller originalgetreu als Wohnhaus für seine Mutter auf. Er steht heute noch zusammen mit einem Bauernhaus von 1553 und einer Scheune von 1834, die von der Familie Kurzhals als Wohnhaus verwendet wird.

(Kurioserweise habe ich in 1980/90er-Jahren mehr als zehn Jahre auf dem Nachbargrundstück des Professors gewohnt und wusste von meiner Mutter, dass ein Gebäude der alten Fachwerkhäuser vom Hof meiner Großeltern kommt.)

1997. UNERWARTETE RETTUNG

Die restlichen Gebäude blieben stehen. In dem Wohnhaus mit der großen Stalldiele lebte Julius mit seiner Familie weiterhin. Allen Gebäuden konnte man ansehen, dass sie unter den natürlichen Zerfallserscheinungen litten. Noch gab es die Möglichkeit, den Hof mit den vorhandenen Gebäuden als Ganzes zu verkaufen. Julius aber wollte weiterhin in dem reetgedeckten Wohnhaus bleiben, obwohl die Schäden am Dach durch den heftigen Sturm unübersehbar waren.

In der Familie gab es ein neues Gesprächsthema: der stete Zerfall des elterlichen Hofs.

Wenn die Schwestern den Bruder und seine Familie in Duddenhausen besuchten oder den elterlichen Hof nur im Vorbeifahren sahen, kam Trauer und Wut bei ihnen auf. Darin waren sich die Schwestern einig. Der schöne alte Hof mit den Reetdächern! Das tat ihnen weh.

Unausgesprochen war allen Verwandten klar, dass der Hof und insbesondere der Wohntrakt nur noch durch eine grundlegende Renovierung gerettet werden konnte. Dazu konnte sich Julius weiterhin nicht entschließen und nicht nur, weil das Geld fehlte. Das Dach wurde immer löchriger, das Regenwasser suchte sich seinen Weg durch das Reetdach und lief an den Balken und Mauern herunter.

Spätestens Mitte der Achtzigerjahre nahm die Anzahl der Eimer in den Wohnräumen zu, um die Regentropfen des kaputten Dachs aufzufangen. Von dem ehrwürdigen großen Bauernhaus waren immer weniger Räume halbwegs bewohnbar. Es standen gefühlt mehr als 30 Eimer in den Wohnräumen, um die Wassertropfen aufzufangen.

Der Schwiegersohn Burkhard kam Mitte der Siebzigerjahren in die Familie. Er berichtete mir aus seiner Erinnerung im Jahr 2021:

»Von Besuch zu Besuch standen mehr Eimer in den Wohnräumen. Egal ob Küche, Wohnzimmer oder Schlafzimmer. Es war feucht und klamm. Elisabeth und ich konnten zusehen, wie das Wohnhaus zerfiel. Julius wehrte sich mit Händen und Füßen, den Hof zu verlassen. Wir und alle Verwandten redeten auf ihn ein. Es schien, als ob er dadurch noch sturer wurde. Es interessierte ihn nicht, dass es für Marlies und für die zweite Tochter Friederike furchtbar war.«

Der Zustand des Hofs war im Dorf bekannt. Julius war von 1972 bis 1974 Bürgermeister von Duddenhausen und nach der Gebietsreform noch bis 1994 Gemeinderatsmitglied von der Samtgemeinde Bücken. Als Bürgermeister empfing er zu Hause andere Dorfbewohner und regionale Politiker. Allerdings in seinem Büro, in dem es nicht tropfte.

Einen von ihm entfernt verwandten Politiker der damaligen Zeit fragte ich, wie die anderen Dorfbewohner und Parteikollegen diese Wohnverhältnisse aufgenommen haben. Er habe Julius im Büro und in den Privaträumen besucht und beschrieb die Wohnsituation höflich-zurückhaltend als »ungewöhnliche Verhältnisse«. Auf Nachfrage meinte er schmunzelnd, dass im Dorf stets von einer »Tropfsteinhöhle« gesprochen wurde und die möglichen Lebensräume im Haus immer enger wurden.

Marlies offenbarte mir später: »Es waren katastrophale Bedingungen. Sie waren mir sehr peinlich. Wenn es draußen regnete, kam es vor, dass Regentropfen uns auf den gedeckten Kaffeetisch tropften. Wenn wir Pech hatten direkt in die Kaffeetasse oder auf den Kuchen.«

Ich daraufhin: »Das ist ja krass. Kam dann der Besuch immer nur, wenn es grad nicht regnete?«

Marlies schmunzelnd: »So ungefähr, aber der Regen hatte sich ja selten angemeldet. Julius hat der Zustand nichts ausgemacht. Es gab immer wieder Streit und Unstimmigkeiten zwischen uns.«

Julius schien es egal zu sein, wie die Leute über ihn und den Hof dachten. Lewine, die im Gegensatz zu Dorothea einen besseren Kontakt zu ihm hatte, konnte ihn nicht zum Ausziehen bewegen. Für Reparaturen am Haus war es jetzt zu spät. Warum wollte Julius weiterhin so jämmerlich zwischen plätschernden Eimern hausen? Unvorstellbar!

Schwiegersohn Burkhard noch einmal über diesen Zeitabschnitt: »Anfang der Neunzigerjahre rief Marlies fast täglich ihre Tochter, meine Frau Elisabeth, an und wurde immer verzweifelter. Das Wohnen wurde bedrohlicher in dem Haus. Der Wind blies durch alle Fugen und drohte das Strohdach ganz abzuheben. Der Schnee blieb auf dem Dachboden liegen und tropfte, mehr als jeder Regen es vermochte, in die aufgestellten Eimer und Schüsseln.

Dann hörte Marlies von einer freien Drei-Zimmer-Wohnung im Dorf für 300 DM. Wir unterstützten Marlies beim Versuch, Julius erneut zu einem Umzug zu bewegen. Wir boten sogar an, einen Teil der Miete zu zahlen, falls sie die Miete nicht aus eigenen Mitteln aufbringen konnten.

Es half alles nichts, Julius wollte sein Elternhaus nicht verlassen. Er blieb stur. Marlies war mit der Unterstützung von uns und anderen Verwandten fast so weit, allein mit Friederike umzuziehen. Julius sollte nachkommen, wenn er es sich anders überlegt hatte. Julius lehnte diese Möglichkeit ab und drohte Marlies: ›Dann hänge ich mich auf.‹ Er hätte es, nach Einschätzung der Familie, nie gemacht, aber Marlies setzte diese Aussage unter Druck. Es war zum Verzweifeln.

Marlies hat daraufhin Elisabeth ständig bearbeitet, ob wir ihnen nicht ein Haus gegenüber der Dorfstraße bauen könnten, wo Julius noch ein Grundstück besaß. Elisabeth und Marlies verhandelten mit Julius schließlich, dass wir der Familie Meyer ein Einfamilienhaus bauen durften. Nach quälenden Verhandlungen war Julius schließlich zu einem Umzug bereit und zog im Jahr 1993 mit Marlies und der jüngsten Tochter Friederike in den von dem Schwiegersohn gebauten Neubau ein. Nur ein Katzensprung entfernt.«

Die Entscheidung von Julius, den Hof jetzt doch zu verlassen, kam für alle Familienangehörigen überraschend. Da Julius mit niemandem darüber gesprochen hatte, hoffte ich, 30 Jahre später von Marlies etwas zu erfahren.

E. H.: »Marlies, wieso war Julius auf einmal nach fast zwanzig Jahren endlich bereit, den Hof zu verlassen und seine Sturheit aufzugeben?«

Marlies: »Das kann ich im Nachhinein nicht genau sagen. Ich nehme an, dass ihm der dauernde Streit mit mir und den Verwandten und Bekannten zu viel wurde. Vielleicht missfiel ihm die ungemütliche Wohnsituation in dem Bauernhaus langsam ebenso.«

Mehr war selbst von Marlies nicht bekannt.

Julius konnte fortan täglich sein altehrwürdiges, elterliches Eichen-Fachwerkhaus auf der gegenüberliegenden Straßenseite sehen, in dem er noch vor Kurzem wohnte. Das mittlerweile historische Wohnhaus wurde vor mehr als 300 Jahren erbaut, im Dreißigjährigen Krieg fast vollständig zerstört und 1669 neu aufgebaut. Der Hof lief unter der Bezeichnung »Schlennerhof«, so wie jeder Hof einen Namen hatte. Woher der Name kommt, ist nicht bekannt. Bekannt ist allerdings, warum Julius als »Boddermeyer« angesprochen wurde: Sein Großvater stellte, wie viele andere Bauern auch, Butter her und verkaufte diese besonders erfolgreich. Seine Butter war von sehr guter Qualität und in Hoya bekannt. Auf diese Weise kam Julius in der dritten Generation noch immer zu dieser Ehrenbezeichnung. Jetzt war der Hof seit 30 Jahren nicht mehr bewirtschaftet worden. Ein trauriges und wehmütiges Ende für alle Verwandten.

Ein paar Jahre später hatte ein Herr Andreas Beddermann von der Firma »Bauen und Ideen« aus Schwarmstedt bei Hannover eine Idee. Er hatte den Auftrag, im Rahmen der EXPO 2000 auf dem Gelände des Zoos Hannover ein altes, typisch niedersächsisches Dorf mit sieben historischen Gebäuden zu errichten. Als »Herzstück« der Anlage wollte er künftig das »Haus Meyer« aus Duddenhausen für die neue Zoo-Gastronomie mit 180 Sitzplätzen aufstellen lassen. Er kam wiederholt zu Julius und Marlies, um nach dem Wohnhaus zu fragen, bis Julius dem Verkauf zustimmte. Unter Verwendung aller originalen Materialien wurde das alte Fachwerkhaus wiederaufgebaut. Im Mai 1998 wurde die Anlage eines historischen Bauernhofs mit diversen Gebäuden und mit seltenen, wirtschaftlich uninteressanten Haustierrassen sowie regionalen Haus- und Nutztierrassen wie Pferden, Kühen, Ziegen und Hühnern eröffnet.

In einem Zeitungsbericht war zu lesen:

»Mit leuchtenden Augen schauten sich gestern Julius Meyer und seine Frau Marlies aus Duddenhausen bei Hoya das trutzige (widerstandsfähige) *Eichengebälk an. Marlies Meyer: Wir sind innerlich sehr glücklich, dass unser altes Familienanwesen gerettet und so schön wiederhergestellt wurde. Wir hatten es nach dem großen Sturm vor 25 Jahren nur notdürftig erhalten können.«*

Noch heute ist das Restaurant mit dem Namen »Hoflokal« das Herzstück des »Meyers Hof« im Zoo Hannover und ist auch ohne Zoo-Eintritt mit seiner saisonalen und regionalen Küche besuchbar.

In Duddenhausen stehen noch heute die übriggebliebenen Stallgebäude des Hofes. Kaum zu sehen, weil die Natur sich die verlassene Steinwüste der alten Scheune wieder zu Eigen gemacht hat und die Bäume die Ruinen verdecken. Ein überaus trauriges Bild im Vergleich zu dem ehemaligen Gesamthof.

Restaurant Meyer Hof im Zoo Hannover. (Fotograf Erlebnis-Zoo Hannover)

ACHTZIGERJAHRE.
EIN AMBIVALENTES JAHRZEHNT

Aus meiner ersten Erinnerung heraus wirkten in der Familie Hasper und Meyer die Achtzigerjahre nach den aufregenden Siebzigerjahren zunächst ruhig. Es gab nach den vorherigen drei Jahrzehnten keine spektakulären Familienereignisse, weder bei den beiden Schwestern noch in der restlichen Familie.

Lag diese Ruhe vielleicht daran, dass sich aus gesellschaftspolitischer Perspektive in den Achtzigerjahren viele Änderungen ergaben und wir uns als Privatpersonen eher abwartend, ausruhend oder enttäuscht zurückgezogen hatten? Oder lag es daran, dass sich mehrere Personen aus unserer Familie so wie viele Bürger und Bürgerinnen zu sehr an diesen Veränderungen beteiligt hatten und Ruhe brauchten?

Gesellschaftspolitisch gesehen waren die Achtzigerjahre aus heutiger Sicht allerdings ein ereignisreiches Jahrzehnt: Das »sozialdemokratische Jahrzehnt« der Siebziger war politisch geprägt durch das vehemente Aufbegehren der jungen Generation bis hin zu gewalttätigen Auseinandersetzungen.

Das Leben der Schwestern Lewine und Dorothea als Rentnerinnen wurde von diesem politischen Gerangel wenig berührt. Sie steuerten, jede für sich, ohne nennenswerte Konflikte dem letzten Jahrzehnt des 20. Jahrhunderts entgegen. Dies allerdings mit unterschiedlichem, nahezu gegensätzlichem Schwung:

Dorothea weiterhin bestimmend, eher vergrämt und überverantwortlich, Lewine noch lockerer und offener werdend. Eine gegensätzliche Entwicklung, die nicht neu für die Schwestern war, sich jetzt aber deutlich stärker auf ihre Beziehung auswirken sollte.

LEWINE. AKTIVE RENTNERIN: SOZIAL UND REISEN

Im Jahr 1981 beendete Margret Hasper die Arbeit in der Tagesbildungsstätte am Sonnenweg und ging in den Ruhestand. Dazu noch einmal Horst Richter in der Lebenshilfe-Festschrift von 1981:

»Heute können wir mit Stolz sagen: Die Tagesbildungsstätte Hoya ist nach zehn Jahren eine Einrichtung, die sich kontinuierlich entwickelte, dank auch des Einsatzes der Mitarbeiterschaft und durch das Interesse der Eltern an der dort geleisteten pädagogischen Arbeit. Auf diese Arbeit nahm die Leiterin der Tagesstätte einen nicht unerheblichen Einfluss.

Erst drei Jahre in Bücken, dann sieben Jahre – 1974 bis 1981 – in Hoya am Sonnenweg stand Frau Margret Hasper in der verantwortungsvollen Aufgabe und prägte Atmosphäre und Charakter des Hauses wesentlich mit.«

Wie erging es der ehemaligen Wochenpflegerin, Hausfrau und Mutter von fünf Kindern, der pädagogischen Lehrkraft der Lebenshilfe in Hoya im Älterwerden, im Ruhestand? Bestand die Gefahr, dass sie nach den anstrengenden 40 Jahren Betriebsamkeit als Rentnerin in ein tiefes Loch fällt?

Eines ist sicher: Lewine hat sich nie auf der Fensterbank ihre Ellbogen durchgelegen oder über Langeweile geklagt. Das Auf und Ab ihres Lebens ging weiter. Sie blieb die nächsten Jahre aktiv, aktiv für sich selbst und für andere.

Lewine hatte immerhin einen Vorteil. Sie lebte in ihrer alten Heimat in der unmittelbaren Nähe ihrer alten Familie Meyer mit ihrer Mutter, ihrer Schwester Dorothea und ihrem Bruder Julius. Alle drei konnten Lewine nach dem Freitod ihres Mannes zwar teilweise organisatorisch helfen, emotional konnte es – wenn überhaupt – aber nur die Mutter. Mit ihrer mittlerweile 88-jährigen Mutter war sie in Liebe und Zuneigung verbunden. Über diese Beziehung »wachte« aber ihre Schwester Dorothea, die weiterhin mit der Mutter zusammenlebte und diese unterstützte.

Dorothea machte auch nach Beendigung ihrer Arbeit im Gesundheitsamt Hoya den Eindruck, frustriert zu sein von ihren vergebenen Möglichkeiten zu einem erfüllteren Leben und der übernommenen Verantwortung in der Betreuung ihrer Mutter. Dabei hätte sie trotz allem die Möglichkeit gehabt, eigenen Interessen nachzugehen. Gern hätte sie Sprachen gelernt, andere Länder oder kulturelle Veranstaltungen besucht – wie sie sich später bei mir »beschwerte«. Lewine und andere Personen aus der großen Verwandtschaft hätten die Betreuung der Mutter für diese »Auszeiten« übernommen. Ja, sogar sehr gern, denn meine Großmutter war unterhaltsam, einfühlsam und freute sich über die Abwechslung von Besuchen. Doch Dorothea erschwerte den Verwandten den Zugang zu ihrer Mutter, indem sie niemandem zutraute, es ihren Ansprüchen entsprechend »richtig zu machen«.

Die Unterschiede der beiden Schwestern in der Einstellung zum Leben und zu anderen Menschen wurde auch in dieser Phase ihres Lebens immer wieder deutlich.

Lewine bemühte sich, weiterhin mit Frohsinn und Offenheit anderen Personen zu begegnen und ihr Lebensgefühl zu verbessern. In ihrer Familie Meyer war das nicht möglich. Zu groß waren noch die Wunden des Familienkonflikts um die Hofübergabe aus den Fünfzigerjahren zu spüren.

Zu lange hatten das Schweigen und die Sprachlosigkeit des Familienkonflikts zu einer Erstarrung beigetragen. Daran konnten die mittlerweile wieder stattfindenden regelmäßigen Geburtstagsfeiern bei einer bemerkenswerten ge- und bedrückten Stimmung nichts ändern. Lewine brauchte diese unter freiwilligem Zwang zustande gekommenen Pflichtbegegnungen nicht – auch wenn sie regelmäßig daran teilnahm. Ihren Ausgleich fand sie in intensiveren und inhaltsvolleren menschlichen Begegnungen bei Kulturveranstaltungen, ehrenamtlichen Tätigkeiten und Reisen.

Sie ahnte, dass sie noch unverarbeitete Probleme in ihrem Rucksack des Lebens mitschleppte.

Unter anderem konzentrierte sie sich mit Elan darauf, all das aufzuholen, wozu sie in ihrem bisherigen Privatleben selten bis gar nicht gekommen war.

Gleich nach Beendigung der Arbeit in der Lebenshilfe nahm sie an einer Busreise nach Italien teil. Es war nicht irgendeine Busreise. Nein, es war eine Reise in einem Schlafbus! Sie bekam nachts nicht nur eine Liege zum Schlafen im unteren Bus gestellt, sondern morgens auch das Frühstück ans Bett. Sie verstand sich gut mit den meist jüngeren Mitreisenden und lernte Italien kennen. Sie erinnerte sich noch Jahre später gern an diese Reise. Es sollte nicht ihre letzte gewesen sein.

Lewine wurde Mitglied im Kulturverein Syke, mit dem sie regelmäßig Theateraufführungen und Konzerte in Norddeutschland besuchte. Sie vergaß bei all dem Trubel nicht, an ihre eigene Gesundheit zu denken, und trat dem Kneippverein bei.

Das alles reichte ihr aber anscheinend nicht für ihr derzeitiges Lebensgefühl. Ihre soziale Ader, oder was immer es war, trieb sie zu ehrenamtlichen Tätigkeiten. Sie unterstützte unerbittlich aktiv das Rote Kreuz in Hoya und erzählte mir gern von gesellschaftlich interessanten Begegnungen. Meine Versuche, sie daran zu erinnern, sich nicht zu viel vorzunehmen, scheiterten immer wieder.

Lewine muss bemerkt haben, dass die Tage in den ersten Renten-Jahren 24 Stunden hatten, und zwar jeden Tag, egal ob am Wochenende oder in der Woche. Sie fühlte sich anscheinend nicht ausgelastet. Sie hatte Zeit für noch mehr Beschäftigung und füllte sie aus.

Sie freute sich über den anregenden Kontakt zum Ehepaar Helmle, die gerade Zwillinge bekommen hatten und mit ihrem Geschäft in Hoya stark ausgelastet waren. Sie bemerkte sofort, dass diese Familie Hilfe gut gebrauchen konnte. Sie bot ihnen Unterstützung bei der Kinderbetreuung an. Da war wieder ihr großes Herz, ihre soziale Ader. Es war der Beginn einer langanhaltenden, engen Freundschaft. Lewine wurde die »Ersatz-Oma« der 1982 geborenen Zwillinge von Renate und Hans Karl Helmle.

Ich besuchte Renate Helmle im Jahr 2021, die mir als begnadete Erzählerin ein Interview gewährte.

E. H.: »Renate, was kannst du mir über meine Mutter erzählen? Sie war doch viel in eurer Familie.«

Renate Helmle: »Wir hatten Lewine mehr durch Zufall kennengelernt. Ich begegnete ihr zuerst in der Kleiderkammer vom Roten Kreuz. Als im November 1982 unsere Zwillinge Markus und Alexander geboren wurden, war deine Mutter meiner Erinnerung nach gerade in Rente gegangen. Wir lernten uns näher kennen. Sehr schnell gehörte sie zu unserer Familie, eigentlich sogar noch heute, wenn ich an sie denke.«

E. H.: »Was hat sie gemacht bei euch? Ich habe das damals nur am Rande erlebt, da ich noch in Berlin lebte.«

R. H.: »Ich hatte viel zu tun in unserem Geschäft. Sie hat mir die Kinder regelmäßig abgenommen und sehr zuverlässig die verabredeten Zeiten eingehalten, was wichtig für mich und unser Geschäft war. Sie hat sich sehr verantwortlich für die Kinder gefühlt. Ich kam gut mit ihr klar, wir haben uns gut verstanden. Ein Beispiel: Sie ist einmal sogar 14 Tage mit zu meiner Mutter nach Süddeutschland gekommen. Sie hat dort auf die Kinder aufgepasst, sodass ich meiner Mutter helfen konnte. Am nächsten Morgen nach unserer Rückkehr in Hoya klopfte es an unser Küchenfenster. Es war Lewine. Sie wollte nicht allein frühstücken, nachdem wir 14 Tage jeden Tag zusammen gefrühstückt hatten. So intensiv war unsere Beziehung. Sie ist sogar zweimal mit zu meiner Mutter gekommen. Am Abend saß sie mit uns zusammen. Meine Mutter und ich sprachen Schwäbisch, und ich fragte Lewine, ob sie uns verstehen kann. Sie antwortete nur, dass sie bemerkt, ob das Gespräch traurig oder lustig sei. Noch heute erzählen meine Kinder immer wieder, wie schön es mit Lewine war.«

E. H.: »Ich erinnere mich, sie hat gern von euch und den Zwillingen erzählt.«

R. H.: »Als die Jungs größer wurden, hat die Betreuung ein wenig nachgelassen. Lewine war ja dann öfter bei dir und deinem Sohn, als du in unsere Gegend nach Thedinghausen-Morsum gezogen bist. Das muss ungefähr 1985 gewesen sein. Unsere Beziehung blieb gut, egal wie oft sie zur Betreuung kam. Deine Mutter hatte zu allem Zugang gesucht,

Lewine mit Enkel in Morsum 1986

sie war offen für die Welt, fuhr in andere Länder und hatte immer wieder gute Ideen, andere Menschen zu unterstützen. Ich empfand sie stets positiv. In dieser Hinsicht habe ich viel gelernt von ihr.«

So schön diese Zeiten mit den Reisen und dem »Hüten« der Kinder für Lewine waren, so brutal erlebte sie einen nicht ganz unerwarteten Rückschlag. Fast unbemerkt von ihren »normalen« Bezugspersonen durchlebte sie eine Alkoholsucht.

R. H.: »Lewine ging es manchmal nicht so gut. Sie war froh, dich in ihrer Nähe zu haben. Sie hat sich über deinen Sohn und eure Besuche gefreut und war oft bei euch in Morsum *(Kreis Verden/Aller)*.«

E. H.: »Ja. das stimmt, es ging ihr eine Zeit lang nicht gut. Dazu fällt mir ein, was ich dich fragen wollte, Renate. In der zweiten Hälfte der Achtzigerjahren fiel Lewine in das tiefe Loch der Erinnerungen über den Freitod ihres Mannes. Was sie lange zu unterdrücken versucht hatte, brach jetzt auf. Sie war oftmals sehr betrunken, wenn wir telefonierten. Hast du davon was mitbekommen?«

R. H.: »Eigentlich nicht. Ich kann mich nicht erinnern.«

E. H.: »Sie hat offenbar versucht, ihre Sucht zu vertuschen. Heimlich, still und leise wurde so manche Flasche abends geleert. Immer häufiger rief sie mich abends mit lallender Stimme an. Ich konnte sie kaum verstehen. Wenn es mir zu viel wurde, habe ich das Gespräch abgebrochen. Ich war hilflos und wusste nicht, wie ich ihr helfen konnte. Ich forderte sie auf, sich Hilfe zu holen. Als sich nichts änderte, wurde ich zunehmend genervter von ihr, unser ›Spiel‹ wurde ernster. Ich legte den Telefonhörer öfter auf und sagte ihr, dass sie wieder anrufen kann, wenn sie nüchtern ist. In der Zeit sahen wir uns weniger. Hat sie euch nie davon erzählt oder diesen Konflikt angedeutet?«

R. H.: »Nein. Ich weiß, dass sie gern mal was getrunken hat, so wie ich auch. Manchmal haben wir einen Wein zusammen getrunken. Aber eine Alkoholsucht haben wir ihr nicht angesehen.«

E. H.: »Ich konnte die Sucht bei ihr sehen, aber nicht mehr mit ansehen. Es war einfach erschreckend für mich. Ich hatte den Eindruck, dass mein Sohn Fritz in der Zeit ihrer Alkoholsucht wenig von seiner Oma wissen wollte. Eines Tages hatten wir verabredet, dass ich Fritz zu ihr nach Hause bringe. Als sie uns die Tür aufmachte, war sie stockbetrunken und lallte rum. Das war zu viel für mich, ich musste reagieren. Ich hatte Fritz an der Hand und sagte ihr deutlich: ›Ich fahre jetzt wieder und nehme Fritz mit. Wir werden dich nicht länger besuchen, wenn du betrunken bist, und du wirst Fritz nicht sehen können. Ich selbst werde selten kommen, wenn du es nicht schaffst, dir Hilfe zu holen und du weiterhin so viel Alkohol trinkst.‹ Renate, du kannst mir glauben, das war harter Tabak für mich. Ich machte mir auf der Rückfahrt nach Morsum schon Gedanken, ob meine Reaktion zu hart für Lewine war, und ob sie in dieser Form überhaupt hilfreich sein konnte. Ich beschloss, abzuwarten. Ich meldete mich die nächsten zwei Wochen ab und an telefonisch bei ihr, um mich nach ihrem Wohlbefinden zu erkundigen. Das Thema Alkohol wurde nicht angesprochen. Vielmehr bemerkte ich, dass sie wieder verstärkt aktiv wurde, weil sie von ihren ehrenamtlichen Terminen erzählte. Es schien sich was geändert zu haben. Diese für mich brutal wirkende Offenheit ihr gegenüber war anscheinend genau das Richtige für sie. Sie beendete ihren Langzeitrausch von heute auf morgen. Später verriet sie meiner Schwester: ›Ich wusste, dass Eberhard es ernst meint!‹ Mich wundert nur, dass ihr nichts bemerkt habt, da ihr viel mit ihr zusammen wart. Schade. Ich dachte, über diese Zeit von dir noch mehr aus dem Leben von Lewine erfahren zu können.«

R. H.: »Tagsüber hat sie nicht getrunken. Ich habe nie etwas gemerkt. Ich habe mich nur gewundert, dass sie irgendwann jeden Tropfen Alkohol abgelehnt hat. Bei einem gemütlichen Abend bei uns zu Hause und ebenso bei größeren Festlichkeiten. Dort war es nicht leicht, da sie, wie alle Anti-Alkoholiker, stets gedrängt wurde, wenigstens mit einem kleinen Schluck Schnaps oder Sekt anzustoßen. Ich habe nie erfahren, woher diese Einsicht kam.«

L ewine ging wieder ihren Freizeitaktivitäten nach. Jahre später hat sie mit mir offen über diese ehrenamtliche Zeit, ihre kulturellen Reisen und die Alkoholsucht sprechen können:

»Diese ersten Reisen und Theaterbesuche waren wichtig für mich. Noch lange waren sie begleitet von dem Gefühl, dass sie für mich weniger ein Vergnügen sind als mehr sowas wie eine Flucht vor meinen Problemen. Ich vergrößerte mein Engagement beim Roten Kreuz, wo ich mir ehrenamtlich bei regelrecht die Zeit um die Ohren schlug. Ich war nicht frei genug, um diese Aktivitäten wirklich genießen zu können. Das kam erst später. Ich brach zusammen, der Alkohol half mir anfangs.«

Aufgrund des häufigeren Kontakts zu Lewine konnte ich sie unterstützen, immer wieder das zu tun, was sie gern machte. Egal ob es das Hüten der Kinder, die ehrenamtlichen Tätigkeiten, die Reisen oder die Theater- und Museumsbesuche waren. Ihr Lebensmut steigerte sich wieder im Laufe der Jahre. Ihre Tage waren wie in den Zeiten der Lebenshilfe ausgefüllt, jetzt aber mit einem gehörigen »Schuss von Genuss«.

Immer wieder unternahm sie auch größere Reisen. Zum Teil mit anderen alleinstehenden Frauen nach Griechenland, Irland und 1989 noch einmal im Schlafbus in die Türkei.

Sie war fasziniert von den fremden Kulturen. Das Motto der Türkei-Reise hat sie in einem ihrer Fotoalben festgehalten. Es war ein Spruch aus dem Koran:

»Wer sein Haus verlässt und nach Wissen sucht, der wandert auf Gottes Pfaden! Wer reist, um Wissen zu finden, dem wird Gott das Paradies zeigen!«

Zwischen all ihren Freizeit- und Sozialaktivitäten musste sie einen unangenehm-widerlichen Konflikt in ihrer Nachbarschaft lösen. Sie sah sich gezwungen, vor der psychisch schwerkranken Hausbewohnerin zu flüchten, die über ihr wohnte. Die Frau tyrannisierte Lewine fast täglich. Sie warf ihr wiederholt vor, ihr Geld und alle möglichen Gegenstände aus ihrer Wohnung geklaut zu haben, obwohl Lewine gar keinen Schlüssel zu der Wohnung hatte. Sie erfand andere grausige Geschichten über das Leben von Lewine und posaunte dies zu Lewines Entsetzen laut in der Kleinstadt Hoya herum. Lewine konnte sich gegen diese Übergriffigkeit nicht wehren, ihr Vermieter und Hauseigentümer konnte die Frau nicht aufgrund ihrer krankhaften Verhaltensweisen kündigen. So zog Lewine im September 1989 aus ihrer Wohnung in der Von-Kronenfeldt-Straße aus und flüchtete ein wenig überhastet in die Lange Straße in Hoya. Immerhin mit der Option des Hauseigentümers, jederzeit wieder aufgenommen zu werden, wenn die kranke Nachbarin ausziehen würde.

So spazierte Lewine frohgemut in die Zukunft, die Probleme mit der Alkoholsucht hinter sich lassend. In ihrem Rucksack versteckten sich allerdings noch Beziehungsprobleme. Einerseits die mit ihrem Sohn aufgrund der Auseinandersetzungen in der Besenkammer bei der Trauerfeier nach dem Freitod meines Vaters. Andererseits die Probleme mit ihrer Schwester Dorothea, die darauf bedacht war, die Beziehung von Lewine zu ihrer Mutter zu kontrollieren und Lewine herumzukommandieren. Hier bahnte sich langsam, aber sicher ein verschärfter Schwestern-Konflikt an.

Mit ihren jetzt fast 80 Jahren sollten weitere Reisen in den Neunzigerjahren folgen. Per Flugzeug sogar ins ferne, aufregende Kuba. Bei alledem blieb sie weiterhin ehrenamtlich sozial engagiert. Ihr vielfältiges Engagement war nicht aufzuhalten. Warum sollte es auch? Mitte der Neunzigerjahre sollte eine neue Freundschaft ihr weiteres Leben versüßen.

DOROTHEA: UNRUHIGER RUHESTAND

Die Mutter von Dorothea und Lewine 1983

Dorothea hat mir gegenüber in höherem Alter wiederholt erwähnt, wie anstrengend es war, neben der Arbeit ihre Eltern und später nur ihre Mutter zu betreuen. Sie fühlte sich eingeschränkt. Das änderte sich nicht, nachdem sie am 31. März 1979 in den »Ruhestand« ging. Ruhestand beschreibt nicht den passenden Zustand für sie. Denn jetzt konzentrierte sie sich voll auf ihre Mutter, die 86 Jahre alt geworden war. Ihre Betreuung nahm sie so ernst und streng wie ihr bisheriges Leben.

Sie hegte und pflegte ihre Mutter, die noch lange im Haushalt mithelfen konnte, aber zunehmend auf Dorotheas Unterstützung angewiesen war. Nach meinem Empfinden umsorgte Dorothea ihre Mutter wie eine »Glucke ihre Küken«. Man sagt dazu auch, wie eine »Über-Mutter«. Niemand anderes durfte sie betreuen, niemand konnte es »richtig« machen, sprich: es Dorothea recht machen. Die Rollen der beiden Frauen wurden getauscht, die Mutter war jetzt endgültig zum »Kind« von Dorothea geworden.

Mein Eindruck war, dass Dorothea mit der Betreuung ihrer Eltern und jetzt ihrer Mutter weiterhin ihre eigenen Ansprüche ans Leben zurückstellte. Zu oft hat sie mir gegenüber beklagt, dass sie ihre (Lebens-) Wünsche nicht umsetzen konnte. Ich weiß aus Andeutungen der Verwandten, dass sie für die Pflege ihrer Mutter viel Unterstützung hätte bekommen können. Es hieß, sie habe die hilfsbereiten Verwandten, Freunde und Nachbarn immer wieder mit ihren Ansprüchen und ihrer strengen Art vertrieben.

Liebevoller konnte sie mit ihrer Nichte Elisabeth und deren 1981 geborenen Tochter Nele umgehen. Wenn Nele krank oder Elisabeth verhindert war, hütete Dorothea gern im Haushalt in Rotenburg/Wümme ein, oder Nele kam nach Hoyerhagen. Ja, die sich ständig quälenden Schwestern

Dorothea und Lewine schafften es sogar wiederholt, die Familie von Elisabeth und Nele gemeinsam zu besuchen. Allerdings nicht immer ohne Streit.

Nach der Geburt meines Sohnes Fritz und dem Umzug in die Nähe von Hoya 1985 nahmen meine Besuche bei meiner Großmutter ein wenig zu (Motto: »Wer weiß, wie lange sie noch lebt.«). Ich genoss bei jedem Besuch ihre wohltuende Ausstrahlung von Ruhe und Ge-

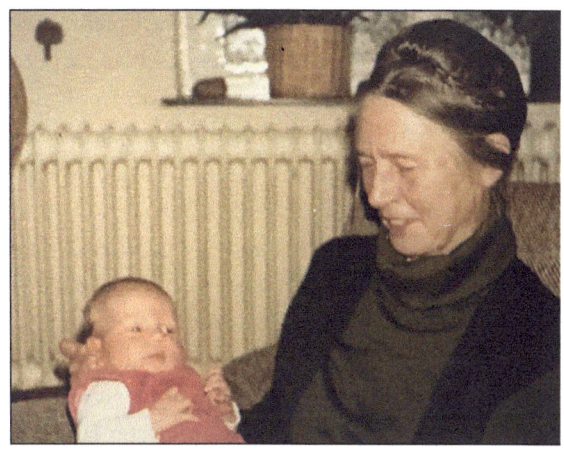

Mit Nele am 1. Oktober 1983

lassenheit. Ihre strahlenden Augen und ihre lachenden Lippen in ihrem mit 1.000 Falten gezeichnetem Gesicht. Mit ihren über 90 Jahren waren die Besuche immer ein nachhaltiges Erlebnis für mich und meinen Sohn. Bei den Besuchen habe ich Dorothea wenig wahrgenommen. Sie war körperlich anwesend, nahezu unsichtbar wie eine graue Maus im Nebel. Sie wirkte für mich wie eine fleißige Magd im Haushalt, in altertümlich anmaßenden Klamotten zwischen all den mehr als 150 Jahre alten Möbeln. Dorothea hat bei den Besuchen bei Tee und Kuchen mit am Tisch gesessen, zu sagen hatten wir uns wenig. An den Geburtstagstafeln war zu der Zeit wieder ihr Bruder Julius mit Familie anwesend. Julius langweilte alle Anwesenden mit den Geschichten aus seiner Soldatenzeit im Zweiten Weltkrieg. Die Stimmung war beklemmend ungemütlich. Meine Besuche zum Geburtstag waren mein Geschenk für meine Großmutter. Mehr nicht. Der eingeschränkte Lustgewinn der Besuche, das Eingewöhnen in meine neue »Heimat« und die Betreuung meines Sohnes ließen meine Besuche in den späten Achtzigerjahren selten werden.

Es war die Zeit, in der Dorothea selbst als Rentnerin die Arbeit im Garten bei gleichzeitiger Betreuung der Mutter langsam zu viel wurde. Sie schaffte im Garten den Anbau von Gemüse und die Pflege samt Ernte der zahlreichen Apfelbäume nicht mehr allein. Immerhin schaffte sie es, sich eine treue Haushalts- und Gartenhelferin zu holen, die ganz brav die

Arbeit so durchführte, wie es Dorothea verlangte und wann immer sie die Frau zu sich bestellte. Das klappte gut, bis die Frau krank wurde.

Jetzt fand sie mit dem vor wenigen Jahren zugezogenen direkten Nachbarn Detlef Hormann einen Ersatz. Er hatte schon seit geraumer Zeit die Verantwortung für das Rasenmähen übernommen und kümmerte sich mehr und mehr um die Arbeiten im Garten sowie am und im Haus: vom Umgraben bis zum Schneiden der Obstbäume über die Reparatur der Waschmaschine bis zum Wechseln ausgefallener Glühbirnen.

Dorothea lernte den Wert einer solchen Nachbarschaft sehr bald schätzen und hielt sich diesen Allround-Handwerker durch klare Arbeitsaufgaben und vor allem Vorgaben warm, stets gegen ein nachbarschaftliches »Taschengeld« in vereinbarter Höhe. Herr Hormann brachte eine weitere Eigenschaft mit: Er war verlässlich und schien in sich geruht zu sein.

Detlef Hormann berichtete mir:

»Dorothea Meyer hatte eine bestimmende Art, und alles musste genauso gemacht werden, wie sie es wollte. Es war nicht immer einfach. Ich konnte und musste im Laufe der Zeit über ihre Art einfach hinweggehen, auch wenn es unpraktisch war und mich störte. Einmal schlug ich aus praktischen Gründen vor, unter den Apfelbäumen Gras zu säen. Sofort kam von Frau Meyer ein barsches, deutliches ›Nee, das machen wir nicht!‹. Ich fand das zwar blöd, aber na ja. Sie bestimmte. Ich führte ihre Anweisungen aus. Ein paar Stunden später rief sie mich überraschenderweise an und fragte, ob ich sauer sei über ihre Ablehnung mit dem Säen des Grases unter den Apfelbäumen. Sie habe es sich anders überlegt und willigte jetzt ein, den Rasen anzulegen, was meine Arbeit in ihrem Garten wesentlich erleichterte.«

Dieses Beispiel zeigte mir die sanftere Seite von Dorothea. Die Beziehung zum Nachbarn Hormann wurde im Laufe der Jahre intensiver, wenn auch nicht unbedingt wärmer. Irgendwann ergab es sich, dass sie Detlef Hormann bei Familienproblemen mit Rat und Tat zur Seite stehen konnte. Die Beziehung entwickelte sich so in Ansätzen zu einer gegenseitigen Unterstützung und sollte lange halten. Detlef Hormann konnte den nicht endenden Befehlston von Dorothea an sich abprallen lassen, für ein Taschengeld und eine stete Beschäftigung, die erst mit dem Tod von Dorothea enden sollte.

NEUNZIGERJAHRE. STREIT OHNE ENDE

Die Schwestern Dorothea und Lewine waren sich in ihrem Bedauern um den elterlichen Hof anscheinend einig. Ansonsten waren ihre Begegnungen von immer wiederkehrenden kleinen und großen Streitigkeiten geprägt, wenn es keine Möglichkeit gab, sich aus dem Weg zu gehen. Der Streit nahm in den Folgejahren insbesondere in Bezug auf die Betreuung ihrer Mutter zu, als diese im Jahr 1990 das stolze Alter von 97 Jahren erreicht hatte.

Auf der einen Seite wurde Dorothea die alleinige Betreuung der Mutter zu viel und sie suchte, für alle erkennbar, Hilfe. Besser ausgedrückt: Sie verlangte Hilfe. Sie hatte feste Vorstellungen, wann die Hilfe fremder Personen erfolgen und wie sie aussehen sollte, bis ins kleinste Detail. Sie blieb bei ihrer besserwisserischen und befehlenden Haltung, wie es ihre Geschwister von ihr seid ihrer gemeinsamen Kindheit gewohnt waren. Es gab immer wieder böses Blut und Auseinandersetzungen, die zunehmend von einer Opferhaltung durch Dorothea geprägt waren. Auf sie, die Arme, die ihr Leben auf die Betreuung der Mutter eingestellt hatte, würde niemand Rücksicht nehmen. Im Gegenteil, Lewine hätte sich rausgenommen, die weite Welt zu bereisen, andere wollten die von ihr kurzfristig ange(f)orderten Betreuungszeiten nicht übernehmen. Sie fühlte sich alleingelassen und wurde bissiger, als sie eh schon war. Als Folge fiel es Lewine und den anderen Geschwistern immer schwerer, sie bei der Fürsorge der gemeinsamen Mutter zu unterstützen.

Lewine belasteten diese Auseinandersetzungen, und sie versuchte trotzdem, Dorothea zu helfen, allein schon um ihrer Mutter wegen. Sie klagte oft über den zickigen Streit mit ihrer älteren Schwester, die immer alles besser wusste. Man konnte ihr nichts recht machen. Die Auseinandersetzungen wurden zunehmend emotionaler.

Im Jahr 2021 besuchte ich Renate Helmle in Hoya. Renate war in der Zeit sehr eng mit Lewine befreundet und verbrachte mehr Zeit mit ihr als ich.

E. H.: »Renate, was weißt du über den Konflikt von Lewine mit ihrer Schwester Dorothea? Lewine hat dir sicherlich davon erzählt.«

R. H.: »Erst später, so um das Jahr 1990 hat sie von Konflikten mit ihrer Schwester gesprochen, als diese auch uns als Familie betrafen.«

E. H.: »Wieso haben die Konflikte euch betroffen?«

R. H.: »Es kam dann mehrfach vor, dass wir einen Termin mit Lewine vereinbart hatten, wo sie unsere Kinder versorgen wollte und sollte. Doch dann rief sie an und sagte ab. Ihre Schwester habe kurzfristig angerufen und um Lewines Hilfe bei der Versorgung der Mutter gebeten. In unsere Planung passten solche kurzfristigen Absagen gar nicht. Was sollten wir dagegen machen? Wir konnten Lewine verstehen. Wenn die Schwester angerufen hat, weil sie zur Tanzgruppe wollte oder es ihr nicht gutging, verlangte sie von Lewine, sofort zu kommen. Lewine hat dann immer alles stehen und liegen gelassen, um ihre Mutter zu versorgen, die selbst unter diesem Chaos gelitten hat.«

E. H.: »Was gab es da für euch zu verstehen? Lewine hat euch doch im Stich gelassen und ist stattdessen für meine Tante eingesprungen.«

R. H.: »So habe ich das nicht gesehen. Sie hat es nicht für ihre Schwester gemacht, sondern hat sich immer nur für ihre Mutter in Hoyerhagen eingesetzt. Mein Eindruck war, dass sie sich in Hoyerhagen ausschließlich für deine Großmutter zerrissen hat – trotz der Demütigungen, die sie laufend ertragen musste.«

E. H.: »Was meinst du mit Demütigungen? Ich wusste, dass sie es schwer hatte mit ihrer Schwester.«

R. H.: »Lewine hat mir oft von den Konflikten erzählt. Sie stöhnte nach den Besuchen in Hoyerhagen regelmäßig, wie anstrengend es war, und erzählte mir davon. Wenn sie zu den kurzfristig gerufenen Terminen kam, habe ihr Dorothea alles ausführlich bis ins kleinste Detail erklärt – und alles mit einem Befehlston. Ich würde es nicht glauben können, meinte Lewine. Als ob sie all diese Aufgaben noch nie gemacht hätte. Alles, alles musste genauso gemacht werden, wie die Schwester es wollte. Lewine war stets verzweifelt. Dabei war deine Mutter sehr patent. Bei uns im Haushalt hat sie die Probleme bei der Betreuung unserer Kinder und im Haushalt immer erkannt und gelöst. Unvorstellbar für mich, dass dies in Hoyerhagen nicht geklappt haben soll. Was sie mir alles beigebracht hat im Haushalt. Ich habe viel gelernt von ihr.«

E. H.: »Wie lange ging denn diese Tortur? Ich weiß nur, dass Lewine irgendwann Hausverbot von meiner Tante bekommen hat und ihre eigene Mutter nicht mehr ohne Erlaubnis von Dorothea besuchen durfte.«

R. H.: »Wie lange das gedauert hat, weiß ich nicht mehr. Einmal hatte ich die Schwester Dorothea beim Einkaufen getroffen. Es war vielleicht Anfang der Neunzigerjahre. Da hat Dorothea mir im Gespräch nebenbei sowas gesagt wie: ›Lewine muss auch Zeit haben für Hoyerhagen und ihre Mutter.‹ Ich konnte ihr darauf nichts erwidern. Ich war nur schockiert und empört. Hat die Schwester nicht bemerkt, dass Lewine auch ein Leben hat? Lewine musste für ihre Schwester stets zur Verfügung stehen, wie eine Dienerin, und alles so machen, wie sie es wollte. Die Schwester hatte keinen Plan. Lewine hat die Demütigungen lange ertragen. Sie wusste, dass ihre Mutter unter dem Konflikt ihrer Töchter sehr gelitten hat. Irgendwann muss es so geknallt haben, dass deine Tante ihre eigene Schwester des Hauses verwiesen hat. Auch später, als Lewines Mutter im Altersheim in Bruchhausen-Vilsen und Hoya war, gab es meines Wissens keinen Plan der Schwester. Wenn es ihr zu viel wurde, mussten Lewine, ihr Bruder oder andere spontan einspringen und die Mutter besuchen. Alles vorher rechtzeitig zu klären, konnte sie oder wollte sie nicht.«

E. H.: »Die Probleme mit den Besuchen im Altersheim habe ich mitbekommen. Meine Tante hatte die Vorstellung, dass die Mutter täglich besucht werden musste. Sie selbst konnte diesen Ansprüchen nicht nachkommen. Es wurde ihr zu viel, und sie jammerte ständig, alles allein machen zu müssen. Also mussten meine Mutter und ihr Bruder Julius sowie andere helfende Personen den Anspruch von Dorothea erfüllen, die Mutter abwechselnd täglich zu besuchen. Und zwar genau nach ihren Regeln. Hat Lewine mit dir geredet, worin der tatsächliche Konflikt in der Beziehung zu ihrer Schwester lag? Da musste es doch noch mehr gegeben haben, denke ich immer.«

R. H.: »Das haben wir uns auch gefragt. Das Hausverbot hat Lewine auf jeden Fall schwer und nachhaltig verletzt. Das habe ich gemerkt. Ich hatte die Idee, dass deine Tante neidisch auf Lewine gewesen sein könnte. Sie war zu Hause und hat die Mutter gepflegt und Lewine hatte viele Kontakte, hat ferne Länder besucht und ihre Freizeit genossen. Aber es war ja Dorotheas Entscheidung. Sie hätte auch mal wegfahren können. Lewine hätte die Mutter gut und gerne versorgt.«

E. H.: »Ich kann mir vorstellen, dass Lewine dies meiner Tante auch vorgeschlagen hat. Ihre Reisen hätte sie zeitlich so planen können.«

R. H.: »Meines Wissens hat sie das gemacht oder wenigstens versucht. Doch Dorothea hatte keinen Plan. Die Beziehung wurde immer mehr wie Feuer und Wasser. Das wirkte sich auf eure Familie aus. Lewine hatte damals gegenüber deinen älteren Geschwistern das Gefühl, dass sie selbst schuld an der zerrütteten Beziehung ist. Sie fühlte, dass sie als die Böse in dem Konflikt angesehen wurde. Sie konnte es emotional nicht ertragen, wenn die älteren Kinder ihre Schwester besuchten. Vor allem, wenn der Älteste nur Dorothea besuchte und nicht bei ihr vorbeikam. Es kam ihr vor, als ob er sie bestrafen wollte.«

E. H.: »Oh ja, das habe ich mitbekommen. Ich saß im Konflikt der Schwestern stets zwischen den Stühlen. Ja, Lewine tat es weh, wenn wir Kinder ihre Schwester Dorothea besuchten.

Meine älteren Geschwister haben meine Tante trotzdem besucht. Wir Kinder waren zum Spielball der Schwestern geworden. Ich bin Dorothea so weit wie möglich aus dem Weg gegangen. Ich wollte Lewine nicht mit einem Besuch bei ihr belasten.«

Das Hausverbot war ein weiterer Baustein, um das Feuer dieses ewigen Streits der Geschwister neu zu entfachen. Wie sehr es Lewine verletzt hatte, ihre eigene Mutter nicht mehr besuchen zu können, wird aus einem Gespräch mit Renate Paul, einer Freundin von Lewine, deutlich, als ich sie im Jahr 2022 auf den ewigen Streit mit Dorothea ansprach.

E. H.: »Renate, Lewine war für mich nicht streitsüchtig. Sie hatte auch mit ihrem Bruder Julius wegen der heftigen Auseinandersetzungen um das Hoferbe in den Fünfzigerjahren keinen Streit. Ich hatte den Eindruck, dass sie milder mit Julius umgegangen ist, ihn mehr akzeptiert hat, wie er ist. Mir ist nicht klar, ob sie ihm verziehen hat. Ich weiß nur, dass sie sich später öfter getroffen haben und Julius Lewine oft in Hoya besucht hat.«

R. P.: »So habe ich Lewine auch erlebt, sie wollte Frieden mit ihren Angehörigen und Bekannten. Sie suchte Gespräche und immer nach einer gemeinsamen Basis, soweit es möglich war. Manchmal hatte sie zu viel Verständnis für andere, anstatt für sich selbst zu sorgen. Sie konnte verzeihen.«

E. H.: »Mit ihrer Schwester war das nicht möglich, oder wie siehst du das?«

R. P.: »Nein, ihrer Schwester konnte sie nicht verzeihen. Dorothea hat Lewine schwer verletzt, quasi ins Herz gestochen, als sie ihr den Kontakt zu der eigenen Mutter und den Hausschlüssel zur Wohnung abnahm. Und dies nur, weil Dorothea es nicht auf die Reihe bekommen hat, sich Hilfe bei der Pflege der Mutter zu holen, ohne den Helfenden Vorschriften zu machen. Alle mussten nach ihrer Nase tanzen. Sie allein bestimmte, wann sie zu kommen und welchen Handgriff sie anzuwenden hatten.«

E. H.: »Lewine hat sich viel zu lange zu viel gefallen lassen, allein ihrer Mutter wegen hat sie den offenen Streit mit Dorothea nicht gesucht, wie sie mir in Gesprächen offenbarte. Heute, wo ich Dorothea besser kennengelernt habe, gehe ich davon aus, dass sie diese Schwäche ausgenutzt hat. Sie hatte die Macht, und hat sie brutal eingesetzt. Unsere Großmutter war von Dorothea abhängig, wohnte mit ihr im gleichen Haus und konnte sich nicht gegen sie wehren. Sie litt unter dem Konflikt.«

JUNI 1993. DER TOD LÖST KEINE PROBLEME

Am 20. Mai 1993 wurde meine Großmutter Margarete Meyer 100 Jahre alt. Mitte Juni 1993 schloss sie ihre Augen für immer.

Mein Eindruck war, dass sie früher sterben wollte, aber nicht konnte. Auf ihrer Stirn habe ich geschrieben gesehen, was sie in ihrem langen Leben zu verarbeiten hatte, ohne wirklich darüber reden zu können. Selbst über das Schweigen wurde geschwiegen. Ihre Generation hatte es nicht gelernt.

Ihre letzten Jahre empfand ich als eine Qual für sie. Ich erinnere mich, wie sie im Altersheim »vegetierte«, viel in ihrem Sessel saß und die letzten Wochen oder Tage nur noch im Bett liegen konnte. Wortlos hielt ich ihre warmen, sehnigen Finger in meiner Hand, hörte in der Stille des Raumes ihren Atem, der von Minute zu Minute meines Besuchs ruhiger wurde, nur unterbrochen von einem gelegentlichen, quälenden Stöhnen ihrer Zimmer-Nachbarin. Ich spürte ihre von mir so geschätzte Ruhe und Gelassenheit und wünschte ihr, den inneren Frieden mit all den ungelösten Konflikten ihres Lebens zu finden, die Kraft, ihr Sterben zuzulassen, das Leben loszulassen.

Meine Beziehung zu Dorothea war anders. Zu ihr hatte ich in der Zeit stets wenig Bezug und Kontakt. Sie blieb zunächst eine garstige, unnahbare Tante. Statt Humor gab es bei Besuchen Verbitterung zu spüren. Ich habe sie nach dem Tod meiner Großmutter sehr selten besucht, bedingt durch den stetig brodelnden Konflikt der Schwestern.

Allerdings spürte ich, dass Dorothea nach dem Tod unserer Großmutter ein wenig lockerer wurde. Sie hatte immer Kontakt zu uns Kindern gehalten. Er beschränkte sich auf unsere und ihre eigenen Geburtstage. Immerhin zeigte sie sie sich jetzt auf ihre kühl-distanzierte Art erfreut über die Besuche von uns Kindern. Bei meinen Besuchen in ihrem eigenen Haus war sie nicht länger die »Magd meiner Großmutter«, sondern jetzt meine Tante, allerdings weiterhin eine steife Tante. Ihre Starrheit und Verbissenheit sollte über viele Jahre brockenweise weichen, wie das Eis am Nordpol ganz langsam, kaum bemerkbar, schmilzt.

Jetzt waren die Geschwister Dorothea, Lewine und Julius ohne Eltern. Frieden gab es in der Familie deshalb nicht, auch wenn sie einander gelegentlich bei Familientreffen begegneten. Die Schmerzen der Auseinandersetzungen der Fünfzigerjahre zwischen Dorothea und Julius waren noch immer nicht vollends geheilt. Die Verletzungen bei Lewine durch das Hausverbot und die ewigen Streitereien mit Dorothea erst recht nicht. Geredet wurde über die Hintergründe der Konflikte weiterhin nicht. Das Gras, was über die Konflikte wachsen sollte, war wohl noch nicht hoch genug.

DOROTHEA OHNE MUTTER. NEUBESINNUNG

Dorothea feierte wenige Monate nach dem Tod ihrer Mutter ihren 75. Geburtstag. Sie fühlte sich befreiter ohne die Last des ständigen Bereitschaftsdienstes für ihre Mutter. Auf der anderen Seite hatte sie mit der Versorgung ihrer Mutter nach dem Ende ihres Arbeitslebens eine weitere Aufgabe verloren, einen weiteren Teil ihres Lebenssinns. Für Zukunftspläne hat sie sich keine Zeit genommen – sie konnte nicht ahnen, dass ihre Mutter 100 Jahre alt werden würde.

Mit ihren 75 Jahren war sie nahezu nie aus ihrem Elternhaus rausgekommen, nur für das verpflichtende Landfrauenjahr im Reichsarbeitsdienst während des Zweiten Weltkrieges, für wenige Kurzurlaube, darunter der nach Frankreich zu der Familie eines Kriegsgefangenen, der auf dem elterlichen Hof arbeiten musste. Mit dessen Familie hielt sie noch immer brieflichen Kontakt.

Als Vorkriegskind und Nachkriegsfrau war sie vom Schicksal getroffen, so wie viele Frauen. Noch bis in die Achtzigerjahre wurde sie auf dem Land als Fräulein angesprochen, damit es für alle deutlich wurde, dass sie keinen Mann abbekommen hat.

Dorothea brachte für ihren neuen Lebensabschnitt nicht die besten Voraussetzungen mit. Zu ihrem fortgeschrittenen Alter kam, dass sie weiterhin scharfzüngig und zurechtweisend sein konnte, selten sprachlos, nie laut, unnahbar wirkend, eher garstig, abweisend, zu allem fähig und damit im ersten Moment nicht gerade vertrauenserweckend. Ihre altmodische, große Brille mit den dicken Gläsern und einem etwas stieren Blick trugen dazu bei. Ihr Auftreten und Erscheinungsbild hat junge Leute ins vorherige Jahrhundert versetzt, älteren gab sie damit ein Gefühl von Heimat.

Sie begann, sich verstärkt um ihr Wohlbefinden und ihre Gesundheit zu kümmern. Sie intensivierte ihre seit vielen Jahren praktizierten Yoga-Übungen. Sie besuchte einen Lehrgang der japanischen Heilkunst »Jin Shin Jyutsu« zur Harmonisierung ihrer Lebensenergie. Diese und andere selbstheilenden Übungen wandte sie bis zu ihrem Lebensende an. Sie liebte es, mit dem Fahrrad über die Feldwege zu fahren und sich so fit zu halten. Sie nutzte ihr Auto nur, um ihre Nichte Elisabeth und die Enkelin Nele oder andere Verwandte und Bekannte verstärkt zu besuchen. Sie nahm sich mehr Zeit, Bücher zu lesen.

Sie suchte vermehrt Kontakt zu meinen Geschwistern. Sie litt darunter, dass der Rest der Familie ihr Verhalten gegenüber ihren Geschwistern bei der Fürsorge der Großmutter nicht gebilligt hatte. Mein im Streit mit Lewine liegender Bruder begann, Dorothea moralisch zu unterstützen, und besuchte sie vermehrt. Im Streit mit Lewine ergriff er Partei für Dorothea und machte dies Lewine deutlich. Einkalkulierend, dass es Lewine verletzen würde, wenn er sie gleichzeitig nicht besuchen würde. Das müsse sie aushalten können. Seine Art des Einmischens in die Familienkonflikte der Familie Meyer kränkte Lewine besonders, da sie den Konflikt mit ihm nach dem Freitod unseres Vaters nicht geklärt sah. Nun machte er Lewine neue Schuldvorwürfe, dass sie sich im Konflikt mit Dorothea und speziell im Zusammenhang mit der Großmutter nicht richtig verhalten habe. Es deutet alles darauf hin, dass Dorothea unseren Bruder auf gemeine Art benutzt hat. Sie hatte sich einen Verbündeten gesucht und gefunden, um ihrer Schwester

Lewine eins auszuwischen, nach dem Hausverbot sozusagen noch einmal nachzutreten. Und unser Bruder ist darauf bewusst oder unbewusst reingefallen. In einem Brief an Lewine drückte er es später so aus: »Wenn Boshaftigkeiten im Spiel waren, dann war mir das nicht bewusst.«

Auf diese Weise begann Dorothea, ihr Leben neu zu organisieren. Nur wenige Jahre später, 1998, wurden ihre Pläne zerstört. Sie bekam Probleme mit ihren Augen. Sie trug schon länger eine Brille, und ihr Sehvermögen war auf beiden Augen eingeschränkt. Plötzlich stellte ihr Augenarzt eine altersbedingte Makuladegeneration an einem Auge fest. Die Sehschärfe war verzerrt und durch ein Flecken im Zentrum verschleiert.

Diese Augenkrankheit war ein herber Schlag für Dorothea. Gerade hatte sie sich von der Zeit und Energie raubenden Pflege ihrer Mutter befreit, da schränkte die Makula ihre gerade erst gewonnene »Freiheit« erneut ein und setze ihrer so wertvoll gewünschten Selbstständigkeit erhebliche Grenzen. Die Makula führte zu einer fortschreitenden Sehstörung, und langfristig wurde das Lesen von Zeitungen und Büchern sowie das Fernsehen, Autofahren, Handarbeiten, das Erkennen von Gesichtern und Dingen, die man fixieren möchte, schwieriger.

Sie hatte als »Alleinstehende« ihr Leben lang kämpfen und sich gegen die Männer-Herrschaft durchsetzen müssen, und nun musste sie sich mit dem Verlust ihrer Sehkraft auseinandersetzten. Ihre Disziplin half ihr nach diesem Rückschlag, allein durchs Leben zu kommen, sich durchzusetzen, wohl ahnend, dass sie zunehmend abhängig von der Hilfe anderer Personen werden würde.

So leicht gab sie nicht auf. Noch fuhr sie mit wachsend unschärferem Blick Fahrrad und auch Auto, wenigstens zum Einkaufen nach Hoya. Größere Autofahrten, speziell in der Dämmerung und nachts, waren nicht mehr möglich.

Sie musste Wege finden, sich Hilfe zu holen und Hilfe anzunehmen, obwohl sie eigentlich zu stolz dafür war.

Verstärkt nutzte sie ihre Fähigkeit, deutlich, mutig und vor allem fordernd auszusprechen, was sie will und gerade braucht. Ohne Rücksicht darauf, was andere von ihr denken. Mit dieser Haltung hatte sie ihr bisheriges Leben gemeistert. Nur jüngere Leute, wie ich es war, konnte sie mit einer solchen Haltung Mut machen, authentisch zu sein und sich nicht von der Meinung anderer abhängig zu machen.

LEWINE. NEUE FREUNDIN

Die ersten Jahre dieses Jahrzehnts waren bei Lewine von der Sorge um ihre Mutter und den Streit mit ihrer Schwester Dorothea geprägt. Nach dem Hausverbot durch ihre Schwester war sie wieder stark genug, um sich selbst aus einem Tal der Tränen zu befreien. Sie hielt die sozialen Kontakte und sozialen Aufgaben aufrecht und unterstützte mich und die Familie Helmle bei der Fürsorge der Kinder, war sozial tätig und kulturinteressiert.

Nicht von ungefähr lernte sie eine andere starke Frau kennen: Renate Paul, die erste Frauenbeauftragte der Stadt Hoya. Im Jahr 2021 besuchte ich Renate Paul in Hoya. Sie kam selbst von einem Hof, kannte sich und kennt sich noch immer gut aus in der Region Hoya, hatte in der Kirchengemeinde Hoya/Syke und auch in der Stadtgemeinde Hoya gearbeitet.

Ich hatte Renate Paul schon zu Dorothea und ihrem Einfluss in der Kirchengemeinde und im Kreis Hoya befragt. Jetzt wollte ich von Renate mehr über das Leben meiner Mutter in den Neunzigerjahren erfahren. Ich wusste, dass sich zwischen Renate und Lewine eine sehr gute Freundschaft entwickelt hatte, und erwartete neue Informationen über das Leben meiner Mutter ab den Neunzigerjahren.

E. H.: »Renate, wo und wann hast du meine Mutter kennengelernt? Du hast sie ja genau wie ich bei ihrem zweiten Namen Lewine genannt, den sie am liebsten hörte.«

Renate Paul: »1996 habe ich Lewine in Hoyerhagen beim Spargeleinkauf auf unserem Hof kennengelernt. Sie war sehr feinfühlig. Sie hat gemerkt, wenn es Menschen nicht gutging. Sie hat die Menschen dann oft auch angesprochen, wenn Sympathie da war. Sie hat sehr bald gemerkt, dass ich sorgengeplagt war. Es war leicht für mich, mit ihr ins Gespräch zu kommen. Vom ersten Moment an empfanden wir gegenseitig Sympathie füreinander. Ich bin 1998 nach Hoya gezogen. Mir ging es weiterhin nicht gut. Lewine hat versucht, mich auf andere Gedanken zu bringen. Sie hat mich in den Kulturverein Syke eingeladen. Wir näherten uns immer mehr an, als Freundinnen mit einem Altersunterschied von 30 Jahren.«

E. H.: »Das kann ich mir gut vorstellen. Lewine genoss es, ihre Zeit mit jüngeren Menschen zu verbringen und sich mit ihnen auszutauschen. Ihre Arbeitskolleginnen waren alle wesentlich jünger. Sie hat oft davon geschwärmt. Wie hast du Lewine erlebt? War sie glücklich, oder hatte sie Probleme?«

R. P.: »Für mich war sie eine lebensfrohe Frau im rastlosen Ruhestand. Sie erzählte mit Freude von euch Kindern, von dir und deinem Sohn Fritz, deiner Schwester Inka und deinem Bruder Dieter. Sorgen machte sie sich allein um deinen Bruder Fritz. Neben den Besuchen bei Inka und Dieter und deren Kindern verreiste sie gern. Gewundert habe ich mich über ihr vielfältiges soziales Engagement. Trübsal konnte sie nur verbreiten, wenn es um ihre Familie in Duddenhausen und Hoyerhagen ging. Das belastete sie.«

E. H.: »Habt ihr über die Beziehung zu ihrer Schwester Dorothea gesprochen? Die beiden haben sich nicht verstanden, um es positiv auszudrücken.«

R. P.: »Über deine Tante Dorothea hatte ich dir ja schon einiges erzählt. Für mich war es nicht verwunderlich, dass die beiden sich nicht verstanden haben. Den ewigen Streit mit Dorothea zu beenden, schien mir aussichtslos, Lewine ging ihr aus dem Weg. Ein solches Verhalten passte an sich nicht zu ihr. Sie konnte sich streiten, war aber auch bereit, einzulenken und zu verzeihen. Mit ihrer Schwester war aber nicht daran zu denken.«

E. H.: »Was meinst du, warum sie sich nicht verstanden haben?«

R. P.: »Ich mochte deine Tante nicht. Ich hatte sie auf dem Amt in Hoya erlebt. Ich kann dazu nur sagen: Die Art, wie die Schwester ihr Leben eingeteilt und gelebt hat, war typisch für Landfrauen dieser Generation. Viele Frauen konnten sich nicht befreien vom Hof und von den Eltern. Sie waren voller Sehnsüchte auf ein anderes Leben und fühlten sich andererseits verpflichtet, auf dem Hof zu bleiben. Die Pflicht war stärker. Lewine dagegen hat die Ablösung vom Elternhaus geschafft. Wir haben unsere Zeit genossen, über so schwere Vergangenheitsbewältigungen wie mit Dorothea haben wir wenig geredet. Die Zeit war uns zu schade.«

E. H.: »Hat Lewine über ihre Wohnung in der Langen Straße in Hoya geklagt? Sie war dort nicht glücklich. Es gab keinen Garten, nicht einmal einen Balkon. Sie wohnte direkt über der Schlachterei, und es roch immer nach Fleisch und Abfällen. Die Wohnung war klein und dunkel. Bis Oktober 1996 wohnte sie dort und zog dann wieder zurück in die Von-Kronenfeldt-Straße 41.«

R. P.: »Ich kann mich nicht erinnern, ob sie mir was über die Lange Straße erzählt hat. Geklagt hat sie eh selten. Ich erinnere mich nur noch an die schöne Wohnung in der Von-Kronenfeldt-Straße, in der sie lebte, als ich 1998 nach Hoya kam. Sie hatte mich zu Theateraufführungen in ganz Norddeutschland von Hannover bis Hamburg eingeladen. Wir waren zusammen im Museum Emden oder Oldenburg. Wir haben viel Freizeit zusammen verbracht und waren 1997 auch bei der Documenta in Kassel.«

E. H.: »Stimmt, an den Besuch der Documenta erinnere ich mich. Sie erzählte viel über diese große Kunstausstellung. Sie wollte mich für mehr Kulturleben begeistern. Ich war zu sehr mit dem Aufbau meiner Käsefirma beschäftigt. Sie genoss die Ausstellungen in den Museen.

Lewine interessierte sich besonders für den humoristischen Dichter und Zeichner Wilhelm Busch und besuchte immer wieder das Wilhelm-Busch-Museum in Hannover. Ich sehe noch heute die vielen Kunstbücher von ihm in ihrem Bücherregal.

Du hast eure Besuche im Museum in Oldenburg angesprochen. Es war herrlich und doch verwunderlich, wie begeistert sie von Horst Janssen in Oldenburg war. Er war ein ganz anderer Typ als der eher konservativ geprägte Wilhelm Busch. Horst Janssen war einer der verrücktesten und abgedrehtesten modernen Künstler des 20. Jahrhunderts. Als ausgewiesener Alkoholiker hat er Bilder gezaubert, die selbst mich in ihrem chaotisch wirkenden Ausdruck begeistern konnten.

Wenn ich so überlege, was Lewine alles in den Neunzigerjahren unternommen hat, dann fallen mir nicht nur ihre kulturellen Ausflüge, sondern auch immer wieder ihre Reisen ein. Seid ihr zusammen verreist?«

R. P.: »Die Reisen hat sie allein oder mit anderen Frauen gemacht. Ich musste arbeiten.«

E. H.: »Mit ihren jetzt fast 80 Jahren war sie noch in den Neunzigerjahren unterwegs. Einmal per Flugzeug sogar ins ferne, aufregende Kuba und Ende 1999 nach Florenz. Das sozialistische Kuba war eine besondere Reise für sie. Als ›verrückt herrlich‹ bezeichnete sie selbst diese Reise, die sie mit zwei anderen Frauen zusammen gemacht hat. Sie hat sehr viel von dieser aufregenden und weiten Reise erzählt. Was sie da erlebt hat, hat sie in ihrer Lebenshaltung geprägt und hat bestätigt, wie offen sie gegenüber anderen Kulturen, Lebensformen und Menschen war.«

R. P.: »Lewine wurde offen, je älter sie wurde. Wir hatten uns viel aus unserem ereignisreichen Leben zu erzählen. Als engagierte Frauen vom Lande und auf dem Land lebend. Wir haben viel über unsere Ehen gesprochen ... und die Liebe.«

E. H.: »Oh ja, Lewine hatte es in der Ehe mit meinem Vater nicht leicht. Sie hatte auch mit Inka und mir ganz offen über die Ehe gesprochen.«

R. P.: »Mir ist bei den Gesprächen mit ihr besonders aufgefallen, dass sie zeitweise sehr unter ihrer Ehe gelitten haben muss. Von Liebe in der Ehe hat sie nie gesprochen. Ich habe auch keine Trauer bemerkt, nur Schuldgefühle habe ich wahrgenommen. Selbst 20 Jahre nach dem Freitod deines Vaters. Ich schätze, dass der Freitod und die Art und Weise des Freitods zu diesen bedrückenden Schuldgefühlen beigetragen haben. Sie wurden noch verstärkt durch die Einstellung und das Verhalten des Sohns. Hast du das auch so erlebt?«

E. H.: »Ja, genauso. Die Schuldgefühle ist sie nie ganz losgeworden, sie wurden nur geringer mit der Zeit. Geholfen hat ihr sicherlich, dass sie immer öfter und intensiver darüber sprechen konnte. Ich habe versucht, sie dabei zu unterstützen, und habe sie bewundert, wie sie es geschafft hat. Es ist schön, von dir zu hören, dass sie sich auch mit dir über ihre Ehe austauschen konnte.«

R. P.: »Wir konnten über fast alles reden. Wir näherten uns immer mehr an, als Freundinnen trotz des Altersunterschieds von 30 Jahren. Wir fanden immer wieder Zeit für solche intensiven Gespräche. Wir konnten uns auch gegenseitig kritisieren. Ich habe oft zu ihr gesagt: ›Übertreib es nicht, anderen zu helfen! Sorge mal für dich! Geht es dir gut?‹ Sie hat dann immer geantwortet: ›Ja, ja‹ ... im Sinne von ›Na, du nun wieder‹. Sie hat mich dann angeguckt, und wir wussten, dass sie mir in diesem Moment das Gleiche raten wollte. So haben wir uns gegenseitig ermahnt, uns selbst nicht zu vergessen.«

E. H.: »Das war sicherlich nicht immer einfach, da meiner Erinnerung nach Lewine trotz der Reisen und der Kulturveranstaltungen weiterhin ehrenamtlich sozial engagiert geblieben war.«

Lewine im Altenheim 2001

R. P.: »Ich freute mich, dass sie trotzdem viel Zeit hatte für unsere Gespräche und die gemeinsamen Theateraufführungen und Ausstellungen mit dem Kulturverein Syke. Wir haben sehr viel zusammen
unternommen. Ihr vielfältiges Engagement war nicht aufzuhalten.
Im Grunde hatte ich ja auch nichts dagegen. Anfangs hatte ich versucht, deine Mutter ein wenig zu bremsen. Sie müsse oder könne sich
doch besser anderweitig beschäftigen, auch sozial. Ich fragte sie, warum sie mit fast 80 Jahren kranke 60-Jährige im Rote Kreuz Krankenhaus in Hoya füttern musste. Ich hatte mitbekommen, dass es denen
zum Teil peinlich war, von einer noch älteren Frau gefüttert zu werden. Ich erlaubte mir, Lewine vorzuschlagen, sie könne stattdessen zu
Altentreffen in ihrer Kirchengemeinde in Hoya gehen. Nein, das wollte
sie auf keinen Fall, das wäre was für Alte. Da blieb deine Mutter stur.«

E. H.: »Ja, zu Altentreffen wollte ich meine Mutter auch mal überreden.
Aber nur einmal! Es war sinnlos. Sie wollte nicht so viel über Krankheiten reden und fühlte sich jung und war stolz darauf, noch so fit zu
sein. Das drückte sie zum Beispiel aus, wenn irgendwas in ihrer Nähe
auf den Boden fiel. Sie bückte sich schnell, um es als Erste aufzuheben.
Dann kam der Spruch: Ich bin fit wie ein Turnschuh.«

R. P.: »Das war typisch für sie.«

E. H.: »Ihre Fitness war der Grund, warum ihr auch im sozialen Bereich
viel zusammen gemacht habt. Du warst und bist ja noch immer ebenso
wie Lewine eine Frau für das Soziale. Lewine hat viel über das von dir
und der Kirche betreute Projekt für der Tschernobyl-Kinder in Hoya
erzählt. Jedes Jahr kamen mehr als 30 Kinder aus Belarus nach Hoya
und mussten jeden Tag für viele Stunden betreut werden.«

R. P.: »Oh ja, das war tatsächlich ein gemeinsames soziales Engagement.
Lewine beteiligte sich an der Tschernobyl-Aktion. Seit 1991 kamen die

acht- bis zwölfjährigen Kinder aus der am schwersten betroffenen Region Gomel aus Belarus nach Hoya. Für die damals noch Deutschen gegenüber skeptischen Belarusen war es ein großer Vertrauensvorschuss, ihre Kinder für vier Wochen in unsere Obhut zu geben. Lewine war mit ihrem großen Herz und ihrer noch größeren Geduld eine passende Hilfe. Wenn Helferinnen beim Aufenthalt gebraucht wurden, sprang sie ein. Sie war sich als 80-Jährige nicht zu schade, im Jugendheim in Wöpse in einem Etagenbett zu schlafen. Oder sie fuhr bei einem Tagesausflug der Tschernobyl-Kinder mit auf die Insel Langeoog. Dort machte sie alles mit, obwohl es anstrengend war, 20 Kinder zu betreuen. Sie übernahm wie alle anderen Helferinnen eine Gruppe von fünf Kindern, zeigte ihnen die Insel und ging mit ihnen in ein Eiscafé. Es war ihr nie zu viel ... jedenfalls hat sie nie darüber gesprochen.«

E. H.: »Das ist mir auch aufgefallen. Sie hat nie erwähnt, dass ihr all die Aktivitäten zu viel wurden. Nur ihre Freude hat sie zum Ausdruck gebracht. Auch mir als Sohn wurde damals nicht bewusst, dass sie schon stramm auf die 80 zuging. Ich lebte in einer anderen Welt, in der Business-Welt, in meiner Käse-Welt.

In Gesprächen mit Zeitzeugen über Lewine stellte ich fest, dass es auch anderen Personen aus ihren Lebenszusammenhängen so ging wie dir. Fast immer waren es Frauen, mit denen sie sich neben der sozialen Arbeit auch privat verbunden fühlte, natürlich nicht so eng wie mit dir. Mit Frau Bielefeld, du kennst sie, habe ich über die Kleiderstube und die Hilfstransporte in den Ostblock gesprochen.«

KLEIDER FÜR KALININGRAD

E. H.: »Frau Bielefeld, ich habe mich erinnert, dass meine Mutter mit Ihnen manchmal verreist ist und dass Sie mit ihr zusammen ehrenamtlich beim Roten Kreuz in Hoya gearbeitet haben. Wo und wann haben Sie sich kennengelernt?«

Frau Bielefeld: »Kennengelernt haben wir uns in der Kleiderstube beim Roten Kreuz, gleich nach der Wende, als die ganzen Menschen aus der ehemaligen DDR kamen und später die Russland-Deutschen aus

Zehn Hunderter „lieferten" gestern morgen Hoyas DRK-Vorsitzende Gesche Buschhorn und eine Delegation des Kleiderstuben-Teams bei der Tagesbildungsstätte der Lebenshilfe in Hoya ab. Nachdem die DRK-Kleiderstube geschlossen worden war, befanden sich immer noch 1.000 DM in der Kasse, in der das geringe Entgelt für abgeholte Sachen gelandet war. Das Geld sollte unbedingt die Lebenshilfe bekommen, so die Kleiderstuben-Damen, die auch sonst aktiv sind im DRK-Ortsverein Hoya. Gesche Buschhorn erklärte bei der Übergabe des Bargeldes durch Margret Hasper an Lebenshilfe-Leiterin Ulrike Büchs, daß damit auch ein Dankeschön für die stete Gastfreundschaft der Lebenshilfe bei Blutspende-Aktionen des DRK Hoya verbunden sei. hen/Foto: Henschel

Heute setzt sich Hilfstransport in Bewegung

„Wir bringen Hilfe" steht in fetten Lettern auf der Seitenwand des DRK-Transporters. Gestern bepackten die Helferinnen und Helfer des Roten Kreuzes auf dem Hof von Gesche Buschhorn drei LKW für einen weiteren Hilfstransport nach Weißrußland. Dort wird wieder ein harter Winter erwartet - und so kommen die Winterbekleidung, die Schuhe und die anderen Spenden, die die Freunde aus Deutschland zusammengetragen haben, gerade recht. Die Behörden in Rußland scheint das Leid der eigenen Menschen wenig zu tangieren. Gesche Buschhorn berichtete gestern noch vom Ärger mit den diversen Formalitäten. Dennoch war das Team achtköpfige Team voller Hoffnung, dass man die Hilfsgüter wirklich bis an den Bestimmungsort bringen kann. Auch dieser Transport war wieder nur möglich, weil neben vielen privaten Spendern auch einige Unternehmen unserer Region die gute Sache des DRK unterstützen. So stellte die Spedition Bösche einen Fahrer, die Firma Lühmann einen Transporter und vom Autohaus Mühlenbruch fährt sogar der Chef persönlich (Achim Mühlenbruch) mit. Der Hilfstransport setzte sich am heute in aller Frühe gegen 5 Uhr in Bewegung. Wenn alles wie geplant verläuft, wollen die Helfer am nächsten Dienstag wieder in Hoya sein. Foto: jcm dem Ostblock und der ehemals deutschen Stadt Königsberg. Später halfen wir beim Projekt für die Partnerstadt Prawdinsk, im ehemaligen Ostpreußen, der heutigen russischen Enklave Kalinigrad. Wir packten Kleider, Lebensmittel und andere Hilfsgüter, um sie dorthin zu transportieren.«

E. H.: »Welche Funktion hatte meine Mutter?«

Frau B.: »Wir hatten vom Landrat den Auftrag, für die in Hoya eintreffenden DDR-Flüchtlinge Kleider zu sammeln. Lewine hat geholfen, die gespendeten Kleider zu sortieren und die von der Qualität zumutbaren Kleider den Flüchtlingen bereitzulegen. In der ersten Zeit des großen Andrangs half sie täglich in der Kleiderkammer. Später gab es noch mindestens einmal pro Woche was zu tun.«

E. H.: »Wie viele Jahre hat sie dort geholfen?«

Frau B.: »Ungefähr sieben Jahre. 1996 wurde die DRK-Kleiderstube aufgelöst. Es kam eine neue Leiterin der Kleiderstube, die alles modernisieren wollte. Das neue Konzept ging so weit, dass die Menschen ausgesucht werden sollten, die die Kleider bekommen. Es gab dann sogenannte ›Bück-Dich-Ware‹, also Ware unter dem Tisch für ausgesuchte Personen. Das fanden Lewine und ich ungerecht. Lewine war sehr sozial eingestellt. Jeder Mensch, der Hilfe brauchte, sollte Kleider bekommen. Wir entschieden uns, aufzuhören. Das restliche Geld der Kasse spendeten wir an die Lebenshilfe Hoya, als Dank, dass sie dem Roten Kreuz die Räume für die Blutspende-Aktionen zur Verfügung gestellt hatten.«

E. H.: »Ich erinnere mich, Lewine hat viel von der Kleiderstube erzählt. Was war mit dem anderen Projekt des Roten Kreuz, den Hilfstransporten nach Russland?«

Frau B.: »Für den Transport nach Kaliningrad haben wir gespendete Kleider, Schuhe, Spielzeug, Wäsche und sogar Lebensmittel in Säcke und Bananenkartons gepackt. Das war zum Teil schwere Arbeit. Lewine hat immer durchgehalten, war nicht abzuhalten. Sie hat sogar beim Verladen der schweren Bananenkartons auf die Lkw geholfen.«

E. H.: »Das habe ich gehört. Gesche Buschhorn, die damalige Vorsitzende des Roten Kreuz Hoya, meinte zu mir, dass Lewine führend mitgearbeitet hat. Sie konnte andere Personen zu einer Mitarbeit überzeugen und anleiten. In welchen Jahren war das denn?«

Frau B.: »Aus den von mir gesammelten Zeitungsartikeln weiß ich, dass es noch 1999 war. Lewine war schon fast 80 Jahre alt. Ich fand das sehr bemerkenswert. Sie war bei jedem Einsatz in Hoya dabei. Sie konnte aber auch nein sagen. Wir hatten in Kaliningrad 14-tägige Kinderfreizeiten organisiert. Ich bin da mitgefahren. Lewine wollte nicht mitfahren, obwohl sie sehr kinderlieb war. Es wäre ihr zu anstrengend. Stattdessen hat sie mir für die Fahrt Geld in die Hand gedrückt und gesagt, dass ich was Besonderes mit den Kindern machen soll.«

E. H.: »Warum wurde dieses Projekt beendet?«

Frau B.: »Die Transporte nach Russland wurden immer komplizierter. Lukaschenko, der noch heute diktatorisch in Belarus regiert, war gegen diese Transporte durch sein Land. Wir sollten dann Zoll bezahlen. Außerdem haben sich die Zollbeamten immer häufiger Produkte aus unseren Spenden-Paketen und Säcken für private Verwendung rausgesucht. Das wurde erst besser, als wir uns für die Transporte eine Genehmigung vom Internationalen Roten Kreuz geholt haben. Irgendwann lief das Projekt aus. Für Lewine war die Arbeit auch zu schwer geworden.«

Ich konnte Lewine immer wieder unterstützen, das zu tun, was sie gern machte. Egal ob es das Hüten der Kinder, die ehrenamtlichen Tätigkeiten, die Reisen oder die Theater- und Museumsbesuche waren.

Ihr Lebensmut hatte sich nach dem Tod ihrer Mutter wieder gesteigert. Ihre Tage waren weiterhin ausgefüllt, jetzt aber mit einem gehörigen »Schuss von Genuss«.

Als alleinerziehender Vater unterstützte sie mich noch bis Mitte der Neunzigerjahre bei der Fürsorge meines Sohnes. Sie kam, wann immer sie gerufen wurde, und sie kam gerne. Lewine riss mich manchmal aus meinem Käse-Leben raus. Sie lud mich und meinen Sohn Fritz zu Tagesausflügen ein. Wir fuhren in den Zoo Hannover, sie lud uns in den Circus Roncalli ein, oder wir fuhren nach Hamburg in das Musical »König der Löwen«.

Die Anschaffung einer Bahncard machte Lewine die Reisen zu ihren Enkelkindern leichter. Sie begann vermehrt, meine Schwester Inka und meinen Bruder Dieter zu besuchen oder die beiden in ihrer eigenen Wohnung selbst zu empfangen.

Der Enkel Christian wurde 1987 geboren und erinnert sich noch heute an ein Erlebnis mit Lewine aus 1994:

»Meine erste Zugreise allein ohne Eltern führte mich zu Oma Lewine. Dieter hatte mich in Mainz in den Zug gesetzt, und Oma hat mich in Hannover in Empfang genommen. Oma Lewine hat immer was mit mir unternommen. Sie hat mich regelrecht verwöhnt und mir viel gekauft. Einmal waren wir in Bremen auf dem Marktplatz. Oma ist kurz in ein Geschäft gegangen. Ich wartete draußen und stand direkt vor einem Bettler. Oma kam zurück und sah, dass ich dem Bettler fünf Deutsche Mark von meinem Taschengeld geben wollte, und sagte: ›Darfst ihm kein Geld geben. Das versäuft er nur.‹ Oma ging dann mit mir zum Bäcker, und wir kauften zwei belegte Brötchen. Ich ging zum Bettler und brachte ihm die Brötchen. Er freute sich sehr. Ja, so war die Oma.«

Meine Schwester Inka kam meistens zusammen mit ihrem Mann Hans Heinrich und dann für ein paar Tage. Lewine hatte sich immer über den Besuch von Inka gefreut, um sich mit ihr in langen Gesprächen auszutauschen. Das war in Anwesenheit von Hans Heinrich leider nicht möglich, da er für Lewine in den Gesprächen und im Alltag zu bestimmend war. Der Kontakt zu Inka war dadurch stark eingeschränkt. Eines Tages hat sich Lewine getraut, dieses Problem anzusprechen. Sie bat Inka, doch auch einmal allein zu kommen. Das hat Inka zunächst verletzt. Schließlich sei Hans Heinrich ihr Mann, und Lewine müsste ihn so akzeptieren, wie er ist. Außerdem würde Hans Heinrich nicht gern allein zu Hause sein, was Inka unter Druck setzten würde, allein zu verreisen. Es dauerte ein paar Jahre, bis die beiden sich so geeinigt hatten, dass Inka immer häufiger allein zu Besuch kam, sogar jetzt gerne. Lewine war stolz, dass sie es geschafft hat, dieses Problem anzusprechen. Ihre Beziehung verbesserte sich zunehmend.

Dieter fuhr zu der Zeit regelmäßig mit seiner Familie an die Nordsee. Auf der Rückfahrt kam er regelmäßig zur großen Freude von Lewine mit seinen Kindern für ein paar Tage zu Besuch. Als Rentnerin genoss sie den Kontakt zu uns Kindern und den Enkeln als willkommene Abwechslung, obwohl sie ansonsten genug um die Ohren hatte.

DAS NEUE JAHRHUNDERT

Fundamentale Wende. Schrecken und Wahrheit

Lewine hatte jetzt mehr Zeit, nachdem die Kleiderstube 1996 geschlossen wurde. Auf eine Art war das schade, denn damit fiel für Lewine nicht nur ein angenehmer Termin aus, sondern auch einige soziale Kontakte, denn nicht jede »Arbeits-Bekanntschaft« ist auch eine private Bekanntschaft.

Sie nutzte die neugewonnene Zeit, um noch ein paar Reisen zu unternehmen, zu denen sie bisher nicht gekommen war. Es gab in Hoya immer genug Angebote für Tagesausflüge mit dem Bus sowie längere Ausflüge ins Ausland. Sei es vom Kneippverein, dem Roten Kreuz oder auch von privaten Unternehmen. Bei der einen oder anderen Reise war auch Frau Bielefeld dabei.

E. H.: »Frau Bielefeld, Sie haben mir erzählt, dass Sie mit meiner Mutter in der Kleiderstube zusammengearbeitet haben. Später haben Sie meine Mutter zu Hause besucht. Das hörte sich sehr privat an. Außerdem sind Sie zusammen verreist. Wie ist es dazu gekommen?«

Frau Bielefeld: »Wir haben uns ja, wie schon erwähnt, in der Kleiderstube in den Neunzigern kennengelernt. Wir waren uns gegenseitig schnell sympathisch. Sehr bald sagte ihre Mutter zu mir: ›Wir verstehen uns gut, meine Freundinnen und Freunde sagen Lewine zu mir, dass darfst du auch sagen‹. Ich habe lange nicht gewusst, dass sie eigentlich Margarete hieß. Wir haben uns noch einige Jahre nach Ende der Kleiderstube getroffen, bis in die Zeit von 2000 und 2002.«

E. H.: »Das stimmt, sie freute sich, mit Lewine angesprochen zu werden, es war einer ihrer sieben Vornamen. Wie eng war Ihre Beziehung zu Lewine? Sind sie Freundinnen gewesen?«

Frau B.: »Na ja, ich war 20 Jahre jünger als Lewine. Sie war für mich wie eine mütterliche Freundin. Meine Mutter war früh gestorben, und wir konnten viel über vertraute Dinge reden. Lewine konnte zuhören und mir wertvolle Lebenstipps geben. Lewine war vertrauenerweckend. Ich wurde von ihr angenommen. Ein Gefühl, das ich selten hatte mit anderen Menschen. Das hat mir sehr geholfen.«

E. H.: »Hat Lewine Ihnen was von sich erzählt? Oder hat sie nur zugehört und Tipps gegeben?«

Frau B.: »Von sich privat hat sie höchstens tropfenweise erzählt. Sie hat mir mit Begeisterung von der Lebenshilfe und den Kindern erzählt und wie sie dazu gekommen ist, mit Kindern mit Behinderung zu arbeiten. Die Arbeit sei ihr ganz wichtig geworden. Sie hat mir gegenüber oft erwähnt, dass in jedem Kind eine Begabung steckt, man muss nur Geduld und Vertrauen haben. Das hat mir gefallen. Es hat mich gestärkt im Umgang mit meinen eigenen Kindern. Wir haben oft über dieses Thema gesprochen.«

E. H.: »Wie vertraut war ihre Beziehung? Hat Lewine mit Ihnen über Probleme gesprochen, zum Beispiel über ihr Problem mit Alkohol?«

Frau B.: »Als ich sie kannte, hatte sie das Problem nicht, es musste vor meiner Zeit gewesen sein. Ich habe es nur nebenbei erfahren. Wir haben bei einem Tagesausflug nach Haselünne die Kornbrennerei Rosche besichtigt. Eine Bekannte hatte während der Busfahrt von der Überwindung ihrer Alkoholsucht berichtet. Da hat Lewine nebenbei erwähnt, dass sie es auch geschafft hat, aufzuhören, genauso wie das Rauchen. Ich fand es ganz stark, dass sie von heute auf morgen damit aufhören konnte. Es gab ja noch keine Hilfsorganisationen, sowas wie die Anonymen Alkoholiker. Bei der Besichtigung der Schnapsfabrik hat sie nicht einen Tropfen Alkohol getrunken. Danach brauchte sie sich von uns nicht mehr anhören, doch mal mit uns anzustoßen, nur ein einziges Mal, nur einen kleinen Schluck. So wie Anti-Alkoholiker in der Regel bedrängt werden. Sie hat immer brav nur Wasser getrunken.«

Besuch der Kornbrennerei 2000

E. H.: »In welchem Jahr war dieser Besuch in der Schnapsfabrik?«

Frau B.: »Das muss nach 2000 gewesen sein, als ich sie manchmal zu Hause besuchte.«

E. H.: »Hat sie mit Ihnen über die Gründe gesprochen, warum sie alkoholsüchtig geworden ist? Zum Beispiel wegen des Freitods ihres Mannes?«

Frau B.: »Über die Gründe hat sie nicht gesprochen. Den Freitod hat sie allerdings mal kurz erwähnt. In dem Sinn, dass er sich aus dem Leben gestohlen habe. Das allein fand ich schon sehr intim, so vertrauensvoll, dass ich mich nicht getraut habe, nachzufragen, wie es ihr damit ging und warum das passiert war.«

Lewine suchte weiterhin Abwechslung und Freude in Theater- und Museumsbesuchen. Der Drang nach längeren Reisen ließ jetzt endgültig nach und endete im Frühjahr 2001 mit einer Reise nach Polen. Sie fühlte sich noch »fit wie ein Turnschuh«, jedenfalls sagte sie dies noch im Jahr 2000, als sie von Mallorca zurückkam. Dieses Mantra von ihr sprühte aber nicht mehr die Kraft früherer Jahre aus. Ohne darüber zu sprechen oder sich zu beklagen, ließ sie uns wissen, dass sie ihre nachlassenden Kräfte auf

Lewine in Polen 2001

ihr steigendes Alter zurückführte. Ebenso waren für sie die sich wiederholenden kleinen Wehwehchen wie ihre Schluckbeschwerden und ihr Gefühl der Übersäuerung nur Zeichen der normalen Altersschwäche. Immerhin stand die Tür zu ihrem 80. Geburtstag im Frühjahr 2001 schon weit auf. Sie entschied sich, mehr für sich zu sorgen und ihren gesundheitlichen Zustand kontrollieren zu lassen, mehr routinemäßig als aus akut gefühlter Not.

Sie ahnte nicht, dass ihr eine weitere Tür geöffnet wurde: eine, die ihr Leben fundamental verändern sollte, eine, die sie zu einer gewaltigen Herausforderung zwang. Jetzt ging es um sie selbst. Eine Reise ins Innere statt in die Ferne.

Juni 2001. Der erste Schreck

Lewine ging zu ihrem Gynäkologen Dr. Ramsauer. Einerseits für eine routinemäßige Vorsorgeuntersuchung, aber auch wegen ihrer Schluckbeschwerden. Es quälte sie ein sogenannter Reflux, ein Rückfluss vom Magen in die Speiseröhre. Diesen Reflux empfand sie anfangs nur als störend. Die Diagnose des Arztes allerdings war: Im fortgeschrittenen Zeitraum eines Refluxes kann eine starke Entzündung in der Speiseröhre entstehen, und es kann zu einer Blutung kommen. Und jetzt spuckte sie plötzlich Blut.

Damit nicht genug. Bei der parallel durchgeführten Krebsvorsorgeuntersuchung bestand der Verdacht auf einen Brusttumor. Der Verdacht bestätigte ihr ungutes Gefühl, dass irgendetwas mit ihr nicht stimmte. Es gab dieses unangenehme Ziehen vom Magen bis fast in den Hals, und manchmal war es sogar mit Blutspucken verbunden. Was ist los mit mir, fragte sie sich, aber erst mal nur sich selbst. Sie bereitete sich auf das Schlimmste vor. Diese Zeichen ihres Körpers wollte sie ernstnehmen, das schwor sie sich.

2. Juli 2001

Es erreichte Lewine die Nachricht, dass die Punktion keinen Befund eines Tumors in der Brust ergeben habe. Sie spürte aber, dass ihre gesundheitlichen Probleme mit dem Spucken und ihr zunehmendes Unwohlsein damit nicht beendet sein würden. Dazu kannte sie ihren Körper zu gut. Allein die Andeutung eines Tumors nahm sie so ernst, als ob ein Krebs sie wirklich befallen hätte. Ihre freie Zeit begann sie damit auszufüllen, ihre Wohnung, Schränke, Kartons und den Keller zu durchkämmen, um sich von unnötigem Ballast zu befreien. Viele solche Dinge hatte sie aber nicht. Sie war in ihrem Leben oft genug umgezogen. Jedes Mal eine Gelegenheit, Zug um Zug ihr Hab und Gut zu verringern.

WECHSEL DER GEFÜHLE. BRIEFE

Es waren ja nicht allein die Gegenstände, Klamotten und all das Gedöns, was normalerweise im Leben so mitgeschleppt wurde. Es gab ja noch den seelischen Ballast. Davon hatte Lewine nicht viel, aber den sie noch hatte, der reichte ihr. Seit mehr als 25 Jahren schleppte sie den Konflikt mit dem schon genannten Sohn mit sich herum. Sie konnte nicht vergessen, dass er ihr nach dem Freitod ihres Mannes, seinem Vater, Vorwürfe um die Ohren gehauen hat. Jahre später gesellte er sich zusätzlich in ihrem Familienstreit noch auf die Seite ihrer garstigen Schwester. Aus der Ferne, ohne sich bei ihr oder anderen Mitgliedern der Familie über deren Hintergrund des Streits zu informieren. Jetzt kam ihr nicht nur der Saft des Magens hoch, sondern auch diese unverarbeitete Verletzung, die Erkenntnis, dass er sie seit dem Tod seines Vaters und damit seit 26 Jahren nicht besucht hatte, dafür aber ihre Schwester im Nachbarort, mit der sie im Streit lag.

Jetzt schien der richtige Zeitpunkt, diese Verletzungen zu heilen und Frieden zu schließen, jetzt, wo ihr ein Tumor im Vorbeigehen kurz Guten Tag gesagt hat. Schließlich war sie in ihrem sonstigen Leben stets bedacht und in der Regel erfolgreich darin, Konflikte zu bereinigen, soweit sie sich zu den Personen verbunden fühlte. Im Übrigen bliebe in ihrem Alter nicht mehr viel Zeit zur Klärung, flüsterte ihr die alte Frau in ihr zu, die sich in letzter Zeit öfter gemeldet hatte.

Es hat eine Zeit gedauert, bis Lewine sich sicher war, die richtigen Worte für einen Brief an ihren mit Konflikten belasteten Sohn gefunden zu haben. Ende August 2001 schickte sie den achtseitigen Brief ab. Einen so langen Brief, noch dazu handschriftlich verfasst, hatte sie noch nie geschrieben. Trotz ihrer 80 Jahre mit klarer, deutlicher Handschrift, klaren Worten und voller Hoffnung, gepaart mit Skepsis und viel Mut. Ein Brief, der typisch für Lewine war.

Handschriftlicher Brief, 8 Seiten   *Hoya 30. August 2001*

Ich habe Vaters Geburtstag (31.8.) zum Anlaß genommen, mir meinen Kummer und mein Leid und den Ballast, den ich jahrelang mit mir herumgetragen habe, endlich von der Seele zu reden, beziehungsweise zu schreiben. Vorweg einen zeitlichen Überblick

Mai 1944	*Im Mai 1944 trat ich in Euer Leben. 3 kleine Kinder wurden mir anvertraut. Du wollest schon am ersten Tag unserer Begegnung, daß ich bei Euch bleibe, bis ich weiße Haare habe. Die weißen Haare habe ich inzwischen und somit habe ich meine Pflicht erfüllt.*
Mai 45	*Im April 45, der Krieg war fast am Ende, wurde Vater noch eingezogen, kam aber nach ein paar Tagen zurück. Die Offiziersuniform wurde ihm zum Verhängnis. Euer Vater wurde ohne jegliche Erklärung auf einen amerikanischen Jeep verfrachtet, ohne einen Abschiedsgruß. Wir vier blieben 8 Monate allein, ohne ein Lebenszeichen von Eurem Vater. Heiligabend stand er plötzlich in der Tür, gezeichnet von 8 Monaten Gefangenschaft in einem Hungerlager.*
Mai 46	*Umzug von Marienhagen nach Banteln, der Veränderungen für uns alle brachte.*
Juli 46	*Heirat*

Du hast nach der Schule das Elternhaus verlassen. Die vielen Briefe von Dir habe ich kürzlich noch mal gelesen. Damals stimmte die zwischenmenschliche Beziehung noch. Du hast Dich in Deinen Briefen für alles, was ich für Euch getan habe, bedankt und – daß Du es nie wiedergutmachen kannst, es aber für oder an Deinen Kindern tun wirst. Und das hast Du eingelöst!

1961 die Stilllegung unseres Kalkwerks war ein tiefer Einschnitt in unser aller Leben. Am schlimmsten war es für Euren Vater. Die Existenz weg, die Zukunft unsicher und – wir hatten unsere Heimat, unser Zuhause verloren. Es folgten schwere, unruhige und sorgenvolle Jahre, auf die ich heute nicht weiter eingehen möchte.

13.5.75   Der schwärzeste Tag in unserer Familie. Es hat nicht gereicht, daß Ihr den Vater verloren habt. Mit seinem Tod gingen Familienbande entzwei. Für eine Mutter fast nicht zu ertragen! Da begann auch unser Zerwürfnis. Dein Verhalten ist mir auch heute noch unverständlich. Was ist in Dir vorgegangen? Was für einen Grund hattest Du, zur Polizei zu gehen? Die Antwort auf diese Frage bist Du mir leider bis heute schuldig. Alle, die wir damals versammelt waren, standen unter Schock und waren wie gelähmt.

Und Du hast den Abschiedsbrief von Vater (bei der Polizei) gelesen, obwohl er an mich gerichtet war. Das hast Du nicht akzeptiert. Du hast den inhaltsschweren Brief aus Deiner Sicht gedeutet und plagst Dich rum damit.

Für mich hat der Brief eine ganz andere Aussage, die Du als Sohn gar nicht nachvollziehen kannst.

Dein Verhalten damals mir gegenüber hat mir den Mund verschlossen und im Herzen eine Narbe hinterlassen. Ich frage mich, steht es einem Sohn zu, über seine Mutter Gericht zu halten, sie anzuklagen, ihr Schuldgefühle aufzuladen und sogar das Wort »Buße« zu gebrauchen? Kannst Du Dich noch erinnern?

1978   Umzug von Hassel nach Hoya. Du warst mir, zusammen mit Eberhard, wirklich eine große Hilfe! Für persönliche Gespräche fand sich leider keine Gelegenheit.

Nun folgt noch eine böse Attacke von Dir gegen mich gerichtet, bei der ich nicht wußte, um was es eigentlich geht.

Weißt Du eigentlich noch, zu was Du mich im Brief und noch schlimmer am Telefon charakterlich abgestempelt hast?

Woher nimmst Du Dir als unwissender Außenstehender das Recht, Dich auf solche Art und Weise in die internen Probleme der Familie Meyer einzumischen? (Hinweis: Es betrifft den Konflikt Dorothea und den Konflikt unserer Großmutter in Hoyerhagen bis hin zum Hausverbot.) *Um einen nahestehenden Menschen so hart zu beschuldigen, müßte man mindestens mit klaren Fakten und Zeugen antreten. Einseitige Aussagen reichen nicht aus. Woher kamen Deine Kenntnisse?*

So hast Du Dich <u>wieder</u> mal zu Boshaftigkeiten in Worten und im Brief hinreißen lassen, anstatt mit mir, Duddenhausen (Hinweis: Familie vom Bruder Julius) *oder Ahausen* (Hinweis: Familie der Tochter von Julius) *zu reden. Wir waren alle mehr oder weniger im Einsatz und hatten alle unsere eigenen Erfahrungen, die Dir vielleicht oder sicher geholfen hätten, Deine Informationen in Frage zu stellen oder zu revidieren. Wahrscheinlich hätte man dir geraten, Dich aus der ganzen Angelegenheit rauszuhalten!*

Wir wollen noch einmal aufnehmen, Was Du unter »Hilfe-helfen« oder »genug – nicht genug« verstehst, welcher Gradmesser für Dich wichtig und nötig ist.

Daraus ergibt sich für mich aus dieser Sicht folgendes. Es sind Fragen, bei die es sich lohnen dürfte, nachzudenken.

Hast Du Dich genug um Deinen Vater gekümmert?

Sollte Dein Vater sich manchmal insgeheim gewünscht haben, Dich ab und zu zu sehen oder hat er vielleicht auf eine Einladung gewartet?

In den letzten 26 Jahren hat es zwischen uns beiden nur ein Wiedersehen bei gelegentlichen Treffs, gegeben, ohne große innere Beteiligung. Kann es sein, daß wir uns durch Dein Verhalten so weit voneinander entfernt haben?

Solltest Du das Bedürfnis haben, mich zu besuchen, bist Du herzlich willkommen.

Dann bring Dir aber Zeit mit und warte nicht zu lange damit. In meinem Alter weiß keiner, wie viel Zeit noch bleibt.

Ich wünsche mir, daß Du die richtige Einstellung zu meinem Brief findest! Euch wünsche ich nur Gutes, eine sorgenfreie Zukunft.

Mutti

Nur wenige Tage später schrieb der Sohn zurück. Er schrieb nicht an »Lewine« oder »Mutti«, sondern an »Mutter«, wie es unser Vater stets bevorzugt hören wollte und Lewine es sich nicht mehr gewünscht hatte.

Liebe Mutter,

dies ist der letzte Brief in der Art, den Du von mir bekommst. Ich werde in dieser Form keine Richtigstellung, Rechtfertigung – oder wie Du es sonst bezeichnen willst – schreiben. Was Du allerdings nicht sagen oder denken darfst, dass ich Vorwürfe mache. Du musst diese Zeilen nicht lesen oder beantworten. Wahrscheinlich hilft uns das auch nicht weiter.

Nun zu Deinem Brief. Du hast früh angefangen, Kindersprüche von mir eingebracht, von Pflicht geschrieben, in die vor allem ich Dich genommen habe, aber es war Deine Entscheidung, den Vater zu heiraten. Diese Entscheidung hat hoffentlich auch mit Dir und Vater etwas zu tun gehabt.

Der 13.5.75 war wirklich der schwärzeste Tag in unserer Familie. Jeder musste auf seine Art damit fertig werden und Du hast es heute noch nicht verarbeitet. Aber eins nach dem anderen.

Die Nachricht von diesem traurigen Ereignis hat mich hart getroffen. Musste das sein? Warum? Was habe ich falsch gemacht? Hätte ich das verhindern können? Diese Fragen haben mich nicht schlafen lassen und ich spreche mich auch von Schuld nicht frei. Mein persönliches Verhältnis zum Vater war nicht geklärt und das bleibt unerledigt. Aus dieser Stimmung heraus bin ich zur Polizei gefahren, um mich nach den näheren Umständen zu erkundigen. Ich wusste nicht, was mich bei Dir erwartet und ich wollte vorbereitet sein, bei Dir keine dummen Fragen über das Wie und die näheren Umstände stellen. Da ich im Abschiedsbrief erwähnt war, hat die Polizei mir dann diesen Brief zum Lesen gegeben. Zur Verletzung des Briefgeheimnisses bekenne ich mich und mit dem Vorwurf daraus werde ich leben.

Natürlich liest jeder jedes Schriftstück anders und zieht seine eigenen Schlüsse. Das war und ist hier nicht die Frage. Vor, bei und nach der Trauerfeier habe ich Dich gefragt, ob Vater sich verabschiedet hat. Du hast immer nein gesagt. Kurz vor meiner Abreise habe ich Dich und meine Geschwister zusammengerufen, nicht um Gericht zu halten, wie Du ausgedrückt hast, sondern um drei Punkte anzusprechen:

Vater hat von uns allen persönlich Abschied genommen. Das war mir das Wichtigste überhaupt.

Warum hast Du nicht selbst von dem Brief erzählt? Ich meine, wir Kinder hatten und haben ein Recht, den Brief zu lesen.

Warum hast Du Vater nicht in Banteln beerdigt? Diese Frage hätte ich Dir auch gestellt, ohne den Brief gelesen zu haben. Dieser Wunsch von Vater war uns bekannt.

In welchem Zusammenhang ich von Buße geredet haben soll, ist mir schleierhaft. Das passt da nicht hinein. Schuldzuweisungen hat es <u>nicht</u> gegeben, weil Vater für sich entschieden hat, zu gehen, ist von mir über diesen Aspekt (bis heute) nicht gesprochen worden. Wenn du allerdings aus den beiden Fragen Schuld für Dich ableitest, dann kann man darüber reden, wie und ob Du damit fertig wirst. Es muss aber Deinen Kindern erlaubt sein, diese Fragen zu stellen und eine Antwort zu erhalten. Außer Tränen habe ich dazu von Dir noch nichts erfahren.

Eigentlich wollte ich zu Deinem Punkt »Familie Meyer« gar nichts bemerken, aber doch kurz folgendes. Du hast uns in diese Familie eingeführt und wir haben unsere eigenen Kontakte geknüpft.

Das hat nichts mit Einmischen zu tun. Und Rechenschaft sind wir Dir auch nicht schuldig. Wenn bei solchen Kontakten Sorgen zutage treten, dann versucht man zu helfen, wo man eben kann. Dich in dem Fall anzusprechen, war vergeblich. Das habe ich leider zu spät erkannt und daraus kannst Du mir vielleicht einen Vorwurf machen. Wenn Boshaftigkeiten im Spiel waren, dann war mir das nicht bewusst. Aber möglich wären in einem solchen Fall Fragen, was mich bewegt, welches Problem ich damit habe u.ä. Wenn Fragen dann ausbleiben, spricht man gar nichts mehr.

Du stellst nun die Frage, ob es mein Verhalten war, was uns voneinander trennt. Ich kann darauf keine Antwort geben. Ich habe nur gelernt, dass zu einer Beziehung zwei gehören und dass ganz selten nur einer am Scheitern verantwortlich gemacht werden kann, wenn offen und ehrlich über alles geredet wird. Diese Offenheit, liebe Mutter, habe ich bei Dir bis heute vermisst und Dein Brief ist ein ganz trauriges Beispiel dafür. Wie soll ich dazu die richtige Einstellung finden? Was ist richtig? Du schreibst vorwurfsvoll an und über mich, schreibst von eigener Sprachlosigkeit und Vernarbung am Herzen und schreibst gar nichts über die Situation, die uns getrennt hat. Du warst nicht die einzige, die gelitten hat. Eine Bemerkung »Ihr könnt Vater ja umbetten, wenn ich tot bin« war wenig hilfreich und das einzige, was ich von Dir zum 13.5.75 bisher gehört habe. Das verbindet nicht gerade. Solange Du nicht bei Dir selbst forschst, gibt es für uns ganz wenig zu reden.

Wenn ich jetzt boshaft wäre, würde ich Dir sagen, gib doch diesen Brief an Eberhard, der würde das schon regeln, wie es früher Dein Mann für Dich getan hat.

Wie anfangs geschrieben, ich erwarte keine Antwort und werde selbst nur noch auf ehrliche Briefe antworten. Leider habe ich heute keine Zeit gefunden, handschriftlich mich zu äußern. So war ich in jedem Fall schneller.

Auch wenn Du es an dieser Stelle nicht erwartest, ich bin dir dankbar für alles, was du für uns getan hast, und wünsche dir alles Gute, Gesundheit und wenig Sorgen.

(Unterschrift)

L ewine wollte die Beziehung zu diesem Sohn klären, nicht länger mit der Belastung leben, geschweige denn, sie später mit ins Grab nehmen. Hatte er es geschafft, ihre Botschaft zu verstehen und auf sie einzugehen? Konnte seine Antwort dazu beitragen, den alten Konflikt zu lösen? Sie war verzweifelt und getroffen von der »Kälte« seiner Antwort, wie sie es ausdrückte. Er schien ihr, ebenso wie sein Vater, nicht in der Lage, emotionale Konflikte zu lösen. Zu schnell hatte er geantwortet, vielleicht brauchte er Zeit zur Besinnung. Ein Funken Hoffnung blieb ihr.

Einen Monat nach dieser derben Enttäuschung wegen des Briefwechsels stand ihr Geburtstag vor der Tür. Sie fühlte sich noch nicht in der Stimmung, im Kreis der fünf Kinder eben mal locker und fröhlich zu feiern. Sie hatte zu diesem Zeitpunkt nicht das Gefühl, große Unterstützung zu bekommen. »Außerdem würden die Kinder zu viel erwarten«, begründete Lewine ihre Entscheidung: Eine Geburtstagsfeier, noch dazu einen runden mit der acht davor, sollte und konnte keine Beziehungsklärungs-Feier werden. Lieber wollte sie schweren Herzens ganz auf eine Feier verzichten.

Als Ersatz und als Geschenk nahm sie von mir eine Einladung zu einer Rundreise in die Vergangenheit an, nach Banteln und Peine, wo sie früher mal mit allen Kindern gelebt hatte. Sie beauftragte mich, den Geschwistern ihre Entscheidung mitzuteilen. Einige der Geschwister waren sehr enttäuscht, sie hatten in der Nähe von Hoya schon ein Ferienhaus gemietet. Sie wollten Lewine überraschen und dort mit ihr den Geburtstag feiern, um ihr die Arbeit in ihrer Wohnung zu ersparen. Von dem Briefwechsel mit einem ihrer Brüder wussten sie nichts, und wenn ich mich recht erinnere, hatte er nicht geplant zu kommen.

NOVEMBER 2001. HEIMLICHE SORGEN

Die Welle der Arztbesuche war noch nicht beendet. Bei einer erneuten Punktion wurde ein Krebsgeschwür in der Brust festgestellt. Bei einer Bronchoskopie (Spiegelung der Luftröhre) wurden zusätzlich Metastasen in der Lunge gesichtet.

Es wurde eine Hormontherapie mit Medikamenten durchgeführt (Tamoxifen, Fermara), um das Wachstum des Tumors und gleichzeitig der Metastasen mit diesen – vereinfacht ausgedrückt – Anti-Hormon-Infusionen zu hemmen.

Diese auf drei Jahre angelegte Langzeittherapie hatte für Lewine keine speziellen Nebenwirkungen. Sie nahm diesen Krebs dennoch sehr ernst und war hoffnungsvoll, dass die Tabletten und die wöchentlichen Infusionen helfen würden. Von nun an waren für sie ständige Arztbesuche bei Dr. Ramsauer angesagt, mindestens jedes Vierteljahr zu einer Kontrolle und einer Blutentnahme. Gesellschaftlich zog sie sich langsam zurück, ohne viele Worte über ihre Krankheit zu verlieren.

Die Zwillinge von Renate Helmle waren mittlerweile schon erwachsen, den Kontakt zu ihnen hielt Lewine aber aufrecht. In einem Interview Ende Juni 2022 sprach ich mit Renate Helmle über Lewine und den Tumor:

E. H.: »Im Jahr 2001 stellte sich überraschend heraus, dass Lewine Brustkrebs hat. Hat sie dir davon erzählt?«
Renate Helmle: »Anfangs hat sie nicht darüber geredet. Erst später hat sie signalisiert, dass sie krank ist.
Erst im Nachhinein verstanden wir, dass sie sich anders verhalten hat. Zu der Zeit hatte sie uns ab und zu im Geschäft besucht. Sie fragte uns, ob wir was zu tun hätten, um Ablenkung zu bekommen. Sie wollte nicht allein sein. Das war außergewöhnlich, denn normalweise hatte sie immer viel um die Ohren. Aber einige Termine wie die der Kleiderstube gab es nicht mehr.«
E. H.: »Hast du sie angesprochen auf dieses ungewöhnliche Verhalten?«
R. H.: »Nein, ich wollte sie nicht bedrängen. Ich kannte sie gut. Wenn sie was erzählen wollte, hat sie es stets gemacht. Ich hatte nicht das Recht,

sie auszufragen. Ich habe ihr nur gesagt, dass sie jederzeit vorbeikommen könne.«

E. H.: »Was denkst du, war es ihr peinlich, über ihren Brusttumor zu sprechen?«

R. H.: »Lewine war keine Person, die viel über Krankheiten reden wollte. Peinlich war es ihr sicherlich nicht. Normalerweise konnte sie auch über solche Krisen offen reden. Ich hatte den Eindruck, dass sie so weit wie möglich normal weiterleben wollte.«

E. H.: »Hattest du irgendwelche Anzeichen bemerkt, dass sie krank war oder krank wurde?«

R. H.: »Ich erinnere mich nur, dass sie immer wieder zu einer Osteopathin in Bruchhausen-Vilsen gegangen ist, weil sie Schmerzen am Brustbein und der Schulter hatte.«

E. H.: »Das passt vielleicht. Ich erinnere mich, dass sie zum Arzt ging, ohne wirklich Schmerzen in der Brust zu haben. Es ging mehr um Schluckbeschwerden, die für sie nur ärgerlich, aber nicht lebensbedrohlich waren. Diese Beschwerden würde sie wegstecken können. Die Diagnose mit dem Brustkrebs kam für sie sehr überraschend.«

R. H.: »Später hat sie mir gegenüber erwähnt, dass es ihr nicht gutgeht. Mehr habe ich nicht erfahren.«

So erging es auch den Familienmitgliedern von Lewine. Wollte sie ihre Kinder nicht belasten? Sie wusste, dass alle Kinder mit ihren Familien und in ihrem Beruf selbst belastet waren. Ihre Art war es zunächst nicht, sie noch mehr zu belasten.

APRIL 2002. UNGEWOLLT GEWACHSEN

Lewine versuchte, ihr Leben zwar eingeschränkter, aber wie gewohnt zu organisieren. Sie liebte es, in Hoya einzukaufen, sich weiterhin dort zu zeigen, und genoss die kleinen Plauschereien auf der Straße mit anderen Menschen. Dieser Genuss am Leben wurde allerdings in dem Moment getrübt, als der Arzt Dr. Ramsauer ihr bei einem der regelmäßigen Arztbesuche offenbarte, dass sich der Brusttumor weiterentwickelt habe.

Aufgrund ihres Alters wurde auf eine Chemo- oder Strahlentherapie verzichtet, um sie körperlich nicht zu stark zu schwächen. Stattdessen entfernte ihr Gynäkologe Dr. Ramsauer den Tumor mit einer ambulanten, halbstündigen, brusterhaltenden Operation. Außer den Nachwirkungen der Narkose hatte Lewine körperlich keine Nebenwirkungen. Die Tatsache, dass der Tumor sich vergrößert hatte und eine Operation nötig war, zerstörte nicht ihre Hoffnung auf Heilung – das machte sie nach außen deutlich, falls sie überhaupt mal über ihre Krankheit sprach.

Mit Abschluss der OP wurde die bisherige Hormontherapie weitergeführt und durch eine wöchentliche, halbstündige Infusion (mit Herceptin) ergänzt. Diese Behandlungen sollten eventuelle, bisher nicht erreichte befallende Zellen in der Brust und vor allem die noch immer vorhandenen Metastasen in der Lunge zurückbilden.

Lewine bemerkte bei diesen erweiterten Behandlungen weiterhin keine körperlichen Nebenwirkungen. Die wöchentlichen Termine und die damit verbundenen laufenden »Konfrontationen« mit dem Tumor kratzten allerdings langsam an ihren psychischen Kräften. Diese Termine nervten sie, hatten sie doch ihren gewohnten Tagesrhythmus gehörig verändert. Dennoch hoffte sie, den Kampf gegen den Krebs nicht zu verlieren, was sie ihrem Neffen Axel per Postkarte mitteilte.

Ihr gutes Gefühl bestätigte sich, als bei einer Nachuntersuchung im Juli 2002 der Brusttumor nicht mehr nachweisbar war. Das war mal eine gute Nachricht. Die auf drei Jahre angesetzte Hormontherapie wurde fortgesetzt, denn es gab weiterhin die Metastasen in der Lunge. Diesen galt die Therapie, und ihre Entwicklung musste laufend kontrolliert werden. Geblieben waren ihr unangenehmes »Hüsteln«, die Schluckbeschwerden und ein im August wieder aufgetretenes Blutspucken.

Lewine versuchte, ihre gewohnte Tagesstruktur aufrecht zu erhalten, und sorgte ein wenig mehr für sich. Ihre Freundschaft zu Renate intensivierte sich. Hier hatten sich zwei Frauen gefunden, die sich viel zu sagen hatten und sich gegenseitig unterstützten. In Renates Mittagspause stand für sie bei der Rentnerin Lewine jetzt öfter das warme Mittagsessen auf dem Tisch. Mit solchen Aktionen »klammerte« sie sich zunehmend an ihre neue Freundin. Wichtiger als diese neue, eingeschränkte soziale Aufgabe mit der Zubereitung des Essens war ihr der persönliche Austausch mit Renate.

Im September und November war es bei Lewine dreimal zu diesem unangenehmen Bluthusten gekommen. Ihr Gynäkologe Dr. Ramsauer überwies sie erneut zur Untersuchung ins Krankenhaus. Bei einer Computertomographie der Lunge wurde im Klinikum Bremen-Ost festgestellt, dass sich die Metastasen auf eine Größe von 5,6 Zentimeter weiterentwickelt hatten.

Die festgestellte Vergrößerung der Metastasen und dieser Bluthusten veranlassten Dr. Ramsauer, die Spezialisten im Klinikum Bremen-Mitte, das St.-Jürgen-Krankenhaus, zu fragen, ob jetzt eine Lungenbestrahlung sinnvoll sei.

Waren der Reflux mit dem Bluthusten für Lewine bisher nur vorübergehend unangenehm, aber nicht groß belastend, so änderte sich ihre Einstellung langsam. Es nervte sie zunehmend, dass sie immer häufiger zu Behandlungen gefahren werden musste und damit auf fremde Hilfe angewiesen war. Sie bevorzugte dabei die Hilfe von meiner Partnerin Anke und mir. Wir hatten darüber hinaus den Vorteil, unsere Arbeitszeit ohne Probleme nach den Arztterminen einteilen zu können.

So praktisch dies war, so anstrengend waren die Fahrten. Bei über mehr als 40 Kilometer im Auto nach Bremen und mit den Wartezeiten bei den Untersuchungen zogen sich diese Fahrten oft bis zu sechs Stunden am Tag hin. Sie waren nicht nur für Lewine, sondern auch für Anke und mich eine Belastung, nicht nur körperlich, sondern auch psychisch, immer wieder mit den Folgen der Krebserkrankung konfrontiert zu werden und sich damit auseinandersetzen zu müssen. Gern hätten wir alle auf die Behandlungen verzichtet und haben sie dennoch als absolut notwendig und selbstverständlich angesehen, solange Lewine es wollte. Nach der CT-Untersuchung im Klinikum Bremen-Ost stand sehr bald der Beratungstermin im Klinikum Bremen-Mitte bevor.

4. DEZEMBER 2002

Der Arztbericht des Klinikums Bremen-Mitte führte über die aktuellen Beschwerden Protokoll:

»Die Patientin stellt sich in Begleitung durch ihren Sohn vor. Sie berichtet, sich zurzeit allgemein abgeschlagen zu fühlen und unter einem unangenehmen Hustenreiz zu leiden. Die körperliche Leistungsfähigkeit ist allgemein reduziert, und nach dem Steigen von einer Treppe besteht eine deutliche Luftnot und Atemnot (Dyspnoe). Zu einem Bluthusten (Hämoptoe) ist es seit November nicht mehr gekommen.

Im Moment raten wir von einer Bestrahlung der Lunge ab, sie würde die vorhandene Atemnot eher noch verschlechtern. Bei erneutem Bluthusten und beim Auftreten neuer Metastasen im Körper wäre aber eine palliative Bestrahlung möglich.

Da die Patientin einen deutlichen Behandlungswunsch äußerst und in relativ gutem Allgemeinzustand ist, wiesen wir sie auf die Möglichkeit einer palliativen Chemotherapie hin, erläuterten aber auch die starken Nebenwirkungen.«

Die Aufklärung über mögliche starke Nebenwirkungen einer Chemotherapie ließen Lewine allerdings überzeugen, vorerst auf eine intensivere Behandlung zu verzichten. Schließlich waren die auf drei Jahre angelegte Behandlung durch die Hormontherapie und die wöchentlichen Infusionen noch nicht beendet. Sie wollte ihren Funken Hoffnung noch bewahren, während die Ärzte zu diesem Zeitpunkt schon deutlich von »palliativen Therapien« sprachen und damit von Maßnahmen, die lediglich auf eine Erleichterung und Verlängerung ihrer Lebensdauer zielten und somit eine mögliche Heilung ausschlossen.

Lewine hatte die Hoffnung auf Heilung noch nicht aufgegeben. Ihr Lebenswille war stark ausgeprägt. Es war noch nicht lange her, dass sie bei den Tschernobyl-Kindern in einem der Hochbetten gelegen hatte. Sie hatte sich zudem fest vorgenommen, genauso wie ihre Mutter 100 Jahre alt zu werden.

2003
BESINNUNG AUF DAS WESENTLICHE

Lewine nahm die laufenden Arztbesuche bei Dr. Ramsauer weiterhin ganz brav wahr, holte sich die ambulanten Infusionen ab und nahm im Anschluss die mindestens halbstündige Ausruhphase in Kauf. Diese Besuche bestimmten ihre wöchentliche Struktur und beherrschten ihr Leben. Langsam wurde sie ungeduldig und war mit ihrem allgemeinen Gesundheitszustand nicht zufrieden. Sie suchte sich alle möglichen »Strohhalme«, um wieder zu Kräften zu kommen.

Im Januar 2003 verschrieb sie sich selbst eine vierwöchige Kurzzeitpflege in der Bergstraße in Bruchhausen-Vilsen. Eine Pflegestation direkt neben dem Friedhof Vilsen. Diese Nähe zum Friedhof irritierte sie nicht, sie wollte sich lediglich etwas »Gutes« antun und drückte es so aus: »Ich muss mich jetzt aufpäppeln lassen.« Jetzt musste sie lernen, damit umzugehen, dass sie schwächer geworden war.

Eine Folge dieser Erkenntnis war, dass sie sich ab 2003 gesellschaftlich von Jahr zu Jahr mehr zurückzog. An Reisen in fremde Länder war nicht mehr zu denken. Selbst ihre gerade verlängerte Bahnkarte verstaubte auf ihrem Schreibtisch. Das Ende von ihrem sozialen, ehrenamtlichen Engagement war gekommen. Selbst ihre Gespräche beim Einkaufen auf dem Markt und bei Spaziergängen in der Stadt wurden immer mehr eingeschränkt. Die unfreiwilligen gesellschaftlichen Kontakte bei den sich häufenden Besuchen im Wartezimmer der Ärzte waren kein Ersatz. Im Gegenteil, sie waren ihr unangenehm, da sie sich in den Momenten zumeist sehr schwach und schlecht fühlte.

Ihre noch vorhandenen Kräfte benötigte sie jetzt für die Konzentration auf sich selbst und ihren Umgang mit ihren Krankheiten. Wenn sie dann noch Kraft für Gespräche hatte, bewahrte sie diese für ihre Vertrauenspersonen und gelegentliche Besuche von auserwählten Bekannten auf. Gespräche über »Gott und die Welt« oder über andere Personen waren ihr jetzt zu oberflächlich und vor allem zu anstrengend. Zudem vermisste sie ihre eigene Fröhlichkeit in gesellschaftlichen Runden. In zunehmendem Maße wollte und konnte sie solche Besuche nicht mehr empfangen. In diesem Zusammenhang ging der Kontakt zu Frau Bielefeld, mit der sie sich bei ihrem Engagement beim Roten Kreuz so gut verstanden hatte, langsam dem Ende entgegen.

E. H.: »Frau Bielefeld, hat Lewine Ihnen von ihrer Krankheit erzählt? Sie hatte einen Tumor.«

Frau Bielefeld: »Ich wusste nicht, dass sie so krank war. Noch im Frühjahr 2000 verreisten wir gemeinsam zur Mandelblüte nach Mallorca. Da hat sie sich einen bequemen Ledermantel gekauft, der ihr gut stand und den sie oft anhatte. Da schien sie noch gesund zu sein. In den Jahren danach habe ich schon bemerkt, dass sie schwächer wurde und längere Gespräche nicht mehr führen konnte oder wollte, denn geistig war sie noch fit. Sie hat nie gejammert, weder über ihre Krankheit oder irgendwas anderes. Das empfand ich als eine Stärke von ihr. Aber vielleicht hätte ihr es gutgetan, über ihre Krankheit zu reden.«

E. H.: »Sie haben Recht, sie wurde immer schwächer und musste ihre gesamte Kraft auf ihre Krankheit konzentrieren.«

Frau B.: »Ich merkte, dass sie über die Krankheit nicht reden wollte. Ich habe mich nicht abgelehnt gefühlt. Ich habe das verstanden und akzeptiert, heute erst recht, wo ich selbst krank bin. In der Zeit, wo die ersten Betreuerinnen kamen, nahmen die Kontakte schnell ab.«

E. H.: »Hatten Sie nach der Fahrt nach Haselünne in die Kornbrennerei noch Kontakt?«

Frau B.: »Danach haben wir uns weiterhin privat getroffen, zum Kaffeetrinken, auch in ihrer Wohnung. Sie fuhr gern ins Theater und zu Kunstausstellungen. Das war nicht meine Welt. Wir haben uns mehr über alte Zeiten unterhalten. Irgendwann lief der Kontakt aus. Mir schien, dass Lewine sich zurückgezogen hatte. Später hörte ich, dass es ihr nicht so gut ging. Ich wollte nicht aufdringlich sein.«

E. H.: »Da Lewine krank war, lag das Thema Krankheit ja sozusagen in der Luft. Gerade bei älteren Menschen ist es ja oft ein wichtiges Thema. Was meinen Sie, warum Lewine nicht viel über ihre Krankheit reden wollte?«

Frau B.: »Ich nehme an, dass sie nicht zeigen wollte, dass sie schwächer geworden war. Sie war immer die Starke, die alles im Griff hatte und gute Tipps geben konnte. Dazu schien sie jetzt nicht mehr in der Lage zu sein.«

Auch andere Bekannte und Verwandte vermuteten, dass Lewine sich so krank und hilflos nicht zeigen mochte, sondern lieber als starke Frau in Erinnerung bleiben wollte. Schließlich ist ein solcher Rollentausch in so kurzer Zeit nicht einfach. Wir haben mit Lewine nie darüber gesprochen.

Ihr blieb die Erfahrung nicht erspart, dass sie sich mit Menschen, mit denen sie sich an ihrer Arbeitsstelle gut verstanden hat, nicht automatisch auch privat gut verstand. Nur über alte Zeiten zu sprechen, reicht nicht. Lewines Bekanntenkreis wurde auf diese Weise immer kleiner, ohne dass es sie belastete. Sie war immer mehr mit sich selbst beschäftigt. Fortan beschränkte sie sich auf den Kontakt zu ihren nächsten Verwandten und wenigen Vertrauten.

24-STUNDEN-BETREUUNG

Als Lewine im Herbst 2002 schwächer wurde, sprachen Anke und ich mit ihr ab, dass sie möglichst nicht ständig allein in der Wohnung sein sollte. Der Johanniter-Notruf reichte uns nach einem Sturz in der Wohnung nicht. Sie war gefallen und konnte am Boden liegend noch gerade den Notruf drücken. Welche Möglichkeiten zur Unterstützung gab es? Mit welcher Lösung konnten wir sorgenfreier leben? Wir wohnten 40 Kilometer entfernt und konnten nicht jederzeit schnell zu ihr kommen.

Über meinen guten Freund und Biobäcker Rainer K. bekam ich Kontakt zu Danuta. Sie war polnische Staatsangehörige, sprach sehr gut Deutsch, hatte schon jahrelang im Bremer Umland gelebt und in verantwortungsvoller Stellung auf Höfen bei der Spargel- und Erdbeer-Ernte geholfen. Sie suchte einen angenehmeren Job.

Danuta kam Ende des Jahres 2003 zu Lewine und unterstützte sie sehr achtsam und gewissenhaft. Ab da war die Kommunikation einfach.

Wir sprachen nicht mehr von einer 24-Stunden-Betreuerin, sondern von einem 24-Stunden-Engel auf Abruf. Es fiel uns leicht, Danuta zu unterstützen, wenn sie zu ihrem Mann nach Bremen wollte. In solchen Zeiten organisierten wir die Pflegezeiten familiär. Lewine hatte nichts dagegen, dass Danutas Mann Hermann mal ein paar Tage bei Danuta in der kleinen Wohnung schlafen konnte. Er wurde mit verpflegt.

Im Sommer des Jahres 2004 war die Hochzeit von Danutas Sohn in Polen. Für diese Zeit meldete sie sich nicht nur einfach ab, sondern sorgte mit Elwira für einen Ersatz. Nicht nur für irgendeinen Ersatz, sondern für einen Ersatz-Engel. Danuta und Elwira kannten sich schon vorher und verstanden sich gut. Elwira hatte mehrere Jahre in Bremen gelebt und sprach entsprechend gut Deutsch. Danuta bewarb Elwira nicht nur, sondern holte sie am Bahnhof ab und arbeitete sie bei meiner Mutter ein.

Fortan sorgten sich die beiden rührend um Lewine. Wenn sie »Dienst« hatten, konnten sie das von uns angemietete Zimmer mit angeschlossener Dusche und Toilette im Haus nutzen. Das war ideal, so konnten sie sich jederzeit zurückziehen und waren doch in der Nähe.

Mit Danuta und Elwira fiel es Lewine leichter, fremde Personen in ihrem Haushalt zu haben und mit ihnen Tisch und Küche zu teilen. Sie musste nur noch akzeptieren, nicht mehr alles zu können. Sie musste loslassen.

Danuta und Elwira sprachen ihre Betreuungszeiten untereinander ab. Elwira blieb bis Oktober, dann kam Danuta wieder bis Dezember, und Elwira übernahm die Begleitung ab Mitte Januar 2005 wieder.

Es gab weiterhin Wechsel bei den Betreuerinnen und damit immer mal wieder eine Umstellung für Lewine. Der große Unterschied zu den Betreuerinnen über Magda war, dass mit Danuta und Elwira nur vertraute und eingearbeitete Personen kamen. Wenn Lewine im Krankenhaus oder in einer Kurzzeitpflege war, fuhr Danuta zu ihrer Familie nach Bremen oder nach Polen. Alles lief problemlos leicht und perfekt ab. Sie kümmerten sich um alles. Lewine brauchte sich im Haushalt nicht um das Einkaufen, Essen oder Saubermachen zu kümmern und konnte sich auf ihr Wohlergehen konzentrieren.

Mit ihrer Krankheit ging sie erst nach langem Kampf und vielen Heilungsversuchen realistisch und würdevoll um. Schon im frühen Stadium ihrer Krebsdiagnose war sie bereit, mit mir eine Generalvollmacht, Patientenverfügung und ein Testament notariell beglaubigen zu lassen, und überließ mir vertrauensvoll alle formalen und organisatorischen Dinge ihres Lebens. Davon gab es genug.

In einem Gespräch erwähnte Lewine mir gegenüber später mal:

»Es war verdammt schwer für mich, sich hilflos zu fühlen, Hilfe anzunehmen. Ich brauchte lange – oder ›es‹ brauchte einige Jahre –, bis ich mich einigermaßen daran gewöhnt hatte. Aber schwer war es immer. Danuta

und Elwira halfen mir im Haushalt und sorgten dafür, dass ich weiterhin in meiner Wohnung leben konnte. Die wenigen Besuche in einem Pflegeheim und die Krankenhausaufenthalte machten mir deutlich, was ich brauchte: auf meiner Veranda sitzen und in meinem Lebensmittelpunkt inmitten meiner vertrauten Möbel zu bleiben. Und ich bin dankbar dafür, dass dies alles möglich war.«

Lewine nahm diese Hilfe ohne Widerstand an und behandelte die beiden respektvoll und wohlwollend. Die Beziehung zu den Betreuerinnen wurde von Monat zu Monat intensiver, fast so wie zu Töchtern. Noch heute schwärmen Danuta und Elwira von Lewine und der Zeit mit ihr.

In den Jahren 2021 und 2022 sprach ich mit ihnen.

Danuta: »Noch heute müssen ich und auch Hermann, mein Mann, immer wieder an die Zeit bei ihr denken. Hermann durfte mich am Wochenende besuchen, und wir haben alle zusammen zu Tisch gesessen. Ich habe viel gelernt von Lewine und nicht nur, wie man aus Papierstreifen Weihnachtssterne basteln kann.«

E. H.: »Was hast du gelernt, magst du ein Beispiel erzählen?«

D.: »Wir haben viel miteinander geredet, über unser Leben, ihre Erfahrungen. Ich schätzte ihre Gelassenheit und ihren Umgang mit anderen Menschen. Einmal hat sie mir gegenüber erwähnt: ›Wenn ich andere Menschen sehe, soll ich ihr Herz sehen und mit ihnen von Herz zu Herz reden.‹

Als sie immer weniger sehen konnte, hat sie mir gesagt, dass Blinde mit den Händen sehen können. Daran musste ich gestern beim Spaziergang denken, weil ich grad Probleme mit den Augen habe.«

E. H.: »An was erinnerst du dich noch spontan?«

D.: »Es gab am Anfang noch nicht viel zu tun. Als Erstes habe ich ohne Aufforderung freiwillig den Keller aufgeräumt. Der war von den vorherigen Betreuerinnen äußerst unordentlich hinterlassen worden. Außerdem habe ich dort sehr viele leere Wodkaflaschen gefunden. Deine Mutter hat mir erzählt, dass zwei der Betreuerinnen viel getrunken haben.«

Elwira interviewte ich 2022, 16 Jahre später, über die Zeit mit Lewine:

E. H.: »Elwira, du hast meine Mutter mehrere Jahre begleitet. Wie war dein Verhältnis zu meiner Mutter?«

Elwira: »Ab dem ersten Tag haben wir uns gut verstanden. Es lief alles zu unserer Zufriedenheit. Wir hatten nie Probleme miteinander. Es hat sich auch im Laufe der Jahre nie verändert.«

E. H.: »Wie hast du meine Mutter als Person gesehen?«

E.: »Ich hatte zu ihr sehr großes Vertrauen und Verständnis, da sie mir erzählte, dass sie mit autistischen Kindern gearbeitet hatte. Und was sie alles in ihrem Leben erlebt hat! Das war bewundernswert für mich. Sie war für mich ein sehr großes Vorbild!«

Für Lewine war die ständige Anwesenheit von Danuta und Elwira eine unbeschreibliche Erleichterung. Die Krankheit belastete sie schon genug. Sie musste den immer neuen Erkrankungen hinterherhecheln und konnte stets nur hoffnungsvoll und zuversichtlich sein, solange sie noch genug Kraft und Lebenswille für dieses fremdbestimmte Leben hatte. Sie konnte nur reagieren.

Wenn die beiden Betreuerinnen nicht da waren, kam die Nachbarin Renate Breiter rüber, zum Saubermachen, Einkaufen oder einfach nur zum Reden. Renate war froh, Lewine was »zurückzugeben«, nachdem sie ihren Sohn Swen in die Lebenshilfe aufgenommen und ihr selbst auch immer mit Rat und Tat zur Seite gestanden hatte.

Da Anke und ich zusammen in unserer Firma gearbeitet haben, konnte sich bei Bedarf jeweils eine Person um Lewine kümmern, während die andere die Arbeit im Büro erledigte. Wenn es mal ganz eng wurde mit der Betreuung, kam zur Freude von Lewine ihre Tochter Inka für ein paar Tage extra aus Heidelberg angereist.

Dieses Netz von Helferinnen funktionierte vorbildlich und ohne Konflikte. Dadurch konnten alle ihrem Leben außerhalb der Fürsorge für Lewine problemlos nachgehen und waren nicht überfordert. Manchmal waren wir leicht betäubt von den schnellen Veränderungen der Krankheitsbilder und wunderten uns, wie Lewine dies alles verkraften konnte. Wir waren dankbar, dass Lewine bei all dem Leid nicht leidvoll und verbittert wurde. Im Gegenteil, sie blieb vollkommen wach im Geist, nahm am Leben dankbar teil, soweit es ihr möglich war. Wie heißt es so blöd: Sie war pflegeleicht.

GEORDNETES »NACH MIR«

Mit ihrer Krankheit ist sie immer realistischer und würdevoller umgegangen. Trotz ihrer bestehenden Hoffnung auf Heilung war Lewine klar, dass sie irgendwann sterben musste. Das war Anlass genug für sie, sich zunehmend auf das Sterben in Würde vorzubereiten.

Es fing schon im frühen Stadium ihrer Krebsdiagnose an, dass sie mir die Generalvollmacht und die Patientenverfügung übertrug und sich von allen formalen und organisatorischen Dingen ihres Lebens befreite. Frühzeitig sprachen wir über das Sterben, den Tod und wie sie sich ihre Beerdigung vorstellte.

Sie wollte sich in Hoya über ihre Beerdigung informieren und sie gegebenenfalls schon selbst »mieten«. Darüber sprach sie mit mir so locker, als ob sie sich eine neue Wohnung aussuchen würde. Das Beerdigungsinstitut Schierloh in Hoya wollte sie zusammen mit ihrer Freundin Renate Paul besuchen. Renate berichtete mir später:

Renate Paul: »Ihre Offenheit und ihr fortschrittliches Denken und Verhalten konnte ich wieder mal genießen, als sie auf natürliche Weise über das Sterben sprach. Zu einem Zeitpunkt, als sie schwer krank wurde. Sie musste damit rechnen, dass sie bald sterben wird, und bezog mich in ihre Gedanken ein. Ich durfte sie bei einem Besuch im Beerdigungsinstitut begleiten. Sie hat sich dort alles angeguckt inklusiv der Kühlkammern, wo die Toten zwischengelagert werden. Sie wollte alles wissen, was dort später mit ihr passieren würde. Sie war dabei so offen und natürlich, dass es mir schon peinlich vorkam.«

E. H.: »Sie erzählte mir damals von dem Besuch. Deine Begleitung war eine große Unterstützung. Lewine hat mir gegenüber ausgedrückt, dass sie die Beerdigung mit allem Drumherum gern regeln würde. Sie hat es mit dir umgesetzt. Später hat sie noch ihre Urne ausgesucht und ein paar Wünsche für die Blumen geäußert.

Danach war sie erleichtert und ich ebenso, weil ich von der Aufgabe der Organisation der Beerdigung befreit war. Ihr lockerer Umgang hat mir persönlich geholfen, mit dem Sterben und dem Tod entspannter umzugehen.«

So verstrich das Jahr 2003 mit den regelmäßigen Kontrollen bei den Ärzten, den Blutuntersuchungen und der fortlaufenden Hormonbehandlung sowie den Infusionen, um die Metastasen und eventuell noch unbekannte bösartige Zellen in die Knie zu zwingen. Ihr Allgemeinzustand verbesserte sich nicht. Im Gegenteil. Gegen Ende des Jahres 2003 klagte sie über zunehmende Schmerzen im linken Brustkorb, mit Ausstrahlungen zum Arm sowie über Schluckstörungen. Sie waren so heftig, als ob es bisher noch keine Behandlungen gegeben hätte.

Wir bemerkten eine zunehmende Schwäche und Niedergeschlagenheit bei Lewine. Noch lief die auf drei Jahre angesetzte Hormonbehandlung mit den Tabletten und den Infusionen. Noch hatte sie die Hoffnung auf eine Heilung nicht aufgegeben. Noch war sie bereit, einiges mit sich machen zu lassen, falls es sie unterstützen sollte.

JANUAR/FEBRUAR 2004. ANGRIFF TOTAL

Mitte Januar 2004 musste Lewine für zwei Wochen erneut in die Lungenfachabteilung im Klinikum Bremen-Ost umfangreiche Untersuchungen über sich ergehen lassen.

Die heftig gewordenen Schmerzen wurden mit einem Opiat (Durogesic als Schmerzpflaster) gelindert, was zu einer Besserung ihres allgemeinen Wohlbefindens führte. Das berauschende Opiat ließ sie allerdings weiterhin schlapp sein, bei geistiger Klarheit. Es wurde eine Gewichtsabnahme um mehr als zehn Kilogramm in den letzten zwei Jahren festgestellt. Bedeutender und niederschlagender waren für Lewine, dass die Untersuchungen einen fortschreitend schweren Verlauf ergaben. Das etwa fünf Zentimeter große Geschwulst im linken Lungen-Oberlappen aus dem Jahr 2002 war auf bis zu neun Zentimeter gewachsen – trotz der vielfältigen Therapien. Zusätzlich bestand der dringende Verdacht, dass sich der Tumor auf den Brustkorbraum zwischen den beiden Lungenflügeln selbst ausgeweitet hatte. Noch im Klinikum wurde eine Behandlung eingeleitet, die positiv verlief und Lewine erheblich erleichterte.

Das Klinikum schlug eine palliative Bestrahlung des Tumors vor, um die schmerzhaften Symptome für Lewine zu lindern und eine lebensbedrohende Komplikation zu verhindern. Ein lebensgefährlicher Durchbruch zur Arterie des Lungenkreislaufs und dem Herz sei nicht auszuschließen.

Immer wieder stand Lewine vor neuen, nicht enden wollenden Entscheidungen, ob sie die von den Ärzten vorgeschlagenen Behandlungen über sich ergehen lassen sollte. Es war ein Kampf des willensstarken Kopfs mit dem zunehmend schwächelnden Körper, ein Kampf gegen Hoffnungslosigkeit und Verbitterung.

Ihre Freundin Renate Paul hat diesen Kampf sehr nah mitbekommen:

»Lewine hat viel getan, um Lösungen zur Heilung zu finden, hat sich gekümmert, ob es irgendwo zusätzliche Hilfe gibt. Ich habe ihr immer gesagt, versuch es, aber sei nicht enttäuscht, wenn es nicht klappt. Sie hat den Kampf angenommen, er hat ihr viel Kraft gekostet. Sie hat dabei nicht so recht registriert, dass sie immer mehr abgenommen hat.

Sie hat viele verschiedene Ärzte aufgesucht, und es wurde immer irgendwas gefunden. Das bedeutete, dass ihr auch viele Medikamente verschrieben wurden, die sie auch genommen hat. Es war zum Teil wilder Aktionismus. Sie war nicht unbedingt überzeugt, ob sie helfen, aber sie war überzeugt, dass sie es versuchen will. Es war nicht leicht, ihr nicht die Hoffnung auf eine Heilung zu nehmen, aber gleichzeitig realistisch zu bleiben, dass sie sich nichts vormacht. Wir haben nicht gesagt, du schaffst das schon, das wäre verlogen gewesen.«

Lewine hat auf die Entwicklung unterschiedlich reagiert. Auf der einen Seite konnte sie die tragische Entwicklung des Tumors in Freude, sozusagen in schwarzen Humor umwandeln. Sie ging mit Anke shoppen, um neue Kleidungsstücke zu kaufen. Sie freute sich wie ein Kind, dass sie auf einmal wieder in Kleidungsstücke der Größe 36 passte. Ein deutlicher Schwung von Größe 48.

Auf der anderen Seite gab es Situationen, in denen sie ihr Leid nicht voll anerkannte, es nicht zeigen wollte. Als eine Schmerztherapeutin für die Einstellung der Schmerzmittel wissen wollte, wo sich Lewine auf der Skala von null bis zehn mit ihren Schmerzen sieht, sagte sie zunächst nur fünf. Erst nach längerem Nachfragen gab sie dann zu, dass die Schmerzen doch stärker seien, und gliederte sich bei neun ein. Ähnliches bemerkten wir später beim Arztbesuch des Sozialen Dienstes zur Feststellung der Pflegestufe. Sie wollte sich selbst und der Ärztin weismachen, dass sie noch dazu in Lage sei, ihre Beine über die Schultern zu heben. Wir mussten ernsthaft auf sie einreden, ehrlich auszudrücken, wie schwach und unselbstständig sie geworden ist.

9. BIS 19. MÄRZ 2004

Nach den letzten Untersuchungen im Krankenhaus Bremen-Ost war sicher, dass die Metastasen in der Lunge nicht mehr als Tochtergeschwülste des ursprünglichen Brustkrebses angesehen werden, denn sie hatten sich jetzt zu einem neuen eigenständigen Zweittumor entwickelt, der ab sofort als solcher im Klinikum Bremen-Mitte behandelt werden sollte. Es folgte eine palliative, schwachdosierte dreiwöchige Strahlenbehandlung, die sie körperlich gut überstand, sie aber psychisch belastete und ihr Lebensenergie raubte.

Die Krankheit war noch schlimmer geworden. Es ging nicht mehr um die Beseitigung dieses bösartigen Tumors, sondern nur noch um eine palliative Behandlung – sprich um eine Verlangsamung des Tumorwachstums und um Erleichterungen des Leidens, einer bestmöglichen Aufrechterhaltung der Lebensqualität und um eine mögliche Lebensverlängerung. Nach Beendigung der Strahlenbehandlungen fühlte sich Lewine besser, die Schmerzen waren stark gelindert worden. Was blieb, war ihre latente Müdigkeit, was durch die jetzt stetig verordneten Opiate begünstigt wurde.

Jetzt galt es für Lewine, ihren Krebs anzunehmen, mit ihm den Rest ihres Lebens so gut wie möglich auszukommen. Besiegen konnte sie ihn nicht mehr, aber für ihr allgemeines Wohlbefinden konnte sie einiges tun.

APRIL BIS AUGUST 2004.
FREIZEIT MIT NACKENSCHLÄGEN

Rausgegangen ist sie nur noch selten. Auf kleine Spaziergänge um die Ecke wollte sie nicht verzichten. Gern ging sie dabei zum Beispiel zum Wochenmarkt in Hoya, um sich frisches Gemüse vom Bio-Hof Stefan Schumacher aus Emtinghausen zu holen. Er war neu auf dem Markt, und sie ließ es sich nicht nehmen, ihn zu unterstützen. Ein paar Jahre später erinnerte sich Stefan Schumacher noch an Lewine:

»Auf dem Land war es damals nicht so einfach, Bio-Produkte zu verkaufen. Das Bewusstsein über Bio-Lebensmittel war damals in Hoya nicht groß, umso größer war aber die Skepsis gerade bei den Älteren in Hoya. Deine Mutter war eine meiner ersten Kundinnen. Ich habe mich stets über ihre offene Art und ihr Interesse an Bio-Produkten gefreut. Sie kam regelmäßig zum Einkaufen und hat in ihrem Bekanntenkreis für uns geworben. Für mich war es schade, dass sie wegen ihrer Augenkrankheit immer seltener zum Markt kommen konnte. Später schickte sie eine Zeitlang noch ihre Helferinnen auf den Markt.«

Das war typisch für Lewine: Trotz der Krankheit wollte sie nicht auf die Unterstützung des Bio-Landwirts verzichten. Darin blieb sie konsequent. Außerdem wollte sie weiterhin die gesunden Lebensmittel genießen und für ihr allgemeines Wohlbefinden sorgen.

Dabei half ihr ihre schöne helle Wohnung mit der nach Süden ausgerichteten Terrasse und dem großen Garten hinter dem Haus. Ihre Wohnverhältnisse bescherten ihr angenehme Stunden und halfen ihr, über den Sommer zu kommen. Sie saß gern allein oder mit Besuch zum Frühstück oder Nachmittagstee auf der Veranda, besonders wenn die Sonne schien. Oder sie war eingehüllt in eine wohlige Strickdecke und freute sich, wenn sie was vom Leben draußen in der Welt hörte. Als sie merkte, dass ihre Augen die Sonne nicht mehr so gut vertragen, wurde sie stutzig.

Eines schönen Sommertages störte sie sich nicht nur an den Sonnenstrahlen auf der Terrasse, sondern klagte zusätzlich über einen dunklen

Lewine 2004 auf der Veranda

Fleck auf dem Fernsehbildschirm. Beim Lesen verschwommen ihr die Buchstaben. Der Fleck wurde immer dunkler und größer. Lewine erkannte aus der Ferne zunehmend schwerer unsere Gesichter, weil das Kontrastempfinden sank. Mit der Aussage: »Ich erkenne euch nicht mehr richtig«, machte sie uns auf dieses neue Problem aufmerksam.

Dr. Kesper stellte eine feuchte Makuladegeneration fest, die sich im Gegensatz zur trockenen Makuladegeneration meist schneller entwickelt. Sie kann behandelt, aber nicht geheilt werden. Innerhalb von wenigen Wochen war ihre Sehschärfe auf einem Auge bis auf 25 Prozent gesunken.

Als Lewine gerade begonnen hatte, ihre Krebserkrankung anzuerkennen, traf sie dieser genetisch veranlagte Schlag, den ihre Schwester Dorothea schon hinnehmen musste und Jahre später auch ihr Bruder Julius.

Sie musste operiert werden. Also schon wieder in ein Krankenhaus, wieder nach Bremen, wieder eine lange Autofahrt, wieder eine physische und psychische Belastung über fast einen ganzen Tag, für sie als schwache, kranke Frau.

Nach der Augenoperation im St. Joseph-Stift konnte sie zwar unsere Gesichter wieder erkennen, aber nur noch mit einer Lupe lesen. Sie konnte nur noch eingeschränkt Fernsehgucken, weil das Fernsehbild in der Mitte stets unscharf war und sie die Farben nicht mehr deutlich erkennen konnte.

2. BIS 29. SEPTEMBER 2004. HILFLOSE HILFE

Mit der Makuladegeneration wurde ihr ein weiterer Teil ihrer verbliebenen Lebensqualität gestohlen.

Lewine fühlte sich sehr schwach und deprimiert. Um nicht in Trübsal zu versinken, äußerte sie im Spätsommer den Wunsch, sich noch einmal in einer Pflegeeinrichtung verwöhnen zu lassen, und entschied sich für einen vierwöchigen Aufenthalt in dem herrschaftlich aussehenden und großzügig anmutenden Pflege- und Betreuungszentrum Landsitz Hohenholz in Eystrup und hoffte auf eine umfassende Erholung.

Allzu groß konnte der Erholungswert für Lewine dort nicht gewesen sein, da sie nach dem Aufenthalt weiterhin sehr pflegebedürftig war, sogar Schwierigkeiten hatte, sich allein anzuziehen oder zu waschen. Wir mussten ihr eine Gehilfe, sprich einen Rollator, für die Wohnung besorgen.

Es kam uns allen sehr gelegen, dass in dem Arztzentrum von ihrem Gynäkologen Dr. Ramsauer eine neue Praxis eröffnet hatte. Dr. Arendt kam als ihr neuer Hausarzt zu Hausbesuchen, wann immer er gerufen wurde. Lewine fühlte sich gut betreut von ihm. Das passte gut, da ihr Gynäkologe Dr. Ramsauer zu dieser Zeit wiederholt für ein paar Monate als Arzt in Südamerika tätig war.

Sowohl der Hausarzt Dr. Arendt als auch Anke und ich und im Besonderen Lewine waren sich einig, dass eine solche Pflege in körperlicher und seelischer Art am erfolgreichsten zu Hause stattfinden würde. Über eine mögliche Pflegeeinrichtung wurde fortan nicht mehr gesprochen. Lewine fühlte sich von Dr. Arendt gut versorgt, und zur Not konnten wir den ambulanten Pflegedienst der Diakonie Hoya in Anspruch nehmen.

Eindeutig war, dass ab jetzt eine intensivere Pflege für Lewine notwendig war. Dafür standen ab Oktober 2004 wieder Danuta und Elwira im Wechsel zur Verfügung. Der körperliche und seelische Zustand von Lewine verbesserte sich binnen weniger Wochen zunehmend. In der Adventszeit sowie Weihnachten und Neujahr waren Danuta und Elwira bei ihren Familien in Polen. Die Betreuung mussten wir familiär organisieren. Mein Bruder Fritz und meine Schwester Inka kamen zur Unterstützung für ein paar Tage.

2005. HILFE ZUR HILFE

Ab 15. Januar kamen Danuta und Elwira wieder und wechselten sich wie gewohnt mit der 24-Stunden-Hilfe ab. Anke und ich hatten uns privat als Paar getrennt, geschäftlich aber weiterhin in unserer Bio-Käse-Agentur zusammengearbeitet. Lewine haben wir vorerst nichts von unserer privaten Trennung erzählt. Sie hätte dies sicherlich belastet. Für sie änderte sich ja nichts, denn in der Begleitung und Fürsorge haben wir uns weiterhin abgewechselt, je nachdem, wie das Geschäft es zuließ.

23. MÄRZ 2005. AB INS WASSER

Lewine war mit ihrem Gesundheitszustand nicht zufrieden. Sie war verzweifelt und genervt von ihrer Schlappheit, ihren anhaltenden Schmerzen im Arm, den vielen Medikamenten, ihrer Bewegungslosigkeit, das viele Sitzen in der Wohnung und auf der Terrasse. Ihr fehlte die Bewegung. Das Spazierengehen fiel ihr schwer und war zeitweise nur sehr eingeschränkt möglich. Sie hatte das Bedürfnis, sich auf einfache Art und Weise zu bewegen und etwas für ihre körperliche und seelische Gesundheit zu tun. Sie erinnerte sich, dass sie vor ein paar Jahren einen Wassergymnastik-Kurs gemacht hatte. Sie nahm nach langer Pause wieder an einem Kurs teil. Sie erhoffte sich durch die Lockerungsübungen im Wasser, die linke Schulter und den linken Arm wieder besser und schmerzfreier bewegen zu können. Es war einen Versuch wert, der ihr zudem auch Spaß machte und eine willkommene Abwechslung war.

18. APRIL 2005. ÜBERFORDERUNG NAHT

Die Wassergymnastik hat ihr gutgetan, konnte aber die wieder zunehmenden Schmerzen in der linken Schulter und im Brustkorb nicht mildern und das Gefühl von Lähmungserscheinungen im linken Arm und Gefühlsstörungen nicht beseitigen. Sie kam zu erneuten Untersuchungen ins Klinikum Bremen-Ost.

Das Ergebnis war erneut erschütternd. Der Tumor hatte sich jetzt bis auf den Brustwandraum und an den Rand der Lungenarterie ausgeweitet. Die Gefahr eines Durchbruchs zu einem dieser Gefäße sei nicht auszuschließen und damit zu einer lebensbedrohenden Gefahr geworden.

Die Ärzte im Klinikum Bremen-Ost rieten ihr von einer chemotherapeutischen Behandlung dringend ab und schlugen vor, eine erneute Bestrahlung vornehmen zu lassen. Sie wiesen Lewine aber auf das erhöhte Nebenwirkungsrisiko bei einer Zweitbestrahlung hin, weil schon jetzt von einer tumorbedingten Schädigung des Geflechts aus Nervenfasern und Blutgefäßen wie Arterien (medizinisch Plexus) auszugehen sei.

Schon wieder musste Lewine sich entscheiden, ob sie eine erneute Bestrahlung über sich ergehen lassen will. Sie war in dem Moment überfordert und wartete das Gespräch mit den ihr mittlerweile bekannten Ärzten im Klinikum Bremen-Mitte ab.

28. APRIL BIS 20. MAI 2005. AUF STATION

Wie immer wurde Lewine von Anke oder mir bei Arztgesprächen begleitet. Das war Lewine ganz wichtig. »Vier Ohren hören besser«, und die der Begleitung seien weniger aufgeregt. Im Klinikum Bremen-Mitte entschied sich Lewine für eine erneute Bestrahlung. Schließlich hatte vor einem Jahr die erste Bestrahlung ihre beklagten Beschwerden stark gelindert und ihr Wohlbefinden verbessert. Und um eine Verbesserung ging es hier, um mehr nicht.

Die erneute palliativ durchgeführte Behandlung zog sich über drei Wochen hin, und Lewine musste die Zeit über im Krankenhaus bleiben – schon wieder! Aufgrund ihres Alters und ihres schwachen Allgemeinzustands wurde die Bestrahlung sehr vorsichtig durchgeführt, bei täglicher, schwacher Bestrahlung und mit langsam steigender Intensität.

Nach der Behandlung bescheinigten die Ärzte, dass Lewine »über einen ausreichenden palliativen Effekt mit Besserung der zuvor geklagten Schmerzen« berichten konnte. Das bedeutete, dass sie für eine Zeitlang »ausreichend« damit leben konnte. Sie hätte die Behandlung gut vertragen, »bis auf eine vermehrte Müdigkeit«. Der Krankenhausaufenthalt war für Lewine sehr lang und mühsam. Aber es gab Lichtblicke:

Zum einen kam mein Bruder Dieter für ein paar Tage nach Bremen, um Lewine zu besuchen. Ebenso ließ es sich meine Schwester Inka nicht nehmen, Lewine im Krankenhaus den Aufenthalt ein wenig zu versüßen.

Zum anderen wurde sie – wie schon bei ihrem ersten Aufenthalt im Klinikum Bremen-Mitte im Jahr 2004 – von der Kunsttherapeutin Angelika Schade begleitet.

EIN ENGEL IM KRANKHAUS

E. H.: »Angelika, meine Mutter hat im Klinikum Bremen-Mitte Bilder und Postkarten gemalt. Wenige Jahre später haben wir beide uns kennengelernt, und so erfuhr ich, dass du es warst, die meine Mutter mindestens bei zwei Aufenthalten begleitet hat. Wie ist es zu diesem Kontakt gekommen?«

Angelika: »Ich hatte beim Zentralpsychologischen Dienst im Klinikum Bremen-Mitte als Kunsttherapeutin eine feste Anstellung. Von der Pflegschaft oder der Ärzteschaft der Abteilungen der Inneren Medizin erhielten wir mündlich oder schriftlich aus palliativer, psychologischer Fürsorge die Bitte für eine Mitbehandlung einiger Patienten. Wir stellten uns auf der Station vor und erhielten dort Informationen über den Gemütszustand und eventuell den medizinischen Hintergrund der Patienten. Wir hatten im Krankenhaus einen Kreativraum zur Verfügung, wo die Patienten je nach Lust und Bedarf unter meiner Anleitung verschiedene Techniken anwenden konnten.«

E. H.: »Das klingt gut. War das ein allgemeines Vorgehen? Konnten oder wollten alle Patienten diesen Service in Anspruch nehmen?«

A.: »Theoretisch schon. Es gab Patienten, bei denen wir auf Ablehnung stießen. Zudem gab es Ärzte, die konnten mit unserer Arbeit nichts anfangen und haben uns nicht gerufen. Manchmal bin ich in deren Stationen quasi ›Klinken putzen‹ gegangen und habe immer wieder Patienten angetroffen, die gern mit uns gearbeitet haben. Für die Patienten waren wir neben den anstrengenden ärztlichen Behandlungen ein Lichtblick, eine Aufmunterung.«

E. H.: »Meine Mutter lag auf der Station der Strahlenklinik. Du bist dann zu ihr ins Zimmer gegangen. Ein Bild von ihr ist auf den 18. Mai 2005 datiert. Wie ist es dazu gekommen?«

A.: »Deine Mutter war von Anfang an immer für alles offen. Aufgrund ihrer anstrengenden Behandlungen war sie zu schwach, um in unseren weit entfernten Malraum zu gehen. Sie wollte lieber in ihrem Zwei-Bett-Zimmer bleiben. Es war ein großzügiger, heller Raum mit einem Tisch. Wir haben dort unsere Zeit verbracht. Die Atmosphäre war angenehm genug für unsere kreative, therapeutische Arbeit.«

E. H.: »Wie oft und wie lange hast du sie besucht?«

A.: »Das weiß ich nicht mehr genau. Sie lag nicht nur einmal auf der Station. Die stationäre Strahlentherapie war als Serie angelegt. Mehrere Bestrahlungen die Woche waren möglich, und nach weiteren Wochen kamen die Patienten oft erneut in die Klinik. Deine Mutter kam mindestens zweimal auf die Station zur Behandlung und somit zu mir.«

E. H.: »Hattest du ein festes Zeitlimit bei den Therapien?«

A.: »Ich konnte die Zeit mit den Patienten selbst einteilen, je nach Bedarf und Wunsch. Bei deiner Mutter blieb ich meistens ein bis eineinhalb Stunden.«

E. H.: »Habt ihr in der ganzen Zeit gemalt?«

A.: »Das haben wir immer spontan entschieden. Ich kam nie mit einem festen Programm oder einer bestimmten Technik für das Malen. Wir haben das gemacht, wozu deine Mutter an dem Tag Lust hatte, was ihr Freude bereitet hat.«

E. H.: »Es ist schön zu hören, wie achtsam du auf meine Mutter und die anderen Patienten eingehen konntest. Das wird ihr gefallen und sie unterstützt haben. Welche Maltechniken hat meine Mutter bevorzugt?«

A.: »Im Krankenzimmer hat sich angeboten, dass wir Aquarelle malen.«

E. H.: »Sie war ganz stolz auf ihre Bilder. Noch heute gibt es einige in unserer Familie, die sie damals freudestrahlend verschenkt hat. Auch Klapp-Postkarten waren darunter, mit farblich schönen Ausschnitten von nicht gelungenen größeren Bildern. Es gab aber auch traurige Bilder.«

A.: »Das Malen hat sie wirklich genossen. Sie hat ihre Freude deutlich ausgedrückt, wenn ich wieder zu ihr gekommen war, meistens zweimal pro Woche. Sie hat schöne Bilder mit frohen Farben gemalt, trotz der Schwere ihrer Krankheit. Manchmal drückten die Bilder diese Schwere aus, wie auf dem Bild vom 18. Mai 2005 die hängenden Blütenblätter der Sonnenblume.«

Krankenhaus-Karte und -Bild 2005

E. H.: »Wie ist sie mit ihrer Krankheit umgegangen? Hat Sie geklagt über
den Zustand der Pflege im Krankenhaus oder über ihren eigenen Zustand? Ihr habt euch doch sicherlich auch unterhalten.«

A.: »Nein, geklagt hat sie nie. Sie war eher voller Hoffnung über den Erfolg
ihrer Behandlung. Das ging den meisten Patienten dort so. Ich hatte
den Eindruck, dass sie für eine Besserung ihres Zustandes gekämpft
hat. An manchen Tagen hat sie mich begrüßt und gesagt: ›Zum Malen
bin ich heute nicht zu haben, aber zum Unterhalten.‹ Dieses Bedürfnis
konnte ich verstehen, denn die Betreuerinnen hatten keine Zeit dafür.
Ich habe viele Patienten erlebt, die Bedarf zu einer Aussprache hatten.«

E. H.: »Dieses Bedürfnis der Patienten kann ich gut verstehen. Speziell
bei meiner Mutter war sowohl die erste Behandlung 2004 als auch die
zweite 2005 ausdrücklich als palliative verschrieben worden. Darunter verstehe ich neben der medizinischen auch eine psychologische
Betreuung. Damit konnten, wie du erwähnt hast, nur ein paar Ärzte
etwas anfangen. Wenn ich dich richtig verstanden habe, hatten die

Betreuerinnen schon damals keine Zeit, neben der Linderung der Schmerzen auch auf krankheitsbedingte psychologische oder soziale Beschwerden der Patienten einzugehen. Von daher konnte meiner Mutter nichts Besseres passieren, als dich so oft und so lange zu Besuch zu haben. Hat sie dir bei euren Unterhaltungen erzählt, wie es ihr ging? Das interessiert mich, weil ich mich kaum erinnern kann, wie ihr Gemütszustand damals im Krankenhaus war.«

A.: »Ich weiß noch, dass sie sehr viel erzählt hat. Ich habe ihr interessiert zugehört und mich daran erfreut, wie tiefgründig und selbstkritisch sie über ihr Leben erzählt hat, wie wach sie geistig war. Das war sehr angenehm für mich, denn es gab auch andere Patienten. Die Bandbreite von angenehm bis anstrengend war groß. Sie konnte gut verbalisieren.«

E. H.: »Das kann ich gut verstehen. Meine Mutter hatte ein Leben mit viel schönen und schmerzhaften Erlebnissen und hatte genug zu erzählen. Hat sie dir auch über die schwer verdaulichen Erlebnisse erzählt, wie über den Freitod meines Vaters oder den Streit in der Familie?«

A.: »An Einzelheiten kann ich mich nicht erinnern. Ganz bestimmt hat sie darüber geredet. Sie hat mir die intimsten Geschichten erzählt. Ich kam mir vor wie eine Seelsorgerin. Ich habe nur zugehört, wollte nichts dazu sagen, hatte höchstens mal eine Frage gestellt. Sie schien ihr Leben lang immer anderen Menschen gegeben und gegeben und noch mal gegeben zu haben, daran erinnere ich mich. Sie hat genossen, dass ich ihr jetzt was gegeben habe, nämlich zuzuhören und Anteil an den schweren Stunden ihres Lebens zu nehmen. Außerdem hat sie genossen, dass ich mit ihr Bilder gemalt habe. Ich selbst habe es genossen, dass sie meine Arbeit mit dem Malen und mein Zuhören wertgeschätzt hat. Es war ein gegenseitiges Geben und Nehmen. Ich habe mich immer sehr gefreut, wenn ich sie besuchen durfte.«

E. H.: »Super. Ich freue mich heute, fast 20 Jahre später, darüber, dass ihr beiden so schöne Begegnungen hattet. Ich habe nur die Bilder gesehen und ihre Freude am Malen bemerkt. Sie hatte sich in ihrem Leben nie Zeit zum Malen für ihr eigenes Vergnügen gegönnt. Höchstens für die Unterrichtsvorbereitung in der Lebenshilfe nahm Sie sich ein bisschen Zeit, um etwas zu malen. Sie war mächtig stolz auf ihre Bilder und die kleinen Klappkarten. Sie hat sie aktiv verschenkt.

Deine Arbeit hat mit Sicherheit zum Wohlempfinden meiner Mutter beigetragen. Spätestens bei ihrem zweiten Krankenhausaufenthalt im März 2005 musste ihr schon klar gewesen sein, dass es keine Heilung mehr geben kann. Ich danke dir für deine Fürsorge und unser heutiges, mich berührendes, Gespräch.«

Wie wichtig diese Begleitung war, wurde mir noch einmal bewusst, als ich am 4. Februar 2023 im Weser-Kurier eine Aussage der Fachärztin und Psychoonkologin Susanne Hepe von der Beratungsstelle der Bremer Krebsgesellschaft las:

»Zeit zu haben, ist für die von Krebs betroffenen Menschen immens wichtig. In den Krankenhäusern gibt es oft einen hohen zeitlichen Druck und wenig Möglichkeiten für die Patienten, Fragen zu stellen oder ein Zweitgespräch zu führen. Dies ist eine Lücke, das muss man klar sage. Auch der Sozialdienst und Psychoonkologen in den Kliniken sind personell meist nicht so ausgestattet, dass alle Patienten besucht und entsprechenden unterstützt werden können. Häufig sind auch die Aufenthaltszeiten in den Krankenhäusern sehr kurz. An dieser Stelle ist es gut, einen Anlaufpunkt wie Beratungsstellen der Krebsgesellschaft zu haben – gerade auch die psychische Unterstützung ist sehr wichtig, denn die Psyche kommt meistens zu kurz. Warum? Krebs ist anders als viele Erkrankungen. Krebs erschüttert das ganze Leben, und es wird auch nicht mehr so wie vorher. Das ist einfach so. Es gibt irgendwann eine neue Normalität, aber man kommt nicht zurück in das alte Leben. Diese Erkenntnis reift irgendwann im Laufe der Krankheit. Hierbei Unterstützung zu haben, ist ganz wichtig.«

Lewine hatte diese Unterstützung und hat sie genossen. Ihr Kampf mit dem Krebs ging dennoch weiter.

11. JULI 2005

Die erwünschte Nachuntersuchung ergab, dass der Tumor seit März nicht mehr gewachsen war. Lewine bestätigte, dass die Schmerzen im linken Bereich der Schulter und im linken Brustkorb seit der Bestrahlung anhaltend gebessert seien und die Gefühlsstörungen im linken Arm nicht mehr bestünden. Allerdings war sie weiterhin sehr schwach und vermehrt müde. Es gab kein Husten mehr und auch kein Auswurf. Der Appetit sei gut und das Gewicht konstant.

Ab Mitte 2005 verließ Lewine kaum noch ihr Haus, genoss es aber umso mehr, auf ihrer Terrasse zu sitzen. Wenn es das Wetter nicht zuließ, mussten die Betreuerinnen oder ihre Freundin Renate Paul ihr tagsüber immer mal wieder das Fenster öffnen, damit sie die Jugendlichen vom nahegelegenen Jugendzentrum Hoya hören konnte. Sie hat sich immer wieder gefreut, die Jugendlichen zu hören. Sie kannte sie, weil sie ihre Freundin Renate P. im Jugendzentrum des Öfteren besucht hatte. »Ich möchte das Leben hören, wenn ich schon nicht mehr daran teilnehmen kann.«

HERBST 2005. KLÄRUNG UND HILFE NÖTIG?

Ab dem dritten Quartal des Jahres 2005 nahmen ihre Schmerzen nicht ganz unerwartet wieder zu. Allen Beteiligten war endgültig klar, dass es keine Heilung geben konnte. Lewine war zu schwach geworden, raus in die Welt zu gehen, wo sie früher aufblühte, sich wohlfühlte, Beziehungen pflegen konnte. Jetzt war sie darauf angewiesen, dass die Welt zu ihr kam. Je kranker sie wurde, desto mehr zog sie sich zurück. Bekannte mit oberflächlichen Beziehungen konnte und wollte sie nicht aushalten und lehnte deren Besuche strikt ab. Oder wollte sie diesen Personen ihren trostlosen, erbärmlich geschwächten Zustand nicht zumuten? Über ihre Bewegründe hat sie nie gesprochen.

Nur wenige Auserwählte durften sie für Minuten oder Stunden aus ihrer Einsamkeit befreien, durften ihr den Genuss fremder Stimme und Stimmungen zuteil kommen lassen. Die engsten Verwandten der Familie wollte sie noch empfangen oder lud sie von sich aus einzeln ein. Wenn zu viele Besucher gleichzeitig da waren, konnte sie sich an deren Gesprächen nicht beteiligen. Neben den Besuchen der Kinder und Enkel hat sie sich besonders über die ihres Bruder Julius gefreut. Er konnte sich einfach zu ihr setzen, einfach dasitzen. So hatte sie ihn schon lange nicht mehr erlebt. Sie freute sich, mit ihm den Frieden gefunden zu haben, nach all den schrecklichen Familienstreitigkeiten in den Fünfzigerjahren.

Seine Frau Marlies hat ihr immer wieder selbstgemachten Kochkäse oder Gemüse gebracht. Leider hat sie diese Gaben meistens nur klammheimlich auf der Terrasse abgestellt. Lewine mochte Marlies sehr und hätte sich über einen Besuch gefreut.

Ganz andere Gefühle hatte Lewine zu ihrer streitbaren Schwester Dorothea. An einer Beziehungsverbesserung zu ihr hatte sie kein Interesse mehr. Sie fühlte sich zu sehr verletzt von Dorothea, besonders nachdem sie von ihr das Hausverbot bei der eigenen Mutter erhalten hatte. Lewine meinte, dass eine Versöhnung keinen Sinn ergebe, es wäre Zeit- und Energieverschwendung. Dorothea sei kein guter Mensch.

Eine ähnliche Haltung hatte sie in der Zwischenzeit auch zu einem ihrer Söhne eingenommen. Seit dem Briefwechsel im Jahr 2001 gab es von ihm weder einen Besuch noch eine Anteilnahme an ihrem gesundheitlichen Zustand. Sie selbst hatte keine Kraft und Lust mehr, mit ihm einen erneuten Klärungsversuch zu starten. Wir konnten ihr anmerken, dass sie gern mit ihm Frieden geschlossen hätte, und einige der Verwandten waren teilweise so sauer auf ihn, dass sie ihn am liebsten an den Haaren herbeigezerrt hätten. Das aber wäre keine Lösung in Frieden gewesen.

Während Lewine in dieser Zeit vermehrt an Personen aus ihrem früheren Leben dachte, konzentrierte sich ihr reales Leben auf die Personen, die ihr jetzt ganz nahe waren und sie im täglichen Ablauf konkret unterstützten: Danuta oder Elwira, Renate Paul sowie Anke und mich.

Es gab Momente, wo es Lewine schwerfiel, Hilfe anzunehmen. Sie wuss-

Im November 2005 mit Danuta

te zum Beispiel, dass Anke manchmal übers Wochenende zu ihrer Mutter nach Rhöndorf fuhr, um sie zu unterstützen. Daher hatte Lewine ein schlechtes Gewissen gegenüber Ankes Mutter. Anke sollte sich anstatt um sie lieber um ihre eigene Mutter kümmern. Obwohl Anke ausdrücklich betonte, dass ihre Mutter nicht mehr Hilfe brauchen würde. Außerdem sei sie sich sicher, dass ihre Mutter sich zum Sterben einfach hinlegen und einschlafen würde ... ohne eine längere Krankheit durchmachen zu müssen. Zu diesem letzten Mittagsschlaf kam es tatsächlich im November 2005.

Es war für uns nicht immer leicht, die Dosis des Morphiums mit Lewine abzusprechen. Sie wollte und sollte nicht leiden, aber noch »anwesend« sein, da sie geistig vollkommen fit war. Sie hat sich zunehmend an ihre Freundin Renate, Anke und mich »geklammert«, wollte uns so oft wie möglich an ihrer Seite sehen. Besonders abends suchte sie den Kontakt zu Renate, denn da waren die Betreuerinnen nebenan in ihrer Wohnung, und Renate wohnte in Hoya, konnte schnell mal rüberkommen.

Renate Paul: »Ich musste jeden Tag kommen. Ich hatte einen Wohnungsschlüssel bekommen und durfte nicht klingeln. Selbst bei Inkas Anwesenheit ließ sie sich mein Klingeln an der Haustür verbieten. Ich sollte auch in der Küche Hand anlegen, wie Kaffee kochen, selbst wenn Inka da war. Inka wurde als Besucherin behandelt. Lewine lud mich weiterhin zum Essen in der Mittagspause ein. Wenn ich zu Besuch war, gingen die Betreuerinnen in ihr Zimmer. Lewine wollte mich ganz für sich haben.«

Lewine ging mit ihrer Krankheit weiterhin würdevoll um, selbst als sie immer schwächer wurde. Manchmal saß oder besser kauerte sie in ihrem Sessel mit hängendem Kopf, mit starrem, abwesendem Blick, und wir wussten nicht, ob sie schlief oder sich entspannte. Diese Haltung kannte ich von Besuchen in dem Altersheim meiner Großmutter, Lewines Mutter, in den Achtziger- und Neunzigerjahren. Die alten Frauen und Männer saßen auf dem Flur oder im Aufenthaltsraum. In Reih und Glied auf ungemütlichen Stühlen oder in ihrem Rollstuhl, wie abgestellt und nicht abgeholt. Ich fragte mich damals stets, wie lange sie dort wohl so sitzen mussten. Diese Bilder hatte ich im Kopf und war froh, dass ich Lewine hier zu Hause in ihrem bequemen Sessel mit dem kuscheligen Schaffell sitzend sah.

Die zunehmende Schwäche erforderte ein paar kleine, aber wichtige Änderungen im Haushalt. Ich besorgte eine höhere Toilette, sodass Lewine selbstständig aufs Klo gehen konnte. Manchmal war Improvisation gefragt. Als sie nicht mehr einfach und sicher aus ihrem Bett aufstehen konnte, musste das Bett erhöht werden. Ich suchte Ziegelsteine und legte sie unter das Kopf- und Fußteil ihres Holzbetts. Die mussten provisorisch so lange helfen, bis ich die doch etwas unsicheren Ziegelsteine durch dicke Balken ersetzt hatte. Jetzt wurde es für Lewine immer wichtiger, die gewohnten Tagesabläufe strikt einzuhalten, damit sie regelmäßig zu essen und zu trinken bekam.

So steuerten wir langsam dem Jahresende entgegen. Elwira verließ uns Mitte Dezember, um zu Hause in Polen das Geschäft ihres Ehemannes wieder in Schwung zu bringen. Das Weihnachtsgeschäft versprach wie immer einen großen Umsatz, den ihr Fleischerladen gut gebrauchen konnte. Elwira hinterließ Lewine einen selbst gebastelten schönen Adventskranz als Zeichen der Dankbarkeit.

Er schmückte den Wohnzimmertisch von Lewine. Allzu viel hatte sie von diesem Anblick nicht. Sie war zu schwach geworden, um viel auf dem Sofa in der Sitzecke zu verweilen. Sie bevorzugte ihren Ledersessel, von dem sie die Kerzen des Adventskranzes nur mit einem scharfen, anstrengenden Blick nach links sehen konnte. Sie war zudem darauf angewiesen, dass eine andere Person die Kerzen entzündete und aufpasste, dass kein Zimmerbrand entsteht.

2006. VON WOCHE ZU WOCHE

Nach dem Tod ihrer Mutter musste Anke noch vor Weihnachten und in den ersten Wochen des neuen Jahres vermehrt übers Wochenende oder eine ganze Woche lang nach Rhöndorf fahren, um ihren erkrankten und jetzt alleinlebenden Vater zu unterstützen und zu versorgen. Das ging nur, wenn ich nicht geschäftlich unterwegs sein musste. Oder umgekehrt, wenn ich an Wochentagen auf einer Messe oder einem Kundenbesuch war, musste Anke tagsüber im Büro sein und konnte nur abends zu Lewine fahren. Nur dadurch, dass wir unsere Arbeit so selbstständig und frei organisieren konnten, war unser »Doppelleben« von Arbeit und Fürsorge der Eltern möglich.

Mitte Januar kamen Danuta und Elwira wieder regelmäßig zu Lewine. Wir konnten froh sein, dass wir mit ihnen zwei Betreuerinnen hatten, auf die wir uns verlassen und die uns bei Problemen jederzeit anrufen konnten. Wir hatten uns glücklich geschätzt, dass Lewine zu den Betreuerinnen Danuta und Elwira eine solch gute Beziehung aufgebaut hatte. Als selbstverständlich hatten wir diese Entwicklung nicht angesehen. Da Lewine immer schwächer wurde und somit mehr Unterstützung brauchte, wurde diese Hilfe der beiden Engel von Woche zu Woche immer wichtiger.

ENDE MÄRZ 2006. STURZ INS UNGEWISSE

Ende März 2006 änderte sich der Gesundheitszustand von Lewine rapide. Sie wurde zunehmend schwächer und stürzte. Sie hatte Glück, sich nichts gebrochen zu haben. Ab da war sie zum ersten Mal seit ihrer Krankheit bettlägerig.

Neben ihren Schmerzen aufgrund der Krebserkrankung kamen jetzt die wegen der Prellung dazu. Wir konnten aber wegen der Prellung die Menge an Morphium nicht bedenkenlos erhöhen. Es wurde für uns immer schwerer, die notwendige Dosis mit Lewine abzusprechen. Es ging uns weiterhin darum, dass sie nicht leiden, aber auch noch ansprechbar sein sollte.

Damit einher wurde sie immer zarter und anhänglicher.

Etwa zwei Wochen vor dem Sturz war ich mir sicher, dass Lewine mir deutlich machen wollte, dass sie sterben wird beziehungsweise sterben will: »Ich weiß nicht, wie lange ich noch leben werde.«

Wir hatten oft über das Sterben gesprochen. Sie war schon lange bereit dafür, auf ganz realistische Art. Nun schien sie sich darauf vorzubereiten. Den Kampf mit dem Tumor hatte sie schon länger aufgegeben. Da sich ihr Gesundheitszustand gerade verschlechtert hatte, sie erkennbar immer schwächer wurde und der Sturz nicht von ungefähr kam, informierte ich in Übereinstimmung mit Lewine meine Geschwister, die über ganz Deutschland verteilt waren. Bis auf den Bruder, mit dem sie in Zwietracht lebte, meldeten sich alle Geschwister zu einem baldigen Besuch an.

31. MÄRZ 2006

Elwira pflegte Lewine in dieser Zeit. Das Osterfest stand vor der Tür. Sie wollte für die Osterwochen gern nach Hause, um ihren Mann im Fleischerladen wieder über die Feiertage zu unterstützen. Elwira und Danuta hatten diesen Wunsch nach einem Heimaturlaub wie immer frühzeitig angemeldet. So konnten wir uns rechtzeitig darauf einstellen, über Ostern wieder eine familiäre Lösung zu suchen.

Am Freitag, dem 31. März, kam meine Schwester Inka. Der Wechsel in der Betreuung hatte wieder erfreulich gut geklappt. Der Abschied von Elwira fiel Lewine ein wenig schwer, sie war hart am Wasser gebaut, konnte die Tränen kaum verbergen.

Etwa 16 Jahre später sprach ich mit Elwira über diesen Zeitabschnitt mit Lewine:

E. H.: »Ich erinnere mich, dass es einmal zu einer außergewöhnlichen Situation kam. Als sie nach dem Sturz krank im Bett lag, bist du zu ihr ins Bett gesprungen, um kurz zu kuscheln. Was hat dich dazu bewogen?«

Elwira: »Es ist aus purer Laune heraus geschehen, um sie aufzumuntern. Es war ungefähr zwei Wochen vor Ostern, ich wollte über Ostern nach Hause fahren. Inka war schon gekommen und machte an dem Tag gerade Yoga im Garten. Ich hatte den Eindruck, dass deine Mutter sehr traurig war über ihren verschlechterten Zustand. Ich wollte sie aufheitern. Wir hatten öfter viel Spaß. Jetzt aber war sie selten zu Späßen aufgelegt, es ging ihr nicht gut.«

E. H.: »Um lustig zu sein, war sie zu kraftlos geworden. Nach unserer Einschätzung war Lewine nicht so sehr wegen ihres Gesundheitszustandes traurig, sondern weil sie sterben musste. Sie hatte den anstehenden Tod bereits angenommen. Sie wusste, dass ihr Tumor nicht heilbar war, jetzt war sie auch noch bettlägerig geworden. Welchen Eindruck hattest du davon, wie sie mit ihrer Krankheit und der Möglichkeit des Sterbens umgegangen ist?«

E.: »Solange ich bei deiner Mutter war, war sie geistig voll da, klagte nicht und hatte keine Probleme mit dem Sterben und dem Tod. Sie konnte darüber reden und hat erzählt, dass sie auch mit dir darüber geredet hat. Du warst für deine Mutter immer eine sehr große Unterstützung, und dies hat sie auch sehr geschätzt an dir … und an Anke.«

E. H.: »Hat sie mit dir über die bevorstehenden Besuche meiner Geschwister gesprochen? Oder sogar, was sie mit ihnen besprechen wollte? Speziell mit meinem Bruder Fritz, dem sie eindringlich ins ›Gewissen‹ reden wollte.«

E.: »Tut mir leid, darüber haben wir nicht gesprochen.«

E. H.: »Wie hast du dich in dieser Zeit gefühlt? Du hattest eine eigene Wohnung, Tür an Tür mit meiner Mutter. Im Grunde hattest du eine 24-Stunden-Bereitschaft.«

E.: »Es fühlte sich an wie Mutter und Tochter, es gab keine Probleme. Es war eine angenehme Zeit, eine angenehme Arbeit. Danuta und ich haben die Zeiten gut aufgeteilt.«

BÜROKRATIE. NICHTS FÜR KRANKE

Je länger die Krankheit dauerte, desto mehr bürokratische Arbeit war notwendig: Bank, Post, Rechnungen für die Therapien einreichen, sich mit der Krankenkasse rumschlagen, Anträge bei der Kasse stellen für einen Rollator, Windeln und noch einiges mehr. Besonders ärgerlich war es, wenn wir uns gegen negative Bescheide der Ämter wehren mussten.

Im Jahr 2006 kamen noch die Anträge auf die Pflegestufen dazu, denn frühere Anträge auf eine Pflegestufe waren nicht genehmigt worden. Es hieß, dass Lewine fit genug sei.

21. Februar 2006 Pflegestufe 1
(wurde schon im November 2005 beantragt)
31. März 2006 Pflegestufe 2
5. April 2006 Pflegestufe 3 beantragt

So schnell, wie sich die Krankheit von Lewine in dieser Zeit entwickelte, konnten die Pflegestufen nicht umgesetzt werden. So schnell kamen die kassenärztlichen Vertrauensärzte des Sozialen Dienstes nicht zur Begutachtung zu Lewine. Zudem mussten wir uns als Privatpersonen allein durch die umfangreichen Bedingungen durchkämpfen, die für eine häusliche, private Pflege zu beachten waren.

Private Pflege, mussten wir feststellen, nimmt dem Staat viel Arbeit ab, ohne dass diese Arbeit entsprechend bezahlt wird. Die Beschäftigung polnischer Betreuerinnen war illegal und wurde vom Staat nur deshalb nicht angezeigt, weil sonst die großen Defizite in der Altenpflege in Deutschland noch öffentlicher geworden wären und die Altenpflege zusammengebrochen wäre.

Wir hatten Glück, so liebevolle und vertrauensvolle Betreuerinnen zu bekommen. Ansonsten wären der organisatorische Aufwand für mich und der Stress für die kranke Lewine noch wesentlich größer geworden. Wir haben uns oft gefragt, was sich die Kassen und Versicherungen eigentlich denken, wie alleinstehende, schwerkranke Menschen diesen enormen Bürokratieaufwand bewältigen sollen. Sie brauchen 100 Prozent ihrer Kräfte zur Bewältigung ihrer Heilung und Überwindung ihrer Krankheit.

ANFANG APRIL 2006. TOCHTERLIEBE

Da Anke ihren Vater in Rhöndorf unterstützte und ich in unserer Firma wegen des Ostergeschäftes stark eingebunden war, kam uns die Unterstützung von Inka sehr recht.

Lewine genoss diese intensive Zeit mit Inka. Sie konnte sich sehr einfühlsam auf ihre schwache Mutter einstellen. Ihre rücksichtsvolle Haltung war für Lewine sehr nützlich und angenehm. Jetzt machte sich bemerkbar, dass die beiden sich einmal so gut ausgesprochen hatten. So konnte sie Lewine bei sehr sensiblen, intimen Hilfestellungen unterstützen.

7. BIS 9. APRIL 2006. BESUCH

Mein Bruder Dieter kam zu Besuch. Er hatte laufend Kontakt zu Lewine und mir gehalten und war stets über den Stand der Krankheit informiert. Er kam mit seiner Frau Dorothee und den Kindern Christian und Philipp.

Dieter berichtete später über dieses Treffen mit ihr:

»Mein Eindruck war, dass ich trauriger über den zu erwartenden, bevorstehenden Tod war als sie selbst. Sie schien keine Angst zu haben, schien den

bevorstehenden Tod als etwas Natürliches anzusehen, darauf vorbereitet zu sein. Ich fand keine depressive Stimmung im Haus unserer Mutter vor. Wie ich hörte, war im Gegenteil selbst die polnische Pflegerin Elwira vor ein paar Tagen positiv gestimmt über Ostern weggefahren. Ich war damals nicht sicher, ob dies ein Abschiedsbesuch von mir war.«

Lewine war glücklich über den Besuch von Dieter. Jetzt fehlte nur noch der Besuch von dem jüngsten Sohn, Fritz. Er ließ sich ein wenig bitten, und es war uns zunächst nicht klar, was ihn abhielt, seine Mutter am Krankenbett zu besuchen. Beruflich konnte er seine Zeit selbst einteilen, und Lewine hatte ihn in den letzten Jahren finanziell stark unterstützt.

Ein Gespräch mit Fritz war ihr besonders wichtig. Mehrmals hatte sie erwähnt, dass sie ihm »ins Gewissen reden« wolle. Mehr sagte sie nicht dazu. Als sie wegen der Hinhaltung eines Besuchs von Fritz unruhig wurde, suchte ich das Gespräch mit ihm. In der Zwischenzeit hatte sie Inka noch immer für 24 Stunden bei sich.

MITTWOCH, 12. APRIL 2006.
SCHWERE TRENNUNG

Die Gespräche mit Fritz hatten deutlich gemacht, dass der Familienkonflikt bei der Trauerfeier unseres Vaters noch wirkte. Er war noch immer empört, dass einer seiner Brüder Lewine so heftige Vorwürfe beim Umgang mit dem Freitod unseres Vaters gemacht hat. Ihn störte, wie massiv er sie unter Druck gesetzt und sich nie dafür entschuldigt hat. Fritz hatte danach den Kontakt zu seinen Geschwistern nahezu einfrieren lassen.

Als sogenannter »Einzelgänger« fiel ihm dies nicht schwer. Er hielt den Kontakt zu Lewine und zu mir aufrecht, allerdings in überschaubarem Rahmen. Dies reichte aus, um von ihm jetzt zu erfahren, warum er nicht sofort zu Lewine zu Besuch kommen wollte: »Solange Inka in der Wohnung von Lewine ist, werde ich nicht kommen!«

Was kaum zu glauben war, mussten wir hinnehmen. Besonders Inka und Lewine mussten wegen dieser Haltung schwer schlucken. Aus Rücksicht auf den so ausdrücklich geäußerten Wunsch von Lewine, Fritz zu sehen, reiste Inka am Mittwoch schweren Herzens ab, um am Ostermontag zurückzukommen. Lewine war traurig, dass Inka wegfuhr, und froh, dass Fritz kommen wollte. Er solle sich aber beeilen, viel Zeit bleibe nicht mehr, ließ sie ihm ausrichten.

Nach der Abreise von Inka kniete Anke am Bettkopfende an der Seite der niedergeschlagenen Lewine. »Ich schaute in das faltige, erschöpfte Gesicht, mit den fast geschlossen Augen und dem offenen Mund, den trockenen Lippen. Minutenlang. Ich fragte mich, was in Lewines Kopf wohl vorging. Ich erhielt keine Antwort. Schließlich fragte ich: ›Was kann ich denn für Dich tun?‹

Lewine hob langsam ihren Kopf, öffnete die Augen und schaute mich lange an und schwieg, während eine Träne langsam ihre Wange runterlief.«

14. APRIL 2006. KARFREITAG

Auf Fritz aus Berlin musste Lewine noch zwei weitere Tage warten. Diese Zeit des Wartens hat sie deutlich erkennbar Energie gekostet. Sie »riss sich zusammen«, zu wichtig schien ihr das Gespräch. Mehrmals erwähnte sie in den Tagen in einem bestimmenden Ton: »Ihm muss ich noch ein paar Worte sagen.«

Am Vormittag fiel ihr plötzlich ein, dass sie mit mir noch absprechen wollte, welchen Schmuck welche Personen erben sollten. Sie hatte genaue Vorstellungen. Nicht nur Anke, ihre Nichte Nele und ihre Freundin Renate wurden beschenkt. Auch die Pflegerin Danuta sollte unbedingt Schmuck bekommen. Ich sollte ihr mitteilen, wie angenehm es mit ihr und Elwira war. Ich sollte nicht vergessen, Danuta zu sagen: »Aber trag ihn auch!« Elwira hatte sich bei ihrer Abreise ein Geschenk aussuchen können. Anschließend vergewisserte sie sich bei mir, ob wir alle notwendigen Formalitäten für den Fall ihres Ablebens besprochen hätten. Ich konnte sie beruhigen und ihr danken, dass sie alles so gut vorbereitet hatte.

Als ich ihr eine Wärmflasche unter die Bettdecke legte, bemerkte ich, dass ihre Füße blau angelaufen waren. Sie hat mein Angebot angenommen, ihr die Füße ganz zart zu massieren. An ihrem Gesicht und ihrem ruhigen, gleichmäßigen Atem konnte ich sehen, dass es ihr gefiel.

Karfreitag, um 13 Uhr, holte ich Fritz vom Bahnhof Eystrup ab. Wir aßen kurz zu Mittag, während Lewine im Bett lag. Essen wollte und konnte sie nicht mit uns, aber hören konnte sie uns. Mittlerweile war es 14 Uhr. Wir ließen Lewine und Fritz im Schlafzimmer allein. Wir schlossen die Tür. Das Gespräch der beiden sollte weiter geheimnisvoll bleiben. Es vergingen etwa zwei Stunden, bis Fritz aus dem Zimmer kam. Wortlos, nachdenklich und verstört auf seine Armbanduhr guckend. Um 17 Uhr fuhr sein Zug zurück nach Berlin. Ich fuhr ihn zum Bahnhof. Ich kann mich an kein Gespräch mit ihm während der Fahrt erinnern. Hätte Inka gewusst, dass Fritz nur so kurz kommt, wäre sie sicherlich für die paar Stunden spazieren gegangen!

Den Abend verbrachten Anke und ich zusammen mit Lewine. Sie sah glücklich und zufrieden aus.

Sie hob den rechten Arm, machte eine kleine Faust. Mit einer leichten ruckartigen Bewegung nach oben sagte sie stolz: »Ich hab's geschafft, ich hab ihm alles gesagt … Dem habe ich es gezeigt!«

Nach diesem »Kraftakt« des langen Wartens und all den Abschiedsgesprächen schwanden ihre Kräfte allerdings merklich. Im Bett liegend nahm sie noch einen kleinen Schluck Wasser aus ihrer Schnabeltasse. Das Schlucken viel ihr schwer. Sie sank sehr schnell in einen tiefen Schlaf. Bis auf den problematischen Sohn waren alle Kinder gekommen, und einige Verwandte hatte sie in den letzten Tagen selbst angerufen. Sie schien mit sich selbst zufrieden zu sein.

Ich habe im Nebenzimmer zwischen zwei Kleiderschränken geschlafen – wie so oft in den letzten vier Jahren. Die Verbindungstür zu ihrem Schafzimmer stand offen. Anke wollte auf dem Sofa im Wohnzimmer schlafen. Lewine konnte beruhigt sein.

15. APRIL 2006. OSTERSAMSTAG

Nach dem Aufwachen war Lewine verändert. Sie war kaum ansprechbar und konnte auch nicht mehr aufgesetzt werden.

Wir waren zunächst unsicher, wie wir auf die neue Situation reagieren sollten. So konnten wir sie nicht versorgen. Lewine hatte uns deutlich gemacht, dass sie kein Pflegebett möchte und dass es zu viel Durcheinander bedeuten würde. Ich entschloss mich trotzdem, es wenigstens zu versuchen, denn wir hatten die Verantwortung, sie gut zu pflegen.

Ein Pflegebett war zufällig noch im Lager des Sanitätshauses vorhanden und konnte direkt geliefert werden. Im Nachhinein habe ich mich gefragt, wieso diese Lieferung am Ostersamstag zu Geschäftsende noch möglich war. Egal, so war es perfekt.

Das Umbetten am Nachmittag war noch mal anstrengend für Lewine, emotional wie auch physisch. Das neue Bett musste aufgebaut werden, Lewine vom alten ins neue Bett verlegt werden, das alte Bett abgebaut werden. Alles geschah in einem relativ kleinen Raum mit viel Gewusel. Am Ende war sie glücklich. Das Pflegebett stand jetzt fast mitten im Raum, war leicht verschiebbar. Die Matratze war besser und gegen Nässe geschützt. Die Seitenteile gaben uns Sicherheit, dass sie nicht aus dem Bett fallen konnte.

Lewine war nach all dem Krach des Umbettens noch erschöpfter und schlief erst einmal. Nach dem Aufwachen zeigte sie sich glücklich über das neue Bett. Essen wollte sie nicht, nicht einmal die fast flüssige Astronauten-Nahrung, die wir ihr vor ein paar Tagen besorgt hatten. Kein Appetit. Nur ein paar kleine Schluck Wasser trinken. Im Liegen fiel ihr das sogar mit der Schnabeltasse schwer.

Obwohl ihr das Sprechen ebenfalls schwerfiel, wollte sie unbedingt noch Inka anrufen. Ich gab Lewine den Hörer. Mit leiser, erschöpfter Stimme sagte sie:

»Inka, ich habe ein neues Bett, ich bin selig … Ich habe Fritz alles sagen können … Den Rest erzählt dir Eberhard.« Zu mehr Worten war sie zu schwach und reichte mir den Hörer mit einem zufriedenen, stolzen Gesichtsausdruck. Als ob sie uns sagen wollte: Wow, das habe ich geschafft.

Anke und ich blieben bei ihr. Gegen Abend wurde Lewine zunehmend schwächer. Es schien, als ob ihr letzter Lebenswille gebrochen war, nachdem sie es tags zuvor geschafft hatte, mit Fritz zu sprechen.

Am Samstagabend ließen wir sie nicht allein. Ihre engsten Vertrauten, Renate Paul, Anke und ich, aßen im Nebenzimmer zu Abend. Wir unterhielten uns so, dass sie uns im Bett liegend hören konnte und wir sie hören konnten.

Anke und ich blieben wieder über Nacht bei ihr. Ich habe nachts immer mal nach ihr gesehen. Wenn sie mich wahrnahm, habe ich ihre Lippen mit einem Waschlappen angefeuchtet, ihre Hand gehalten oder kurz mit ihr gesprochen. Trinken wollte sie nicht.

16. APRIL 2006. OSTERSONNTAG

Am Morgen des Ostersonntags 2006 war ihr anzusehen, dass sie noch schwächer geworden war.

Wir hatten Renate zum Frühstück im Nebenzimmer eingeladen. Wir schoben das Pflegebett so, dass Lewine uns bei Bedarf durch die breite Schiebetür sehen und hören konnte. Sie war unruhig, aber es schien ihr zu gefallen, uns zu hören. Nach dem Frühstück musste Anke unbedingt in ihren Kirchenchor in Bremen. Sie hatte dort ein Solo zu singen und nahm sich vor, für Lewine zu singen. Schweren Herzens verließ sie uns. Renate musste als Mitglied vom Kirchenvorstand Hoya ebenfalls in die Kirche. Beide wollten danach wiederkommen.

So blieb ich allein und kümmerte mich um Lewine. Versorgte ihre Lippen mit einem feuchten Waschlappen. Saß an ihrem Bett. Stumm und hielt ihre Hand. Sie lag auf dem Rücken und atmete leicht und flach. Anfangs etwas unruhig. Es herrschte absolute Stille an diesem Ostersonntag, nur kurz unterbrochen von den Glocken der Kirche.

Ich strich mit meinen Fingern leicht über ihre Stirn, als ob ich die Sorgenfalten glätten könnte. Ich nahm ihre Hand. Ganz sanft drückte sie zu. War das ein Zeichen, dass sie damit einverstanden war? Ich genoss die zarte Berührung. Ich spürte eine Verbundenheit mit ihr, wie ich sie in meinem Leben mit ihr nie bewusst gespürt hatte. Ein Geschenk des Himmels. Ich hatte kein Zeitgefühl, wie lange wir auf diese Weise vereint zusammensaßen.

Ich beobachtete ihren Atem. Ihre flachen, zaghaften Atemzüge waren kaum unter der Bettdecke zu erkennen. Sie atmete gleichmäßig. Ich versuchte, mich ihrem Atemrhythmus anzupassen. Ich sprach leise zu ihr in der Hoffnung, sie damit unterstützen zu können:

»Atme, atme … entspanne dich. Alles ist gut … du bist frei … du darfst gehen … Es ist alles gut, du hast alles erledigt.«

Dann wieder Stille. Hände halten. Ich nannte ihr Namen von nahestehenden Menschen, die ihr wünschten, in Ruhe einschlafen zu können.

Dann war es so weit. Ich sah, dass ihr Herzschlag die leichte Bettdecke nicht mehr anhob, und suchte mit meinen Fingern vergeblich ihren Puls. Sie war gegangen. Einfach so, ohne sich auch nur mit dem leisesten

Laut zu wehren. Ohne einen letzten verzweifelten Atemzug. Oder wie immer. Einfach so. Ihr entspanntes Gesicht drückte aus, dass sie auf den Tod vorbereitet war. Zu oft hatten wir über das Sterben gesprochen. Sie hatte es geschafft, ihre Hoffnung auf Heilung rechtzeitig zu begraben, um sich jetzt würdevoll verabschieden zu können. Als Sonntagskind hatte sie die Welt begrüßt. An einem Sonntag hat sie die Welt verlassen. Ich schloss ihre Augen und öffnete das Fenster, damit ihre Seele davonfliegen konnte.

Da saß ich nun an ihrem Bett und hielt Totenwache. Es war still. Ich hatte das Gefühl für Zeit verloren, wusste nicht, wie spät es war und wie lange ich dort am Bett saß, bevor ich den Notarzt rief, um ihren Tod offiziell anerkennen zu lassen. Es war ein glücklicher Zufall, dass Dr. Kamara aus der Praxis von Dr. Ramsauer an diesem Sonntag Bereitschaftsdienst hatte. Er kannte Lewine und mich. Das machte diese gesetzlich notwendige Amtshandlung angenehmer.

Irgendwann am frühen Nachmittag kamen Anke und Renate zurück und konnten sich von Lewine verabschieden. Es wurde eine lange gemeinsame Verabschiedung. Wir wollten den Tag noch mit ihr verbringen. Zunächst gab es in Lewines Wintergarten Kaffee und Kuchen, mit weißer Tischdecke und dem guten Geschirr, so wie uns Lewine stets mit Freude empfangen hatte. Wir haben sie in ihrem Pflegebett liegend in Sichtnähe geschoben.

Später am Abend haben wir aus dem Tiefkühlfach die Zutaten für Lewines Lieblingsgericht geholt: Rinderrouladen mit Rotkohl, Kartoffeln und Preiselbeeren. Ein Festessen, das sie uns immer wieder mit viel Liebe zubereitet hatte. Die weiße Tischdecke und einige Kerzen gaben dem Festessen einen Rahmen, wie es Lewine gefallen hätte.

Später am Abend haben wir den Bestatter angerufen, den sich Lewine ausgesucht hatte. Ihr Körper konnte nicht länger bei uns bleiben. Er hat Lewine mitgenommen.

Am Ostermontag war ich in der Wohnung und hörte um zwölf Uhr die Glocken läuten ... wie immer zu Ehren der Verstorbenen vom Vortag. Heute läuteten sie extra für Lewine. Das hat mich so gerührt, dass mir Tränen kamen.

In den nächsten Wochen haben Renate Paul, Anke und ich uns noch ein paar Mal in der Wohnung getroffen und gemeinsam die Kleiderschränke

ausgeräumt und die brauchbaren Kleider aufgeteilt. Einige davon wollten Anke und Renate mitnehmen, andere waren für die treue Nachbarin Renate Breiter gedacht, andere brachten wir in ein Sozialkaufhaus. Anke und Renate Paul tragen noch heute, 16 Jahre später, einige Kleidungsstücke von Lewine.

Für mich und alle anderen Vertrauten war es ein Geschenk, dass Lewine bis zur letzten Minute geistig voll fit blieb, während ihr Körper immer mehr abbaute. Ein erstaunliches Phänomen. Das machte die Trauer über den Verlust dieser starken Frau, Mutter, Freundin, Pädagogin und Nachbarin für alle Beteiligten leichter.

Unter dem von uns Angehörigen und Freunden gewählten Motto »Die Liebe höret nimmer auf« fand Pastor Ruh bei der stark besuchten Trauerfeier unter anderem folgende Worte:

»Das Leben von Margarete Lewine Hasper ist zu Ende, aber das, was sie Ihnen und vielen anderen Menschen gegeben hat, das geht weiter. Die Liebe, die Fürsorge, die Zuwendung: sie strahlt aus über den Tod hinaus. Gegen die Liebe kommt der Tod nicht an … Sie ist von Ihnen gegangen, wie sie auch gelebt hat, alle und alles bedenkend am Ende eines Lebens, dass mit Klarheit und Gelassenheit dem Tod entgegensah.«

UND WAS JETZT?

Meine mir selbst gesetzte Aufgabe für Lewine war noch nicht beendet. Die Zeit von Mitte April bis in den Juli 2006 war damit ausgefüllt, Lewine formal aus diesem Leben zu verabschieden, sie bei Hinz und Kunz offiziell abzumelden, ihre Wohnung freizugeben, die Bürokratie dieser Gesellschaft zufrieden zu stellen. Diese lästigen Aufgaben konnte ich relativ schnell und einfach erledigen. Lewine hatte mir zu Lebzeiten eine Generalvollmacht für alle Gelegenheiten und »über ihren Tod hinaus« gegeben. Das war perfekt. Ich bin für diese Achtsamkeit von Lewine überaus dankbar. Das war ein Geschenk!

Mit der »bürokratischen Verabschiedung« war Lewine allerdings bei ihren Nächsten und speziell bei mir noch nicht in Vergessenheit geraten. Im Gegenteil. Ich brauchte noch Zeit, die Eindrücke der sechs Jahre andauernden Fürsorge und der Sterbebegleitung zu verarbeiten. Insbesondere letztere war eine emotionale Herausforderung für mich, ebenso wie das Schreiben darüber ... bis jetzt zur letzten Überarbeitung dieses Buchtextes vor dem Erscheinen.

HERBST 2006. DER WECHSEL. DOROTHEA IST DRAN

Im August 2006 rief mich Dorothea an. Das kam überraschend für mich. Ich hatte zu ihr kaum Kontakt in den letzten Jahren, bis auf einige wenige Treffen auf dem einen oder anderen Geburtstag in der Verwandtschaft. Ich besuchte sie und erfuhr mehr über die Hintergründe ihres Anliegens.

Als alleinlebende Frau würde sie mit ihren 88 Jahren eine Person brauchen, die sich um sie kümmert, sie im Alter begleitet. Schließlich sei sie – wie meine Mutter – aufgrund einer Makuladegeneration mit nur noch zehn Prozent Sehfähigkeit auf einem Auge fast blind. Es ginge ihr in der Hauptsache erst einmal um formale Angelegenheiten, die ihr schwerfielen: Bank- und Postangelegenheiten, Fahrten zum Arzt und andere Aufgaben, die sie nicht fremden Personen anvertrauen wolle. Über die in ihrem Alter mit Sicherheit zunehmenden fürsorglichen Angelegenheiten haben wir vorerst nicht gesprochen. Sie erzählte mir vorsichtig von anderen Misserfolgen, eine ernsthafte, vertrauensvolle Begleitung zu finden, auch nicht in ihrer zahlreichen entfernten Verwandtschaft in der Umgebung von Hoya.

Von Burkhard, dem Mann ihrer Nichte, erfuhr ich später von ihrer Anfrage bei ihm. Er habe ihr abgesagt. Unter anderem weil er zu weit weg wohnen würde. Sie solle mich doch fragen. Mit diesem Hintergrund tastete sie sich im Gespräch langsam an ihre Vorhaben heran, dass ich sie begleiten möge.

Sie habe natürlich mitbekommen, wie ich meine Mutter, ihre Schwester, begleitet hatte, und deshalb habe sie mich eingeladen, ob ich sie nicht auch begleiten könne. Ich schien ihr vertrauenswürdig zu sein. Ich bat um Zeit für eine Entscheidung.

SOLL ICH? SOLL ICH NICHT?

Mit einer solchen Anfrage hatte ich nicht gerechnet. Dorothea war keine von mir geliebte Tante. Im Gegenteil. Ich kannte sie seit meiner Kindheit als grantige und strenge Frau. Humor schien ein Fremdwort für sie zu sein. Außerdem hatte sie sich fast ihr ganzes Leben mit meiner Mutter gezankt.

Meine Beziehung zu ihr war doppelt belastet. Einerseits hatte ich nie einen engen emotionalen Kontakt zu meiner Tante. Der Kontakt beschränkte sich auf die Tatsache, dass sie die Tochter meiner Großmutter war, die ich gern besuchte. Dorothea war für mich nur ein Anhängsel meiner Großmutter, eine nahezu fremde Frau, die sich um ihre Mutter verbissen gekümmert hatte.

Zum anderen hatte ich in all diesen Jahren mehr durch Hörensagen miterlebt, welchen Ärger und Streit meine Mutter mit Dorothea hatte. Konnte ich mich von diesen Berichten meiner Mutter freimachen und bei meiner Entscheidung für oder gegen Dorothea allein berücksichtigen, wie sie sich mir gegenüber verhalten hatte und verhalten würde?

Zu bedenken ist, dass mir zu diesem Zeitpunkt viele der hier beschriebenen Zusammenhänge des Lebens meiner Tante, viele ihrer garstigen Charakterzüge noch unbekannt waren. Über den grausamen Familienkonflikt wurde ja nie gesprochen, über die Rolle meiner Tante Dorothea erst recht nicht.

Ich weiß heute nicht, ob ich bei Kenntnis von diesen verbissenen und brutalen Machtspielen meiner Tante nur eine Sekunde über eine Begleitung nachgedacht hätte.

Ich wog das Für und Wider ab. Immerhin gehörte sie zu meiner »Familie«, war meine Tante ersten Grades. Gefallen hat mir, dass sie stets direkt und deutlich sagen konnte, was sie will – auch wenn es mir und allgemein den Leuten oft nicht gepasst hat. Ich hatte den Eindruck, dass ich dadurch wissen könne, »wie ich dran bin«, und es mir dadurch gelingen könnte, ihr meine Grenzen aufzuzeigen. Mein Verhältnis zu meiner Tante war bis jetzt so steif, wie sie selbst steif war. Vielleicht würde mir diese nahezu emotionslose Beziehung bei der Begleitung helfen. Nur weil sie meine Tante war, war eine Begleitung für mich nicht als selbstverständlich anzusehen. Durch die Gespräche hatte sich das Verhältnis immerhin ein wenig gelockert.

Was sprach noch für eine Zusage? Rein formal war ich durchaus der geeignete Begleiter für sie. Ich war durch meinen Beruf geübt, mit Bankauszügen, Bankkonten und Bankbeamten umzugehen. In Bezug auf die persönliche Fürsorge hatte ich klare Vorstellungen aufgrund meiner Erfahrung mit Lewine. Es fühlte sich an wie eine leichte Aufgabe. Das Risiko war nur, ob sie mich mein »System« machen lassen würde, ob wir uns einig werden könnten. Ich gab mir die Freiheit, bei unüberwindbaren Streitereien jederzeit »das Handtuch zu werfen«. Mit dieser Haltung konnte ich in die nächsten Gespräche gehen.

Nicht einmal sieben Monate nach dem Tod meiner Mutter stand ich noch im Schatten dieser sechsjährigen Begleitung und des intensiven Sterbeprozesses und jetzt schon wieder vor einer weiteren privaten Herausforderung. Ich fühlte mich stark genug, allein meinem Gefühl nachzugehen und meine Vernunft einmal Vernunft sein zu lassen. Dorothea und ich einigten uns, und sie veranlasste eine Generalvollmacht, eine Patientenverfügung und ein Testament in notarieller Form.

JETZT GING'S LOS

Auf einer der ersten Fahrten zu Dorothea wurde mir bewusst: Ich kannte die Strecke, fuhr ja fast die gleiche Strecke wie vorher zu meiner Mutter Lewine. Sechs Jahre lang. Wie viele Jahre würde ich jetzt zu meiner Tante fahren? Die gleiche Strecke, auf einer Landstraße durch kleine Dörfer mit großen Höfen, die zum größten Teil nicht mehr in Betrieb waren, deren Haupthaus und Scheunen zu Wohnungen umgebaut waren und große Grasflächen um das Haus hatten. Ich konnte die Strecke fast blind fahren, bedacht darauf, bei den beiden bekannten Blitzern nicht zu schnell zu fahren.

Das Fahren war wie ein Ritual, mir kamen stets alle möglichen Gedanken, was ich vergessen hatte oder noch machen musste. Im Fahren schrieb ich kurze Notizen auf einen kleinen Schreibblock, den ich im Auto liegen hatte. Oder ich nahm mein Handy zum Telefonieren in der Gewissheit, dass hier auf dem Land keine Polizei kontrolliere.

Die gepflegten Häuser, Grundstücke und die gefegten Bordsteinkanten auf dem Land standen in krassem Kontrast zu meiner derzeit gelebten Umgebung in der Stadt Bremen. Nächtlich abgestelltes Sperrgut, leere Getränkedosen, Zigarettenschachteln und achtlos weggeworfene Kippen schmückten die Straßen und zeugten von einer anderen Welt, einem anderen Leben. Die Fahrt über das Land hatte mich stets langsam auf die Welt meiner Mutter vorbereitet und jetzt auf meine Tante.

Wenn ich in Eile war (ehrlich gesagt, fast immer). hatte ich kaum ein Blick für diese an sich nebensächlichen, so normal wirkenden Bilder der Landschaft und der Dörfer.

2006 BIS 2010. ALLER ANFANG IST SCHWER. WIE LIEF DOROTHEAS LEBEN AB?

D orothea und ich waren beide gespannt, ob wir uns langfristig vertragen und uns näherkommen würden. Ich war mir sicher, dass bei dieser Begleitung vieles anders sein würde als bei Lewine, meiner Mutter. Nach der Leichtigkeit und herzlichen Offenheit im Umgang mit Lewine hatte ich es jetzt mit einer starken, selbstbewussten, zu Griesgram neigenden Frau zu tun, die sich als unverheiratete Landfrau mit Verbissenheit allein durchs Leben hatte schlagen müssen.

Dorothea, Sep. 2006

So unterschiedlich wie die beiden gebürtigen Landfrauen ihr Leben organisiert hatten, so unterschiedlich hatten sie sich wohnlich eingerichtet. Damit fing es schon an. Die Möbel von Lewine waren nicht neu, stammten in der Regel aus den Fünfziger- und Sechzigerjahren und waren den Räumen von der Größe her angepasst, waren nicht raumergreifend. An den hellgestrichenen Wänden hingen immer mal wieder wechselnde einzelne Gemälde von Künstlern und Künstlerinnen, die Lewine in den Ausstellungen entdeckt hatte. Abends konnten die Räume nach

Wunsch angenehm hell beleuchtet werden. Die helle, freundliche und liebevoll eingerichtete Wohnung von Lewine lud mich stets zum Verweilen ein. Die Wohnung hatte Lewine sich selbst eingerichtet. Sie passte zu ihr.

Die Wohnung von Dorothea passte ebenso zu ihrer Persönlichkeit, zu ihrem Leben. Die an sich schon kleinen Zimmer waren vollgestellt mit großen, klobigen, dunklen Bauern-Vitrinen und Schränken, meist älter als 150 Jahre. Dazu ein Riesensofa mit drei Stuhlsesseln, deren Bezug schon leicht abgesessen war, und einem ovalen Tisch. Alles Möbel, die in den ehemals großen Räumen des Bauernhofs in Duddenhausen kaum auffielen, hier aber raumgreifend erdrückend wirkten. Dazu an den wenig freien, leicht grau gewordenen Wänden verstaubte alte Bilder: mit einem Pferdekopf, mit einem eingerahmten Häkel-Muster aus der Schulzeit meiner Großmutter um 1900, einem Bild vom Geburtshaus von Wilhelm Busch und auf einem niedrigen Glasschrank das Bild des im Krieg gefallen Bruders, dem Dorothea zusammen mit den Eltern seit mehr als 60 Jahren nachtrauerte. Diese museumsreife Raumgestaltung wurde abgerundet durch immer zugezogene Gardinen am Tag und dicke Vorhänge, die bei Dämmerung zugezogen wurden. Das düster wirkende Bild der Wohnungseinrichtung wurde durch einen dunkelbraunen Fußbodenteppich aus den Fünfzigerjahren abgerundet. Ein altes Liegesofa, mit etlichen Decken und Kissen bestückt, stand neben dem Esstisch und wurde als Ruheplatz für den Mittagsschlaf von Dorothea oder als Sitzfläche für den Besuch genutzt. Zwei Deckenleuchten mit geringem Lichtstrahl passten sich dem dunklen Gesamtbild an. Mittels einer goldverzierten Stehlampe konnte sich die sehbehinderte Dorothea helleres Licht an dem alten Wohnzimmertisch verschaffen.

Mit dieser Einrichtung lebte Dorothea schon mit ihren Eltern seit ihrer Geburt auf dem Hof und ab 1958, also seit 50 Jahren, in dem kleinen Eigenheim in Hoyerhagen. So schön und wertvoll die alten Möbel wirkten, so drückten sie für mich eine verstaubte, längst vergangene, aus der Zeit gefallene Atmosphäre aus. Ich sah häufig meine längst verstorbene Großmutter auf dem halbrunden, großen Sofa sitzen, als ob die Zeit stehengeblieben wär.

Diese Atmosphäre wirkte für mich eher aus- als einladend. Aber sie passte zu Dorothea, zu ihrem Hang nach alten Zeiten, zu ihrer Sparsamkeit und zu ihrem hohen Alter. Ich hatte mich auf Dorothea eingelassen, und nun gelang es mir, mich auch auf diese dunkle Wohnung einzulassen. Ich hatte den Eindruck, dass es vielen Besucherinnen und Besuchern ähnlich erging.

Die antiken
Möbel 2007

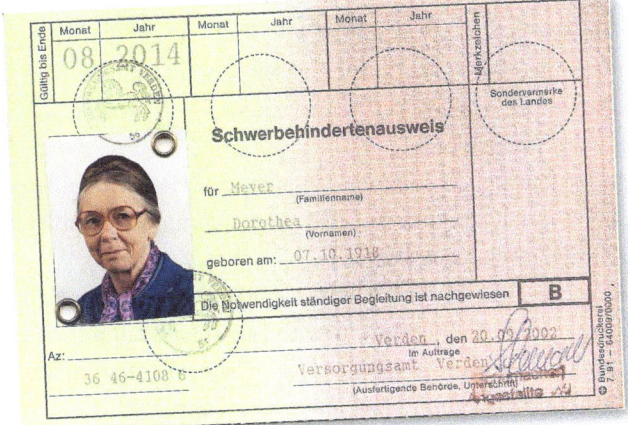

Dorotheas Schwer-
behindertenaus-
weis

In den ersten Jahren bestand meine Aufgabe in erster Linie darin, für Dorothea da zu sein, wenn sie mich rief. In unserer Beziehung ging es anfangs hauptsächlich um die gegenseitige Gewinnung von Vertrauen. Die häusliche Organisation ihres täglichen Lebens hatte sie in dieser Zeit im Wesentlich noch selbst im Griff.

Sie war trotz ihrer stark eingeschränkten Sehkraft für mich noch sehr selbstständig. Sie hatte ihren Haushalt so eingerichtet, dass sie quasi blindlings finden konnte, was sie ständig brauchte. Wehe, wenn ich bei einem Besuch eine Tasse an eine andere Stelle im Schrank eingeräumt hatte. Diese strengen »Ordnungsvorstellungen« kannte ich von meiner Mutter nicht. Aufgrund der Augenleiden von Dorothea waren sie für mich jedoch verständlich. Als gelegentlicher Besucher konnte ich mich gut daran halten.

Sie bereitete sich ihre täglichen drei Mahlzeiten selbst zu und hatte gelernt, wie die Schalter der Herdplatten und des Backofens »blind« zu bedienen sind.

Es faszinierte mich, wie jeder Handgriff beim Brotbacken genau saß, wie sie fast blind das Mehl dosieren konnte und den Teig knetete und fühlte, ob er die richtige Zusammensetzung hatte. Sie war sichtbar stolz, ihre Selbstständigkeit im Haushalt bewahrt zu haben.

Einmal pro Woche kam anfangs Annete, eine Frau aus Hoya, um die Wohnung zu reinigen und im Garten zu helfen. Nach genauer Anweisung versteht sich. Dorothea stand dann daneben und hat kontrolliert, ob die gestandene Hausfrau alles richtig machte. Zum ersten Mal erlebte ich persönlich, worüber alle Verwandten verzweifelt gestöhnt hatten: Dorothea sei eine verbissene »Kontrolletti«, sie könne Erwachsene wie kleine Kinder behandeln, keine Person würde es richtig machen. Es sei schwer, sich dagegen zu wehren, ohne wegzulaufen.

Von meiner Mutter kannte ich so einen Umgang mit Haushaltshilfen nicht. Es machte mich zunächst stutzig. Ich war gespannt, ob sie mich auch so unselbstständig einschätzen würde.

Mit Ver- und Bewunderung hörte ich, dass sie noch kurz vor der Zeit meiner Betreuung trotz ihrer Sehbehinderung mit dem Fahrrad auf den nahegelegenen Dorf- und Feldwegen gefahren ist. Dabei wurde den anderen Verkehrsteilnehmern aus dem Dorf angst und bange. Sie wussten von Dorotheas Sehbehinderung, machten stets einen großen Bogen um sie oder hielten mit dem Auto an, wenn sie ihr begegneten. Es war für alle unvorstellbar, dass sie nie gestürzt ist.

Zum selbstständigen Einkaufen im sechs Kilometer entfernten Hoya hat ihr Bewegungsdrang zu meiner Zeit allerdings nicht mehr gereicht. Sie erzählte mir:

»Als wir hier 1958 nach Hoyerhagen zogen, gab es noch einen Supermarkt bei Familie Thorns in der Dorfstraße. Dort gab es alles, was wir brauchten. Großvater ist dort zu Fuß hingegangen. Am 31. Dezember 2000 wurde das Lebensmittelgeschäft nach mehr als 70 Jahren aufgegeben, es war nicht mehr rentabel. Viele Dorfbewohner und Dorfbewohnerinnen meinten, solche Läden müssten unbedingt unterstützt werden ... drehten sich um und kauften in den großen Supermärkten in Bruchhausen-Vilsen oder Hoya ein. Dort würde es billiger sein. Bei Henning Thorns wurden nur Kleinigkeiten gekauft, all das, was die

Dorothea 2008 am Telefon

Leute vergessen hatten. Davon konnte der Junior seine Familie nicht ernähren. Für uns Alte war das sehr schlecht. Solange ich noch selbst Auto fahren konnte, war ich gezwungen, einmal die Woche nach Hoya zu fahren. Als ich durch die Makula immer schlechter sehen konnte, musste ich das Auto stehen lassen und war fortan auf andere Leute angewiesen.«

Das war für diese selbstständige Frau eine einschneidende Veränderung. Sie hatte aber eines gelernt: ihr Leben als alleinstehende Frau zu bewältigen, keine Scheu und Skrupel zu haben, sich Hilfe zu holen. Sie hat – meist ältere – entfernte Verwandte oder Nachbarn angesprochen, sie bitte beim Einkaufen zu begleiten. Ob sie »bitte« sagte, weiß ich nicht. Ich hatte mitbekommen, dass allein sie bestimmte, wann gefahren wurde, wie lange es dauern würde, sprich wie viele Geschäfte sie besuchen will und – als Höhepunkt – sogar, ob die Person ihren alten, einfachen »Einkaufstrolley«, auch »Shopper« genannt, mitnehmen »durfte« oder nicht. Älteren Helferinnen wurde das Tragen der Lebensmittel zu schwer, und sie baten darum, einen solchen rollenden Einkaufswagen mitnehmen zu dürfen. Schließlich waren sie recht lange mit Dorothea beim Einkaufsbummel unterwegs, da sie nur äußerst langsam über den Markt und in die Geschäfte gehen konnte. Dorothea lehnte diesen Einkaufswagen strikt ab. »Solche Einkaufswagen sind für alte Leute«, sagte sie, als 89-jährige Frau.

Ihr Auto hatte sie behalten, es stand die meiste Zeit in der Garage. Sie wollte unbedingt, dass mit ihrem Auto zum Einkaufen gefahren wird. Nicht alle Helfer und Helferinnen ließen sich auf diese Bedingung ein. Sie trauten sich nicht zu, mit einem fremden Auto zu fahren, und wollten lieber mit ihrem eigenen Auto fahren.

Dorothea gab ihnen einen kleinen Obolus für die Hilfe, guckte dabei sehr genau auf die Zeiten und war zudem sehr knauserig mit dem Entgelt. Sie erlaubte sich, die von den Helfern angegebenen Zeiten sogar zu korrigieren. Es ging um wenige Groschen und Cent.

Immer wieder vergraulte sie die Helferinnen und Helfer mit ihrem Umgang. Nur wenige beschwerten sich bei meiner Tante über ihr Verhalten. Immer wieder blieben einige einfach weg oder fanden billige Ausreden. Frei nach der Devise: immer freundlich sein und sich gegebenenfalls bei anderen Leuten »hinter dem Rücken über meine Tante beschweren«. Dorothea wusste von diesem Getratsche und nahm es gelassen hin.

Die Wahrheit war, dass es auch einige Personen gab, die keine Probleme mit Dorothea hatten und sich beim Einkaufen auf sie einstellen konnten. Diese Personen hatten aber nicht immer Zeit. Es war vor meiner Zeit eine ständige Aufgabe für sie, neue Bekannte oder Nachbarn um Hilfe zu bitten. Als ich sie im Jahr 2006 zu begleiten begann, wurde es für mich wegen dieser schroffen Haltung immer schwerer, neue Helferinnen und Helfer zu gewinnen. Schade, denn ich musste aufpassen, dass sie mich nicht für diese wöchentliche Fahrt in Anspruch nahm.

Als wir wieder einmal über die Einkaufs-Problematik sprachen, erzählte sie mir stolz und freudig: »Ich habe neulich mal länger überlegt, welche Personen ich noch ansprechen kann, die mich immer am Donnerstag zum Wochenmarkt, Schlachter und dem Supermarkt fahren können. Dabei bin ich auf Henning Thorns gekommen, den Bürgermeister von Hoyerhagen.«

»Gleich den Bürgermeister persönlich? Wie bist du auf den gekommen?«

»Henning kenne ich von Kind auf. Er hatte später von seinen Eltern den letzten Kaufmannsladen im Ort Hoyerhagen übernommen. Da dachte ich, dass er mich doch mit zum Markt nehmen kann. Das wäre doch ideal. Auf dem Weg nach Hoya fährt er an meinem Haus vorbei.«

»Der arbeitet doch, wieso soll er Zeit für dich haben?«

»Ach was, den habe ich neulich auf dem Wochenmarkt gesehen. Der kann mich mitnehmen. Also habe ich ihn angerufen.«

»Na, du bist ja abgebrüht, den einfach anzurufen.«

»Oh, sag das nicht. Er war sehr freundlich. Leider sagte er mir, dass er an dem Tag nur zufällig auf dem Markt war und grundsätzlich nicht zur Verfügung stehe. Der Versuch war es doch wert, nicht wahr, Eberhard? Ich war ihm nicht böse. Wenn ich 90 Jahre alt werde, wird er zu mir ins Haus kommen und mir als Bürgermeister der Gemeinde zum Geburtstag gratulieren.«

»Na ja, fragen kostet ja nichts. Du bist ja unermüdlich und gibst wohl nie auf.«

Sie ließ sich immer wieder was einfallen und fand Personen zum Einkaufen und behandelte sie im Laufe der Zeit respektvoller. Es ließ sich nicht vermeiden, dass sie ab und an keine Hilfe zum Einkaufen bekam und mich fragte, ob ich einspringe. Sehr ärgerlich für mich, da ich daraufhin manchmal mit ihr auf den Markt fahren musste. Ich hatte dazu immerhin 40 Kilometer Anfahrt. Manchmal sagte ich zu. Anfangs wollte ich sehen, wie, wo und was sie einkaufte. Als »Betreuer« musste ich das ja wissen, falls ich irgendwann mal Pflegerinnen oder Betreuerinnen einweisen sollte. Ich habe diese Einkaufstage damit verbunden, anschließend ihre Post- und Geldangelegenheiten zu bearbeiten.

Detlef Hormann

Den treusten Helfer hatte sie in ihrem direkten Nachbarn, Detlef Hormann. Mit ihm war sie durch einige gemeinsame Lebenserfahrungen und Abhängigkeiten verbunden. Detlef Hormann erzählte mir:

»Ich kannte Frau Meyers Bruder Julius und den Hof in Duddenhausen. Mein Vater hatte früher Futtermittel zum Hof geliefert. Später, als es den Hof nicht mehr gab, hat mein Vater mit Julius im Tivoli gern ein Bier getrunken.«

Ich nahm diese Information zum Anlass, mit Dorothea über Julius, die Vergangenheit und die Familienprobleme zu sprechen. Dorothea machte sehr schnell deutlich, dass sie darüber nicht reden wollte, und wechselte schnell das Thema. »Ich will dir gern verraten, dass ich Detlef Hormann schon als kleines Kind kennengelernt habe, als seine Eltern ins Nachbarhaus gezogen sind. Später habe ich ihn in Krisen stets unterstützt.«

Detlef Hormann erwähnte mir gegenüber, dass er Dorothea in den letzten Jahren immer mal wieder zum Landvolk gefahren habe, wo Herr Kuhlmann für sie die jährlichen Steuererklärungen machte. Das war ein Service des Landvolks. Seit meiner Betreuung fuhr ich jedes Jahr mit ihr dorthin. Sie musste immer dabei sein und zuhören. Sie musste mich kontrollieren, noch vertraute sie mir nicht vollends.

Ich war verwundert, dass sie noch zu diesem Bauernverband fuhr. Ich war davon ausgegangen, dass dieser kostenlose Service nur von noch aktiven Landwirten wahrgenommen werden konnte. Ich fragte sie nach dem Grund und ob sie noch Land besäße. Die Antwort war kurz und so bestimmend, dass ich nie wieder fragte: »Nee, darüber reden wir nicht!« Erst später, als sie mehr Vertrauen zu mir hatte, erfuhr ich, dass sie noch ein kleines Stück Land besaß.

Seit vielen Jahren stand Detlef Hormann Dorothea als »Hausmeister« zur Verfügung. Er war für meine Tante Gold wert. Nicht von ungefähr war sie zu ihm etwas freundlicher als zu anderen Hilfspersonen. Er war sehr geduldig mit ihr: »Ich hatte mich im Laufe der Jahre an ihr Befehlsgebaren gewöhnt und konnte damit umgehen.«

Angefangen hatte die Hilfe mit Rasenmähen und wurde dann immer mehr. Wann immer die Waschmaschine streikte, die Ölheizung nicht lief oder eine Glühbirne kaputt war, Detlef Hormann war schnell zur Stelle. Seit dem Jahr 2007 war er Rentner. Er kümmerte sich auch um das Auto von Dorothea. Er fuhr es zum TÜV oder bewegte es einfach mal so, um den Motor nicht »einrosten« zu lassen. Ein Mann für alles.

Herr Hormann fuhr Dorothea auch manchmal zum Einkaufen, wenn es gerade keine andere Person gab, die Zeit hatte. Bei ihm konnte sie nicht pingelig mit dem Trinkgeld sein. Dazu war Dorothea zu abhängig von ihm.

Detlef Hormann: »Die Nachbarn, die Dorothea zum Einkaufen fuhren, haben sich hinterher bei mir über ihren Umgang mit ihnen beschwert und dass sie zu wenig Geld bekamen. Über die Geldzuwendungen konnte ich mich nicht beklagen. Ich habe immer deutlich gesagt, was ich für die Stunde oder jeweilige Hilfe benötige. Ich habe mein Geld ohne Murren für die Zeit des Einkaufens bekommen, zu ihrem Bedauern war es halt mehr als bei den anderen.«

Während der Begleitung meiner Tante sorgte ich dafür, dass die Bezahlung für seine vielfältige und mit ihrem Alter zunehmende Inanspruchnahme etwas großzügiger ausfiel, schon allein aus Eigeninteresse. Detlef Hormann wurde schon nach kurzer Zeit für mich eine wichtige Person in der Betreuung von Dorothea. Wenn ich sie zum Beispiel über mehrere Stunden telefonisch nicht erreicht hatte, konnte ich ihn anrufen, damit er nach ihr schauen geht. Wenn ich Hilfe brauchte, war er stets dazu bereit.

Ich wurde in den ersten Jahren wenig gebraucht und konnte mir von außen ansehen, wie sie sich ihr Leben eingerichtet hatte.

Ich hatte von Anfang an nicht ausgeschlossen, dass ich für Dorothea auch 24-Stunden-Betreuerinnen organisieren muss, und begann frühzeitig, mich darum zu kümmern. Im Dezember 2006 nahm ich Kontakt zu der von mir geschätzten Betreuerin Elwira auf, die schon meine Mutter so fürsorglich gepflegt hatte.

18.12.06
»Liebe Elwira

Ich habe Dir noch nicht berichtet, dass ich mich jetzt ein wenig (oder ein wenig mehr) um die Schwester von Lewine kümmere. Noch kann sie allein leben, aber das kann sich schnell ändern. Sie hat oben im Haus noch zwei Zimmer frei, eine Betreuerin kann dort in Ruhe wohnen. Ich musste schon manchmal daran denken, dass ich Dich ansprechen will – falls ich eine Betreuerin brauche.

Jetzt ist es bald soweit. Was sagst Du dazu? Kannst Du Dir vorstellen, noch einmal in Hoya-Umgebung zu arbeiten und zu leben?

Naja, diesen Gedanken kannst Du ja gern … ein wenig wirken lassen.

Lieben Gruß, Eberhard«

FITNESS UND GESUNDHEIT.
PRELLUNG MIT FOLGEN 2008

In den ersten beiden Jahren telefonierten Dorothea und ich regelmäßig. Ich fuhr zu ihr, wenn sie mich rief, mindestens aber alle 14 Tage. Sie regelte ihren Tagesablauf allein und ließ sich kaum reinreden. Nur für ihre Bankangelegenheiten und ihre Posteingänge nahm sie mich in Anspruch. Ansonsten kümmerte sie sich um ihr Wohlbefinden und ihre Gesundheit.

Dorothea hatte den Ehrgeiz, so alt wie ihre Mutter zu werden, also stolze 100 Jahre. Schon früh in ihrem Leben hatte sie erfahren, dass Bewegung und Entspannung helfen würde, fit und gesund zu bleiben. Selbst im Alter von 80 und mehr als 90 Jahren hatte sie dies nicht vergessen.

Im Januar 1952 träumte Dorothea als junge Frau von 33 Jahren in dem Brief an ihre Freundin:

»Wenn ich das Geld hätte ... würde ich auf die Atemschule gehen, wo ich diesen letzten Herbst war. ... dort habe ich viel gelernt und ich glaube, daß das der richtige Beruf für mich wäre. Körperlich nicht anstrengend, jeden Tag den Schülerinnen oder Kranken etwas Gutes mit auf den Weg geben und selber gesund dabei bleiben – das wäre nicht schlecht.«

Die Atemlehrerin blieb ein Traum. Geblieben ist ihre Einstellung, gesund zu leben, sich zu bewegen, zu dehnen und frische Luft zu atmen.

Dorothea ging sehr bewusst mit ihrem Prozess des Älterwerdens und ihrem körperlichen Abbau im Alter um. Sie erzählte mir stolz, dass sie schon in jungen Jahren begonnen hatte, täglich ihre Yoga-Übungen mit anspruchsvollen Verrenkungen und Kopfstand zu machen. Erst mit knapp 80 Jahren habe sie diese Übungen beendet. Ihr Bewegungsdrang trieb sie raus aus ihrem Haus an die frische Luft. Als sie wegen ihrer Sehbehinderung nicht mehr Fahrrad fahren konnte, wurden ihre Fahrradtouren durch einen täglichen Spaziergang ersetzt.

Als sie ungefähr 66 Jahre alt war, begann sie mit viel Freude, zweimal die Woche in einer Gruppe mit gleichaltrigen Frauen nach Volksmusik zu tanzen. Obwohl, gleichaltrig ist nicht ganz richtig. Im Jahr 2008 war sie mit ihren 90 Jahren die Älteste und stolz darauf.

Weniger stolz war sie im Sommer 2008, als sie sich mit einem Sturz im eigenen Haushalt eine deftige Prellung im Rücken holte. Das Tanzen musste ausfallen. Sie konnte sich kaum bewegen und brauchte jetzt Unterstützung im Haushalt. Ich versuchte, aus der Umgebung Frauen zu besorgen, die ihr im Haushalt helfen konnten. Das gelang nicht. Frauen aus Polen wollte sie nicht. Daher musste sie sich mehr oder weniger allein helfen.

Dorothea war bedrückt und musste sich erst einmal an die neue Situation der eingeschränkten Bewegungsfreiheit gewöhnen. Da sie jegliche Medikamente und Schmerzmittel ablehnte, dauerte die Quälerei mit der Prellung einige Monate. Als Anfang Oktober ihr 90. Geburtstag vor der Tür stand, »befahl« sie mir, niemanden einzuladen, sie könne keinen Geburtstagkaffee in der Wohnung vorbereiten. Falls der Bürgermeister Henning Thorns und der Pastor kommen würden, müssten sie auf Kaffee verzichten. Nur Anke und ich dürften kommen, wir müssten dann halt Kuchen mitbringen.

Tanzen am 90. Geburtstag 2008

Einen 90. Geburtstag so klanglos zu verbringen, fand ich nicht ange-
bracht. Die Leiterin der Tanzgruppe wollte unbedingt zur »Ölsten« kommen. Nach Absprache mit mir kam die Gruppe trotzdem, sagte vor der
Haustür kurz »Hallo«, sang ein Ständchen und führte ein paar Tänze auf
dem Rasen auf.

Über diese Überraschung freute sich Dorothea, da sie die Gruppe
schon etliche Wochen nicht gesehen hatte. Am Ende tanzte sie sogar einige Kreistänze mit. Es waren ihre letzten Tänze: Sie fühlte sich sogar bei
Spaziergängen zu unsicher auf den Beinen und verließ ihre Tanzgruppe.

Dorothea war verzweifelt, dieses Bewegungstraining verloren zu haben. Daher nahm sie sofort meinen Vorschlag an, ihrem Bewegungsdrang
mit einem alten Stand-Fahrrad zu stillen. Sie wollte es partout im Obergeschoss in einen freien Raum stellen. Das bedeutete, dass sie täglich mühsam eine ungewohnt steile und engstufige Treppe hochkrabbeln musste.
um dort für circa zehn Minuten ihren Kreislauf in Schwung zu bringen.
Sie konnte jederzeit trainieren gehen, war auf keine Hilfe von anderen
Personen angewiesen.

Das war zwar eine gute Lösung für sie, aber nicht unbedingt für mich
und die anderen Helferinnen und Helfer. Wegen des halsbrecherisch anmutenden Abstiegs wollten wir sie überreden, das Fahrrad unten zu plat-
zieren. Nein, es musste oben bleiben. »Ich kenne diese Treppe besser als
ihr. Es ist auch ein Training, die Treppe rauf und runter zu gehen.« Basta.
Wir mussten lernen, dass es ihre Entscheidung und Verantwortung war,
falls sie fallen würde. Sie nutzte das Fahrrad mehr als sechs Jahre, nahezu
täglich – ohne einen Treppen-Sturz. Wir hatten Hochachtung vor dieser
willensstarke Frau, wie sie sich für ihre Gesundheit einsetzte.

Oft konnte sie meine Lösungen, wie dieses Fahrrad, ohne Zögern annehmen. Länger dauerte unser Prozess mit der Gewinnung des gegenseitigen Vertrauens.

VERTRAUENSARBEIT. BETREUUNG TRAUEN

Von Anfang an benötigte Dorothea von mir Unterstützung im Umgang mit Ämtern, Versicherungen und insbesondere ihrer Haus-
bank, der Volksbank Hoya. Sie hatte sich über viele Jahre ein ausgeklü-

geltes System bei der Verwaltung ihrer Konten angelegt, verlor jetzt aber langsam den Überblick und wurde zunehmend verunsichert. Aufgrund ihrer Sehbehinderung konnte sie die kleine Schrift, speziell auf den Kontoauszügen, nur mit äußerster Mühe und einem Vergrößerungsglas lesen. Sie wurde immer abhängiger von den Mitarbeiterinnen der kleinen Zweigstelle in Hoyerhagen. Aber genau wegen dieser Aufgaben hatte sie mich ja vorrangig gerufen. Fortan baute sie auf mich, als gelernten Bankkaufmann und selbstständigen Kaufmann.

Der Umgang mit Geld war für Dorothea eine besonders sensible Angelegenheit. Trotzdem hatte sie mir eine Generalvollmacht und eine Verfügungsberechtigung über ihre Konten erteilt – oder gerade deswegen. Vorrausetzung für eine solche Vollmacht ist gewöhnlich ein unbedingtes Vertrauen. Ihre umfassende Vollmachtserteilung war für mich nicht selbstverständlich, solange wir dieses Vertrauen in der Kürze der Zeit noch nicht hatten aufbauen können. Ich musste mir dieses Vertrauen erst mühsam erarbeiten.

Die Rente kam von selbst auf ihr Girokonto. Dorothea führte ein einfaches, spartanisches Leben, sie hatte sich ihr Leben lang stets wenig gegönnt. Jede harte Brotrinde wurde noch verwertet. Sie war im wahrsten Sinn des Wortes sehr »sparsam«.

Bei der Volksbank sparte sie seit Jahren Geld. Dort wurde ihr immer wieder empfohlen, mit dem nicht benötigten Geld zu »arbeiten«. Auf diese Weise musste sie sich im Laufe der Jahre gleich vier Sparbücher anlegen lassen. Sie verlor zunehmend den Überblick, welcher Sparplan wann ablief, wie viel Zinsen sie erhielt und welche Summe wann umgebucht werden musste. Es gab ja nicht mehr das klassische, gebundene Sparbuch, sondern schon die losen, gelegentlichen Kontoauszüge mit der kleinen Schrift zum Abheften.

Für jedes Konto hatte sie eine Plastikhülle, abgeheftet in Hängemappen-Taschen in einem abschließbaren Hängemappen-Koffer. In jeder Plastikfolie eines Kontos lagen Schmierzettel, halbierte, gebrauchte Briefumschläge (!) – sparsam wie sie war. Beschriftet mit krakligen Zahlen und Wörtern, die sie selbst nicht mehr entziffern konnte.

Von mir verlangte sie mit Nachdruck, ihr Chaos-System fortzuführen. Ich durfte ihre Struktur nicht verändern. Wehe, ich hielt mich nicht daran. Wenn ich die Mappen einsehen musste, saß sie anfangs stets mit am Tisch. Bei diesem System benötigte ich mehr Zeit als nötig und musste oft tief

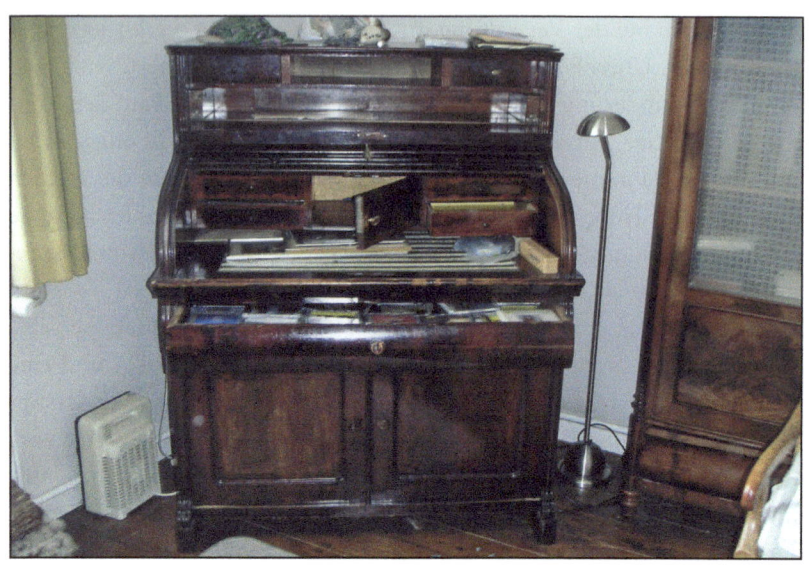

In den Schreibtisch musste nach ihrem System alles sorgsam eingeordnet werden.

durchatmen und geduldig sein. Als ich begriffen hatte, dass dieses Festhalten an ihrer alten umständlichen Ordnung mit ihrer Angst zu tun hatte, den Überblick und ihre Selbstständigkeit zu verlieren, konnte ich vorübergehend ihren chaotischen Ordnungsfimmel ertragen, trotz enormer Mehrarbeit. Durch laufende achtsame kleine Veränderungen in meinem System konnte sie mir mehr und mehr Vertrauen schenken.

Als ich nur laut daran dachte, das Geld aller vier Sparbücher auf ein Sparbuch zu holen, sah sie ihr Geld schon verloren. Ich merkte, dass sie zu den langjährigen Angestellten der Volksbank mehr Vertrauen zu haben schien als zu mir. Ich bezog die Angestellten in die Veränderungspläne ein. Jetzt war sie bereit, aus den vier Sparbüchern langsam schrittweise eins zu machen, was ihr den Überblick vereinfachte und zu mehr Vertrauen zu mir führte.

Beim Gebrauch des Girokontos musste ich mich genauso mühsam um ihr Vertrauen bemühen und viel Geduld haben. Hier ging es nicht um geparktes Spargeld, sondern um umlaufendes Geld, um direkte Ausgaben. Zum Abheben von Geld war sie immer zur Volksbank-Filiale gegangen oder gefahren worden, wo sie alle Mitarbeiterinnen kannte. Wenn sie nicht selbst zur Bank gehen konnte, hat sie dort angerufen und sich das

Geld bringen lassen. Ja, sowas gab es auf dem Lande im Jahr 2008 noch! Sie wollte anfangs nicht, dass ich allein Bargeld von der Bank abhole, obwohl ich die Bankvollmacht dazu hatte. Ich musste mit ihr zusammen zur Bank gehen, selbst dann, wenn sie nur einen kleinen Betrag abheben wollte. Als auch diese Hürde übersprungen wurde und ich Bargeld für ihre Haushaltskasse allein abholen konnte, bedeutete es für mich weiterhin, dass ich mich für diesen »Service« an die Bank-Öffnungszeiten halten musste, was oft schwer mit meinen Arbeitszeiten vereinbar war. Dorothea besaß zwar eine Girokarte, konnte aber nichts damit anfangen, sie war für sie nicht händelbar und damit auch für mich nicht geeignet – vorerst. Solche technischen Veränderungen wie der Gebrauch eines Geldautomaten verunsicherten sie. Sie befürchtete, ihre Kontrolle über ihr mühsam gespartes Geld, ihr Leben, ihre eigene Welt zu verlieren.

Mir blieb nichts anderes übrig, als sie zunächst in ihrer Welt zu belassen, das Geld bar abzuheben und ihr Ablagesystem beizubehalten. Es bedurfte einer drängelnden Überredungskunst und eines leichten Drucks, bis sie mich mit der Girokarte Geld abheben ließ und mir die Bargeldbeschaffung vereinfachte.

Wirklich verstanden hat sie nie, dass ich Geld in einer ihr völlig fremden Filiale abheben konnte, ja sogar im 40 Kilometer entfernten Bremen.

Nicht anders erging es ihr bei der darauffolgenden Nutzung des Onlinebanking. »Wieso kannst du von Bremen aus mit deinem Computer die Rechnungen bezahlen? Wie soll ich das kontrollieren? Ich brauche doch einen Stempel der Volksbank auf den Rechnungen als Beweis, dass die Rechnungen bezahlt wurden.« Für mich hatte ich erreicht, dass ich meine »Verwaltungs-Zeit« für sie besser einteilen konnte und von ihr ein Zeichen erhalten hatte, dass sie mir jetzt in Geldangelegenheiten vertraute. Für diesen Vertrauensbeweis war ich ihr dankbar, obwohl er für eine langfristig geplante Begleitung unbedingt notwendig, für mich aber ihr gegenüber trotzdem keine Selbstverständlichkeit war.

Dieser mühsame Prozess der Vertrauensgewinnung lief über einige Jahre. Bei Lewine war dieses Vertrauen zu mir von Anfang an vorhanden, war nie ein Problem. Hier machten sich die unterschiedlichen Lebenseinstellungen und Charaktere der Schwestern in der Praxis der Begleitung bemerkbar. Nicht unerwartet, schon bei der ersten Anfrage von Dorothea, ahnte ich, dass es Schwierigkeiten bei der Vertrauensgewinnung geben könnte. Allerdings hat sich meine Tante mir gegenüber weniger starr und verbissen gezeigt, als ich vermutet hatte. Manchmal tat sie mir leid. Viele alte Menschen waren über die schnellen technischen Veränderungen verunsichert. Ich konnte Dorotheas Zurückhaltung verstehen und konnte ihr die Zeit schenken.

Dorothea brauchte immer wieder Zeit, um sich an die stetig ändernden Lebensumstände zu gewöhnen. Der Sturz in der Wohnung im Jahr 2008 hatte zur Folge, dass sie verunsichert war und zunehmend Schwierigkeiten hatte, ihr Leben noch allein zu organisieren.

In den Folgejahren suchte ich noch einmal vergeblich nach Helferinnen beim Landvolk, Hausfrauen-Hilfe-Verein und anderen Organisationen in der Region. Wenn überhaupt jemand einspringen konnte, dann nicht regelmäßig und nur für kurze Zeitphasen am Tag. Auch Elwira aus Polen, die ich von meiner Mutter kannte, stand nicht zur Verfügung.

Seit 2010 habe ich begonnen, für meine Tante mit zunehmendem Erfolg und zunehmenden Erleichterungen ganztägige, fest angestellte Betreuerinnen aus Polen einzustellen – sogenannte »24-Stunden-Pflegekräfte«. Zuerst wollte sie keine Betreuerinnen im Haus haben. Ich musste ihr klar machen, dass es keine andere Möglichkeit gab, wenn sie nicht ins Heim wollte. Ich wusste nicht, wer sonst all die Aufgaben erledigen sollte. Es war ein anstrengender Prozess, sie machte mir die Begleitung bei dieser Entscheidung schwer.

Mittlerweile war die Anstellung von Betreuerinnen aus der EU rechtlich möglich, und ich erhielt über eine deutsche Agentur Angebote von polnischen Frauen. Diese wiederum waren bei einer polnischen Privatagentur angestellt und an die deutsche Agentur »vermietet«. Uns wurden als Qualifikation der Frauen angeboten: deutsche Sprachkenntnis, Erfahrung in der Pflege und kurzfristige Auswechselung der Person. Wenn es keine Übereinstimmung geben sollte, würde alle zwei bis drei Monate eine neue Frau kommen, die ich jedes Mal neu aussuchen müsse auf Grundlage eines Bewerbungsbogens auf einem DIN-A4-Blatt.

Das klang erst einmal legal, einfach und für alle Beteiligten zum Vorteil. Wie gesagt … erst einmal.

Entgegen der Absprachen kamen anfangs Frauen, die weder gut Deutsch sprachen noch Erfahrung in der Pflege hatten oder sogar Alkoholikerinnen waren. Da meine Tante geistig fit war und sich mit den Betreuerinnen verständigen wollte und musste, wurde es nötig, dass ich einige der vermittelten Betreuerinnen austauschen lassen und neue »bestellen« musste. Zu meinem Unglück machte ich bei diesen jetzt »legalisierten« Beschäftigungen die gleichen schlechten Erfahrungen wie bei den damals noch illegal vermittelten bei meiner Mutter.

Diese Form der Einstellungen war nicht nur problembehaftet, sondern stieß auch auf Widerstand bei Dorothea. Es fiel ihr verständlicherweise anfangs sehr schwer, dass auf einmal fremde Frauen in den eineinhalb Zimmern oben in ihrem Haus wohnten, sie ihre Küche und Bad mit ihnen teilen musste.

Der Widerstand drückte sich darin aus, dass sie die Frauen respektlos behandelte. Im Grunde wollte sie, dass die Betreuerinnen zwar mit ihr an einem Tisch saßen, sich aber ansonsten fügten, nicht widersprachen und möglichst 24 Stunden bereit für sie waren. Dorothea behandelte sie fast so wie Untertanen, misstrauisch beäugt von einer herrschsüchtigen, alten Frau. Die gestandenen Hausfrauen und Mütter fühlten sich zum Teil in einer unerträglich gedemütigten Lage, in die sich sogar noch »freiwillig« begeben hatten, weil sie unbedingt Geld verdienen mussten. Diese Haltung nahm Dorothea nicht durchgehend und nicht zu jeder der fremden Frauen ein. Es war jeweils zu spüren, wenn sie den Frauen keine Pausen, keine freien Tage gönnen wollte und sich herausnahm, sie auch nachts zu rufen. Daher musste ich in den folgenden Jahren oftmals als »Konflikt-Berater« in einem Dreiergespräch dafür sorgen, dass die Betreuerinnen sich einigermaßen wohlfühlen konnten. Wie lange konnte dieses System mit den Agenturen noch funktionieren? Meine Skepsis über dieses »Miet-Verhältnis über drei Ecken« wurde immer größer, auch wenn die Agenturen es immer besser schafften, uns zunehmend Betreuerinnen mit guten Deutschkenntnissen zu schicken – gegen höhere Vermittlungsgebühren.

GRENZEN ÜBERWINDEN. ALTERSHEIM

Ende Mai 2011 hatte Dorothea sich durch einen erneuten, heftigen Sturz eine Prellung zugezogen – verbundenen mit sehr stärken Schmerzen. Sie reagierte bei jeder kleinen Bewegung mit außergewöhnlich lautem und andauerndem Stöhnen, unterbrochen von kurzen Aufschreien. Ihre

Schreie konnten wir im ganzen Haus hören, sowohl tagsüber als auch nachts. Sie konnte nur kurz auf einem Fleck sitzen oder liegen, konnte nicht selbstständig gehen, sich nicht selbst ins Bett legen. Es war für sie und uns einfach mehr als furchtbar.

Dorothea wurde daher von allen Seiten gedrängt, ausnahmsweise doch einmal ein Schmerzmittel einzunehmen. Ihre Schmerz-Schreie wären nicht auszuhalten, und außerdem müsse sie sich nicht so quälen. Wir brauchten eine Lösung. Die 24-Stunden-Betreuerin konnte unmöglich täglich 24 Stunden an Dorotheas Seite Bereitschaftsdienst haben. Mein Versuch misslang, kurzfristig eine Nachtwache zu finden. Jetzt kamen wir mit unserem Verständnis und unserer Rücksichtnahme auf Dorotheas »medikamentenfreie« Heilmethoden an unsere Grenzen.

Unter diesem Druck gab Dorothea schließlich in der Hoffnung auf Linderung nach und nahm eine Schmerztablette ein … Es wurde ihr sofort äußerst übel. Ihr Magen konnte keine Schmerzmittel vertragen. Die Betreuerin musste den Boden reinigen. Dorothea hat nie wieder Schmerzmittel genommen.

Von den Schmerzen gequält verhielt sie sich zum ersten Mal total ungehalten und war zu keiner Zusammenarbeit bereit. Sie lehnte Versuche mit milden homöopathischen, schmerzlindernden Salben ab, die ihre Heilpraktikerin Frau Cordes aus Gandesbergen ihr verschrieben hatte.

Dorothea war einfach völlig daneben, konnte selbst keine Entscheidung treffen, wie die Situation verbessert werden könnte. Die Betreuerin war am Ende ihrer Kräfte, zu oft musste sie nachts runter zu Dorothea. Sie drohte, die Arbeit abzubrechen und nach Polen zurückzufahren. Das war ihr zu anstrengend. Außerdem rechtlich und moralisch nicht zumutbar.

In dem Fall hätte ich über die Agentur eine neue Betreuerin holen müssen. Das hätte das Problem nicht gelöst, da eine neue Betreuerin ebenfalls nicht 24 Stunden und sieben Tage allein für meine Tante zuständig sein konnte. Zwar konnten meine Lebenspartnerin Magdalena und ich für Nachtwachen aushelfen, was aber nur im Notfall möglich gewesen wäre. Ich musste mich zusätzlich um andere Personen zur Unterstützung der Betreuerin kümmern, und zwar ganz schnell. Über die örtlichen Pflegedienste, über Haushaltshilfen des Landvolks und ähnliche regionale Organisationen fand ich keine Nachtwachen oder Ablösungen für den ganzen Tag. Aus dieser Not heraus reifte sehr schnell die Entscheidung, dass Dorothea für eine Weile in ein Pflegeheim oder Altersheim muss, ob sie wollte oder nicht. Wir sahen keine andere Möglichkeit und wollten mal testen, wie sie sich in so einer Situation verhält, ob in solchen Notfällen ein Aufenthalt im Altersheim für Dorothea eine Lösung wäre.

Wir bekamen im DRK-Altenheim in Hoya einen Platz und stießen bei Dorothea auf Widerstand. Da ließ ich nicht mehr mit mir reden. Basta. Dort könne sie bis zur Linderung der Schmerzen Tag und Nacht versorgt werden, was hier zu Hause nicht möglich sei. Wir packten ihre Sachen, und ich brachte meine stöhnende 93-jährige Tante noch am gleichen Tag abends in das DRK-Altersheim Hoya mit der angeschlossenen Pflegestation.

Die dortige Altenpflegerin half ihr ins Bett und machte alles falsch, nach Meinung von Dorothea: Die Pflegerin sagte nicht, was sie wie machen wollte, sondern gab nur Befehle: »Hinsetzen aufs Bett, Beine hoch.« Alles zack, zack ohne langes Gerede. Dorothea war entsetzt. Sowas konnte sie nicht, weder so schnell noch schmerzfrei. Also packte die Pflegerin ihre Beine, hob sie hoch, und schon lag Dorothea im Bett. Da lag sie nun die Nacht allein und beschwerte sich am nächsten Tag bei mir, dass die Nachtwache zu selten kam, um ihr zu helfen, sich im Bett umzudrehen … und überhaupt!

Am nächsten Tag kam der zuständige Arzt zum Aufnahmegespräch und für die erste Untersuchung. Ich wurde hinzugezogen und war auf alles vorbereitet, da Dorothea ihr Leben lang wenig Respekt vor Ärzten hatte. Zu unserem Erstaunen war der Arzt ihr Hausarzt, den sie schon lange kannte, aber quasi kaum in Anspruch genommen hatte. Er wollte und musste Dorothea als neue Patientin untersuchen. Dorothea weigerte sich mit überraschend klarer, energischer Stimme: »Warum wollen Sie mich untersuchen, ich habe eine Prellung, mehr nicht.«

»Meine Aufgabe ist, alle Menschen, die hier eingeliefert werden, zu untersuchen«, erwiderte der Arzt.

»Bei mir sind keine Untersuchungen nötig. Wenn sie was finden, wollen sie das behandeln. Ich weiß, dass Ihre Aufgabe ist, die Menschen vor dem Tod zu retten, alles dafür zu tun, dass niemand sterben muss. Auf diese Rettung verzichte ich. Bei mir wird nichts mehr gemacht, also brauchen Sie auch nichts zu untersuchen!«

In dieser Weise ging das Gespräch ein paar Minuten hin und her, in denen Dorothea auf einem einfachen Holzstuhl sitzend anscheinend vor lauter Entsetzen und Empörung ihre Schmerzen zu vergessen schien. Der Arzt und die Pflegerinnen der Pflegestation versuchten, Dorothea wenigstens zu einer einfachen Untersuchung zu überreden. Sie weigerte sich weiterhin vehement. Ich sprang ein: »Herr Doktor, Sie kennen meine Tante seit Jahren aus der Praxis. Sie kennen ihre Einstellung zu der herkömmlichen Medizin, der Schulmedizin. Seit 70 Jahren favorisiert sie die Naturheilverfahren. Sie ist 93 Jahre, ist zum Sterben bereit und will keine medizinischen Eingriffe mehr. Wir müssen eine Lösung finden. In diesem Augenblick scheint dies nicht möglich zu sein. Können wir vereinbaren, dass sie hier so lange bleiben kann, bis wir eine Lösung gefunden haben? Wir werden sehen, wie es ihr in den nächsten Tagen geht.«

Dabei blieb es. Ich erfuhr von den Altenpflegerinnen, dass meine Tante (positiv ausgedrückt) keine leichte Pflegeperson sei, viel zu hohe Ansprüche an Serviceleistungen habe, die das Pflegepersonal zeitlich und organisatorisch nicht erfüllen konnte. Dorothea selbst wetterte darüber, dass die Pflegerinnen nicht sofort kämen, wenn sie klingelte, ihr nicht genug helfen würden und unfreundlich seien.

Sie war äußerst niedergeschlagen und wusste nicht, ob sie wütend rumschreien oder weinen, ob sie wütend auf den Arzt, die Pflegerinnen oder mich sein sollte. Es half nichts. Für zu Hause gab es noch keine Lösung, so lange musste sie noch auf der Pflegestation bleiben – im Einverständnis mit der Pflegeleitung. Diese »Pille« musste sie schlucken.

In der Zwischenzeit versuchte ich weiterhin, in der Region Helfer und Helferinnen zu besorgen, die unsere 24-Stunden-Betreuerin Teresa tagsüber oder nachts ablösen könnten. Die einzige kurzfristige Lösung fand ich in Personen aus unserem Familien- und Freundeskreis, die sich mit der Nachtschicht abwechselten. Mein Sohn Fritz und vier seiner Freunde (alles Studenten) wechselten sich in rührender Weise mit der Nachtwache ab. Zusätzlich half unsere Freundin Barbara aus Martfeld aus, die selbst mal als Altenpflegerin und Betreuerin gearbeitet hatte.

Diese Hilfe kam gerade richtig, denn Dorothea konnte unmöglich länger auf der Pflegestation bleiben. Sie war glücklich, dass ich sie schon am dritten Tag wieder abholen konnte. Mindestens ebenso glücklich waren die Pflegerinnen im Altenheim.

Die Betreuerin Teresa aus Polen konnten wir überreden, zu bleiben. Zu Hause war Dorothea jetzt bereit, die schmerzlindernden Salben auszuprobieren, die ihre Heilpraktikerin Katrin Cordes empfohlen hatte. Sie lehnte diese aber nach ein paar Tagen wieder ab. Nur mit dem japanischen JHP-Öl konnte sie sich anfreunden, es schien ihr zu helfen. Dieses japanische Heilpflanzenöl auf Basis der Ackerminze konnte ihr jederzeit aufgetragen werden, sogar mehrmals in der Nacht … oder sie bekam regelmäßig ein paar ihrer vertrauten Kügelchen Arnika-Globuli zur Beruhigung.

Diese Krise von Dorothea war ein wichtiger, nachhaltiger Wendepunkt in ihrer Betreuung. Dorothea hatte einst ihre Mutter ins Altenheim bringen müssen und wusste, unter welchen Bedingungen alte Leute dort leben müssen. Jetzt hatte sie als Insassin einer Pflegestation im Altersheim persönlich erlebt, wie es ihr dort geht.

Meine Hoffnung war, dass sie verstanden hatte, wie gut es ihr zu Hause ging, wie viel mehr sich die 24-Stunden-Betreuerinnen um sie zu Hause bemühten und – vor allem – dass sie die Betreuerinnen respektvoller behandeln und unsere »Arbeit« mehr anerkennen musste. Sollte ich in dieser Hinsicht mal enttäuscht werden – was ich erwartete –, würde ich ihr deutlich die Alternative Altenheim vor Augen halten und sie an ihre persönliche Erfahrung erinnern.

Gleichzeitig stellte ich das System der 24-Stunden-Pflegekräfte von den polnischen Agenturen, die uns über eine weitere deutsche Agentur vermittelt wurden, immer mehr in Frage. Ich hatte mich über die arbeitsrechtlichen Hintergründe dieser undurchschaubaren Vermittlungsgeschäfte informiert. Ich begann darüber nachzudenken, eine Alternative zu organisieren.

Unabhängig von diesem Problem war, dass die alle zwei bis drei Monate wechselnden neuen Betreuerinnen zunehmend eine Belastung für Dorothea und auch für mich wurden. Wir mussten uns immer wieder auf neue Betreuerinnen einstellen, sie einarbeiten und mit den Agenturen verhandeln, obwohl wir dieses System mit den Agenturen im Grunde ablehnten. Zudem hörte Dorothea nicht auf, die Betreuerinnen zu vergrämen. Ich war mir nicht ganz sicher, ob dies ein stiller Protest gegen dieses Vermittlungsgeschäft auf Kosten der Betreuerinnen war. Ich dachte darüber nach, nach einer Alternative zu suchen.

In der Zwischenzeit hatte sich Dorothea langsam an ihre »Wohngemeinschaft« mit den wechselnden Betreuerinnen gewöhnt und behandelte die Frauen achtsamer. Sie war zu Hause gut versorgt, konnte immer mehr loslassen und den Frauen mehr Freiheiten geben. Dennoch konnte sie auch mal durchaus deutlich machen, was ihr nicht gefiel.

Manch garstige Art dieser »Beschwerden« kam bei den Betreuerinnen nicht gerade freundlich an. Dorothea beklagte sich zum Beispiel immer mal wieder, dass die Betreuerinnen zu schnell und zu viel arbeiten würden, anstatt sich um sie zu kümmern. Die sich daraus ergebenen Beziehungskonflikte wurden mir von beiden Seiten zugetragen. Wir mussten uns immer mal wieder zu einem gemeinsamen Krisengespräch an einen Tisch setzen.

Ich konnte nur versuchen, solche bitteren Sorgen und Beschwerden zu lindern. Es war nicht einfach, Dorothea deutlich zu machen, dass wir nicht mehr Anfang des 20. Jahrhunderts lebten, wo die auf den Höfen arbeitenden und wohnenden Mägde 24 Stunden zur Verfügung stehen mussten.

Wenn es hart wurde, musste ich ihr deutlich machen, dass heutzutage die Gefahr bestand, dass die Betreuerinnen uns von heute auf morgen verlassen. Die Alternative für sie wäre das Altersheim. Das hat in der Regel gewirkt.

Diese gemeinsamen Gespräche waren nötig, um die Betreuerinnen zu schützen. Sie hatten es eh nicht leicht, so fern der Heimat. Daher hatte ich ihnen gegen den anfänglichen Willen meiner Tante einen Fernseher, Videorecorder und einen Internetanschluss für ihr Zimmer im Obergeschoss besorgt. Sehr zur Freude der Betreuerinnen, um Kontakt zu ihren Familien in Polen zu halten.

Eine weitere Erleichterung für die Betreuerinnen war, dass wir jetzt ständig zwei bis drei Frauen aus unserem Bekanntenkreis hatten, die sie stundenweise oder für einen Tag in der Woche ablösten, damit sie mehr Freizeit hatten.

EWA BRACHTE DIE ALTERNATIVE

Als im Herbst 2012 die junge Künstlerin Ewa aus Polen über unsere deutsche Vermittlungsagentur als Betreuerin zu Dorothea kam, eröffneten sich Möglichkeiten einer grundlegenden Veränderung.

Dorothea fühlte sich mit Ewa sehr wohl. Als das erste Arbeitsverhältnis Ende März auslief, wollten wir sie für immer als Betreuerin halten und die lästigen Personenwechsel in der Betreuung beenden. Zunächst verlängerten wir in Abstimmung mit Ewa den Vertrag bis zum 30. Juni 2013 mit dem Ziel, sie bis dahin aus den Verträgen der Agenturen zu befreien. Das passte, weil Ewa mit der polnischen Agentur nicht zufrieden war. Zudem hatte sie Heimweh nach ihrem Mann Tomasz bekommen. Wir unterstützten sie, ihn im März 2013 nach Deutschland zu holen, denn Ewa hatte sich entschieden, für länger in Deutschland zu bleiben. Daher versuchte sie, mit ihrer polnischen Agentur bessere Bedingungen auszuhandeln.

Ihre Agentur war mit einer direkten Vermittlung zu uns nicht einverstanden und empört, als Ewa zusätzlich einen höheren Lohn forderte. Es stellte sich heraus, dass die Agenturen untereinander einen solchen direkten Kontakt nach Deutschland vertraglich ausgeschlossen hatten oder er gesetzlich nicht möglich war. Außerdem hatte uns die deutsche Agentur vertraglich verboten, Ewa direkt einzustellen. Gemeinsam mit Ewa wollten wir nicht aufgeben. Sie versuchte, bei anderen Agenturen bessere Bedingungen auszuhandeln.

Ich nahm Kontakt zur Beratungsstelle »Faire Mobilität« in Berlin auf. Wir hatten einen Vertag ihrer polnischen Agentur zur Verfügung gestellt bekommen, obwohl die Agentur dieses gegen Strafandrohung untersagt hatte. Den polnischen Arbeitsvertrag schickte ich nach Berlin, da die Berater und Beraterinnen von Faire Mobilität den polnischen Text lesen und übersetzen konnten und die polnischen Gesetze (Stand 2013) kannten. Gemeinsam mit Ewa wollten wir Klarheit über den Inhalt der »geheimnisvollen« Arbeitsverträge für die Frauen aus Polen.

Nach der Aufklärung durch Faire Mobilität entschloss ich mich, aus dem System der Agentur auszusteigen und den Betreuerinnen bessere Bedingungen anzubieten. *(Hinweis: Infos zu der DGB-Beratungsstelle »Faire Mobilität« und dem System der Vermittlung von 24-Stunden-Betreuerinnen über Agenturen in der Anlage 5.)*

Während dieser Klärungen hatten wir ihren Mann Tomasz in der Gemeinde angemeldet, bezahlten das Zimmer und stellten ihn geringfügig fest selbst an, sodass er gut versichert war, bis er eine feste Arbeit hatte. Als Ewa dann überraschend schwanger wurde, mussten zusätzliche Regelungen her.

Wir haben Ewa sofort als Familienmitglied in die Versicherung von ihrem Mann Tomasz aufgenommen, wodurch sie zu einem Frauenarzt gehen konnte. Mit ihrer Krankenversicherung über die polnische Agentur wären nur Unfälle während der Arbeit abgedeckt (so war unser Kenntnisstand 2013).

Der nächste Schritt war, dass wir die beste Lösung suchen mussten, unter welchen Bedingungen wir Ewa ab dem 1. Juli komplett selbst anstellen konnten. Wir hofften, dass ihre Schwangerschaft dazu beitragen könnte, dass Ewa aus den Verträgen der polnischen und deutschen Agentur leichter rauskommt. Ewa einfach selbst anzustellen, war uns vertraglich untersagt.

Es blieb spannend und risikoreich, ob wir ab 1. Juli 2013 weiterhin eine Betreuerin haben würden.

Dann kam eine überraschende Wende, die aus einem rührenden Schriftwechsel ersichtlich wird.

Hallo Eberhard,

Ich muss noch einen sehr wichtigen Mail schreiben. Es kommt mir nicht einfach, aber ehrlich muss ich es schnellsten schreiben. Ich sagte, ich bleibe sehr gerne lange wenn ich mich während Schwangerschaft gut fühle. Ich sagte, im Moment kann ich das nicht wissen. Ich bin schlank, sportlich, gesund, alles soll gut sein. Aber wir haben gemerkt, es geht mir überhaupt nicht gut ... Ich bin immer stark in meinem Leben gewesen, versuchte trotz Schwierigkeiten alles weiter fortsetzen. Aber jetzt ist es mir zu schwer ... Wir haben alles so gemacht um hier zu bleiben, aber alles sieht nicht sehr gut aus ... Obwohl Eurer Hilfe, Frau Meyer ist auch sehr verständnisvoll und lieb. Aber jede Tätigkeit ist mir zu schwer. Ich fühle mich so. als ob ich die Betreuerin brauchte.

Ewa

Wysłane z telefonu Windows Phone

Hallo Ewa

Danke für Deine ehrlichen und offenen Worte ...

Wenn Du (und Tomasz) eine Alternative habt in Polen und Du das Gefühl hast, dass Du lieber in Polen leben willst und auch das Kind in Polen

bekommen willst, so musst Du das tun. Du hast keine Verpflichtung mir
oder meiner Tante gegenüber. Du bist ganz frei in Deiner Entscheidung.
   Im Moment ist es so, dass es für meine Tante sehr wichtig ist, dass Du
einfach nur da bist, ein bischen zu essen machst und mal spazieren gehst
mit ihr und ihr ein wenig hilfst im Alltag (Wäsche waschen). Du musst nicht
viel machen. Meine Tante will, dass Annegret wieder zum Saubermachen
kommt.
   Wenn Dir die Arbeit zu viel wird oder Du mehr Zeit für Dich brauchst,
so sprich mit mir.
   Es ist gut, wenn wir regelmäßig sprechen oder schreiben.
   Alles Liebe Eberhard

Hallo Eberhard,
   Danke für ein Verständnis … Ewa

Ewa blieb bei ihrem Entschluss, nach der Kündigung bei der polnischen Agentur nur noch einen Monat, bis zum 31. Juli, bei meiner Tante zu bleiben und dann nach Polen heimzufahren. Bevor sie uns verlassen hat, hat sie sich mit ihrem Mann Tomasz in Hoya kirchlich trauen lassen. Sie hatten herausgefunden, dass für sie eine Heirat in Deutschland einfacher als in Polen war.

Am 22. Juni 2013 spendeten sich Ewa und Tomasz in der Sankt Michael Kirche Hoya das Sakrament der Ehe. Dieser Zeremonie wohnte Dorothea bei, aber auch der Nachbar Herr Hormann mit seiner Frau sowie Magdalena, ich und eine junge Frau mit ihrem Kind aus Hoya, die Ewa bei den Kirchgängen kennengelernt hatte.
   Auf diese Weise erlebte Dorothea ein besonderes Fest. Das Brautpaar hatte fünf Gäste für eine kleine Hochzeitsfeier im Haus von Dorothea eingeladen. Meine Tante hatte sich eine besonders schöne Bluse angezogen, so wie wir alle festlich-elegante Kleidung trugen. Eine weiße Tischdecke, zwei große Blumensträuße und das gute Geschirr von Dorothea verschönerten das kleine Festessen. Anschließend gab es Kaffee und Tee und einen leckeren Erdbeerkuchen, ganz passend zu der Erdbeerzeit. Das Brautpaar freute sich über einige Geschenke, wie ein Buch über Bremen, einen Deutschland-Atlas von Falk und ein Art-Deko-Buch für die aus-

Dorothea mit dem Brautpaar

gebildete Künstlerin Ewa. Dorothea hat dieses Fest genossen, ohne selbst Hand anlegen und aus dem Haus gehen zu müssen. Denn in ein Restaurant wäre sie nicht mitgekommen. Das Hochzeitsfest wurde somit gleichzeitig ein Abschiedsfest.

Wir hatten Ewa gebeten, uns eine Nachfolgerin aus Polen zu vermitteln, die wir selbst fest einstellen wollten. Ihr Abschiedsgeschenk an uns war, dass sie uns ihre Tante Maria ab dem 1. August 2013 nach Hoyerhagen vermittelte. Nach all den Mühen hatten wir uns diesen Glücksfall »verdient!« – ohne damals schon zu wissen, wie groß dieses Glück sein wird.

Mit dem eigenen Arbeitsvertrag mit Maria waren wir erst einmal raus aus den Quälereien mit den Agenturen. Es sollte die große Wende in der Betreuung von Dorothea sein. Ab jetzt wurde alles einfacher und angenehmer für alle Beteiligten.

Betreuerinnen Ewa und Maria

1. AUGUST 2013. BETREUUNGS-WENDE. BETREUERINNEN-TEAM

Nach der Loslösung von den Agenturen war unser Ziel, ein Netz von vier bis sechs Frauen aufzubauen. Betreuerinnen, die wir regelmäßig für zwei bis drei Monate beschäftigen, die sich mit anderen abwechseln, wir privat anstellen und bei Dorothea wohnen lassen würden. Da diese Frauen nicht 24 Stunden und sieben Tage pro Woche arbeiten sollten, brauchten wir zusätzlich Helferinnen aus der Region, die die Betreuerinnen bei Bedarf ablösten.

Es stellte sich wieder schnell heraus, dass Frauen aus der Region oder überhaupt aus Deutschland eine solche 24-Stunden-Betreuung nicht übernehmen wollten. Die Frauen aus Polen wollten möglichst nicht länger als drei Monate am Stück in Deutschland bleiben, wollten nicht so lange von ihren Familien wegbleiben. Deshalb müssten wir uns jeweils frühzeitig um eine Nachfolgerin kümmern, möglichst um eine Frau, die schon einmal bei Dorothea war. Es entstand ein Team, das sich fast allein um ihre Arbeitseinsätze kümmerte. Die Teambildung war wie ein Karussel, wie Zahnräder, die ineinandergriffen.

Das neue Betreuungssystem begann mit Maria. Sie wollte zunächst drei, maximal vier Monate bleiben und kümmerte sich frühzeitig um eine Frau, die sie ablösen sollte, um dann zu späterer Zeit wiederzukommen. So kam am 1. Dezember 2013 Ursula.

Ursula beschrieb mir auf Nachfrage im Jahr 2023, wie es dazu kam:

»Du (Eberhard) hast Maria gefragt, ob sie jemanden kennt, der sich um Deine Tante kümmert. Maria rief ihre Cousine in Polen in Bromberg an und fragte auch, ob sie jemanden kenne. Es stellte sich heraus, dass Marias Cousine die Schwägerin meines Mannes ist. Die Familie meines Mannes wusste, dass ich zuvor in Deutschland als Altenpflegerin gearbeitet hatte. Sie riefen mich an und ich stimmte zu, zu Frau Meyer zu kommen. So beschlos ich, nachdem ich Frau Dorothea Meyer kennengelernt hatte, dass ich mich gerne um sie kümmern würde und von Zeit zu Zeit unbezahlten Urlaub nehmen würde, was mein Chef in Polen zugestimmt hatte. Das erste Mal war ich ab den 1.12.2013 in Hoyerhagen. Dann wechselte ich mich mit Maria ab, und wahrscheinlich zweimal mit Elwira. Letztes Mal war ich bis 15.04.2016.«

Ursula

Maria und Ursula hatten genauso wie ich den Wunsch, sich regelmäßig abzuwechseln und langfristig die Pflege bei Dorothea zu übernehmen. Es ergab sich aber, dass aus verschiedenen Gründen eine direkte Ablösung der beiden nicht immer möglich war. Also fragten Maria und Ursula in ihrem Bekanntenkreis, wer sich an diesem Betreuungs-Karussell noch beteiligen möchte. Das war für mich ideal, da sie den Frauen aus Polen viel besser und ehrlicher erklären konnten, welche Bedingungen sie bei meiner Tante vorfinden würden. Zudem konnten mögliche Interessentinnen besser einschätzen als ich, ob sie für die Betreuung meiner Tante »geeignet« seien: zum Beispiel Deutschkenntnis, Pflegeerfahrung etc.

Es war nicht einfach, Frauen zu finden, die zur Betreuung von Dorothea passten. Nachdem Ursula bis zum 30. April 2014 blieb und Maria im Mai nicht kommen konnte, fragte ich bei Elwira nach, die schon Lewine, meine Mutter, gepflegt hatte und sich in Hoya gut auskannte. Zu meiner großen Freude sagte sie zum April 2014 zu. Sogar mit der Option, dass sie öfter kommen könne, wenn es ihr bei Dorothea gefiele. Es gefiel ihr. Jetzt waren sie zu dritt, die sich gemeinsam absprachen, wer wen für welchen Zeitraum ablöste. Ein Team! Ich war begeistert. Drei tolle, verlässliche Frauen, die gut Deutsch sprachen und sich mit Dorothea gut verstanden.

Dieses Dreierbündnis zerbrach erst, als Ursula ab Mai 2016 wieder in Polen für ein Jahr arbeiten musste, um die notwendige Arbeitszeit für ihre Rente zu erfüllen. Nun waren Maria, Elwira und ich gefragt, eine neue Partnerin für das Bündnis zu finden.

Nach längeren Bemühungen kam Grazyna und berichtete mir:

»Ich habe Maryla (Maria) in Lörrach bei Freiburg kennengelernt und sie hat mir eine Nachricht geschickt, dass es einen Job für mich gibt. Dann bin ich nach Hoyerhagen zur Dorota gekommen.«

Grazyna blieb für zwei Monate und wollte nicht wiedergekommen. Sie hatte keinen Führerschein und musste sehr umständlich mit dem Bus einkaufen fahren. Dazu kam, dass Dorothea und Grazyna sich nicht gut verstanden haben. Grazyna konnte auch Deutsch sprechen. Waren es Kommunikationsprobleme? Grazyna sah das so:

»Ich kann mich an keine Kommunikationsprobleme mit Dorota erinnern, aber Deine Tante tat, was sie wollte, und hörte nicht auf andere. Ich motivierte Deine Tante zu Spaziergängen, sie wollte nicht raus, aber es war nur ein Spaziergang vom Zimmer durch den langen Korridor bis zur Haustür. Sie interessierte sich für Sport, hauptsächlich Pferdesport, also suchte ich ständig nach Programmen, wo sie stattfanden.«

Dorothea beschwerte sich bei mir, dass Grazyna zu fürsorglich, sprich für sie zu übergriffig war und ihr immer wieder Entscheidungen abnehmen wollte. Schade. Das passte nicht, und wir verkürzten die Zeit einvernehmlich.

Grazyna war so nett, uns wiederum Agata zu vermitteln. Die beiden hatten sich ebenfalls in Lörrach in der Kirche kennengelernt, als sie unabhängig voneinander dort gearbeitet hatten. Ab Januar 2017 gab es wieder ein Dreierbündnis aus Maria, Elwira und Agata. Perfekter konnte es für mich nicht sein. Die Wende war geglückt, und wir waren erleichtert.

Die Betreuung von Dorothea in den Freizeiten von den Betreuerinnen haben die Helferinnen und Gesellschafterinnen Barbara und Lilly übernommen, die beide in der Nähe von Hoyerhagen lebten. Barbara und Lilly haben sich genauso perfekt und verlässlich in Eigenverantwortung mit den Diensten organisiert und sich immer mit den Betreuerinnen abgesprochen, wenn diese frei haben wollten, um in die Kirche zu gehen, um selbst für sich einzukaufen oder sich einfach nur ausruhen wollten. Wenn es in diesem System irgendwann eine Lücke in der Betreuung meiner Tante gab, haben wir eine familiäre Lösung gefunden.

Dieses sich nahezu selbstorganisierte Netzwerk von angestellten Betreuerinnen aus Polen und heimischen Helferinnen war für uns perfekt: keine wechselnden neuen Personen für Dorothea, keine sich wiederholenden Einarbeitungen, wenig Organisation für mich. Für uns als Familie blieb die Aufgabe, den Betreuerinnen und Helferinnen angenehme (Arbeits-)Bedingungen zu bieten.

Unser Respekt vor der schwierigen Arbeit der 24-Stunden-Betreuerinnen sowie unsere Fürsorge für sie wurden von ihnen gewürdigt, was zu einer angenehmen Atmosphäre für alle Beteiligten geführt hat.

Was aber passierte tagsüber im Haus von Dorothea?

DOROTHEAS TAGESBESCHÄFTIGUNGEN

Mit dem Team der Betreuerinnen und den Helferinnen kam viel Ruhe in den Alltag. Das war auch gut, denn sie brauchte mit ihren jetzt 96 Jahren keine Aufregung mehr. Ihr Tagesablauf war fast immer gleich, egal welche Betreuerin oder Helferin sie gerade begleitete.

Um es vorweg zu sagen: Dorothea saß nicht den ganzen Tag im Sessel oder Rollstuhl und hat mit hängendem Kopf auf den Tod gewartet, so wie sie die alten Menschen bei den Besuchen ihrer Mutter im Altersheim ständig gesehen hatte. Sie hatte sich anders entschieden und konnte glücklich sein, ihre Tage im eigenen vertrauten Heim verbringen zu können. Sie hatte ihr Leben äußerst spartanisch gelebt und eifrig genug Geld gespart, um sich eine Pflege zu Hause leisten zu können.

Ihre Tage liefen anders ab als die ihrer Schwester Lewine, die vor ihrer Krankheit mit ehrenamtlichen, sozialen Aufgaben und Reisen unterwegs war und weniger strukturiert lebte. Während ihrer Krebskrankheit konnte Lewine auch zu Hause in ihren eigenen Wänden leben, war aber ständig unterwegs: zu Arztbesuchen, in Krankenhäusern, auf Pflegestationen. Innerlich war sie lange damit beschäftigt, wie sie den Krebs besiegen könnte. Bis sie »den Kampf mit dem Krebs« aufgab und sich daraufhin circa sechs Monate lang auf den Tod vorbereitete.

Ein solcher Kampf blieb Dorothea erspart. Wahrscheinlich hätte sie ihn auch nie aufgenommen. Auf jeden Fall war sie ab dem Jahr 2008, seit ihrem 90. Lebensjahr, ständig zu Hause.

Ihr Tagesablauf war schon vor der Zeit meiner Begleitung sehr strukturiert, daran hat sich in den folgenden Jahren wenig geändert.

Sie lebte äußerst gesund. Um acht Uhr stand sie auf und wärmte sich den am Abend eingeweichten Weizenfrischkornbrei mit Milch auf. Sie hat ihn vor dem Waschen gegessen. Zum Frühstück gab es immer ihr geliebtes Gersterbrot, was sie sich selbst mit dem Sahne-Schichtkäse der regionalen Asendorfer Molkerei und Marmelade beschmierte. Die Brotrinde hat sie stets selbst abgeschnitten. Um 11:30 Uhr trank sie eine Tasse heißes Wasser, um 12:30/13 Uhr gab es das Mittagessen. In der Regel Kartoffeln, Gemüse, meist Möhren, vielleicht mal Brokkoli und ein Leberkäse, eine

Art Pastete und immer reichlich Butter dazu. Alle Zutaten weich, zum guten Kauen. Nach der Mittagsruhe gab es um 15 Uhr eine Tasse Tee mit ihrem selbstgemachten Stuten und Butter und Marmelade. Um 18:30 Uhr gab es Abendbrot mit Gersterbrot, wieder mit viel Butter, mal Leberkäse und wieder Quark und Marmelade dazu.

Je älter und hilfloser sie wurde, desto mehr Unterstützung bekam sie durch die Betreuerinnen und Helferinnen. Sie brauchte sich fast um nichts mehr zu kümmern, außer um sich selbst, um ihr Gefühl zu behalten, dass sie noch lebte. Sie hatte viel Zeit. Was natürlich relativ war, da bei ihr von Jahr zu Jahr viele Aktivitäten immer länger dauerten, egal, was sie sich vornahm. Wenn wichtige Termine wie Fußpflege, ein Besuch der Heilpraktikerin, des Masseurs, ein Arztbesuch oder auch private Besuche vereinbart waren, durfte möglichst nur eine Aktivität am Tag stattfinden, in höherem Alter nur ein Termin pro Woche. Sonst verlor sie den Überblick, kam durcheinander und wurde fusselig und fuchsig.

Dorothea konnte sich zu Hause gut beschäftigen, und sei es nur, indem sie minutenlang in ihrem Holzsessel mit hängendem Kopf döste. Mit dieser Ruhepause hielt sie sich nicht lange auf. Für sie gab es eine Reihe anderer interessanter Tagesbeschäftigungen.

Zeitunglesen musste sie jeden Tag. Obwohl »lesen« ist stark übertrieben. In ihrer »Kreiszeitung« interessierte sie sich hauptsächlich nur für die Todesanzeigen, um festzustellen, wer schon wieder aus ihrem Bekanntenkreis gestorben war, ob sie die letzte war, die noch lebte. Durch ihre Sehbehinderung musste sie zum Lesen ihre große Lupe benutzen und ihre Stehlampe am Tisch auch bei gutem Tageslicht anmachen. Mit Lupe zu lesen war anstrengend, hat lange gedauert, sodass sie zum Lesen der Lokalseite immer seltener kam. Als diese Beschäftigung zu anstrengend wurde, mussten wir ihr die Anzeigen vorlesen. Berichte der Lokalseite und der allgemeinen Politik interessierten sie nur bedingt, wurden ihr auf Wunsch auch vorgelesen, oder die Betreuerinnen interessierten sich selbst für Informationen.

Blinde Schreibtisch-Aktivitäten

Je älter sie wurde, desto schwerer fiel ihr allein der Weg zu ihrem »Schreib«-tisch, sprich ihrem Wohnzimmertisch, der mit 150 Jahren älter als sie war. Auf einer weißen, saumgehäkelten Tischdecke lag alles sortiert und griffbereit: eine alte zerfetzte Schreibunterlage aus Pappe (durfte auf keinen Fall ausgewechselt werden!), zwei große, dicke Lupen und eine große Holzklammer, in der sie Schmierzettel aus gebrauchten Briefumschlägen einklammerte, die sie für diesen Zweck sorgsam vorsichtig geöffnet hatte (ein perfektes Recycling-System). Außerdem eine kleine Schale mit Heftklammern und Gummibändern und ein Trinkglas, gefüllt mit aufgestellten Kugelschreibern und Filzstiften. Je dicker der Stift, desto besser konnte sie ihre eigenen Aufzeichnungen lesen. Eine weitere Holzklammer hielt einen Pack mit Briefumschlägen fest, die sie mit krakeligen Schriftzügen beschrieben hatte, in der Hoffnung, den Text später lesen zu können. Diese Klammer war für mich zur weiteren Bearbeitung gedacht. Ein weiterer Haufen mit erledigter Post war eingeklemmt, um ordnungsgemäß abgelegt zu werden. Auch für mich gedacht. Sie wollte bestimmen, wann ich die Ablage machen durfte – was ihr immer weniger gelang, weil ich selbst meine »Bürozeit« einzuteilen verstand.

Richtig mit Plan »arbeitete« sie, wenn sie versuchte, ihre Schreibschrift leserlich zu erhalten. Dann schrieb sie ganze DIN-A4-Bögen voll, so wie eine Grundschülerin Schönschreiben übt. Sie war unermüdlich. Die Buchstaben und Zahlen wurden ihrem Alter gemäß immer größer und dicker. Sie musste ja quasi »blind schreiben«. Bei notwendigen Unterschriften musste ich mit dem Finger auf die entsprechende Stelle zur Unterschrift zeigen. Sie setzte den Stift dann an meinem Finger an, um den Anfangspunkt zu treffen. Wehe sie unterbrach das Schreiben ihres Namens, dann musste sie irgendwo neu anfangen, und das Spiel begann von Neuem. Dann gab es eineinhalb Unterschriften auf dem Dokument. Obwohl ich eigentlich für jede Unterschrift bevollmächtigt war, wollte sie oft selbst unterschreiben. Ich ließ ihr dieses Gefühl der Selbstständigkeit. Ob sie übte oder nicht, die Buchstaben oder Zahlen waren immer weniger zu erkennen, egal wie groß sie waren.

Dieses Krickelkrakel hatte aber eine positive Funktion. Wenn sie sich tagsüber zu viele Gedanken über Gott und die Welt, über ihre Situation machte, es in ihrem Kopf zu sehr arbeitete und sie nicht mehr »Herrin ihrer Gedanken« war, musste sie sich hinsetzten und alles aufschreiben.

So war der Kopf für diesen Moment befreit, die Probleme aufs Papier verdrängt, oder es war aufgeschrieben, was sie nicht vergessen wollte.

Tragisch daran war, dass auch ich die Worte meistens nicht lesen, sondern nur erahnen konnte. Dann konnte sie ärgerlich werden mit mir und sich selbst, als ich ihr das Geschriebene vorlesen sollte. Ihr Glück war, dass ihr Gedächtnis noch gut funktionierte und sie meistens auf andere Weise ausdrücken konnte, was sie nicht vergessen wollte. Das war gut für ihr Selbstbewusstsein und ihren Drang, über andere und ihr Leben bestimmen zu können.

Wichtiges Möbelstück: der Wohnzimmertisch, den sie auch als Schreibtisch benutzte

Unten: Frau Meyer (beim Fernsehen und bei Schreibübungen) im September 2016

Allgemein gesehen empfand sie diese Entwicklung als deprimierend – verständlicherweise! Diese verdammte Makula hat ihr ein Großteil ihrer Selbstständigkeit und Freude am Leben geraubt. Nur langsam im Laufe der wenigen Jahre, die ihr noch geblieben waren, gab sie sich ihrem Schicksal hin. Das Gegrummel wurde weniger, sie konnte immer mehr loslassen. Der Schreibtisch verlor an Bedeutung, wurde wieder zum reinen Wohnzimmertisch.

Fernseh-Ritt

Der Zeitvertreib des Fernsehens beschränkte sich bei Dorothea durch ihre Sehbehinderung auf die Tagesnachrichten und jederzeit auf Übertragungen von Reitturnieren, Springreiten und Dressur. Früher geliebte Sendungen über Naturaufnahmen und Naturberichte waren für sie nicht mehr möglich. Für den Reitsport hatte sie sich ihr Leben lang interessiert, ohne selbst jemals geritten zu sein. Immer wieder erzählte sie stolz, dass sie mit ihrem Vater in der Reiterstadt Verden öfter Turniere besucht hatte.

Sie hatte einen alten kleinen Röhrenfernseher mit kleinem Bildschirm und schwachem Bild, bei dem selbst wir kaum was erkennen konnten. Er hatte nur drei Sender über eine alte Dachantenne. Mit viel Überredungskunst besorgte ich ihr einen neuen Flachbildschirm-Fernseher. Jetzt konnte sie wenigstens die Umrisse der springenden Pferde auf dem Rasen über die Hindernisse erkennen. Fand das Turnier auf einem Sandplatz statt, war der Hintergrund zu hell, um Pferd, Reiter und die Hindernisse gut zu erkennen. Das tat ihrer Freude keinen Abbruch. Was sie nicht sehen konnte, erahnte sie, unterstützt durch die Experten-Kommentare. Bei den Reiterinnen und Reitern, deren Namen sie noch kannte, war sie besonders aufgeregt. Sprang das Pferd über ein Hindernis, zuckte ihr Körper leicht mit. Wenn es spannend war und das Pferd eine Hindernis-Stange riss, kam schon mal ein Schrei der Verzweiflung aus ihr raus. Sie lauschte dann gespannt, was der Kommentator über die Anzahl der Fehlerpunkte und die Zeitangabe mitteilte. Bei internationalen Mannschaftsspringen fieberte sie für Deutschland mit, ab und an mit Gebrüll. Es war eine wahre Freude zu sehen, wie sich hier eine fast Blinde mit über 90 Jahren amüsierte und im Armsessel mit über den Parcours ritt.

Sie ließ sich noch immer die »Hörzu« liefern, obwohl sie die Zeitung nicht lesen konnte. Solche Turniere wurden nicht oft im Fernsehen übertragen – und wenn, dann immer mal wieder auf ihr unbekannten Sendern.

Daher musste ich die Fernsehprogramme studieren, wann Reitturniere übertragen wurden. Ich rief die Betreuerinnen oder den Nachbarn Hormann an, damit sie Dorothea das Programm einstellten. Manchmal guckten die Betreuerinnen zusammen mit ihr ein Reitturnier und amüsierten sich mehr über den Enthusiasmus der alten Frau als über den Wettkampf. Für den Service, Reitturniere sehen zu können, ernteten wir in der Regel mehr Dank als für andere lebensnotwendige Unterstützung.

Musik. Klassische Leidenschaft

Musik hörte sie mit großer Leidenschaft, es war eine Möglichkeit der Entspannung für sie. Etwa drei Meter entfernt von ihrem geliebten Holzsessel lagen auf der 150 Jahre alten, dunklen Vitrine zwei Radioapparate, leicht zu verwechseln, direkt nebeneinander: eines auf ihren Lieblings-Sender NDR Kultur eingestellt, das andere auf den eingebauten CD-Player eingerichtet. Die Sendereinstellungen durften nicht verstellt werden, weil sie die Geräte nicht allein einstellen konnte und »blind« einschalten musste. Einschalten ist noch nicht einmal richtig ausgedrückt. Die kleinen Knöpfe zum Einschalten konnte sie nicht erkennen. Daher bekamen die beiden Geräte ihren Strom über eine Dreiersteckdose. Den Stecker dieser Dreiersteckdose musste sie selbst in die Wandsteckdose in Brusthöhe neben der Vitrine schieben, um somit dem Radio und dem CD-Player den notwendigen Strom zu geben. Als sie die drei Schritte von ihrem Holzsessel zu den Geräten nicht mehr schaffte, verlor sie wieder einen Teil ihrer geschätzten Selbstständigkeit, weil sie auf die Betreuerinnen angewiesen war.

Schon bald nach dem Frühstück setzte sie sich täglich in ihren ausgepolsterten Holzsessel, um den Klängen klassischer Musik zu lauschen, und wurde ungern gestört. Im Grunde lief den ganzen Tag Musik, nicht immer zur Freude der Betreuerinnen und Besucher. Am Bett hatte sie ein kleines Radio, um abends zum Einschlafen etwas Musik zu hören oder in der Mittagsruhe.

Die Vitrine mit den Radios

Hörbücher. Die Leidenschaft

Dorothea hatte seit ihrer Jugend stets viel gelesen, sich weitergebildet und hatte vielseitige Interessen. Sie war eine gebildete Frau. Dafür wurde sie anerkannt, auch von den Betreuerinnen, die erstaunt waren, für was sich Dorothea alles interessierte und wozu sie sich eine Meinung gebildet hatte. Ihr Wissen hatte sie sich aus Büchern angeeignet, zu Reisen hatte sie sich nie Zeit genommen. Immer hatte sie die Betreuung ihrer Eltern als Grund angegeben. Das änderte sich nach dem Tod ihrer Mutter im Jahr 1993. Jetzt war sie eigentlich »freier«. Im Jahr 1994 erkrankte sie an der Augenkrankheit Makula. Die Makula kam einfach so. Von heute auf morgen. Ohne zu respektieren, dass sie sich ihr Leben lang gesund ernährt hatte, sich nicht mit irgendwelchen Pillen gegen alles Mögliche vollgestopft hatte, dass sie sich ihr halbes Leben um ihre Eltern gekümmert hatte. Diese verdammte Makula hat ihr nicht nur das neu aufgekommene Gefühl von Freiheit geraubt, sondern auch einen Großteil ihrer Selbstständigkeit und Freude am Leben: Ihre Sehkraft nahm immer mehr ab, sodass sie keine Bücher mehr lesen konnte und sich eingeschränkt fühlte, Reisen zu unternehmen.

Immerhin hatte sie in ihrem Leben gelernt, sich selbst zu helfen. Als ich meine Begleitung im Jahr 2006 begann, hatte sie sich als Ersatz für die Bücher schon ein perfektes System geschaffen: Hörbücher aus der »Westdeutschen Bibliothek der Hörmedien für blinde, seh- und lesebehinderte Menschen e.V.« *(www.wbh-online.de, eine soziale Einrichtung und öffentliche Bibliothek für Blinde)*.

Dieser Verein verleiht und versendet Hörbücher als DAISY-CD aus allen Bereichen der Literatur – kostenlos an Mitglieder des Vereins. Für die Bestellungen gab es einen dicken Katalog, in dem alle Hörbücher aufgelistet wurden, oder man bestellt telefonisch und lässt sich beraten.

Dorothea bevorzugte es, sich aus dem Katalog ihrem Interesse entsprechend selbst die Hörbücher auszusuchen, konnte aber die kleine Schrift im Katalog nur bedingt lesen. Sie war so frei und mutig, sich auch dafür eine Helferin zu suchen. Ich konnte mich im Jahr 2023 mit Jutta Rosenberg unterhalten. Sie war für Dorothea die alleinige Ansprechpartnerin, wenn es um Hörbücher ging.

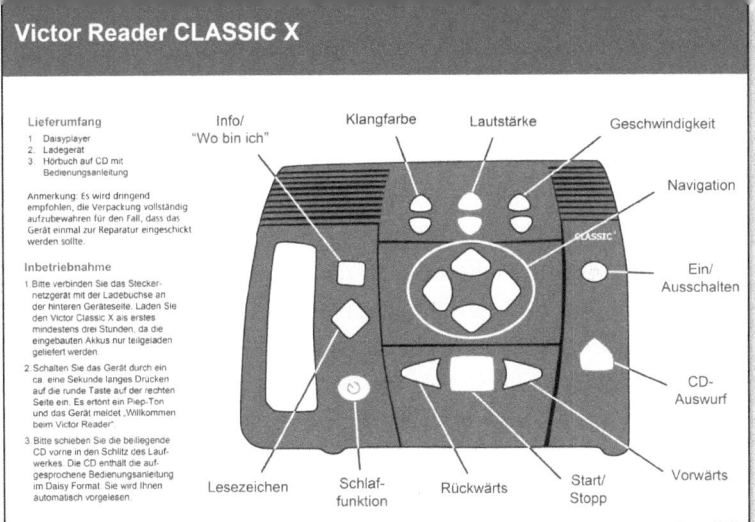

Victor Reader Papenmeier

Jutta Rosenberg: »Ich wohnte in Hoyerhagen und hatte über eine Nachbarin erfahren, dass Dorothea Meyer eine Hilfe zum Einkaufen und für die Bestellungen von Hörbüchern suchte. Das muss so 2004 gewesen sein. Ich kannte Frau Meyer nicht. Die Nachbarin warnte mich, dass mit ihr nicht leicht umzugehen sei, ich müsste das selbst entscheiden. Da ich genug Zeit hatte, bin ich bis Ende 2007 mit Frau Meyer fast jede Woche am Donnerstag zum Markt nach Hoya gefahren. Ich hatte einen guten Kontakt zu ihr. Wir haben uns sofort gut verstanden. Sie ging in verschiedene Geschäfte, immer langsam, das hat schon lange gedauert. Ich war ja gekommen, um sie zu unterstützen. Ich konnte mich gut auf sie einstellen, sie war halt eine alte Frau. Wir haben uns gegenseitig akzeptiert, das war alles. Ich habe sie auch mal zum Augenarzt nach Nienburg oder zum Steuerberater gefahren. Wir hatten ausgemacht, dass ich für die Fahrten Geld bekomme. Ich kann mich nicht erinnern, ob dies immer so war. Es war aber kein Problem.«

E. H.: »Wie bist du dazu gekommen, mit ihr die Hörbücher bei der Blinden-Hörbibliothek in Münster zu bestellen?«

J. R.: »Schon beim ersten Gespräch hat sie mich gebeten, sie bei den Bestellungen zu unterstützen. Aufgrund ihres sehr eingeschränkten Sehvermögens konnte sie die Titel in dem dicken Verzeichnis der Hörbücher nicht lesen oder mit der Lupe nur äußerst mühsam.«

E. H.: »Wie habt ihr das gemacht, es gab ja fast 20.000 Titel in dem Verzeichnis der Hörbücher?«

J. R.: »Na ja, es gab eine übersichtliche Gliederung nach den Themen. Diese hatte Frau Meyer schon im Kopf. Für Romane zum Beispiel hat sie sich überhaupt nicht interessiert. Dafür umso mehr für Weltgeschichte aus neuster Zeit wie Biografien von Genscher über Bismarck und großen Persönlichkeiten bis zu den alten hochentwickelten Völkern in Asien. Das fand sie sehr spannend, hat viel davon erzählt. Sie war sehr belesen. Darunter waren auch Geschichten über gruselige Zeiten und Menschen, die andere Personen wahrscheinlich zur Seite gelegt hätten. Frau Meyer wollte über alles informiert sein. Memoiren und auch Autobiografien hat sie besonders gern bestellt.«

E. H.: »Ich erinnere mich an das Buch von Alice Schwarzes Biografie über Marion Gräfin Dönhöff ›Ein widerständiges Leben‹. Bis ins kleinste Detail konnte Dorothea von dem bewegten Leben dieser Frau erzählen, wie sie sich auf der Flucht aus Ostpreußen durchgesetzt hatte und später die Zeitung ›Die Zeit‹ aufgebaut hatte sowie über ihre Lebensweisheiten. Sie bewunderte diese Frau sehr.«

J. R.: »Frau Meyer gehörte für mich zu der Generation Frauen, die sich im Leben mächtig durchbeißen mussten. Sie identifizierte sich mit solchen starken Frauen.«

E. H.: »Den Eindruck hatte ich auch. Dorothea war ja selbst auch eine starke Frau. Habt ihr nur Hörbücher bestellt, wenn du bei ihr warst?«

J. R.: »Das Bestellen hat lange gedauert. Ich habe ihr die vorhandenen Titel vorgelesen. Manchmal kannte sie die Bücher und hat mir vom Inhalt erzählt. Überhaupt wollte sie sich mit mir über Bücher unterhalten, auch die, die sie schon gelesen hatte.«

E. H.: »Damit kanntest du ja ihren Geschmack, wusstest, was sie gern liest, und hast die Bücher aus dem dicken Verzeichnis leichter aussuchen können. Perfekt. Es gab allerdings auch Hörbücher, die ihr nicht gefallen hatten und die sie sofort zurückschickte.«

J. R.: »Das war nicht zu verhindern. Der Versand war ganz einfach. Die speziellen CDs im Daisy-Format mit 40 Stunden Abspielzeit kamen kostenlos mit der Post und konnten ebenso wieder zurückgeschickt werden. Wir brauchten die unfrankierten und bereits adressierten Kassetten mit der CD nur auf ihren Hausbriefkasten legen, der Briefträger hat sie mitgenommen. Ein perfektes System.«

E. H.: »Wie lange dauerten deine Besuche bei den Bestellungen?«

J. R.: »Vor einer Stunde bin ich da nie rausgekommen, bis zu drei Stunden konnten wir schon über Bücher und die Bestellungen sprechen. Es war für mich immer interessant. Ich habe diese Unterhaltungen genossen.«

E. H.: »Hat sie mit dir über aktuelle oder alte private Dinge wie über Familienkonflikte gesprochen?«

J. R.: »Nein. Ich wusste vom Hörensagen über meine Familie in Bücken, dass es früher in ihrer Familie heftige Konflikte gegeben hatte. Sowas sprach sich rum. Meine Mutter war mit Marlies Meyer, Dorotheas Schwägerin, befreundet. Ich habe sie nie nach diesen Geschichten gefragt. Dorothea hat wenig von sich gesprochen. Mein Eindruck war, dass sie sich selbst nicht so wichtig genommen hat.«

E. H.: »Das ist eine interessante Einschätzung. Du warst auf jeden Fall eine wichtige Person für sie, und deine Besuche waren eine sehr große Bereicherung ihres doch eintönigen Alltags. Niemand sonst durfte mit ihr die Bücher aussuchen. Hat Dorothea dich bezahlt für die vielen Stunden?«

J. R.: »Nein, dafür habe ich kein Geld genommen. Sie hat mir manchmal einen selbstgebackenen Stuten geschenkt oder was anderes zukommen lassen.«

E. H.: »Wie ist eure Zusammenarbeit zu Ende gegangen?«

J. R.: »Nach 2014 … ich weiß es nicht mehr genau … hatte ich immer weniger Zeit und konnte nicht mehr so oft kommen. Zudem wurde es immer schwieriger für Frau Meyer, noch ein Hörbuch zu finden, das sie nicht kannte.«

E. H.: »Daran kann ich mich auch erinnern. Dorothea hat dann gesagt, dass sie in dem Fall das eine oder andere Hörbuch noch mal hören wollte. Wenn du nicht kommen konntest, hat die Hörbücherbibliothek für Dorothea Bücher aus den Bereichen rausgesucht, die Dorothea angeben hatte. Dann waren leider viele Bücher dabei, die sie nicht interessierten. Das Interesse an den Hörbüchern nahm bei Dorothea dann ab, und ab dem Jahr 2015 konnte sie sich immer weniger auf die Hörbücher konzentrieren.«

Dorothea kam nicht mehr raus in die Welt, um etwas zu erleben und mit anderen Menschen darüber zu sprechen. Ihre Welt waren die Hörbücher. Mit denen hatte Dorothea immer ein Gesprächsthema für die vielen Zeiten, die sie mit den Betreuerinnen in ihrer Wohnung verbracht hatte. Besonders interessant für sie war der Austausch über die Bücher mit ihren beiden Gesellschafterinnen Barbara und Lilly.

Barbara: »Sie hat gern von diesen Büchern erzählt, sie blühte dabei auf. Sie konnte sich gut ausdrücken und war froh, in mir eine geduldige Zuhörerin zu haben. Wir haben viele Stunden über alle möglichen Hörbücher gesprochen, über die Erforschung der Natur genauso wie über Lebensgeschichten einzelner Personen oder Familien. Es war für mich interessant.«

E. H.: »Hast du ein Beispiel?«

B.: »Sie hatte das Buch über die Geschichte der Familie Carl und Bertha Benz gehört, also die Gründer des Automobils Mercedes Benz. Besonders hat sie sich mit Bertha Benz identifiziert. Sie wurde als Tochter eines reichen Zimmermeisters als drittes Kind geboren. In das Familienbuch ließ die Mutter schreiben: ›leider wieder nur ein Mädchen‹. Über diese Bemerkung hat sich Dorothea furchtbar aufgeregt. Sie fühlte sich persönlich als Frau betroffen. Nur ein Mädchen, na sowas! Darüber kamen wir ins Gespräch. Ähnlich begeistert war sie von Marion Gräfin Dönhöff.«

Ähnliches berichtete mit Lilly: »Deine Tante hat viel Zeit damit verbracht, Hörbücher zu hören. Sie hat mir gern bis in die kleinsten Details davon erzählt. Manchmal wollte sie mit mir zusammen Hörbücher hören. Dann konnten wir uns darüber austauschen. Ich habe dadurch viel gelernt von ihr.«

Dorothea beim Hörbuch-hören. Daisy Reader stets neben sich

NACHT. SCHWARZ UND LÄSTIG

Zu einem 24-Stunden-Tag gehört auch die Nacht. So angenehm wie viele Tage für Dorothea waren, so wenig begeistert war sie über die für sie manchmal unendlich dauernden Nachtstunden. Allein schon deshalb, weil es dunkel war und sie besonders schlecht sehen konnte. Daher trieb sie in der Regel allein die Müdigkeit ins Bett.

Nicht später als 19 Uhr aß sie zu Abend, hörte noch etwas Musik oder ein Hörbuch, während die Betreuerinnen »Feierabend« hatten. Die Betreuerinnen schauten in der Regel noch einmal nach ihr, wenn sie vor dem Schlafengehen nach unten ins Bad kamen. Im wahrsten Sinn des Wortes hatten die »24-Stunden-Betreuerinnen« auch nachts Bereitschaft und waren froh, wenn sie nicht gerufen wurden.

Die Nächte mussten von uns gut organisiert werden, immer mal wieder neu. Für einen Notfall in der Nacht hatten wir anfangs ein Babyfon organisiert. Bei diesem System hörten die Betreuerinnen jedoch jedes Stöhnen, jedes Aufstehen von Dorothea in der Nacht. Oder sie rief die Betreuerinnen mitten in der Nacht ohne wirkliche Not. Da Dorothea sehr oft nachts aktiv war und die Betreuerinnen oben in ihrem Schlafzimmer alles mithörten, mussten wir das System technisch ein wenig ändern.

Wir installierten eine funkgesteuerte Klingel, die Dorothea benutzen konnte, so dass die Betreuerinnen die Dauer-Geräusche aus den unteren Räumen nicht mithören mussten. Solange Dorothea aber nicht generell einsah, dass sie die Klingel nur im Notfall betätigen sollte, waren die Betreuerinnen auch mit dieser Lösung unglücklich. Erst nach etlichen Gesprächen hat Dorothea Einsicht gezeigt und die Nachtruhe der Frauen akzeptiert.

Dorothea hatte häufig Schwierigkeiten mit dem Einschlafen und stand mitten in der Nacht auf, um in den unteren Räumen spazieren zu gehen. Für diese schlafwandlerischen Ausflüge mussten in ihrem Schlafzimmer und in dem angrenzenden Wohnzimmer nachts immer ein Dämmerlicht brennen und alle Möbel an ihrem gewohnten Platz stehen. Sie ging gern an die große, schwere, 150 Jahre alte Vitrine und holte sich aus ihrem kleinen Reservat an Süßigkeiten einen Butterkeks oder einen Riegel »Merci«. Die Süße ihrer geliebten Butterkekse sollte sie von der Qual der »viel zu langen, dunklen Nacht befreien« – wie sie es mal ausdrückte.

Sie quälte sich, wenn nachts zu viele Gedanken hochkamen: vorwiegend Erinnerungen an vergangene Zeiten, weniger über das ihr näherstehende und manchmal ersehnte Ende. Nicht anders erging es ihr bei furchterregenden Träumen oder Heimsuchungen bösartiger Handlungen von ihr selbst oder von anderen an ihr. Egal wodurch ihr Schlaf gestört wurde, die Ausflüge beruhigten sie für den Moment und erlaubten ihr, wieder ins Bett zu tappen – in dem Wissen, dass die Hampelei im Bett wieder losgehen würde. Unabhängig davon, ob sie besser auf dem Rücken, auf der Seite oder in Embryostellung liegen würde. Begleitet wurde diese Unruhe je nach Intensität von leisem Stöhnen bis zu an Wutausbrüchen grenzenden Lauten.

Sie erzählte mir häufig von ihren Erlebnissen in der Nacht: »In solchen Nächten habe ich gelernt, wie ich mich mit dem Gewirr im Kopf und dem Gezappel der Beine unterhalten kann und die grausamen Stunden schneller vorbeigehen.« Daher also kam die Geräuschkulisse!

VON TAG ZU TAG. DOROTHEA UND BARBARA

Die Betreuerinnen hatten mindestens einen ganzen Tag in der Woche frei und zwei Nachmittage, wenn sie mal was Besonderes wie einen Kirchgang vorhatten. Zu diesen Zeiten waren Barbara und Lilly bei Dorothea, und wenn die nicht konnten, waren meine Lebenspartnerin Magdalena oder ich da. Mit Barbara und Lilly habe ich später über diese Zeit gesprochen und noch einmal erfahren, wie die Tage so abgelaufen sind.

E. H.: »Barbara, wir haben uns über Magdalena kennengelernt. Da du Erfahrungen mit der Betreuung von alten Menschen hast und wir Unterstützung bei der Betreuung meiner Tante Dorothea brauchten, hatten wir dich angesprochen. Du warst dann Jahre lang bei meiner Tante und wurdest zu einer wichtigen Begleitung.«

B.: »Nach meinen Aufzeichnungen habe ich mich Mitte 2011 bei deiner Tante Dorothea Meyer vorgestellt. Es ging damals konkret um Nachtwachen. Sie war übel gestürzt, hatte grausame Prellungen, und die Betreuerin war total überfordert und brauchte Unterstützung für die Nächte, um mal durchschlafen zu können.«

E. H.: »Welche Erinnerungen hast du an die Nachtwachen?«

B.: »Ich habe später immer mal wieder Nachtwachen gemacht, wenn es deiner Tante nicht gutging. Gewöhnlich schlief ich im Zimmer daneben, direkt an ihrer Schlafzimmertür auf dem Liegesofa am Esstisch, um jederzeit schnell Hilfe leisten zu können. Unvergesslich für mich bleibt, wie ich durch ihre Hilferufe geholt wurde: ›Hallo, halloo!‹ So rief oder grummelte sie manchmal auch tagsüber. Nachts empfand ich diese Angewohnheit besonders unangenehm und nervenzermürbend. Wenn die Betreuerinnen nicht im Haus waren und es Frau Meyer besser ging, habe ich auch manchmal im Beisein eines Babyfons oben geschlafen oder unten in dem zweiten Raum hinter einer Tür. Dann habe ich diese Hallo-Rufe nicht gehört oder nur leiser. Sie musste dann klingeln.«

E. H.: »Du warst einige Jahre bei Dorothea und hast nicht nur Nachtwachen gemacht. In welcher Rolle hast du dich gesehen?«

B.: »In den ersten Jahren, als sie noch viel selbst unternehmen wollte und konnte, habe ich sie bei den Arbeiten unterstützt, die sie nicht mehr allein machen konnte oder die ihr schwerfielen. Ich war tagsüber zu den Zeiten bei ihr, wenn die Betreuerinnen Freizeit hatten.«

E. H.: »Was waren das für Arbeiten?«

B.: »Zum Beispiel das Apfelpflücken in ihrem Garten. Sie stand dann neben mir und hat dirigiert. Sie hat mir gezeigt, welcher Apfel runter soll« … *sie schmunzelt wegen der leichten Übertreibung* … »und mich ermahnt, nicht so hoch auf die Leiter zu steigen. Oder ich habe ihr in der Küche beim Kneten des Teigs für ihren geliebten Stuten geholfen, den sie nachmittags zum Tee aß. Es war ein schönes Schauspiel, wenn sie mit ihren alten, langen, knöchrigen Händen den Teig knete und mir dabei erklärte, wie man das macht.

Sie aß am liebsten ein Gersterbrot von der Bäckerei Uhde. Es fiel ihr irgendwann schwer, die Brotschneidemaschine mit der Handkurbel zu bedienen. Wenn ich das Brot aufschneiden sollte, kontrollierte sie sehr genau die Dicke der Scheiben. Ihre Zähne waren kaputt, und sie schnitt die Rinde bei ihren Mahlzeiten immer von der Brotscheibe ab, weil sie die nicht mehr gut kauen konnte.«

E. H.: »Hast du ihr auch Essen zubereitet?

B.: »An sich habe ich diese Hauspflegeleistungen der Betreuerinnen nicht gemacht. Nur wenn die Betreuerinnen abwesend waren und das Essen nicht vorbereiten konnten, habe ich das natürlich gemacht. Ihr gut strukturierter Tagesplan durfte nicht durcheinanderkommen. Ich war oft an den Wochenenden oder für einige Stunden am Nachmittag bei ihr. Ich habe ihr auch mal eine Wärmflasche ins Bett gebracht und später, als sie fast bettlägerig war, das Frühstück ins Schlafzimmer gebracht. Sie saß dann auf ihrem Toiletten-Stuhl und hat eine Kleinigkeit gefrühstückt. Sie aß wie ein Spatz, kleine Portionen. Oft habe ich ihre ewig verschmierte Brille geputzt.

Meine Rolle war in den ersten Jahren die einer Unterstützerin. Ich habe ihre Wünsche erfüllt, bin mit ihr vor dem Haus spazieren gegangen, kurz: Ich habe das getan, wozu die Betreuerinnen selten kamen. Pflegerische Dienste waren nicht meine Aufgabe und nicht meine Rolle.«

E. H.: »Du sprichst von den ersten Jahren, als es Dorothea noch einigermaßen gutging. Was hat sich danach geändert?«

B.: »Meine Rolle änderte sich, als sie körperlich unbeweglicher und passiver wurde. Ich wurde zunehmend eine Gesellschafterin für sie.«

E. H.: »In dieser Rolle habe ich dich hauptsächlich erlebt. Wie habt ihr die Stunden zusammen verbracht?«

B.: »Es ging in erster Linie darum, für sie da zu sein, sie nicht allein zu lassen. Wir hatten nie einen Plan.

Sie war sehr gebildet und belesen. Sie wollte gern erzählen, und meine Aufgabe habe ich darin gesehen, ihr zuzuhören. Sie wusste, dass ich viel in meinem Garten arbeitete, und sie suchte den Austausch über Gartenarbeit und Natur. So kam es, dass ich ihr von meiner selbstgemachten Marmelade mitgebracht habe, da sie viel Marmelade aß und sie diese immer im Supermarkt einkaufen musste. Meine Marmelade hat ihr gut geschmeckt.«

E. H.: »Wovon hat Dorothea gern erzählt? Worüber habt ihr euch unterhalten?«

B.: »Das war sehr unterschiedlich. Immer wieder begann sie, was aus den Kriegszeiten zu erzählen. Ich hatte den Eindruck, dass sie die seelischen Belastungen durch den Krieg loswerden wollte. In der Regel hat sie die

Erzählungen abgebrochen, wenn es ihr zu viel wurde. Sie war ja im Krieg ein halbes Jahr im damaligen Ostpreußen, für ein Praktikum.«

E. H.: »Davon weiß ich, es war im Zuge eines gesetzlichen Pflichtjahres, was alle Frauen aus der Landwirtschaft im Krieg absolvieren mussten. Sie arbeiteten in der Landwirtschaft, in Familien oder in Versorgungsküchen für Soldaten. Dorothea lebte eine Zeitlang auf Rügen in einer ihr bekannten oder verwandten Familie, wo sie sich sehr wohlgefühlt hat. Als ich mal Urlaub auf Rügen gemacht habe, musste ich für sie erkunden, ob die alte Villa ihres Arbeitsplatzes von damals noch steht, und musste ihr vom heutigen Rügen berichten. Später war sie weiter östlich in Ostpreußen in einer Art Kaserne tätig. Aber du wolltest sagen, was sie erlebt hatte.«

B.: »Ja, diese Zeit in Ostpreußen meine ich. Sie hat sich dort anscheinend ganz wohlgefühlt. Sie hat von einem anderen Aufenthalt gesprochen. Sie hat mit vielen anderen Frauen kasernenmäßig zusammengelebt und gearbeitet. Eines Abends haben sie sich in einer Waschschüssel einen Eierlikör anlässlich eines Geburtstags zubereitet und aus Eierbechern getrunken. Heimlich. Es war aufregend für sie, gerade weil es verboten war. Die Frauen wären zum Teil ausgeflippt. Sie selbst habe sogar Alkohol getrunken, obwohl sie sonst nie sowas angerührt hätte. Bei dieser Geschichte war Dorothea in ihrem Element, musste über ihren Ungehorsam und das Geheimnis schelmisch schmunzeln und verschmitzt lachen

Diese Geschichte fand sie sehr lustig. Weniger lustig war ein anderes Erlebnis. Ein Soldat holte von ihrem Arbeitsplatz immer Eier ab. Ich glaube, es war ein Lazarett, wo sie arbeitete. Er war in dem hermetisch abgeriegelten Bunkerkomplex im damaligen Görlitzer Forst bei Rastenburg *(Kętrzyn)* stationiert. Der Bunker wurde Wolfsschanze genannt und war eines der meist genutzten Führerhauptquartiere von Adolf Hitler, wo er mit seinen Gefolgsleuten die militärische Lage absprach und sich oft aufhielt. ›Der Soldat hat uns versprochen, uns rechtzeitig Bescheid zu geben, wenn es gefährlich wird und wir lieber abhauen sollen‹, sprach sie mit so leiser Stimme, als ob es niemand hören durfte, weil es staatsfeindlich und verboten war. Das waren die Momente, wo sie die Erzählungen und Gespräche über den Krieg meistens abrupt abbrach. Die Erinnerungen schienen sie zu sehr zu berühren.«

E. H.: »Die Geschichte über den Eierlikör habe ich auch gehört. Von dem Soldaten, der Eier abholte, höre ich zum ersten Mal. War ihre Erzählung hier zu Ende?«

B.: »In diesem Fall nicht ganz. Dorothea hat auf diese Nachricht von dem Soldaten nicht warten müssen. Als es immer kritischer wurde im Krieg und die Russische Wehrmacht immer näher kam, schickte sie einen Brief nach Hause, und ihr Vater holte sie mit der Begründung zurück auf den Hof, dass sie unbedingt gebraucht werde, das wäre systemrelevant für die Versorgung der Bevölkerung.

Die Rückfahrt im Zug von Ostpreußen sei sehr lang und unangenehm gewesen. In Nienburg am Bahnhof angekommen, war sie ausgehungert und hatte kein Geld. Als sie auf ihren Vater warten musste, bekam sie eine Tasse Kaffee und eine Bärentatze, das Traditionsgebäck, geschenkt. Der Vater holte sie mit der Kutsche ab. Sie hat gestrahlt, als sie von der Bärentatze erzählte. Das war wohl ein einschneidendes Erlebnis für sie, weil sie kein Geld dabei hatte.«

E. H.: »Mir hat sie auch wenig vom Krieg erzählt und wenn, dann nur zurückhaltend. Einprägsam war für mich, dass sie während des Krieges auf dem Dachboden heimlich englische und amerikanische Sender abgehört hat. Mein Großvater war dagegen, er hatte Angst, dass sie erwischt wird und die ganze Familie darunter leiden muss. Mehr als solche kurzen Informationen waren ihr nicht zu entlocken, nicht einmal bei Nachfragen.«

B.: »Solch eine kurze Geschichte vom Ende des Krieges habe ich auch noch. Sie hatten auf dem Hof in Duddenhausen Gefangene und Zwangsarbeiter, die sehr gut gearbeitet hatten und anscheinend gut behandelt wurden. Als kurz nach Kriegsende englische Soldaten auf den Hof kamen, hätte die russische Arbeiterin den Soldaten gesagt, dass diese Menschen hier gut seien und sie gut behandelt hätten. Darauf seien die Soldaten wieder abgezogen, hätten nicht bei ihnen geplündert und die Frauen nicht angefasst. Damit endete auch diese Kriegsgeschichte. Keine Erwähnung, ob sie Angst gehabt habe oder sowas.«

E. H.: »Du warst sehr oft bei ihr. Was habt ihr beiden noch so getrieben?

B.: »Wir hatten viele spannende Unterhaltungen. Ich konnte ihr stundenlang zuhören, wenn sie von ihren Hörbüchern erzählte. Sie freute sich, eine Gesprächspartnerin zu haben. Ich fand es immer interessant.«

E. H.: »Auffällig für mich war, dass ich in all den Jahren der Begleitung wenig Privates von ihr in Bezug auf Männer und Männerbekanntschaften erfahren habe. Wie ist es dir ergangen, war sie zu dir offener, sozusagen von Frau zu Frau?«

B.: »Ich habe sie einmal gefragt, ob sie im Leben mal einen Mann gehabt habe, den sie richtig gut fand. Darauf hat sie nur erwähnt, dass sie mal einen Mann ganz gut fand, aber in Anbetracht der häuslichen Pflichten lieber frei sein wollte. Wenn sie von einem Mann gesprochen hatte, war es der Zwangsarbeiter, der auf dem Hof war und gleich nach dem Krieg wieder zurück nach Frankreich gegangen ist. Mit dem habe sie sich später noch lange geschrieben und ihn sogar in Frankreich besucht. Sie habe extra Französisch gelernt.

Ich fragte mich, ob dieser Mann ihre heimliche Liebe war. Zu ihrer Freude hatte ich mal im Radio ein Lied über die heimliche Liebe für sie gewünscht. Das hat ihr gut gefallen. Ich weiß aber nicht mehr genau, ob es vielleicht das Lied von Brahms war: Heimliche Liebe?«

E. H.: »Im Grunde passen diese Geschichten zu ihrer Haltung, die sie mit 34 Jahren im Jahr 1952 ihrer Freundin mitgeteilt hat. Dazu muss ich dir mal einen Ausschnitt vorlesen:

›(…) wenn ich dann wieder sehe, wie die meisten Ehen geführt werden, so will ich lieber auf ein Heim und Kinder verzichten, als mein ganzes Leben immer nur Zugeständnisse zu machen um des lieben Friedens willen. Und ich muß sagen, es gibt doch nur wenig oder vielleicht gar keine Männer, die noch Moral haben – und da ich schon immer ein Außenseiter war und bei einer Verbindung mehr daran denken muß, daß das Leben sehr lang sein kann und man doch schon gemeinsame Interessen haben muß, um harmonisch mit einander auszukommen, so werde ich nicht so leicht einen Partner finden. Am besten wäre es, einen Bauern zu heiraten – ich hänge nun doch einmal mit allen Fasern am Boden – aber da liegt der Haken: ich hätte ja schon lange verheiratet sein können, wenn sie nicht alle immer so interessenlos gegenüber allen übrigen Dingen des Lebens gewesen wären!‹«

B.: »Interessant. Ich denke, dass sie sich damals schon entschieden hatte, sich keinem Mann zu ›unterwerfen‹, und sich lieber allein durchbeißen wollte.«

E. H.: »Das ist ihr ja auch geglückt.«

B.: »Na ja, so kannst du es auch sehen«

E. H.: »An welche typischen Situationen oder Beschäftigungen im Alltag meiner Tante kannst du dich heute noch erinnern?«

B.: »Deine Tante hat gern Musik gehört. Morgens nach dem Frühstück lief immer NDR Kultur mit klassischer Musik und interessanten kulturellen Beiträgen. Manchmal auch nachmittags. Neben dem Radio stand ein zweites, was sie zum Abhören der Musik-CD benutzte, in der Regel klassische Musik von Mozart, Vivaldi, Beethoven, Bach und einigen moderneren Komponisten. Musik lief im Grunde den ganzen Tag, oft auch recht laut. Für die Betreuerinnen war das nicht immer leicht, weil deine Tante ja nicht mehr so gut hören konnte und die Betreuerinnen diese Musik selten gut fanden. Selbst beim Essen lief die Musik. Wenn ich da war und wenn wir uns unterhalten haben, wurde die Musik ausgemacht.«

E. H.: »Hört sich an, als ob immer Trubel war, Gespräche oder Musik oder Spaziergänge. Konntet ihr auch schweigen?«

B.: »Gute Frage, natürlich, häufig sogar. Es gab Tage und Stunden, da war Dorothea zu schlapp oder müde vom Zuhören und Reden oder einfach nur so, selbst während eines Gesprächs oder beim Hören der Hörbücher. Sie konnte die speziellen Daisy-CDs mit den Hörbüchern jederzeit stoppen. Wenn sie ihr Abspielgerät, den Victor Reader, wieder angestellt hat, ging die Geschichte dort weiter, wo sie die CD gestoppt hatte. Ein perfektes System, gerade für Blinde. Sie war vollkommen frei, wann sie die Hörbücher hören wollte und wann nicht. Diese Freiheiten nahm sie sich.
Manchmal saß sie in ihrem ständig überhitzen Wohnzimmer im Holzsessel vor der Glastür zum Garten und döste nur so vor sich hin. Oder wenn ich wie am Wochenende über Mittag bei ihr war, hat sie sich nach dem Essen für zwei bis drei Stunden auf dem Liegesofa oder ins Bett gelegt. Ich habe in der Zeit gelesen.«

E. H.: »Dieses Bild habe ich auch noch immer vor Augen, wie sie in ihrem Holzstuhl mit Armlehnen saß, überall Kissen und Decken, unter ihr, hinter ihr und neben ihr, sodass der Stuhl fast zum Sessel wurde. Wie ihr Kopf nach vorn fiel und die Augen geschlossen waren, so wie ich es aus Altersheimen kannte.«

B.: »Wo du davon sprichst, wie gut sie es hatte, fällt mir noch ein, dass sie es sich hat gutgehen lassen, wenn der Masseur kam. Wann immer er von ihr gerufen wurde, er kam. Die Massage hat ihr sehr gutgetan. Es war mehr ein Streicheln als Massieren, Dorothea war sehr schmerzempfindlich. Darum durfte sie nur Herr Grunenberg vom Therapiezentrum dütt & datt in Bruchhausen-Vilsen behandeln.«

E. H.: »Zum Schluss habe ich noch eine andere Frage. Dorothea wurde der Makel angehängt, verbissen, bestimmend und besserwisserisch, unnahbar zu sein. Wie hast du sie gesehen? Wie hat sie dich behandelt?«

B.: »Bestimmend war sie zu mir, aber nicht befehlend. Wir haben uns gut verstanden und respektiert. Sie war für mich eine interessante Persönlichkeit. Ich habe mitbekommen, wie sie die Betreuerinnen aus Polen zum Teil angeblafft hat. Zu ihnen war sie oft nicht freundlich, oftmals sogar respektlos. Ich hatte den Eindruck, dass sie sich bei mir zurückgenommen hat. Sie hatte keine Macht über mich, ich war ja eingeladen, sie zu unterstützen, und keine Angestellte. Vielleicht hat es auch eine Rolle gespielt, dass ich eine deutsche Frau bin und aus dem Nachbardorf kam, wir dieselbe Sprache sprachen und ich mich für sie interessiert habe.

Es gab Gelegenheiten, bei denen ich eine Betreuerin unterstützt habe, wenn Dorothea sie angegiftet hatte. Besonders die Betreuerin Agata, die ziemlich zum Schluss da war, ließ sich nicht alles gefallen, wollte von Frau Meyer respektvoll behandelt werde. Sie hat sich immer bei mir bedankt, wenn ich sie mal wieder Dorothea gegenüber unterstützt hatte. In den letzten Jahren meiner Begleitung wurde deine Tante sanfter, nahbarer und gefühlvoller. Das war angenehm zu beobachten.«

E. H.: »Auf jeden Fall warst du eine ganz wichtige Person in der Begleitung von Dorothea. Du konntest sehr gut auf sie eingehen. Ich bin sicher, dass sie die Zeiten mit dir genossen hat und auch dadurch sanfter geworden ist.«

VON TAG ZU TAG. DOROTHEA UND LILLY

E. H.: »Lilly, du hast meine Tante als Gesellschafterin begleitet. Du hast meine Tante mehrere Jahre regelmäßig besucht und kannst mir sicherlich noch einiges über diese Zeit erzählen, auch wenn jetzt schon sechs Jahre vergangen sind. Wann und wie bist du zu meiner Tante gekommen?«

Lilly: »Meine Schwester Helga ist Fußpflegerin und hat deine Tante behandelt. Sie hat mir gesagt, dass du beziehungsweise Dorothea eine Hilfe suchen würdet. In welchem Jahr das war, weiß ich nicht mehr. Es gab schon eine Betreuerin im Haus und die musste mindestens einen Tag in der Woche freihaben. Für diese Tage sollte ich anfangs einmal die Woche einspringen. Als ich anfing, musste Dorothea kurz vorher für ein paar Tage ins Altersheim, ich hörte, dass dies zukünftig vermieden werden sollte.«

E. H.: »Dann bist du Mitte oder Ende 2011 gekommen. Welche Aufgaben solltest und wolltest du übernehmen?«

L.: »An sich wollte deine Tante, dass ich nichts mache, außer mich zu ihr zu setzen und zuzuhören. Aber das ging nicht, es fielen genug Arbeiten an, es gab genug zu tun. Ich kam morgens gegen zehn Uhr und bin bis abends geblieben, manchmal, wenn die Betreuerinnen in Bruchhausen-Vilsen in den Abendgottesdienst wollten, sogar bis 22 Uhr.«

E. H.: »Dann hast du den normalen Tagesablauf meiner Tante erlebt. Beschreib doch bitte, wie sie mit dir die Tage verbrachte.«

L.: »Das Wichtigste war, dass ich ihr pünktlich bis 12:30 Uhr das Mittagessen zubereitete. Dann legte sie sich für circa zwei Stunden hin. Ich ging dann spazieren oder habe was gelesen. Gegen 15/15.30 Uhr wollte sie eine Tasse grünen Tee mit mir trinken, und spätestens um 19 Uhr sollte es das Abendbrot geben.

Da ich meistens am Donnerstag kam, wollte sie in der ersten Zeit vor dem Mittag mit mir nach Hoya zum Einkaufen fahren. Wir kauften auf dem Markt und im Supermarkt ein. Eigentlich immer das Gleiche, für Abwechslungen war sie selten bereit. Der Einkauf war wie ein Ritual, sie konnte nur langsam gehen, und ich konnte mich darauf einstellen.«

E. H.: »Ich kann mich dunkel erinnern, dass du in rührend ruhiger Art besondere Einkaufstouren mit Dorothea gemacht hast.«

L.: »Ja, das stimmt. Sie war in den ersten Jahren unternehmungslustig. Ein paar Mal sind wir ins Modehaus Siemers gefahren, sie brauchte eine neue Hose, die angepasst werden musste, oder sie wollte ein neues Federkissen haben. Hatte sie mal wieder ihren Wecker fallen gelassen, mussten wir einen neuen in Hoya kaufen.

Dann gab es noch die Wege, die wir mit dem Auto machten: zur Volksbank in der Dorfstraße. Oder wir sind zur Friseurin, zum Zahnarzt nach Asendorf oder zum Augenarzt nach Nienburg gefahren. Das wollte sie später lieber mit dir oder anderen machen, die dann mit ihr zum Arzt reingingen.«

E. H.: »Das war eine richtige Unterstützung für mich. Wie habt ihr eure restliche Zeit zwischen den Mahlzeiten verbracht? In welcher Rolle hast du dich gesehen?«

L.: »Nichts zu machen, mich nur als Gesellschafterin zu ihr zu setzen und zuzuhören, ging nicht immer, besonders wenn ich den ganzen Tag bei ihr war. Es gab Aufgaben, bei denen ich ihr einfach zur Seite stand, weil sie selbst aktiv sein wollte oder musste. Viele Jahre wollte und sollte sie am Vormittag und Nachmittag vor dem Haus spazieren gehen, wenigstens zehn Minuten. Sie hatte dann ihre alte, speckig gewordene Schirmmütze gegen Sonnenstrahlen an« … *Lilly schmunzelte, und ich nickte zustimmend, weil ich dieses Bild auch im Kopf hatte* … »und darunter oft noch eine warme Mütze. So langsam, wie sie sich in den letzten Jahren mit ihrem Gehbock fortbewegte, war es für mich kein Spaziergang, mehr ein Kriechen wie eine Schildkröte.

Oder ich durfte ihr die ersten Jahre beim Backen ihres Stutens zusehen, ihr den einen oder anderen Handgriff abnehmen. Es war faszinierend, wie sie fast blind den Teig zubereitete und in den Backofen schob. Der Stuten war eines der wenigen Dinge, mit denen sie sich ihr Leben verschönert hat, fand ich.

Grundsätzlich brauchte sie in den ersten Jahren Hilfe im Alltag, Ich habe ihr geholfen. Wenn alles gutging, war sie zufrieden, und ich war zufrieden, dass sie zufrieden war.

Mehrmals im Laufe der Jahre hat sie sich immer mal wieder gewünscht, dass ich mit ihr den Dachboden aufräume: Schränke, Regale, alte Bauerntruhen. Sie ging vor, diese steile Treppe, und oben hat sie jeden Handgriff bis ins Kleinste bestimmt. Probleme, irgendwas wegzuwerfen, hatte sie nicht. Im Gegenteil, die Entsorgung ging fix: ›Weg damit, zieh ich nicht mehr an, ab in den Müllbeutel.‹

Ich hatte keine Widerworte, auch wenn die Arbeit länger gedauert hat, wenn sie die Räumaktion sehr umständlich organisierte. Ich verhielt mich in solchen Situationen wie eine bezahlte Angestellte.

An sich hatte ich ja eine andere Rolle bei ihr: auf sie aufzupassen und zu unterhalten. Immer wieder gab es eben andere Aufgaben.

In den letzten Jahren kam es auch mal vor, dass Dorothea ein Malheur mit ihrem Stuhlgang hatte. Ich musste ihr die verschmutzte Wäsche waschen, wenn der Wäschekorb schon voll war. Ich hörte, dass sie mit den Betreuerinnen öfter Streit hatte, wie und wann die Wäsche gewaschen werden sollte. Wir waren grundsätzlich auf einer Wellenlänge, wie wir solche Arbeiten durchführten. Für mich ergaben sich keine Gelegenheiten, Widerworte haben zu müssen.«

E. H.: »An sich hatten wir dich als Gesellschafterin gerufen. Gab es neben den vielen aufgezählten Arbeiten auch solche Momente, die dieser Rolle entsprachen? Was kannst du darüber berichten?«

L.: »Ja, natürlich. In all den Jahren, immerhin vier Jahre, hatten wir dazu genug Zeit. Dorothea war an allem interessiert. Sie hatte noch immer die Kreiszeitung abonniert, obwohl sie nicht mehr lesen konnte. Ich habe ihr daher immer mal wieder vorgelesen, Berichte aus der Region und politische Ereignisse. Sie hat sich für alles interessiert. Manchmal habe ich auch vorgelesen, was mich interessierte. Besonders wichtig waren ihr die Todesanzeigen. Wer war vor ihr gestorben? Kannten wir die Verstorbenen, so haben wir über diese Personen geredet.

Bei ihr war der CD-Player oder das Radio immer an, leise im Hintergrund lief klassische Musik, mich hat das nicht gestört. Gelegentlich sahen wir gemeinsam Nachrichten im Fernseher, oder besser gesagt: gehört. Denn viel sehen konnte sie nicht.

Oder wir haben zusammen ein Hörbuch angehört und uns ein wenig darüber ausgetauscht. Das waren angenehme Gespräche für mich. Ich habe viel gelernt, über alte und junge Geschichte und vieles mehr. Bei Kunst konnte ich nicht mitreden, konnte nur Zuhörerin sein. Sie hat mir ein Buch über Naturheilkunde geschenkt. Das habe ich noch heute. Wenn sie sich nicht wohlfühlte oder später, als sie schwächer wurde, hat sie sich für die Hörbücher nicht mehr so stark interessiert.«

E. H.: »Habt ihr nur über Bücher und Zeitungsberichte geredet? Oder auch über Privates?«

L.: »Dorothea Meyer hat mir immer mal wieder kleine Erlebnisse aus der Kriegszeit erzählt. Nichts Dramatisches.«

E. H.: »Hat Sie mit dir über alte und neuere Familienkonflikte gesprochen?«

L.: »Nein, über konkrete Familienkonflikte nicht. Sie hat nur einmal von ihrem Bruder Julius gesprochen, dass er auch diese Sehbehinderung und ein großes Lesegerät habe, was ihr aber zu kompliziert sei. Sie erwähnte, dass er gern getrunken hat. Sie hat nicht schlecht über ihn gesprochen, nur sehr distanziert. Ich hatte anderswo gehört, dass er seine Frau Marlies nicht gut behandelt haben soll. Das hat mich nicht interessiert. Marlies kenne ich, weil ich bei ihr heigeln (*spezielle Bewegungsübungen im Freien*) war.

Allerdings habe ich Dorothea über all die Jahre sehr direkt privat erlebt, und wir sprachen über diese Erlebnisse oder ihre Gedanken. Sie war zum Teil offen.«

E. H.: »Hast du Beispiele?«

L.: »Ich hatte eine Jagdpacht und einen Jagdschein. Sie hat über ihren Vater gesprochen, der auch Jäger war, sogar Kreisjägermeister, und einen Jagdhund hatte. Eines Tages zog sie eine Hundepfeife aus einem kleinen Karton. Über solche Erlebnisse aus alten Zeiten konnten wir uns austauschen.

Ihr privates Empfinden zeigte sie ohne Scham. Sie hatte Angst, dass sie das Schreiben verlernte. Immer wieder setzte sie sich an ihren Wohnzimmertisch, das war sozusagen ihr Schreibtisch. Ich sollte mich gegenüber auf das Sofa setzen und zugucken. Sie beschrieb dann große weiße Blätter mit Wörtern, immer wieder, nur Wörter, um zu üben. Das fand ich traurig, denn die Wörter konnte man sowieso nicht mehr lesen, oft nicht einmal erahnen. Sie wirkte dabei betroffen, nicht mehr lesen zu können und jetzt auch noch das Schreiben verlernt zu haben. Da hat sie sich schwach gezeigt.

Gewundert hat mich, dass sie keinen Freundeskreis hatte. Ihre Nichte Friederike aus Duddenhausen kam manchmal. Sie haben sich nett unterhalten. Grundsätzlich kam sehr wenig Besuch, die meisten waren Helferinnen, die du organisiert hattest. Und die Betreuerinnen aus Polen konnten nicht so gut Deutsch sprechen, dass sie sich mit ihnen unterhalten konnte oder wollte. Oder die Betreuerinnen wollten/mussten sich ausruhen. Daher hat sie jede Sekunde genossen, sich mit mir zu unterhalten.«

E. H.: »Weil du die Betreuerinnen angesprochen hast, habe ich noch eine Frage zu ihnen. Hast du mitbekommen, dass Dorothea Probleme mit ihnen hatte?«

L.: »Im Grunde nicht, denn ich war in der Regel bei deiner Tante, wenn die Betreuerinnen frei hatten. Ich habe sie nur kurz bei den Übergaben getroffen. Ihr Ton zu den Betreuerinnen war besonders in den ersten Jahren zuweilen mehr befehlerisch als bittend. Ich weiß nur, dass es für die 24-Stunden-Betreuerinnen oft schwer war, immer für Dorothea da sein zu müssen, egal, wie es ihr ging, egal, ob sie gute oder schlechte Laune hatte, egal, ob es Tag oder Nacht war. Die Betreuerinnen mussten manchmal auch nachts aufstehen, um sie zu versorgen.

Die Betreuerin Elwira, die am Schluss da war, hat sich noch in ihrer Freizeit viele Gedanken um den gesundheitlichen Zustand von Dorothea gemacht. Dorothea konnte mit einigen Betreuerinnen sehr nah sein, je älter sie wurde.«

E. H.: »Wie hast du dich von Dorothea behandelt gefühlt?«

L.: »Sehr respektvoll, von Anfang an. Egal, in welcher Rolle ich war, ob ich als Helferin im Alltag für sie tätig oder ihre Gesprächspartnerin für viele Stunden war. Wenn wir unterschiedlicher Meinung waren, hat sie sich gekonnt und freundlich durchgesetzt. Damit hatte ich kein Problem. Ich sollte und wollte für sie da sein, alles möglich machen, was sie machen wollte und nicht mehr konnte.

Sie hat sich gefreut, wenn ich kam. Sie hat mich immer liebenswert begrüßt, in Arm genommen, Küsschen auf die Wange. Ich fand es angenehm und immer sehr interessant bei ihr. Ich bin gern zu ihr gefahren. Sie war so anders als die Leute, die ich kannte. Sie war sehr klug, es gab fast nichts, was sie nicht wusste.«

E. H.: »Gab es auch Phasen, wo nichts gemacht wurde?«

L.: »Wir haben auch Momente der Ruhe gehabt. Dorothea saß dann in ihrem einfachen, alten Holzstuhl, murmelte was vor sich hin und sah sehr bedrückt aus. Sie hatte keine Scheu, sich so zu zeigen. Ich habe dann vorsichtig versucht, sie aus ihrem sichtbaren Dilemma herauszuholen. Das fand sie gut, so wie sie alles gut fand, wenn es um sie ging. Es war sichtbar, dass es ihr gutging, wenn sie betüddelt wurde.«

BESONDERE EREIGNISSE. »EVENTS« VON DOROTHEA

Dorothea kam seit 2011 nur noch wenig aus dem Haus, und die Tage über all die Monate und Jahre verliefen wenig abwechslungsreich, sprich langweilig ab. Es kam zudem wenig Besuch zu ihr. Daher freute sie sich über jedes kleine besondere Erlebnis, um der Langeweile trotzen zu können.

Ihren 90. Geburtstag hatte ich schon erwähnt, als die Tanzgruppe kam. Von diesem »Event« hat sie noch lange gezehrt. Ebenso von der aufregenden kirchlichen Trauung und dem anschließenden schönen Essen bei der Hochzeit von der Betreuerin Ewa und ihrem Mann Tomasz.

Wenige Monate nach diesem Fest konnte sie sich wieder freuen.

7. Oktober 2013. Zeitlos am 95. Geburtstag

Dorothea ging es im Herbst 2013 gesundheitlich relativ gut. Kein Sturz mit Prellungen, keine Erkältung und eine vorzügliche Begleitung durch die 24-Stunden-Betreuerin Maria, die seit August 2013 bei Dorothea war. Maria sprach sehr gut Deutsch, war angenehm fürsorglich, verlässlich und aktiv anpackend. Schon wenige Wochen nach ihrem Beginn konnte sie ein »Event« mitgestalten.

Zu Dorotheas 95. Geburtstag hatten wir zu ihrer Überraschung zum Nachmittags-Tee und Kaffee ungefähr zehn Gäste eingeladen: Henning Thorns, der Bürgermeister von Hoyerhagen, brachte den legendären, bis oben liebevoll gefüllten Gemeinde-Geschenkkorb mit Lebensmitteln und Gourmetprodukten mit. Leider alles Produkte, die die genügsame Dorothea allesamt nicht essen wollte und später zum Verschenken freigab. Geladen hatten wir auch Pastor Ruh, der Dorothea gern zur Seite stand und

95. Geburtstag, unten mit Barbara und Thomas beim Ständchen

der auch meine Mutter beerdigt hatte. Anwesend waren zusätzlich zwei Frauen aus der ehemaligen Tanzgruppe, die unmittelbaren Nachbarn Frau Hecht und Herr Hormann, die Helferin und Gesellschafterin Lilly mit ihrer Schwester Helga. Alles Menschen, die Dorothea in den letzten Jahren mehr oder weniger um sich gehabt hatte. Sie füllten das kleine Wohnzimmer aus, und alle im Haus zusammengesuchten Sitzgelegenheiten waren belegt. Es wurde eifrig durcheinandergeredet und gequasselt, einige Personen waren besonders bedacht, dass ja keine Redepause entstand.

Maria hatte den Tisch mit einer frischen weißen Decke bedeckt, schön geschmückt und vollgestellt mit geschmierten Käsebrötchen, Tomate-Mozzarella-Häppchen, Weintrauben und, was nicht bei Dorothea fehlen durfte: Merci-Schokoladen hochkant in einem Trinkglas präsentiert, so wie andere Menschen Pralinen servieren. Dazu wurde von Maria laufend Tee und Kaffee serviert, wenn sie nicht gerade selbst in der trauten Runde saß.

Plötzlich ging die Tür auf. Die Theatergruppe »Puppenschwester Barbara« aus Martfeld erschien singend und mit Gitarre begleitet in dem ohnehin schon gefüllten Raum. Es war ihre Helferin und Gesellschafterin Barbara mit ihrem Schauspielpartner Thomas. Zunächst wurden mit allen Gästen gemeinsam einige Lieder gesungen, die Dorothea mit Begeisterung kräftig mitsingen konnte. Diese Überraschung war schon mal gelungen.

Der Höhepunkt des Duo-Auftritts war ein Lied, das Barbara selbst gedichtet hatte und wozu Thomas die Melodie zusammengestellt hatte: »Das Lied von der Zeit«. Schlagartig wurde es mucksmäuschenstill in der guten Stube, als Babara zu singen begann und Thomas sie auf der Gitarre begleitete.

Das Lied von der Zeit
Musik: Thomas Denker, Text: Barbara Hache

1 Sie dreht sich, bewegt sich, ist leicht wie 'ne Feder, und schwer wie ein Fels –
in der Tiefe der Welt,
rieselt wie Sand durch die Finger und steht doch, keiner bekommt sie für Geld.
Wer gibt uns die Zeit? Wie viel Zeit bleibt zum Leben, zum Wachsen, zum Blühen und Sein?
Man kann sie sich nehmen, so kurz ist das Leben und Sterben muss man allein

2 Zeit war und wird bleiben, vergeht und ist da, so wie sich das Lebensrad immerzu dreht,
zeigt sich im Rhythmus des Seins und Vergehns, im All und auf unserm Planet.
Nutz ich die Zeit um zu leben zu lieben, um richtig lebendig zu sein!
Wie viel Zeit bleibt mir, was gibt's zu verlieren? Sterben muss ich allein.

Zwischenspiel

3 Zeit lässt jeden altern, heilt Wunden, macht weise, sie ist stets dieselbe und immerzu da.
Man kann sie erfahren, als Moment, – Ewigkeit, doch niemals bleibt sie wie sie war.
Zeit hat man zum Leben, Zeit hat man zum Lieben, zum Lernen, zum Fühlen und Sein,
Zeit um zu wachsen, Zeit um zu verblühen, Zeit war, sie ist und wird sein
Zeit hat man zum Leben, Zeit hat man zum Lieben, zum Lernen, zum Fühlen und Sein,
Zeit um zu wachsen, Zeit um zu verblühen, Zeit war, sie ist und wird sein.

Diese Geburtstagsfeier war Dorotheas ehrwürdigem Alter angemessen. Der für sie so aufregende Nachmittag ging dann langsam zu Ende, als noch einmal mit einem Gläschen Sekt-Orange zu Ehren von Dorothea angestoßen wurde. Es sollte nicht lange dauern, bevor das nächste Event in ihrem Leben in ihrem Haus stattfand.

Weihnachten 2013. Rote Mützen

Das neue Betreuerinnen-Karussell mit den Festanstellungen funktionierte. Maria wollte drei Monate bleiben, also bis Ende Oktober. Sie hatte sich früh um eine weitere Betreuerin als Ablösung gekümmert und konnte Ursula für uns als neue Betreuerin gewinnen. Ursula konnte aber erst zum 1. Dezember kommen, versprach aber dann, bis Ende März 2014 zu bleiben. Daher blieb Maria freundlicherweise bis Ende November.

Dorothea war vor dem Eintreffen von Ursula sehr gespannt, wie die Neue sein würde. Sie wurde nicht enttäuscht. Es gefiel ihr sehr, dass nach Maria auch Ursula sich Zeit nahm, die Tagesabläufe und die Wünsche von Dorothea erst einmal in Ruhe kennen zu lernen. Sie freute sich, dass Ursula sich sogar bereit erklärte, über Weihnachten zu bleiben. Dieses Weihnachten sollte für Dorothea ein besonderes Fest werden.

Am 31. Dezember 2013 habe ich einen Rundbrief an Verwandte verschickt, um über Dorothea zu berichten.

Weihnachten
2016

»Liebe Verwandte, Liebe Vertraute

Magdalena und ich haben am 24. Dezember 2013 zu Hause mit unseren Kindern Larissa und Fritz und einigen, auch internationalen, Freunden gefeiert. Mit neun Personen haben wir ungefähr zwölfstimmig Weihnachtslieder gesungen ... besser gesagt: nur einige Zeilen von drei Liedern, mehr war nicht drin, mehr kannten wir nicht zu unserer Schande.

Beschwingt von diesem netten Abend fuhren am 1. Weihnachtstag Magdalena, Fritz mit seiner Freundin und ich mit sechs roten Weihnachtsmann-Mützen im Gepäck zum Teetrinken zu Dorothea nach Hoyerhagen.

Wir trafen dort eine hocherfreute, mittlerweile 95-jährige, fitte Dorothea und die Betreuerin Ursula, die sich sehr schnell zu einer Freundin und Begleiterin von Dorothea entwickelt hatte.

Wir saßen in gemütlicher Runde an dem geschmückten und reichlich gedeckten Tisch. Wir hatten alle die roten Weihnachtsmann-Mützen auf, einschließlich Dorothea. Wir sangen – seit dem Vortag schon leicht verbessert – einige Weihnachtslieder und hatten so lange unseren Spaß, bis unsere Köpfe unter denn Mützen zu heiß wurden in dem stets überhitzten Wohnzimmer.

Dorothea hat uns bei sehr guter Laune viel erzählt ... bei Tee und dem von Ursula und Magdalena selbstgebackenem Kuchen. Es ist kaum vorstellbar, wie Dorothea gelacht und sich amüsiert hat. So wie lange schon nicht mehr. Es scheint ihr gerade sehr gut zu gehen, obwohl sie körperlich schwächer wird.

Dorothea hat sich mit ihren Möglichkeiten sehr viel Mühe gegeben, Ursula das Weihnachtsfest so nett wie möglich zu gestalten, da sie über Weihnachten nicht bei ihrer Familie in Polen sein konnte. Sie hatte Bedenken, dass Ursula einsam und traurig sein könnte, und war hocherfreut, dass Ursula ihre Mühe anerkannt hat und sich herzlich bedankte. Sie kennen sich noch nicht lange, haben sich bei klassischer Musik und viel Unterhaltung aber sofort gut verstanden. Dorothea bringt Ursula Deutsch bei, obwohl Ursula sehr gut Deutsch spricht. Sie ist wirklich sehr nett und ein Goldschatz ... Die Betreuung mit den Frauen hat sich sehr gut entwickelt, seitdem wir die Frauen selbst eingestellt haben.

Ich wünsche Euch alles Gute für das Jahr 2014

und so viel Spaß im Leben – bei allem Ernst –, wie wir es Weihnachten in Bremen und in Hoyerhagen mit unseren Weihnachtsmann-Mützen und den Sing-Versuchen erlebt haben.

Eberhard«

GESUNDHEIT. VOM GEHBOCK GEBREMST

Obwohl Dorothea seit 2008 regelmäßig den Gipfel der steilen Nachkriegstreppe erklommen hatte, um ihren Kreislauf mit einem Standfahrrad im obersten Stock in Schwung zu halten, fiel ihr das selbstständige Gehen immer schwerer. Jetzt erwies sich ihre enge, mit Möbeln vollgepackte, kleine Wohnung als Vorteil: Sie konnte sich überall festhalten. Für kleine Spaziergänge an der frischen Luft, im Garten oder auf der Straße brauchte sie nicht nur die Betreuerinnen, sondern auch eine Gehhilfe. Diese wünschte sie sich, weil sie sich unsicher fühlte und alles dafür tun wollte, nicht zu stürzen. Ihre kleinen Stürze und die folgenden Prellungen in den vergangenen Jahren waren ihr Zeichen genug. Sie hatte Angst vor Knochenbrüchen, die mit großer Wahrscheinlichkeit einen Krankenhausaufenthalt zur Folge gehabt hätten. Das wollte sie unbedingt vermeiden.

Sie lehnte – wie nicht anders zu erwarten – einen Rollator vehement ab: »Ist was für alte Leute!« Sie war ja erst 95 Jahre alt! Also musste ich einen Gehbock besorgen, erst einen beidhändigen vierfüßigen für kleine Spaziergänge auf der Straße, später für die Wohnung einen einhändigen Dreifuß. Sie übte eisern und verbissen, sich mit diesen relativ schwerfälligen Gehhilfen fortzubewegen.

Sie erwartete von den Betreuerinnen, dass diese mindestens zweimal am Tag mit ihr einen kurzen Spaziergang auf der Straße machten. Allein traute sie sich nicht mehr rauszugehen. Wenn die Betreuerinnen oder andere Hilfskräfte den Spaziergang mal vergessen hatten, forderte sie diese Pflichtübung ein.

Für mich waren diese Gehbock-Gänge eine herausfordernde Übung in Langsamkeit. Mit dem Vierfuß konnte sie immer nur einen Schritt vorgehen, den Gehbock ruckartig leicht anheben, ihn eine Grifflänge nach vorne stellen und ihren Körper wieder einen Schritt vorschieben. Alle fünf Meter musste sie stehen bleiben und sich ausruhen.

Auf diese Weise dauerte es fast eine halbe Stunde, um allein fünfzig Meter die Straße hoch und runter zu schaffen. Immerhin eine halbe Stunde frische Luft, und sie kam ihrem lebenslangen Wunsch nach Bewegung nach.

Je älter sie wurde, desto länger saß sie mehrere Stunden am Tag in ihrem mit Kissen und Decken gepolsterten Lehnstuhl. Es war egal, ob sie dort nur rumdöste, Musik oder Hörbücher hörte. Irgendwann begannen ihre Finger zu zwicken und zucken und sie selbst unruhig zu zappeln. Oder ihre Beine kribbelten. Unangenehm, störend. Manchmal wurde sie nervös, wütend und grantig darüber. Bis ihr einfiel, was in diesen Fällen zu tun ist: Sie musste sich irgendwie bewegen, egal wie und womit!

Auf der Kommode neben ihr lag, für ihre Finger griffbereit, eine bunte Holzschachtel mit chinesischen Kugeln, sogenannte Qigongkugeln zum Meditieren oder zur Massage. Die Kugeln erzeugten einen leichten Klang. Sie ließ mit ihren alten, knöchrigen und dennoch eleganten Händen die Kugeln langsam und bedächtig über ihre Handflächen rollen. Oder sie versuchte, mit Jin Shin Jyutsu ihre Energieblockaden zu lösen. Gern gab sie diese erlernte Heilkunst zur Harmonisierung der Lebensenergie weiter.

Auch bei dem Kribbeln der Beine und Füße wusste sie sich zu helfen – alles im Sitzen: Beine strecken, Zehen zu sich ziehen, die berühmte Muskelpumpe. Ganz bedächtig, kaum bemerkbar, genau auf ihre Möglichkeiten abgestimmt. Oder aufstehen und ein paar Schritte im Zimmer auf und ab gehen. Mit diesen Selbstheilungsübungen kannte sie sich aus. Zum Glück musste sie diese nicht erst jetzt im hohen Alter lernen, wer weiß, ob sie sich dann noch zum Lernen hätte überwinden können.

Wenn sie zu nervös und grantig wurde oder laut stöhnte, wagte ich, sie an die Übungen zu erinnern. Dann bluffte sie mich regelrecht empört an (»Ich weiß schon, was ich zu tun habe!«) und zeigte mir weitere Übungen, die sie in meiner Abwesenheit machen würde. All diese Übungen setze sie bis kurz vor ihrem Lebensende fort, zum Beispiel, als sie noch die Muskelpumpe an den Beinen im Bett liegend anwendete.

Dieser bewusste Prozess des Alterns war für Dorothea nicht leicht. Es kostete ihr immer wieder Überwindung, ihre Übungen anzuwenden und für sich in diesen Momenten zu sorgen. Selbstheilung war für Dorothea eine Lebensaufgabe. Die mühsamen Fortbewegungsübungen waren jetzt ein Teil dieser Selbstheilung.

Die normalen verschreibungspflichtigen Medikamente der sogenannten Schulmedizin lehnte sie wegen der möglichen Nebenwirkungen seit ihrem 20. Lebensjahr ab, als ihr eine Niere entfernt wurde. »Die Medikamente heilen mich nicht, sondern behandeln nur oberflächlich die Symptome. Sie machen mich eher krank als gesund«, betonte sie immer wieder. Tatsächlich konnte sie keine normalen Medikamente vertragen.

Sie vertraute weiterhin den Naturheilverfahren und ihrer Heilpraktikerin Katrin Cordes. Sie kannte ihren Hausarzt höchstens noch vom Namen oder vom Abholen der Rezepte für die homöopathischen Mittel. In ihrer Patientenverfügung hatte sie ausdrücklich verfügt, jedwede lebenserhaltende Maßnahmen abzulehnen, und wollte in kein Krankenhaus eingeliefert werden.

Selbst gegenüber homöopathischen Mitteln von ihrer Heilpraktikerin konnte sie mitunter skeptisch sein. Sie schwor auf außergewöhnliche »Naturmittel«. Bei Zahnschmerzen und Entzündungen im Mund bevorzugte sie Ballistolöl – ein Allheilmittel, was in ihrer Familie auf dem Hof auch gegen Hundeläuse und zum Reinigen der Gewehre verwendet wurde!

Sie bevorzugte, Schmerzen lieber unter heftigem Stöhnen und Jammern auszuhalten. Machte ich sie auf andere Mittel aufmerksam, sagte sie nur barsch und trocken: »Kennst du meinen Körper besser als ich?« – und die Diskussion war beendet. Ich konnte sie verstehen und so lassen.

Anders ging es den Betreuerinnen. Für sie war es schwer, ihre Selbstheilungsprozesse immer wieder mit anzusehen, ihr nicht auf die Art helfen zu können, wie sie es gelernt hatten. Sie fühlten sich verantwortlich für die Gesundheit von Dorothea und waren es gewohnt, Medikamente zu geben. Ich musste ihnen immer wieder zureden, meiner Tante die Verantwortung selbst zu überlassen. Sie hatte ihre Krankheiten immer heilen können. Es hat nur länger gedauert, als Pillen reinzuschmeißen.

Ich konnte den Betreuerinnen gegenüber immer wieder nur betonen, dass ich keinen Menschen kenne, der seinen Körper so gut kennt wie Dorothea

Ursula bemühte sich sehr aktiv, Abwechslung in den tristen Alltag von Dorothea zu bringen. Unter anderem organisierte sie für Dorothea zwei »Events 90 plus«.

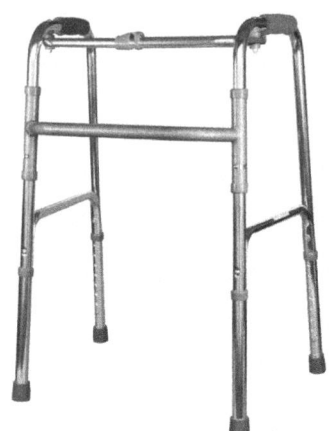

Hilfsmittel, um das
Älterwerden zu erleichtern

10. MAI 2015. MUTTERLOSER MUTTERTAG

Innerhalb von eineinhalb Jahren war Ursula zum dritten Mal für ungefähr drei Monate bei Dorothea zur Betreuung. Sie verstanden sich noch immer sehr gut. Ursula war für Dorothea mehr als eine Betreuerin, die ihr im Haushalt, beim Einkaufen, Waschen und Kochen half. Sie war sehr bald zusätzlich eine Gesellschafterin geworden. Wenn Ursula wieder mal nach Polen zurückwollte, kamen Dorothea Tränen des Abschieds, obwohl sie wusste, dass Ursula wiederkommen wollte.

Ursula genoss die Gespräche mit Dorothea und fühlte sich sehr angenommen, fast wie eine Tochter.

Dieses Gefühl veranlasste Ursula, Dorothea zum 10. Mai 2015 etwas Besonderes zu bieten:

»Frau Meyer hat sich sehr gefreut, als ich sie im Jahr 2015 zum Muttertag ins Café mitgenommen habe (obwohl sie keine eigenen Kinder hatte, war sie sehr zärtlich, einfühlsam und hilfsbereit). Ich habe beschlossen, dass wir diesen Tag feiern werden, weil sie mich sehr familiär behandelt und ich mich darüber freue. Sie zog sich schick an, und los ging es. Nach dem Kaffee im Café Uhde gingen wir spazieren. Sie zeigte, wo sie gearbeitet hat, im Rathaus in der Altstadt Hoya, in der 800 Jahre alten Altstadt. Sie erzählte und zeigte mir alles über das Schloß in Hoya. Sie ging fast zwei Stunden lang. Sie erzählte Geschichten über Leute, die sie vorher kannte. Sie freute sich, alles erzählen zu können, und ich fand es interessant. Ich habe gesehen, dass sie sich wertgeschätzt und glücklich fühlte.«

Die folgenden Monate vergingen wie gewohnt. Die Spaziergänge mit dem Gehbock wurden in der Folgezeit kürzer, es fiel Dorothea immer schwerer, auf der Straße spazieren zu gehen. Es kam immer darauf an, wie sie sich gerade fühlte. Die Alternative war ein Rundgang in ihrem Garten. Da sie sich auf dem Rasen zu unsicher fühlte, waren die »Spaziergänge« auf den wenigen Steinplatten sehr kurz. Zu größeren Ausflügen konnte sie nur selten überredet werden.

Ursula konnte noch mehr über Vorkommnisse in ihrer Betreuungszeit bei Dorothea per Mail mitteilen:

»Frau Meyer war sehr nett zu mir. Nach einiger Zeit öffnete sie sich und erzählte mir von anderen Pflegerinnen, die bei ihr über eine Agentur gewesen waren. Einige beschränkten sich auf ihre Pflichten und sprachen nicht mit ihr über andere Themen. Sie fühlte sich sehr einsam und verlassen. Wir haben viel zusammen unternommen. Wir gingen zusammen spazieren und sprachen über alltägliche Dinge, Weltereignisse und Familie. Sie sprach auch über die Zeit des Zweiten Weltkrieges. Darüber, wie ihr Vater Familien jüdischer Herkunft geholfen hat, Sie sagte auch, dass es ihr schwerfiel, sich um ihre Eltern zu kümmern, weil sie damit allein war. Über familiäre Konflikte (mit ihren Bruder und Schwester) wollte sie nicht reden, und ich fragte nicht. Es war ihr Geheimnis, das sie mit niemandem teilen wollte.

Sie sprach oft über die behinderte Tochter ihres Bruders (den Namen habe ich vergessen), sie machte sich Sorgen, was mit ihr passieren würde, wenn ihre Eltern weg waren, weil sie nicht unabhängig genug war, um alleine durchs Leben zu gehen. Ich habe Frau Meyer sehr positiv aufgemommen und bin deshalb gerne zu ihr gekommen.«

So klingt ein Abschied. So einfach wollte Ursula sie auf keinen Fall verlassen und schenkte ihr ein Abschieds-»Event«.

15. APRIL 2016. STOLZE FÜHRUNG

Es war der letzte Tag von Ursula bei Dorothea. Ursula musste in Polen für ihren Rentenansprach noch arbeiten und deutete an, frühestens in einem Jahr wiederkommen zu können. Elwira war schon zur Ablösung angereist. Der Mann von Ursula war gekommen, um sie abzuholen.

Dorothea hatte Ursula viel aus der Vergangenheit erzählt: wo ihre Eltern getraut und begraben wurden, wo sie selbst getauft wurde und wohin sie schon als Kind mit ihren Eltern in der Pferdekutsche in die Kirche gefahren war. Ursula wollte diese Plätze gern sehen. So fuhren Dorothea, Ursula mit ihrem Mann und Elwira in den Nachbarort Bücken. Ursula hat mir sechs Jahre später am Telefon von diesem Ausflug erzählt:

»Dorothea hat uns ausführlich über diese ehrwürdige Kirche aus dem 12. Jahrhundert informiert. Ich konnte nicht alles behalten, erinnere mich aber,

Bückener Dom

dass die Kirche aus dem 12. Jahrhundert und anfangs eine Holzkirche war. In der Bevölkerung wurde sie als Bückener Dom bezeichnet, weil sie so groß war. Besonders viel konnte deine Tante über die wunderschönen alten, sehr hohen bunten Glasfenster erzählen.

Sie hatte an diesem Tag sehr gute Laune, obwohl es für sie anstrengend war, da ihr das Gehen mit dem Gehstock sehr schwerfiel und wir viele Pause machen mussten. Wir waren länger als eine Stunde unterwegs. Es war aber deutlich zu spüren, wie sehr sie sich gefreut hat, mal aus dem Haus zu kommen und vor allem uns alles zeigen und erklären zu können. Es war ein besonderes Erlebnis für sie und für uns ebenso.«

Elwira hat der Ausflug gefallen. Obwohl sie schon vor vielen Jahren zur Begleitung meiner Mutter Lewine in Hoya und Umgebung war, hatte sie den bekannten Bückener Dom noch nie besucht und vor allem noch keine kompetente Führung genießen können.

16. APRIL 2016. SCHWESTERN-HIEB

Elwira war jetzt schon zum vierten Mal zu Dorothea gekommen. In ihrer Freizeit besuchte sie in Hoya alte Bekannte aus der Zeit bei meiner Mutter. Unter anderem hatte sie Kontakt zu Renate Breiter gehalten, die Mutter von Swen und Nachbarin von Lewine. Sie hatten sich bei Lewine zum Teil gemeinsam die Hausarbeit aufgeteilt.

Elwira erinnerte sich an das Todesdatum von Lewine: der 16. April 2006, also genau vor zehn Jahren. Als sie an diesem Tag in Hoya in ihrer Freizeit für sich und für Dorothea einkaufte, legte sie Blumen auf die Grabstelle von Lewine. Sie war berührt von den Gedanken an die Zeit mit meiner Mutter.

In dieser Stimmung kam sie zurück zu Dorothea. Beim Abendbrot erzählte sie– wie sonst auch – was so los war in Hoya und was sie unternommen hatte. Als sie erzählte, dass sie auch Blumen zum Grab von Lewine gebracht hat, verzog Dorothea griesgrämig das Gesicht und zeigte Elwira deutlich, dass ihr diese Aktion nicht passte. Sie unterstrich ihren Unmut mit der Frage: »Haben Sie etwa die Blumen von meinem Haushaltsgeld bezahlt?«

Elwira war erschrocken und erstaunt, schluckte kurz und erwiderte: »Nein, das habe ich natürlich nicht gemacht. Ich habe die Blumen am Wegesrand gepflückt.«

Damit war Dorothea zufrieden, und Elwira hat das Thema Schwester bei Dorothea nie wieder angesprochen. da sie sich an ein früheres Gespräch mit Dorothea über Lewine erinnerte.

Da Elwira Lewine lange betreut hatte und wusste, dass sie Dorotheas Schwester ist, lag es für sie nahe, einmal über Lewine und ihre Krebskrankheit zu sprechen.

Elwira: »Das Gespräch war schnell beendet, denn Dorothea wollte nicht über Lewine sprechen. Das einzige, was sie zur bösen Überraschung für mich sagte, war: ›Das mit dem Krebs hat sie verdient, sie hat sich nicht genug um unsere Mutter und mich gekümmert!‹«

Elwira war nicht nur damals entsetzt, sondern auch im April 2021, als sie mir diese Geschichte mit den Blumen und der Reaktion von Dorothea erzählte. Sie konnte sich nicht vorstellen, wie gemein so eine Beurteilung sein konnte und dazu noch über eine Verstorbene, sogar eine verstorbene Schwester.

Elwira hatte eine andere Seite von Dorothea kennengelernt und war froh, dass sie Dorothea schon angenehmer erlebt hatte.

22. JULI 2016. ANGESPANNTER STURZ

In den letzten Monaten hatte Dorothea körperlich mehr als gewohnt abgebaut. Geistig aber war sie weiterhin vollkommen klar, was uns drei Tage zuvor vom Medizinischen Dienst der Krankenkasse amtlich bestätigt wurde, als wir einen Antrag auf die Pflegestufe 1 gestellt hatten:

Dorothea wurde bescheinigt: »Es liegt keine demenzbedingte Fähigkeitsstörung, geistige Behinderung oder psychische Erkrankung vor (…) bei körperlicher Schwäche mit Mindestbelastbarkeit.«

Vor dem Besuch der Ärztin war ich über den körperlichen Zustand von Dorothea besorgter als sie selbst und übte mit ihr den Besuch der

Ärztin vom Medizinischen Dienst ein. Ich bat sie dringend, sich der Ärztin so zu zeigen, wie es ihr gerade tatsächlich ging. Sie sollte nicht versuchen, der Ärztin weiszumachen, wie toll es ihr gehe und wie gut sie sich bewegen könne. Denn sie hatte eine Tendenz dazu, ihren Gesundheitszustand besser zu reden und damit anzugeben. Sie hatte mit einem schlitzohrigen Schmunzeln sofort verstanden, um was es ging, und sich entsprechend zurückgehalten.

Die Anerkennung einer Pflegestufe war nötig, denn der Bedarf an Betreuungszeit für Dorothea nahm aufgrund ihrer zunehmenden Schwäche zu. Zusätzlich stand uns nach Ursula auch Elwira demnächst für längere Zeit nicht mehr zur Verfügung. Es konnte sein, dass wir staatliche Hilfe in Anspruch nehmen müssten.

Zu dieser Zeit war Maria bei Dorothea und wollte am 31. Juli eigentlich nach Hause fahren. Maria hatte uns als Ergänzung des Betreuerinnen-Teams Grazyna empfohlen, die sie in Lörrach kennengelernt hatte. Grazyna konnte aber erst am 6. August 2016 kommen. Maria war bereit, ein paar Tage länger zu bleiben, um Grazyna einzuarbeiten. Zum ersten Mal nach drei Jahren gab es für Dorothea und mich wieder eine Unsicherheit, ob die »Neue« zu uns passt, obwohl wir Maria sehr vertrauten. Aber, so dachte ich, man weiß nie, wie Dorothea reagiert.

Ich versuchte, Dorothea erst so spät wie möglich mitzuteilen, dass eine »Neue« kommen wird. Dorothea schien diese Stimmung wahrgenommen zu haben. Sie war ein wenig aufgewühlt und unsicher. Es kam, wie es kommen musste in solch einer Zeit der Unsicherheit: Sie stürzte in der Wohnung, hatte eine dicke, fette Beule am Kopf, ein blaues Auge und Rückenschmerzen, sprich erneut eine Prellung. Wir waren alle froh, dass sie schon wieder Glück im Unglück hatte und sich nichts gebrochen hatte.

Neben den Schmerzen und einer Wundversorgung durch den Pflegedienst der Diakonie hatte sie schlechte Laune und wurde schnell grantig. Maria konnte gut mit dieser Gemütslage von Dorothea umgehen, im Gegensatz zu Grazyna, wie ich weiter oben schon ausgeführt habe.

Diese angespannte Lage im Haus meiner Tante nagte auch an mir. Meine Geschäftspartnerin Anke wurde krank. Ich fühlte mich auf der Arbeit überfordert. Die zunehmende Fürsorge für meine Tante wurde mir zu viel, und die Aussicht auf Verbesserung war durch den Ausfall der Betreuerinnen Ursula und Agata nicht in Sicht.

Ich kam an meine Grenzen der Fürsorge. Mir fehlte das Vertrauen zu mir, und ich fragte mich, ob Dorothea mir noch vertraut. Es gab Momente, in denen ich mir heimlich gewünscht habe, dass Dorothea bald stirbt. Später habe ich mich für diese Gedanken geschämt. Ich habe mich an mein Versprechen erinnert, für sie bis zu ihrem Lebensende zu sorgen. In Gesprächen mit Freunden habe ich mich an die Erfahrung in der Begleitung meiner Mutter erinnert und mir wieder bewusst gemacht, wie wertvoll eine solche Begleitung für meine eigene Lebenserfahrung sein kann. Niemand sagt, dass ein solcher Prozess der Annäherung des Todes einfach ist. Aber mich auf diesen Prozess einzulassen, würde mir helfen. Darin war ich sicher und hat mich nicht weglaufen lassen. Im Gegenteil: Ich wachte auf und wollte mich dem Problem stellen, zur Not sogar mit Dorothea darüber sprechen.

28. JULI 2016. BEWEGENDER MOMENT

Nachdem Dorothea erneut in der Wohnung gestürzt war, kam mir der Gedanke, zur Sicherheit mal Kontakt zu dem örtlichen Hospizverein in Hoya aufzunehmen. Grundsätzlich könnte es ja dazu kommen, dass ich Unterstützung benötige.

Als ich Maria einen ganzen Tag vertreten musste und Dorothea mal wieder selbst zu versorgen hatte, hatten wir einige intensive Gespräche. Ich sah es als guten Zeitpunkt an, mit ihr über die Möglichkeit einer ambulanten palliativen Betreuung durch den Hospizverein in Hoya zu sprechen. Ich wollte wissen, ob sie eine solche Hilfe überhaupt annehmen würde, wollte für einen Notfall ihr Einverständnis. Ich fasste allen Mut zusammen: »Ich möchte mit dir heute noch was Ernstes besprechen. Bist du bereit dazu?«

»Ja, dann mal los, was gibt es?«

»Ich mache mir Gedanken über die Zukunft. Wie soll es weitergehen mit deiner Betreuung zu Hause, wenn es dir mal schlechter gehen sollte und wir zu wenig Betreuerinnen haben. Für eine mögliche zusätzliche Hilfe habe ich an den Hospizverein in Hoya gedacht … nur so zur Vorsicht und Vorsorge, vielleicht brauchen wir sie nie …«

»Was soll ich dazu sagen« … *Pause, Stille, Spannung* … »Was soll ich dazu sagen?« … *Immer wieder senkte sich ihr Kopf.*

Eine ungewohnte Reaktion, wo sie doch sonst nicht auf den Mund gefallen war. Ich versuchte, ihr deutlich und liebevoll die Vorteile einer achtsamen, erfahrenen Begleitung eines Hospizvereins klarzumachen, und fuhr fort: »Vielleicht brauchen wir Unterstützung und Entlastung, wenn wir bei der Fürsorge an unsere Grenzen stoßen oder wir uns im Falle von pflegerischen Problemen unterstützen lassen müssen. So könnten wir dir vielleicht einen Krankenhausaufenthalt ersparen. Vom Hospizverein könnte die eine oder andere Begleiterin schon bald mal zu dir kommen, damit ihr euch kennenlernen könnt. Was hältst du von dieser Idee?«

Ich beobachtete sie zwischendurch. Sie reagierte nicht. Stattdessen wurde es still, absolut still. Während der vielen Sekunden, die sich wie Minuten und Stunden anfühlten, wurde ihr Gesichtsausdruck immer trauriger. Bei gesenktem Kopf nahm sie das Gespräch wieder auf.

»Was soll ich dazu sagen?« ... *Pause ... Stille ... Ihr Gesicht hellte sich langsam ein wenig auf ...* »Menschen in meinem Alter machen sich viele Sorgen und belasten sich damit.«

Ich war sprachlos, begriff langsam, dass ich ein Thema erwischt hatte, worüber sie nicht reden wollte.

»Machst du dir im Moment auch Sorgen, oder meinst du das mit den alten Menschen und den Sorgen nur allgemein?«

Jetzt hatte sie sich endgültig gefangen, überlegte noch einen Moment, setzte zu einer Erklärung an und wusste jetzt genau, was sie dazu sagen wollte, langsam, klar und deutlich, die Worte wohlgesetzt: »Ich habe mit der mir entfernt verwandten Frau des Beerdigungsinstituts Stuwe vor fünfzehn Jahren über alles in Bezug auf die Beerdigung und das Sterben gesprochen. Ich habe den Ablauf der Beerdigung besprochen und das Geld dafür hinterlegt. Die Gespräche haben mich damals schwer belastet. Ich hatte mit der Frau und mir selbst ausgemacht, dann nicht mehr darüber zu sprechen, weil alles organisiert ist. In dieser Art habe ich die Absprachen auch mit dir gesehen. Wir beide haben gemeinsam in der Patientenverfügung und im Testament einmal alles festgelegt, was ich mir im Falle eines Falles wünsche. Jetzt kann ich nur hoffen und davon ausgehen, dass alles so organisiert wird. Wenn jetzt wieder darüber gesprochen werden soll, wird es mich belasten und dich vielleicht auch noch dazu. Ich bitte dich also, nicht mehr darüber zu sprechen.«

Das hat gesessen, ich habe verstanden! Ich habe mich fast geschämt, das Thema überhaupt angesprochen zu haben. Ich kam daher auf meine Frage zurück.

»Machst du dir in diesem Moment Sorgen? Hast du konkrete Sorgen, über die du sprechen willst?«

»Nein! Und du sollst dir auch keine Sorgen machen!«

»Ich mache mir auch keine Sorgen, weil wir alles festgelegt und gut vorbereitet haben. Aber wenn du dir mal Sorgen machen solltest, so kannst du mir alles mitteilen, du brauchst keine Bedenken zu haben, dass ich damit nicht umgehen kann.«

»Das weiß ich schon lange, dass du das kannst!«

»Danke, das ist ein Kompliment, und ich danke dir für dein Vertrauen.«

Es folgte eine zu verdauende Schluck-Pause für beide. Ein sehr emotionaler, energiegeladener Moment. Er war kurz, hätte für mich gern länger sein können. Immerhin habe ich ein Anliegen von mir erreicht: Sie hatte mir erneut ihr Vertrauen ausgesprochen.

Meine Tante lenkte unser Gespräch sehr schnell in einen langen Monolog über das Leben der Marion Gräfin Dönhoff. Besonders bewunderte sie die positive Lebenseinstellung der Gräfin Dönhoff und dass diese Frau nie geklagt hatte ... womit für meine Tante indirekt wieder der Bezug über das allgemeine Sorgenmachen und Klagen vieler alter Menschen hergestellt war – und zu ihr selbst als starke Frau, die sich in ihrem Leben nach dem Krieg auch hat durchsetzen müssen.

Meine Tante hatte sich wieder fest im Griff, war in ihrem Element und wusste, was sie sagen sollte. Ich konnte beruhigt sein, dass sie die Irritation über meine Anfrage in Bezug auf den Hospizverein überwunden hatte. Ich brauchte kein schlechtes Gewissen zu haben. Ich hatte verstanden, dass sie das Sterben und die möglichen Umstände, was beim Sterben passieren kann, losgelassen hatte, an mich abgegeben hatte, sich davon befreit hatte, so wie andere Dinge auch.

Zum Beispiel wollte sie den Betreuerinnen jahrelang vorschreiben, wann sie die Wohnung sauber zu machen haben, wie und was sie in der Küche zu tun haben. Auch dieses Gefühl hatte sie mittlerweile loslassen können, als sie mir heute sagte: »Ich weiß nicht mehr, wo oder was in der Küche steht und liegt. Vor ein paar Tagen habe ich zu der Betreuerin gesagt, dass sie jetzt in der Küche machen können, was sie wollen, es sei mir egal.« Es klang so ehrlich, wie ihr schon lange bewusst war, dass sie ihre Geldangelegenheiten vollkommen losgelassen und mir überlassen hatte.

Ich hatte das Gefühl, dass unser Gespräch über das Hospiz doch eine Wirkung hatte: ein weiterer Schritt für sie, in Ruhe sterben zu können. Wir konnten den Abend dann mit fröhlichen Geschichten beenden.

D er erneute Vertrauensbeweis von Dorothea kam zur rechten Zeit, denn die Begleitung wurde nach dem Sturz Ende Juli 2016 immer intensiver, intimer und herausfordernder.

Für mich ging es schon lange nicht mehr nur darum, ihre Post zu verarbeiten, Termine mit Masseuren, Betreuerinnen, Gesellschafterinnen oder der Steuerberaterin zu organisieren.

Ich war gefordert, ihr genügend Zeit für diesen Prozess des Alterns zu geben. Ich musste achtsamer, gelassener und geduldiger mit ihrer zunehmenden Unsicherheit und Langsamkeit sein, wenn ihre grantige Art zum Vorschein kam. Die Betreuerinnen und ich mussten ihr auch dann verzeihen, wenn sie aus lauter Verzweiflung bösartig wurde, ihre Herrschaftsallüren auskramte und die liebevollen Betreuerinnen damit verletzte – besonders in meiner Abwesenheit.

Wir mussten Verständnis für einen notwendigen Veränderungsprozess einer fast 100-jährigen Frau aufbringen, die im Kopf noch ganz klar war und weiterhin stark sein wollte, aber körperlich immer anfälliger und schwächer wurde.

In diesem Prozess verlor ich spätestens ab jetzt, von Monat zu Monat, eine garstige und befehlssüchtige Tante und gewann zunehmend eine liebevollere, Dankbarkeit ausstrahlende Vertraute. Sie wurde immer sanfter, zeigte Gefühle und Tränen und entwickelte Zuneigung den Betreuerinnen gegenüber. Ihre schon länger in ihr wohnende Dankbarkeit gegenüber mir und den anderen fand einen sicht- und hörbaren Ausdruck.

DAS GEHEIMNIS DER VERÄNDERUNG

Natürlich wunderte ich mich über diese Veränderung in der Haltung meiner Tante. Ich konnte mich darüber sogar freuen. Allerdings fragte ich mich, worin das Geheimnis dieser Veränderung lag.

Ich konnte davon ausgehen, dass Dorothea bewusst war, dass sie ohne mich im Altersheim landen würde. Ist sie deshalb so einfühlsam, so freundlich und dankbar geworden? Oder ist es das hohe Alter, das nahende Lebensende gewesen, das sie so verändert hat? Oder bildete ich mir diese Veränderung nur ein, als Rechtfertigung, warum ich mir von dieser unliebsamen Tante so viel habe gefallen lassen und trotzdem für sie sorgte?

Eine Dorfbewohnerin, die Dorothea gut kannte, beantwortete mir diese Frage nach der für mich positiv veränderten Haltung von Dorothea aus ihrer Sicht:

»Das sehe ich anders. Wenn sich jemand erst in dem Moment ändert, wenn sie abhängig von Personen ist, ist das keine wirkliche Änderung der Lebenshaltung. Dorothea hat ihr Leben lang Menschen gedemütigt, in der Familie und im Amt. Sie hat es nicht verdient, liebevoll umsorgt zu werden, ohne ihr massiv klarzumachen, wie bösartig sie war und wie viel Leid sie anderen zugefügt hat. Sie ist selbst für ihre Lebensführung verantwortlich, die sie so verbittert und gemein hat werden lassen.«

Diese Einschätzung war mir zu heftig, um sie voll teilen zu können. Es schien mir so, dass Dorothea sich als »Allein-Stehende« – oder besser ausgedrückt als »Allein-Lebende« – in den Kriegs- und Nachkriegsjahren gegen die von Männern dominierte Gesellschaft durchsetzen musste und niemandem vertrauen konnte. Jetzt im hohen Alter musste sie vertrauen oder wollte sie vertrauen, um in Würde ihre letzten Jahre im eigenen Heim verbringen und dort sterben zu können. Klug genug war sie für diese Einsicht.

Ihr Haus und ihre Wohnung mit all den alten Möbeln, die sie seit ihrer Geburt begleitet hatten, war ein Ort, dem sie vertrauen konnte. Diese Werte waren ihr »Ein und Alles«, für die sie mit allen ihr zur Verfügung stehenden Mitteln gekämpft hatte. Selbst gegen ihren eigenen Bruder. Warum sollte sie dies alles aufgeben und ins Altersheim gehen? Jetzt war anpassen angesagt.

Ja, die angesprochene Dorfbewohnerin hatte insoweit Recht: Auch Dorothea hatte als Frau vom Land grundsätzlich die Möglichkeit, aus diesen ländlich geformten, konservativen Strukturen auszubrechen, so wie es ihre Schwester Lewine und viele andere Frauen nach dem Krieg geschafft haben. Das ist leichter zu sagen, als zu tun. Viele Frauen haben es nicht geschafft und sind daran zerbrochen, als alleinlebende ebenso wie als Ehefrauen. Dorothea ist daran nicht zerbrochen. Das Päckchen an Verbitterung und Ausgrenzung, das sie in ihrem bisherigen Leben als Rucksack mit sich geschleppt hat, war dennoch schwer genug.

1. OKTOBER 2016. ÜBER DEN TOD DER MUTTER

Seit dem Sturz Ende Juli hat sich Dorothea nicht wieder erholt. In den letzten Wochen ging es ihr nicht gut. Ein andauerndes Schwindelgefühl und die damit verbundene Unsicherheit beim Gehen machte ihr zu schaffen und damit auch mir und den Betreuerinnen. Es musste immer jemand bei ihr in der Nähe sein und sie beim Gehen unterstützen, sonst hatte sie Angst.

Zusätzlich belastete Dorothea, dass sie sich in den letzten Wochen mit der Betreuerin Grazyna nicht gut verstanden hatte, die seit dem 6. August bei ihr war. Grazyna war ihr zu aufdringlich mit ihrer gutgemeinten Fürsorge: zu ungestüm, zu hektisch, zu übereifrig und redete ihr zu viel. Dorothea war jetzt zu schwach geworden, um sich gegen Grazynas Art zu wehren.

Seit dem 1. Oktober 2016 war ihre vertraute, gelassene Maria wieder im Haus. Sie ist die Ruhe in Person und wollte für drei Monate bleiben, sogar über Weihnachten und Neujahr. Das gab Dorothea mehr Sicherheit.

Dorothea mit Betreuerin Grazyna

Im Grunde bewegten sich für Dorothea alle Betreuerinnen viel zu schnell, arbeiteten zu schnell und wollten zu schnell eine Entscheidung. Da komme sie nicht mehr mit, es mache sie kribbelig. Sie beklagte sich häufig darüber bei mir. Ich konnte ihr immer wieder nur sagen: »Dein Gefühl stimmt schon. Ich sehe es als normal an, dass die Betreuerinnen für dich zu schnell arbeiten. Sie sind es halt so gewohnt. Es liegt nicht an den Betreuerinnen, sondern daran, dass du selbst eben immer älter und in allem langsamer wirst. Das ist der Grund für dein Empfinden. Es fällt ihnen schwer, langsamer zu arbeiten. Du kannst sogar sicher sein, dass sie versuchen, auf dich einzugehen.«

Neben der Verzweiflung über Grazyna hatte sie sich diese letzten Wochen darüber geärgert, dass ihr Gebiss enorm wackelte. Es fiel ihr beim Sprechen fast aus dem Mund und störte sie beim Essen gewaltig. Sie war sehr schwer zu verstehen, was nicht nur sie nervte, sondern auch alle Beteiligten, die sich mit ihr verständigen wollten. Für sie war es neben der Blindheit und der zunehmenden Altersschwäche eine weitere Einschränkung ihrer Lebensqualität.

Ihre Unzufriedenheit drückte sich aus, indem sie unruhig wurde und während des Tages ihre Finger zunehmend fast wund pulte. Sie bemerkte diese innere Unruhe selbst und freute sich, wenn ich ihre Hände anfasste, damit sie aufhörte. Ja, sie bat sogar darum, was sehr ungewöhnlich war.

In diesen Tagen, war ihr alles zu viel. Seit Tagen versuchte ich sie zu überreden, wegen ihrer Prothese zum Zahnarzt zu fahren, um ihr Gebiss endlich neu unterfüttern zu lassen.

Nach der Klärung mit dem Zahnarztbesuch bemerkte sie mit gesenktem Kopf fast unbemerkt: »Es ist nicht immer leicht, so alt zu werden.«

Eine Aussage, die nicht zum ersten Mal von ihr kam. Ich ließ die Aussage so stehen, schließlich ist die Aussage ganz natürlich und für Dorothea sicherlich wahr. Aber Dorothea schien noch mehr auf dem Herzen zu haben: »Mutter hat sich immer gewünscht, abends einfach ins Bett zu gehen und morgens nicht mehr aufzuwachen.«

Dorothea schluckte dabei, so als ob sie ihrer Mutter dies so doll gewünscht hätte und es ihr nicht hatte ermöglichen können. Sie war sichtlich berührt von ihren eigenen Gedanken an den Tod ihrer Mutter. Oder dachte sie an ihren eigenen Tod, an ihr Sterben?

Ich erfasste ihre alten, sehr alten und knöchrigen Hände und bemerkte: »Einen solchen Tod wünschen sich alle Menschen, aber er wird nur wenigen geschenkt.«

Dorothea bejahte dies mit einem Nicken und einem kläglichen Seufzer. Aufgrund dieser Reaktion entschied ich, in ein Gespräch über das Sterben und den Tod einzusteigen: »Magst du mir mal erzählen, wie es deiner Mutter, also meiner Großmutter, ergangen ist?«

»Irgendwann kam es zu der Situation, dass ich meine Mutter nicht mehr allein zu Hause versorgen konnte. Ich musste sie in das Rote-Kreuz-Altenheim in Hoya bringen. Sie lag dort in einem relativ großen Zimmer, zusammen mit einer demenzkranken Frau. Die beiden Betten standen circa zwei Meter auseinander, meine Mutter am Fenster. Ich hatte ihr einen Sessel aus unserer Wohnung hingestellt, bei dem sie ihre Beine hochlegen konnte. Mutter konnte morgens aufstehen und sich im Zimmer und im Heim frei bewegen. Sie konnte auch in der Sitzecke Besuche empfangen.

Ich hatte Mutter versprochen, sie jeden Tag zu besuchen, und blieb dann immer länger. Als ich eines Tages am Nachmittag wieder zu Besuch kam, war meine Mutter nicht im Zimmer, sondern saß noch immer am Mittagstisch. Man hatte sie dort vergessen.

Von diesem Tag an war mir klar, wie wichtig es ist, dass im Altersheim immer ein Familienmitglied nach dem Rechten guckt. Ich blieb zur Kontrolle bis zum Abendbrot und bis Mutter im Bett lag. Wir beteten zusammen, und ich wartete bis zum Einschlafen. Das war unser tägliches Ritual.

Als meine Mutter sich nicht mehr selbstständig fortbewegen konnte, hat sie einen Rollstuhl erhalten, um zum Essen zu kommen und sich im Heim zu bewegen. Ihre Beweglichkeit nahm ab. Ich bekam durch Zufall mit, dass eine Altenpflegerin meine Mutter neben dem Bett kurz unbeobachtet stehen ließ. Ich mahnte die Pflegerin noch an, dass das doch gefährlich werden kann. So kam, was ich unbedingt vermeiden wollte: Meine Mutter stürzte und brach sich ein paar Rippen. Das war sehr schmerzhaft, und sie hat sehr darunter gelitten. Das Einschlafen dauerte bei ihr dadurch wesentlich länger. Manchmal wälzte sie sich noch zwei Stunden, bis sie einschlief und ich gehen konnte.

Dann kam die Zeit, in der meine Mutter bettlägerig wurde. Sie war fast bis zum Schluss noch bei vollem Verstand, auch wenn sie immer weniger geredet hat und immer weniger sehen konnte. Schon viele Jahre vorher hatte sie mir deutlich gemacht, dass sie gern sterben würde. Es war für mich nicht einfach, immer wieder das Leid mitzubekommen, dass meine Mutter sterben wollte, aber nicht konnte.

Mit der Zeit wurde es mir zu anstrengend, jeden Nachmittag bei meiner Mutter zu sein. In den letzten vierzehn Tagen verschlechterte sich ihr Zustand, und ich musste länger an ihrem Bett bleiben. Es schien, als ob sie ohne Bewusstsein war. Ich suchte jetzt vermehrt Unterstützung in der Familie, was aber nicht so einfach war.

Als eines Tages mein Bruder Julius an ihrem Bett wachte, damit ich mich mal ein paar Stunden ausruhen konnte, starb meine Mutter. Sie wurde erlöst ... nur kurze Zeit nach ihrem hundertsten Geburtstag« ... *Jetzt fehlten ihr die Worte. Nach einer Weile konnte sie fortfahren:* »Als ich dann ins Heim kam, erfuhr ich von einer Nachbarin, die dort als Pflegerin arbeitete, vom Tod meiner Mutter. Die Pflegerin hat mir unter Tränen erzählt, dass es ihr Leid täte, wo sie doch wusste, dass ich meine Mutter gern beim Sterben begleitet hätte.«

Ich war erstaunt, wie viel und wie lange sie erzählt hatte. Mir fiel auf, dass sie die ganze Zeit von »meiner« Mutter und nicht von »unserer« Mutter sprach. War dies ein Ausdruck, dass sie damals ihren Bruder Julius und ihre Schwester Lewine auf Distanz zu der gemeinsamen Mutter gehalten hatte?

Bemerkenswert fand ich, dass Dorothea das Leid der Pflegerin ansprach und nicht ihr eigenes, das sogar heute beim Erzählen noch deutlich zu spüren war. Sie tat mir leid, und ich versuchte, die Stille kurzfristig zu durchbrechen. »Ich habe schon öfter davon gehört, dass die im Sterben Liegenden sich gern dann endgültig verabschieden, wenn die engsten Verwandten den Raum verlassen haben. Es könnte durchaus möglich sein, dass deine Abwesenheit somit für Großmutter eine Erleichterung war, jetzt endgültig einschlafen zu können.«

So saßen wir da in der Stille: Dorothea in ihrem alten, mit diversen Kissen gepolsterten Holzsessel mit leicht hängendem Kopf. Ich hockte auf der Ecke ihres Liegesofas, halb vor ihr, halb neben ihr und ihre Hände haltend. Wir lauschten gemeinsam der Stille und warteten ab, was noch geschehen wird. Ihre Betroffenheit war zu spüren und ihre zunehmende körperliche Schwäche nicht zu übersehen.

In diesem Moment war nichts mehr davon zu bemerken, dass sie mit über 80 Jahren beim Yoga noch den Kopfstand geschafft hatte.

»Dorothea, ich danke dir, dass du mir alles von meiner Großmutter erzählt hast.«

»Es fällt mir schwer, darüber zu reden. Die Betreuerinnen haben mich auch immer danach gefragt. Ich habe ihre Fragen über Sterben und Tod im Zusammenhang mit meiner Mutter abwehren müssen. Andere müssen nicht alles wissen, und man muss nicht alles erzählen.«

Ich habe sie während ihres Berichts nicht unterbrochen. Auch nicht in den diversen Pausen, die im Laufe der Erzählung immer länger und durch schweres Schlucken begleitet wurden. Ich merkte, dass Dorothea zunehmend bereiter geworden war, dies alles zu erzählen, es einfach loszuwerden. Am Ende schien sie erleichtert zu sein.

Als ich gegen Abend wegfuhr, um die Betreuerin Grazyna zum Bus zu bringen, drückte sie mich wieder lange, länger als sonst. Der Wunsch nach körperlichem Kontakt schien bei ihr immer größer zu werden und offensichtlich in dem Maße, wie sie sanfter und hilfloser wurde und immer mehr Kontrolle aufgab. Sie bat mich dringend, laufend anzurufen und zu kommen.

Dorothea hatte schon die ganze Zeit während der zehn Jahre meiner Begleitung wenig Besuch empfangen. In den letzten Monaten war es noch weniger geworden. Besuche wurden ihr jetzt zu anstrengend, insbesondere, wenn mehrere Personen gleichzeitig oder verteilt über den Tag kamen. Aus diesem Grund hatte sie mich gebeten, mögliche Besucherinnen und Besucher zu ihrem nahenden Geburtstag in sechs Tagen abzusagen und den Verwandten mitzuteilen, dass sie möglichst nicht direkt an dem Tag anrufen möchten, sondern erst später.

Ebenso beauftragte sie mich, dem Bürgermeister und Pastor abzusagen, die normalerweise jedes Jahr vorbeikamen. Sie mochte am Nachmittag nur die Verwandten zu Besuch haben.

6. OKTOBER 2016. DAS LIFTEN BEIM ZAHNARZT

Mit den Zähnen hatte sie große, altersbedingte Probleme. Oben hatte sie seit Langem eine Prothese. Einige ihrer unteren Zähne waren scharf abgebrochen. Eigentlich hätten alle Zähne unten raus gemusst. Eine solche Operation mit Narkose war für meine Tante nicht annehmbar, und auch ihr Zahnarzt riet ihr davon ab. So blieb nur das Abschleifen, um sich nicht laufend an der Zunge zu verletzen.

Außerdem musste möglichst bald das lose, wackelnde Gebiss verbessert werden. Die lange Fahrt im Auto einschließlich der Wartezeit bei ihrem Zahnarzt in Syke traute sie sich nicht mehr zu. Einem anderen Zahnarzt wollte sie sich nicht anvertrauen. Es blieb immer wieder bei einem strikten »Nein«. Andererseits wollten wir uns das dauernde Stöhnen und Jammern nicht mehr anhören, wenn sie sich die Zunge oder Lippe verletzte oder ihr beim Sprechen und Essen das Gebiss fast aus dem Mund fiel.

Nach einem erneuten Drängen meinerseits stimmte sie endlich einem Zahnarzttermin zu. Ich hatte ohne ihre »Erlaubnis« bei einem Zahnarzt im nahegelegenen Hoya schon einmal einen Termin vereinbart. Alles war so organisiert, dass sie keine Angst vor auftretenden Problemen haben musste. Ich war allerdings nicht sicher, ob sie wirklich mitkommen würde.

Die Aufregung am Morgen des Zahnarzttermins war groß. Die Bereitschaft, jetzt zum Zahnarzt zu fahren, aber ebenso groß, weil sie schon fertig angezogen mit Jacke und Käppi im Wohnzimmer saß, als ich bei ihr eintraf. Sie hatte keine Ahnung, zu welchem Arzt wir fuhren. In wenigen Minuten standen wir vor dem Haupteingang zur Praxis. Hinter der ersten Tür war eine lange Treppe zur Praxis.

Oh, Schreck lass nach! Das war anders verabredet. Ich musste die leicht irritierte Dorothea dort unten auf wackelnden Beinen und ihrem vierfüßigen Gehbock stehen lassen. Ich sprintete die Treppe hoch, um zu fragen, wo denn der versprochene Aufzug sei. Wir mussten draußen am Haus fünfzehn Meter weiter zu einem Nebeneingang gehen. Mit ihrem Gehbock hat das mindestens noch einmal fünf Minuten gedauert. Dann standen wir vor einem zehn Meter langen Treppenlift. Von einem Aufzug war keine Spur zu sehen.

Oh mein Gott, dachte ich, was das wohl wird. Doch Dorothea war ohne Widerstand bereit, sich mühsam und umständlich auf den Sitz zu begeben und nach oben fahren zu lassen.

Sie war regelrecht amüsiert, hatte sie von solchen Liften doch schon gehört, ja sogar früher in ihrer Fürsorgerin-Tätigkeit alten Leuten dazu geraten. Nun durfte sie mit einem solchen Lift die lange Treppe hochfahren. Sie kam mir vor wie ein Kind, das mit einem Gemisch von Freude und Skepsis zum ersten Mal im Karussell fährt. Wow! Die erste Hürde war schon mal geschafft!

Beim Zahnarzt konnte sie dann binnen weniger Minuten auf dem Zahnarztstuhl Platz nehmen. Alles so, wie ich es vorher mit der Praxis abgesprochen hatte. Die nächste Hürde war geschafft. Ich war froh, sie weiterhin noch skeptisch.

Der junge Arzt sprach sie ihrem Alter gemäß laut und deutlich an. Das kam gut an bei ihr. Er erklärte ihr verständlich, was er vorhatte, und passte den neuen Prothesen-Abdruck mit Ruhe und sehr einfühlsam an. Sie genehmigte dem Zahnarzt sogar, anschließend zwei der spitzen Zähne stumpfzuschleifen. Ein Wunder war geschehen.

Nicht einmal fünfzehn Minuten später konnte sie den Behandlungsstuhl wieder verlassen.

Ihre Prothese musste Dorothea zurücklassen. Das verwirrte sie. Ich erklärte ihr, dass ich die angepasste Prothese am späten Nachmittag allein abholen würde und sie nicht noch einmal mitzukommen brauche.

Dann durfte sie erleichtert, strahlend und mit Wonne wieder mit dem Treppenlift fahren, diesmal abwärts, was noch aufregender war. Frohen Mutes fuhren wir nach Hause, gespannt, wie die Prothese wohl sitzen würde.

Es war faszinierend, dass wir Dorothea ohne Prothese viel besser verstehen konnten und sie sich zunehmend wohler zu fühlen schien – hatte sie sich doch immer total dagegen gewehrt, die Wackel-Prothese mal abzulegen.

Das anschließende Mittagessen bescherte uns eine weitere Erleichterung: Sie konnte die gestampften Kartoffeln und Möhren ohne Schmerzen essen. Die Betreuerin Maria und ich hatten eine wesentlich angenehmere Mit-Esserin am Tisch – Dorothea aß, ohne vor Schmerzen geräuschvoll zu stöhnen und auf den Teller zu spucken.

Als ich sie fragte, ob das Essen so nicht viel angenehmer war, kam heraus, warum sie sich immer gegen das Ablegen der Prothese gewehrt hatte: »Das machen nur sehr alte Leute.«

Da war er wieder, dieser Spruch.

Typisch, dachte ich, so ist sie! Und alt sei sie nicht. Nein! Sie werde ja morgen erst 98 Jahre!

Dorothea weiter: »Und besonders im Altersheim müssen die alten Leute dann nur noch einen Brei-Mix aus Kartoffeln und Gemüse löffeln. Ich will kauen, so wie ich es gelernt habe, zweiunddreißig Mal.«

Sie hatte zu Mittag so viel gegessen wie lange nicht mehr. Nach dem Essen kam ein kurzes Gespräch zustande, was mir spürbar zeigte, dass es ihr besser ging.

»Dorothea, ich kann dich jetzt viel besser verstehen ohne Gebiss.«

»Ja, ja«

»Und man kann auch gar nicht sehen, dass du keine Prothese im Mund hast.«

»Doch! Die Lippen sind zu hoch.« Sie schob mit den Fingern die Oberlippe hoch.

»Den Unterschied kann man nur bemerken, wenn man weiß, dass du vorher eine Prothese hattest.«

»Aber es sieht dann aus wie bei alten Leuten.« Sie guckte mich schelmisch an und lachte kurz. Es war ein kurzes, hartes, hämisches, aber auch fröhliches Lachen, was ich schon lange nicht mehr von ihr gehört hatte.

In der folgenden Unterhaltung kam immer wieder dieses Lachen. So auch, als ich auf die vor ein paar Tagen abgereiste Betreuerin Grazyna zu sprechen kam, von der Dorothea sieben Wochen gepflegt wurde. Mit Grazyna hat sie sich nicht verstanden, sie musste diese Betreuerin ertragen. Schon ihren Namen wollte sie sich partout nicht merken und nannte sie einfach Bettina, was ich schon als kleine Gemeinheit empfunden hatte.

»Bettina ist sehr schlau und kann bei allem mitreden. Aber sie redet so viel und so gern und ist sehr neugierig.«

»Wie kommst du zu diesem Urteil?«

»Als ich mal Besuch hatte, hat sich Bettina unaufgefordert dazugesetzt und das Gespräch an sich gerissen. Ich selbst brauchte nichts mehr zu sagen.« Sie lachte dann wieder hämisch, laut, kurz und kräftig, als wollte sie sagen: Der habe ich es jetzt gezeigt.

Diese Art von Humor offenbarte sie auch beim Bericht des Besuchs von Pastor Ruh vor drei Tagen. Er kam normalerweise immer zu ihrem Geburtstag. Nicht nur, weil sie über 90 Jahre alt war. Sie mochte Pastor Ruh, der bei der notariellen Abfassung ihres Testaments als Zeuge anwesend war. Ich hatte ihm mitgeteilt, dass Dorothea möglichst keinen Besuch am 98. Geburtstag von ihm wünsche, da wäre so viel los, und sie würde nichts von ihm haben. Also kam er ein paar Tage früher, stellte ihr viele Fragen und blieb ungefähr eine Stunde. Dorothea berichtete mir von dem Besuch:

»Der Pastor hatte ein gutes Sitzfleisch, und er ist auch so dick geworden.«

Es folgte wieder dieses schelmische Lachen, ihre groteske Form von Humor, die nicht nur unheimlich wirkte, sondern auch von Ablehnung und Distanz vollgesaugt schien.

Eine solche Fröhlichkeit hatte ich schon lange nicht mehr von ihr in der Häufigkeit erlebt. Es war unvorstellbar: Woher kam plötzlich diese Fröhlichkeit? Hat der Treppenlift ihr diese eingeschaukelt? Hat der Zahnarzt ihr ein Hormon für Fröhlichkeit verpasst? Dorothea lebte auf, wie selten, und das ohne Prothese.

Am Nachmittag erzählte sie Maria und mir von Forschern, die die Welt gesehen hatten, und meinte:

»Das Leben ist viel zu kurz, trotz meines Alters. Ich konnte leider nicht so viel erleben, was ich mir vorgenommen hatte. Ich wollte nach Norwegen und in andere Länder, war aber leider nur kurz in England und in der Provence. Ich wollte viel mehr Englisch und Französisch sprechen, habe aber nie Menschen gefunden, die sich mit mir regelmäßig in diesen Sprachen unterhalten wollten, damit wir die Sprache nicht vergessen. Das war in der Schule schon so mit Klassenkameradinnen.«

Bei diesem Bericht aus ihrem Leben klangen Wehmut und Trauer mit.

Als ich die Prothese gegen 17 Uhr abgeholt hatte, habe ich in der Apotheke zur Sicherheit eine Haftcreme gekauft, die die Prothese besser am Gaumen hält, da ihre sehr alte und schwere Prothese durch die Unterfütterung noch schwerer geworden war. Der Arzt hatte mir zu der Haftcreme geraten.

Bei Dorothea angekommen, war sie sehr gespannt, und es passierte das, was sie befürchtet hatte:

Die Prothese drückte, rutschte runter, und sie fühlte sich elendig, hilflos, verzweifelt.

Die im Laufe des Tages gezeigte Fröhlichkeit war dahin. Sie konnte nicht besser sprechen als vorher. Ich sah, dass die Prothese ihr bei manchen Lauten fast aus dem Mund fiel – wie vorher. Das waren aufregende Sekunden, Minuten der Enttäuschung. Aber: Ich hatte ja die Haftcreme.

Sie lehnte das Hilfsmittel vehement ab!

Natürlich! Typisch! Wie sollte sie auch anders auf solche Vorschläge reagieren.

Sie kannte (natürlich!) eine solche Creme und kannte Leute, die solche Creme benutzen mussten und damit nicht glücklich waren. Vor allem aber war die Creme anscheinend wieder ein Indiz dafür, wie hilflos sie geworden war. Ihre ganze Enttäuschung drückte sich aus, als sie meinte:

»Ein schönes Geburtstagsgeschenk ... diese neue Prothese!«

Nach einem gemeinsamen Durchatmen und einem Moment der Stille konnte ich sie überreden, die Haftcreme wenigstens auszuprobieren. Ich schmierte also drei kleine Streifen auf die Prothese und wollte sie ihr einsetzen. Doch sie wollte es allein machen. Natürlich! Ich sagte ihr, dass sie die Prothese kurz aber fest an den Gaumen drücken müsse.

Die folgende Situation war filmreif. Sie drückte immer wieder nur vorn an der Prothese, sodass diese nur kippelte, aber nicht am Gaumen kleben konnte. Diese Versuche haben nicht zu ihrer Beruhigung beigetragen. Ich war wieder gefragt. Ich machte ihr deutlich, dass ich ihr jetzt helfe, schob ihre Finger einfach zur Seite, schob meine Finger in ihren Mund und drückte kurz, aber kräftig die Prothese fest. Wow! Das war's.

Es hat eine Weile gedauert, bis sie merkte, dass die Prothese jetzt wirklich festsaß. Sie war weiterhin skeptisch. Sie bewegte die Kiefer ganz langsam, vorsichtig, so als ob sie damit rechnete, dass die Prothese wieder rausrutschen würde.

Dann kam ein Sieger-Strahlen in ihr Gesicht: »Jetzt gehöre ich zu den Haftcreme-Leuten«, seufzte sie und lachte wieder laut und schelmisch. Sie merkte anscheinend selbst, dass sie wieder ein Vorurteil überwunden hatte.

Ein wahres Erfolgserlebnis, einen Tag vor ihrem Geburtstag.

7. OKTOBER 2016. 98. GEBURTSTAG

Pünktlich zu Dorotheas Tee-Zeit um 15:30 Uhr kamen Magdalena und ich zu Besuch. Wir brachten unsere Freundin Barbara mit, die zwar nicht verwandt, aber schon seit einigen Jahren ihre Gesellschafterin war. Zu dritt kamen wir »Viel Glück und viel Segen …« singend ins Wohnzimmer. Sie saß wie immer in ihrem Holzsessel am Fenster, den Kopf leicht nach vorn fallend. An dem Tag hob sie den Kopf nicht mit dem verzweifelten Gesichtsausdruck, wer denn da wohl komme. Nein, sie strahlte wie ein Honigkuchenpferd, freute sich über das Lied, klatschte mit im Takt. Sie freute sich besonders, dass Barbara mitgekommen war.

Stolz erzählte sie uns, dass es mit der neuen Prothese wunderbar sei und sie zum Frühstück ihr geliebtes Gersterbrot mit Schichtkäse und Marmelade ohne Probleme essen könne. Ihre begeisterte Schilderung wurde wieder von dem kurzen und schelmischen Lachen begleitet, diesmal ohne Häme gegenüber fremden Personen, es ging ja allein um sie selbst. Ihre Stimme war klar, deutlich und super zu verstehen!

So verbrachten wir ein paar Stunden in einer gemütlichen Geburtstagsrunde, dieses Jahr ohne Nachbarn, ohne Pastor, ohne Bürgermeister, nur mit Familie, Barbara und der Betreuerin Maria. So, wie sie es sich gewünscht hatte. Sie konnte erzählen, wir konnten sie gut verstehen, und sie konnte den Kuchen von Maria essen … so viel wie noch nie.

2017. MÜHEVOLLES ALTERN

Am 7. Januar 2017 kam Agata auf Vermittlung von Maria zu Dorothea. Sie war nach Ewa nicht nur die jüngste, sondern auch die Betreuerin mit der größten Erfahrung. Sie kam zu einem Zeitpunkt, als sich Dorothea längst an die Betreuerinnen in ihrem Haus gewöhnt hatte und die größten Auseinandersetzungen beendet waren. Was Dorothea aber nicht davon abhielt, weiterhin ihren Willen deutlich zum Ausdruck zu bringen und dabei auch mal verletzend zu den Betreuerinnen zu sein. Grundsätzlich war sie im Laufe der Jahre »frommer«, freundlicher und anspruchsloser geworden.

Während wir alle bedacht waren, die gewünschte Tagesstruktur weiterhin einzuhalten, wurde sie diesbezüglich ungewohnt gleichgültig und gelassen gegenüber den formalen Abläufen des Tages. Jetzt ging es immer mehr nur um sie selbst, ob sie gerade essen oder trinken oder sich schlafen legen wollte. Es gab vermehrt Aussetzer bei ihr. So passierte es, dass sie nachmittags um 14 Uhr nach dem Frühstück fragte oder morgens die Nachtruhe vorbereiten wollte. Ebenso konnte sie uns immer wieder mit außergewöhnlichen Reaktionen und Handlungen überraschen.

17. FEBRUAR 2017. LICHTE MOMENTE

Ein Tagesbericht von mir über den aktuellen Gesundheits-, Gemüts- und Geisteszustand von Dorothea:

Meine Tante sitzt wie fast immer leicht nach vorn gebeugt in ihrem Holzsessel. Sie ist in ein Hörbuch über das Leben von Otto von Bismarck vertieft, dem ersten Reichskanzler des Deutschen Reiches von 1871 bis 1890. Der Ton ist laut gestellt. Ich hatte ohne ihre Einwilligung ein Unternehmen damit beauftragt, die Rotbuche in ihrem Garten zu schneiden. Die Nachbarn hatten sich beschwert, dass die Äste auf ihr Grundstück ragen. Sie hört mit ihren 98 Jahren nicht mehr gut, und da sie nahezu blind ist, kann sie die radikale Stutzung der Rotbuche weder hören noch begutachten. Ich kann froh darüber sein, denn sie hätte sich erst einmal mächtig aufgeregt, übergangen worden zu sein.

Sie erkennt mich beim Eintritt in ihr überheiztes Wohnzimmer sofort und begrüßt mich mit einer kurzen, aber leicht klammernden Umarmung, als ich mich zu ihr runterbeuge. Sie hat heute eine rosa leuchtende Bluse an, die ihr erschöpft aussehendes, faltenreiches und dennoch ›helle‹ wirkendes Gesicht hinter großen, starken Brillengläsern ein wenig jünger aussehen lässt.

Sie spielt mit ihren faszinierend langen, dünnen Fingern, streicht immer mal wieder über ihre äußerst dünnen Oberschenkel, als ob sie diese massieren wolle. Die genauso dünnen Unterarme schlüpfen dabei kurz unter ihrem Ärmel hervor. Muskeln sind nirgends zu erkennen. Wie kann sie die Arme nur bewegen?

Sie bewegt sich nur noch wenig, die Spaziergänge sind auf die Wohnung mit ihrem ›Dreifuß‹ als Gehhilfe beschränkt. Zusätzlich holt sie sich aus Angst vor dem Fallen immer eine Begleitung durch die Betreuerinnen. Allein traut sie sich nicht mehr.

Heute habe ich sie besucht, um die Arbeiten an der Buche zu begleiten, die Arbeiter zu bezahlen und ihr ein wenig Abwechslung, Freude und Kontakt zur Außenwelt zu bescheren und weil die neue Betreuerin Agata mich gerufen hatte. Dorothea würde immer schwerer allein von ihrem Sessel oder ihrem Bett hochkommen. Agata ist sehr pflichtbewusst und hat Bedenken, dass sie bald mangels (Muskel-) Kraft fast nur noch im Bett liegen muss. Also hatte ich mit Dorothea vor Tagen abgesprochen, dass ich den von ihr so geschätzten Masseur Grunenberg anrufe, damit er ihr und der Betreuerin ein paar Übungen zur Stärkung der Muskeln zeigen möge und Dorothea massiert. Gestern hatte mich der Masseur angerufen, Dorothea habe bei ihm im Büro abgesagt, es sei im Moment noch nicht nötig. Er fragte mich, ob dies so richtig sei. Ich fragte mich: Warum das denn nun wieder?

Vor drei Jahren hatte Dorothea deutlich gemacht, dass sie alle Termine bei den Ärzten, der Heilpraktikerin, der Fußpflegerin und dem Masseur selbst abmachen wolle. Vom Prinzip gilt das heute noch, auch wenn sie aufgrund ihrer Schwäche oder Nervosität am Telefon von der anderen Person jetzt kaum noch zu verstehen ist und sie selbst das Gesagte schlecht verstehen kann. Nachdem es mehrmals zu Missverständnissen gekommen war, musste ich dann immer mal wieder (heimlich) beim Masseur, den Apotheken und so weiter zur Klärung zurückrufen. Für solche klärenden Gespräche habe ich oft ein »Danke« gehört. Allerdings nicht von meiner Tante. Wenn sie von meinen Telefonaten erfahren hat, wurde sie eher böse. Je älter sie wurde, desto mehr Absprachen mit anderen Personen überließ sie mir, um Missverständnisse zu vermeiden. Aus diesem Grunde hatte ich mit ihr abgesprochen, dass ich den Termin mit dem Masseur vereinbare. Sie hatte ihn aber einfach kurzfristig abgesagt. Fühlte sie sich bevormundet, dass nicht sie selbst, sondern ich beim Masseur angerufen hatte?

Das will ich heute klären, weil der Masseur etwas ungehalten war und Dorothea in letzter Zeit öfter Absprachen über den Haufen warf.

Ich setze mich, wie bei fast allen Gesprächen, auf die Ecke ihres Liegesofas, sehr nah und gegenüber von meiner Tante in dem Holzsessel mit den vielen kleinen Kissen, sodass ich ihre nicht immer deutliche Aussprache besser verstehen kann.

»Wir hatten gemeinsam den Besuch des Masseurs abgesprochen. Ich sollte dort anrufen. Es ist nicht leicht, einen Termin zu finden. Jetzt wundere ich mich, dass du den Besuch abgelehnt hast. Warum?«

»Ja, es ist im Moment nicht nötig, ich habe eigene Übungen, die ich immer mache. Ich kann den Masseur ja jederzeit anrufen, falls es nötig ist.«

»Was heißt hier nötig? Da scheinen wir eine unterschiedliche Auffassung zu haben. Es ist deutlich erkennbar, dass du in letzter Zeit immer schwerer aus dem Sessel und dem Bett kommst und die Gefahr besteht, dass du dann viel im Bett liegen musst. Das liebst du nicht, und ich bin davon ausgegangen, dass du dies verhindern willst.«

Sie hebt fast ruckartig den gesenkten Kopf und antwortet stolz, kurz und betont: »Noch kann ich aufstehen!«

»Da hast du Recht. Es geht mir darum, dass du deine derzeitige Muskelkraft erhältst und auch zukünftig aufstehen kannst.«

Sie richtet ihren Körper noch weiter auf, und ihre klare Stimme erwidert einen mir bekannten Satz:

»Ist das mein Körper oder deiner? Ich weiß, was mein Körper braucht. Oder willst du mir sagen, dass du es spüren kannst!«

Das war (wieder mal) deutlich! Ich kenne diese Reaktion. Immerhin hat sie mir damit die Verantwortung für ihren Gesundheitszustand abgenommen. Super! Ich kann sie lassen:

»Dann machen wir es so, dass du dich meldest, wenn du den Masseur brauchst!«

Ich bin erneut fasziniert von dieser geistigen Klarheit in dem schwachen Körper. Das macht mir die Begleitung meiner Tante leichter. Für diesen wachen Geist bin ich dankbar. Es könnte auch ganz anders sein. So viel Erleichterung und Klarheit an einem solch trüben Wintertag und dem vorübergehend trostlosen Anblick der Rotbuche hat mir gutgetan.

1. MAI BIS 28. JUNI 2017.
DIE SCHATTENSEITEN DES ALTERNS

Ab dem 1. Mai kam Agata zum zweiten Mal. Agata hatte sehr viel Erfahrung mit Betreuungen und fühlte sich eher als Pflegerin denn als Betreuerin. Sie berichtete mir mehr über die Entwicklung von Dorothea als die anderen Betreuerinnen. Sie hatte schlechte Erfahrungen mit Familienangehörigen von den zu betreuenden Personen gemacht:

»Ich habe viele Familien erlebt, die es sich einfach machten und ihre Eltern an mich abgaben, nur selten in die Wohnung kamen und sich wenig um sie kümmerten. Wenn irgendwas schieflief, hatte ich immer Schuld. Sie beschwerten sich bei der Agentur, und ich musste aufpassen, dass ich meine Arbeit nicht verliere.«

Diese Erfahrung war sicherlich ein Grund, warum Agata immer mal wieder Tagesberichte schrieb, um für eventuelle Streitereien mit den Familienangehörigen »Beweise« zu haben. Sie berichtete mir mehr über die Entwicklung von Dorothea als die anderen Betreuerinnen. Auf Wunsch hatte sie mir diese zur Verfügung gestellt, was sich im Laufe ihrer Betreuungszeit wegen der zunehmenden Schwäche von Dorothea als großer Vorteil erwies.

In den folgenden Monaten erlebten wir einen zunehmenden Verlust ihrer Kräfte, die Agata in ausführlichen Berichten festgehalten hatte. Zu ihren Beobachtungen gehörten Inkontinenz-Vorfälle, das Zittern von Händen und Füßen (die Fußpflegerin musste sogar einmal die Behandlung abbrechen), unruhige Nächte, Stürze und weitere Einschränkungen. Dorothea baute ab, ließ aber auch immer mehr Kontrolle durch andere zu.

Agata war insgesamt eine strengere Betreuerin und kam mit Dorothea nicht gut klar, was mir Barbara bestätigte:

»Deine Tante fand Agata zu drängelnd und aufdringlich und hat es ihr auch ausgedrückt. Sie konnte zu ihr gemein sein.«

Nachdem sich Dorothea eine Prellung am Fuß zugezogen hatte, akzeptierte sie eine Windelhose, wurde für ein paar Tage im Schlafzimmer gewaschen, angezogen und nahm dort ihr Essen ein.

Am 28. Juni löste Elwira Agata ab und übernahm die zunehmend anstrengendere Betreuung. Der verwirrte Zustand von Dorothea blieb, eine zunehmende Gleichgültigkeit bei der Bewältigung ihres Tagesablaufs war unübersehbar.

Dorothea war die Freude am Leben verloren gegangen. Ihr war jetzt alles zu anstrengend. Sie hat sich über den Besuch meines Bruders Dieter und seiner Frau zwar sehr gefreut, aber danach war sie erschöpft, unruhig und verwirrt.

4. JULI 2017. INTERVIEW MIT ELWIRA

Elwira hatte Dorothea wie immer gegen 19 Uhr das Abendbrot zubereitet und dann zu Bett gebracht, nichts ahnend, dass die folgende Nacht für sie unvergessen bleiben sollte.

Fast sechs Jahre später habe ich Elwira mit einem Brief zu einem Interview am Telefon eingeladen.

Elwira: »Eberhard, danke für den Brief über die Zeit bei Dorothea. Er war so beindruckend. Ich musste sofort an die Zeit denken, besonders die letzten Tage, über die du dich mit mir austauschen willst. Damals konnte ich über die Erlebnisse nicht sprechen. Ich muss sagen, dass es mir noch heute schwerfällt, darüber zu reden.

Es war der 4. Juli 2017, deine Tante war den Tag über unruhiger als die Tage zuvor. Am Abend war sie zweimal gefallen. Nach dem Abendbrot habe ich sie noch zu Bett gebracht und bin dann nach oben in mein Zimmer gegangen. Ich kann mich genau erinnern, es war ein Dienstag. Dann habe ich sie gegen 20:30 Uhr schreien gehört und bin schnell nach unten gegangen. Ich habe in ihr Schlafzimmer geschaut, sie aber dort nicht gesehen. So habe ich sie im Wohnzimmer, der Küche und im Bad gesucht. Sie war nirgends, und ich war erschrocken. Ich ging erneut ins Schlafzimmer und hörte sie wimmern. Ich kniete mich nieder und sah, dass sie unter ihr altes Bett gekrochen war. Sie schien eingeklemmt zu sein, denn es war dort sehr eng, die Draht-Spiralen ihres Betts schienen sie zu berühren, am Kopf, an den Schultern und an anderen Teilen des Körpers. Ich sprach sie an, aber sie antwortete nicht. Ich war wie schockiert. Ich fragte mich: Warum ist sie unter das Bett gekrabbelt? Wie hat sie das geschafft, wo es dort so eng ist? Was soll ich machen? Nach einem Moment der Besinnung habe ich dich angerufen. Das hat mir ein wenig geholfen in meiner Verzweiflung. Du wolltest mich zuerst beruhigen. Dann hast du gesagt, dass ich versuchen soll, sie möglichst unaufgeregt dazu zu bewegen, wieder rauszukrabbeln. Vielleicht könne ich sie dabei vorsichtig unterstützen und sie etwas ziehen. Das hat geklappt. Deine Tante war total verwirrt, schaute mich mit großen Augen an und sprach nicht. Ich half ihr hoch, nahm sie in den Arm, legte sie wieder ins Bett und deckte sie zu.«

E. H.: »Wie hast du dich gefühlt, was hast du dann gemacht?«

E.: »Es war erst einmal erlösend für mich. Ich habe dich angerufen und dir mitgeteilt, dass alles wieder gut sei, und du hast gesagt, dass du am nächsten Tag nach Hoyerhagen kommen würdest. Das Furchtbare nur war, als ich den Hörer gerade aufgelegt hatte, da lag sie schon wieder unter den Bügeln des eisernen Bettrahmens. Jetzt aber weiter hinten an der Wand und schien noch mehr eingeklemmt zu sein. Es war furchtbar für mich. Sowas hatte ich noch nie in meinem Leben erlebt. Sie reagierte nicht auf mich und lag auf der Seite, mit dem Gesicht zur Wand. Sie stöhnte ab und zu und gab Laute von sich. Ich hatte den ersten Schock noch nicht verarbeitet und war erneut verzweifelt. Was sollte ich denn machen? Ich habe dich wieder angerufen. Es tat mir so leid, dich wieder anrufen zu müssen. Du hast mir wieder Ratschläge gegeben. Ich sollte sie beobachten. Wenn sie weiterhin nicht reagiere und ich sehen könne, dass sie gleichmäßig atmet und weiter stöhnt und eigenartige Laute von sich gibt, so soll ich sie in Ruhe lassen. Und dann sagtest du was Ungeheuerliches: ›Gib ihr ein Kopfkissen und versuch, eine Decke über sie zu legen. Sie wird ihre Gründe für diese Aktion haben. Du kannst mich jederzeit anrufen.‹ Diesen Rat konnte ich nicht verstehen. Ich war noch hilfloser.«

E. H.: »Was hast du dann unternommen? Das hast du mir nie erzählt.«

E.: »Ich habe mich erst einmal im Wohnzimmer auf das Liegesofa gelegt. Ich bin immer mal wieder zu ihr gegangen. Ich habe versucht, sie dazu zu bewegen, wieder rauszukrabbeln. Sie hat mir nicht geantwortet, in keiner Weise auf mich reagiert. Hat aber weiterhin komische Töne, sogar Schreie von sich gegeben. Das war so laut, dass ich lieber nach oben in mein Zimmer gegangen bin. Schlafen konnte ich nicht. Das Stöhnen habe ich bis oben gehört. Ich hatte Angst, fürchterliche Angst um deine Tante. Für mich war das das schlimmste Erlebnis, was ich bei meinen Jobs in der Pflege hatte. Ich konnte nichts machen, ihr nicht helfen. Das war das Schlimmste. Ich habe die ganze Nacht für sie gebetet. Ich habe sogar gebetet, dass sie ruhig sterben kann. Ich konnte nicht schlafen, habe bestimmt zwei Schachteln Zigaretten geraucht und ab und zu nach ihr gesehen.

Am Morgen habe ich gehört, dass du gekommen warst. Deine Tante lag noch immer auf dem Holzfußboden unter dem Bett, mit dem Kopf am Fußende, hinten an der Wand, so wie vor Mitternacht.«

E. H.: »Ja, das war wirklich ein schauriges, trauriges Bild, was ich da vorfand. Dorothea war eingeklemmt unter den Eisenbügeln. Ich habe mich gefragt, wie sie es nur schaffen konnte, darunterzukrabbeln. Welche Kräfte konnte sie mobilisieren für diese Aktion? Wir beide haben zusammen das Bett am Fußende angefasst und über sie zur Seite gehoben, sodass Dorothea frei lag.

Ein Haufen Unglück lag da. Sie war fast am ganzen Körper blau, lauter Blutergüsse, am Kopf, an den Schultern, auf dem Rücken. Ich habe dieses Bild noch vor Augen. Ich war sprachlos, und Dorothea hat nicht gesprochen, nur gestöhnt.

Das Stöhnen war anders, als wir es gewohnt waren, wenn sie körperliche Schmerzen hatte. Es war herzergreifender, eine Mischung aus Schmerzen und tiefer Angst, einer Angst, die ich nicht kannte.«

E.: »Das war wirklich furchterregend. Sie hatte noch einen Zahn verloren. Sie sah aus wie eine *roslinka*, auf Deutsch etwa verwelkte Pflanze, die dringend Wasser braucht. Du hast dann den Pflegedienst der Diakonie angerufen. Der Pflegedienst fragte dich, ob sie einen Arzt mitbringen sollten. Du hast geantwortet, dass Dorothea ausdrücklich keinen Arzt wünsche und vor allem auf keinen Fall ins Krankenhaus wolle. Du hättest eine Generalvollmacht. Sie möchten erst einmal kommen.«

E. H.: »Das stimmt. So blau wie Dorothea war, hätte ein Arzt sie auf jeden Fall ins Krankenhaus einweisen wollen, ja seiner Aufgabe entsprechend sogar einweisen müssen. Mit meiner Generalvollmacht konnte ich für Dorothea entscheiden. Wir haben sie vorsichtig wieder ins Bett gelegt, die ambulante Pflegerin versorgte dann die Schürfwunden und rieb die Blutergüsse mit Salben ein. Dorothea war fix und fertig. In Absprache mit dem Pflegedienst habe ich noch am gleichen Tag ein Pflegebett bestellt, damit die ambulante Pflegerin mit dir zusammen Dorothea besser versorgen konnte.«

E.: »Ich habe dir dann erzählt, dass deine Tante ein paar Tage vorher nicht gut geschlafen hat. Sie hatte mir berichtet, dass sie Geister gesehen habe in ihrem Zimmer und sich fürchte. Ich habe mich auf sie eingelassen und ihr gesagt, dass ich die Geister rausschmeißen würde. Sie brauche keine Angst zu haben, ich sei ja bei ihr. Das war ein verrücktes Gespräch. Ich dachte schon, dass ich selbst verrückt war. Auf jeden Fall war sie verwirrt in den Tagen davor.«

E. H.: »Interessant. Von Geistern hatte mir auch Agata schon berichtet. Irgendwas Kurioses muss es in der Nacht gewesen sein, was sie bewogen hat, zweimal unter das Bett zu flüchten. Ich glaube, dass es eine Flucht war. In den Tagen davor hat sie mir ansatzweise was vom Krieg erzählt, nur angedeutet, was vom Dachboden und Angst und dass sie sich verstecken musste. Ich konnte es nicht einordnen. Im Nachhinein erinnerte ich mich, dass sie mal von Angst vor den Nazis oder Soldaten gesprochen hatte. Ich kann es jedenfalls nicht erklären.«

E.: »Du hast dich dann um mich gekümmert. Ich hatte die ganze Nacht nicht geschlafen und war vollkommen fertig. Du hast das gemerkt und mich auf mein Zimmer gebeten. Ich habe erst einmal geschlafen. Als ich abends runtergekommen bin, stand das Pflegebett schon mitten im Schlafzimmer, nicht mehr an der Wand, damit wir von allen Seiten rankommen konnten, um zu zweit das Bett zu machen und die Windeln zu wechseln. Herr Hormann hat dir geholfen, vor dem Haus das alte Bett auseinanderzunehmen. Dorothea hatte sich ein wenig erholt. Sie war jetzt ein richtiger Pflegefall, bettlägerig und ganz schwach. Sie hat nur ein paar Tropfen Wasser getrunken und ganz wenig, wirklich nur ganz wenig Kartoffel-Möhrenbrei gegessen.«

Der Pflegedienst der Diakonie kam jetzt zweimal am Tag und versorgte Dorothea. Sie wurde mit heilenden Salben am ganzen Körper eingerieben, um die Blutergüsse zu behandeln.

5. BIS 9. JULI 2017. UNRUHIGE ZEIT

Am nächsten Vormittag hat Dorothea mit Elwira ein wenig gesprochen. Von der Krabbelei unter dem Bett wusste sie nichts mehr. Elwira war den ganzen Tag an ihrer Seite, hat ihr das Radio angestellt oder ihr bei Bedarf eine CD mit ihrer geliebten klassischen Musik eingelegt. Dorothea schlief viel oder döste so in den Tag hinein. Essen wollte sie nicht, nur ein wenig trinken. Elwira konnte sich ein wenig von dem Schreck des Vortages erholen.

Die nächsten Tage liefen ähnlich ab. Dorothea hat weiterhin viel geschlafen, wenig Wasser getrunken und nur ganz wenig Brei mit Kartoffeln, Möhren und Butter gegessen. Barbara war täglich in der Wohnung von Dorothea, um Elwira zwischendurch abzulösen, aber auch, um Elwira zu beruhigen.

Am Freitagnachmittag des 7. Juli ist Anke zu Besuch gekommen, und Dorothea hat sich sehr gefreut.

Bei der Abendhygiene hatte Dorothea von der Pflegerin der Diakonie ein Schmerzpflaster bekommen, weil Dorothea ihr zu viel gestöhnt hatte. Dieses Pflaster hat sie unruhig gemacht. Sie konnte in der Nacht kaum schlafen.

Am Samstag, 8. Juli, war Dorothea tagsüber noch immer unruhig. Sie hat mehrfach nach der Uhrzeit gefragt, weil sie aus dem Pflegebett heraus ihren Wecker nicht mehr sehen konnte. Einmal fragte sie: »Welchen Tag haben wir heute?« Erst am Abend, nachdem die Pflegerin der Diakonie zum Waschen gekommen war, wurde Dorothea ruhiger.

An diesem Wochenende, vom 7. bis zum 9. Juli, war ich voll auf meine zahlreichen Gäste konzentriert – ich feierte meinen 70. Geburtstag. Die meisten hatten sich für zwei Nächte in der Nähe des Festes einquartiert. Ich hatte nur wenig mitbekommen, was bei Dorothea passiert ist, und hatte Elwira voll vertraut, dass sie mich anrufen würde, wenn was Dramatisches passieren sollte.

Erst im Jahr 2023 sprach ich mit Barbara darüber, was während meiner Abwesenheit vorgefallen war, wie Elwira diese Erlebnisse »verarbeitet«

hatte, da sie nach dem Vorfall mit dem Bett und den starken Verletzungen von Dorothea sehr betroffen und verunsichert gewirkt hatte.

Barbara: »An die Geschichte mit dem Bett erinnere ich mich kaum. Aber ich weiß natürlich, dass Elwira sehr gelitten hat. Ich bin ja als ehemalige Krankenschwester einiges gewöhnt, und das Versteck unter dem Bett sowie der körperliche Verfall deiner Tante konnten mich nicht mehr erschüttern. So bin ich am 5. Juli wahrscheinlich ziemlich gelassen mit der Situation umgegangen. Ich hatte aber den Eindruck, mich um Elwira kümmern zu müssen. Schließlich warst du mit deinem großen Fest beschäftigt.
Als ich am Sonntag, dem 9. Juli, von deinem Geburtstagsfest zurückkam, bin ich noch bei deiner Tante vorbeigefahren. Ich habe lediglich versucht, Elwira zu beruhigen, und wollte ihr mitteilen, dass das Geschehene nicht außergewöhnlich ist und dass sie keine Angst zu haben brauchte und dass du dich kümmern würdest, wenn das Fest vorbei sei.«

E. H.: »Das war sehr aufmerksam von dir. Danke. Ich wusste nicht, dass du noch in Hoyerhagen warst. Kannst du dich erinnern, ob Dorothea Geister gesehen hat? Oder an ähnliche Vorfälle?«

B.: »Nach meiner Erinnerung war sie nicht sehr verwirrt. Bemerkbar war allerdings, dass sie die letzten Wochen hinfällig geworden war und zum Beispiel die Geschichten von ihren Hörbüchern – die sie aber schon längst nicht mehr aktiv hörte – nicht mehr klar verstanden und die Geschichten verwechselt hat. Manchmal hat sie ihre Sätze nicht zu Ende gesprochen oder verschiedene Ereignisse durcheinandergebracht. Sie ist aber insgesamt sowieso stiller geworden, hat wenig gesprochen und ist oft eingenickt.«

Am Sonntagabend des 9. Juli bin ich gegen 20 Uhr von dem Fest in dem 100 Kilometer entfernten Handeloh vor den Toren Hamburgs nach Haus gekommen. Das Fest lief unter dem Motto »100 Jahre – 70 Jahre Leben + 30 Jahre Käse«. Zum einen war damit mein 70. Geburtstag gemeint, zum anderen das 30-jährige Jubiläums meiner selbstständigen Arbeit als Bio-Käsehändler und gleichzeitig die Übergabe an meinen Nachfolger. Allein dieser Anlass hatte mich schon so berührt und gerührt, dass ich vor Freude hätte weinen können. All meine Gäste waren Menschen, die mir im Laufe meines Lebens ans Herz gewachsen waren und mir zu Ehren gekommen waren. Schon bei der Begrüßung fiel so manche Träne.

In dieser mich fast überwältigenden, glücklichen, emotionalen Gemütsverfassung bin ich nach Hause gekommen. Kurz nach meiner Ankunft rief mich Elwira an. Sie bat mich, zu meiner Tante zu kommen, weil es Dorothea nicht gutginge und sie selbst auch Unterstützung benötige. Für mich war es emotional und kräftemäßig unmöglich, noch an diesem Abend zu meiner Tante zu fahren und Elwira zu unterstützen. Ich musste Elwira enttäuschen und mich für den nächsten Vormittag mit ihr verabreden.

10. JULI 2017. GENUG GEWARTET

Als ich früh am Vormittag an Dorotheas Bett trat, begrüßte sie mich außergewöhnlich freudig. Es kam mir vor, als ob sie auf mich gewartet hatte. Es schien anstrengend gewesen zu sein, dieses Warten. Sie sah noch immer völlig erschöpft aus, so wie vor ein paar Tagen, als ich ihr das Pflegebett habe aufstellen lassen.

Ich bemerkte schnell, wie unglücklich sie über ihren Gesundheitszustand war. Seit fünf Tagen lag sie nun in einem Pflegebett. Sie konnte nicht mehr aufstehen, sich nicht mehr allein waschen, war wieder einen gewaltigen Schub unselbstständiger geworden. Jetzt, wo sie bettlägerig geworden war und die sogenannte »Bettpfanne« nicht ständig bereit sein konnte, musste sie diese Tortur mit den Windeln ertragen, musste jetzt sogar dauerhaft die von ihr gehassten Windelhosen tragen. Zum ersten Mal in ihrem Leben kamen zweimal pro Tag Pflegerinnen vom Pflegedienst der Diakonie in Hoya. Einen solchen Pflegedienst hat sie immer vermeiden wollen. Diese erneute Einschränkung ihrer so lebenslang gepflegten Selbstständigkeit war für sie schwer zu ertragen, noch schwerer als die Windeln selbst und das von fremden Personen durchgeführte Waschen.

Dorothea wurde ihr Verlust der Beherrschbarkeit des natürlichen Ausscheidens bewusst und sie fühlte sich gedemütigt. So kam es vor, dass sie sich mit all ihrer noch vorhandenen Kraft in den Beinen und Armen manchmal heftig gegen das Wechseln der Windeln wehrte. In solchen

Momenten tat sie mir leid. Oder tat ich mir selbst nur leid bei dem Gedanken, auch mal in eine solche Situation zu kommen?

An diesem Vormittag wollte sie öfter mit mir sprechen, obwohl es ihr schwerfiel. Sie war schlecht zu verstehen, hielt meine Hand und sagte mit Tränen in den Augen: »Ich bin traurig.«

»Warum bist du traurig und worüber?«

»Die Pflege … die Pflege ist so wie im Krankenhaus. Da wollte ich doch nie hin.«

Richtig, das war eine Vereinbarung zwischen uns.

Es kam mir vor, als ob das nicht der wahre Grund ihrer Traurigkeit war, als ob sie mir etwas anderes sagen wollte.

»Ja, das stimmt. Aber warum sagst du mir das? Was willst damit ausdrücken?«

Sie stockte kurz. »Darüber reden wir später.«

»Ich habe verstanden. Ich verspreche dir, dass wir das für dich qualvolle Waschen im Bett auf das absolut Notwendige reduzieren werden« – was am Abend von der Pflegerin nach leichtem Drängen schon umgesetzt wurde.

Etwas überraschend drehte sie den Kopf zu mir und sagte: »Alle ambulanten Pflegerinnen meinen es gut mit mir … mach dir keine Sorgen um mich.«

Ich verbrachte den ganzen Vormittag an ihrer Seite. Sie hat mir mehrfach gesagt, dass es mit ihr dem Ende entgegengehe und sie jetzt sterben wolle. Sie riss das Thema Sterben so oft an, dass ich mich wunderte und sie fragte:

»Hast du Angst vor dem Sterben?«

»Nein! … Ich habe zum lieben Gott gebetet. Er möge mich holen … so wie er deinen Großvater geholt hat.«

Sie teilte mir nicht mit, wie er geholt wurde und warum sie jetzt daran dachte.

Ich wollte sie unterstützen und sagte: »Du darfst gehen. Deine geliebte Mutter, dein gefallener Bruder und deine Schwester warten auf dich.«

Sie im strengen Befehlston: »Sei ruhig!«

Gegen Mittag bin ich nach Hause gefahren, um mich auszuruhen, weil ich die Nachtwache bei ihr halten wollte, auch um Elwira zu entlasten.

Elwira konnte die letzten Nächte nach dem Krabbeln unter das Bett nicht gut schlafen. Sie schien mir überfordert mit dieser Situation und wusste nicht so recht, wie sie Dorothea helfen konnte. Sie war hektisch und meinte, meine Tante nicht eine Sekunde allein lassen zu können, obwohl ich – und am Nachmittag Barbara – anwesend war. Vor lauter Aufregung schwirrte sie immer um mich und Dorothea rum. Sie tat mir leid, und sie nahm tagsüber keine Hilfe in Form einer Entlastung an, außer eben die Nachtwache von mir.

10. JULI 2017. DAS STERBEN VORBEREITET?

Als ich um 18:30 Uhr zur Nachtwache zurückkam, wollte Dorothea sich selbst in gewohnter Art und Weise den Wecker und den Trinkbecher vom Waschtisch holen. Ich musste ihr erklären:

»Das ist leider nicht mehr möglich, da wir deine ehrwürdige Kommode weiter wegstellen mussten. Du liegst jetzt im Pflegebett. Wir müssen von beiden Seiten an das Bett kommen. Wenn du die Uhrzeit wissen willst, können wir dir den Wecker zeigen und die Uhrzeit nennen.«

Ich hielt ihr den Wecker zur Demonstration hin.

Leicht erbost sagte sie: »Das meine ich nicht!«

Klar, sie wollte sich ihre so geliebte Selbstständigkeit so weit wie möglich erhalten, und sei der Anlass noch so unwesentlich. Sie schaute mich schweigend mit großen, offenen Augen an und schlief ein.

Ab und zu gaben Elwira oder ich ihr ein wenig Wasser aus dem Trinkbecher. Wir mussten sie dafür im Bett gemeinsam mühsam ein wenig aufsetzen. Es strengte sie an. Jetzt konnte sie nicht einmal mehr selbstständig trinken. Widerwillig trank sie einen kleinen Schluck Wasser. Zu oft wurde sie

Eine antike Waschkommode

in den letzten Jahren daran erinnert, mehr zu trinken, obwohl sie genau wusste, wie wichtig das Trinken für ihre Gesundheit ist. Essen wollte sie in den letzten Tagen auch nur noch wenig.

Gegen 20:30 Uhr fragte sie mich:

»Wie lange kann ein Mensch ohne Essen leben?«

»Das ist bei jedem Menschen unterschiedlich, bis zu vier Wochen schätze ich.«

»Wie lange kann ein Mensch ohne Wasser leben?«

»Ich weiß es nicht genau, vier bis fünf Tage?«

Die Antwort kam blitzschnell, kurz und knapp, aber bestimmt: »Ich weiß Bescheid.«

Ich stutzte. Wollte sie nicht mehr trinken? Will sie ein Sterbefasten beginnen? Schlau genug dafür war sie.

Kaum eine Stunde später kam sie zurück auf das Thema Sterben und sprach mit trauriger Stimme: »Ich möchte sterben.«

»Ja, du darfst sterben, du hast alles erledigt, alles ist gut.«

»Aber Elwira will es nicht!« Mit ihr war sie die letzten Tage viel allein.

»Doch, auch Elwira wünscht es dir, alle wünschen es dir.«

»Na, dann ist gut. Haben wir alles vorbereitet? Hast du die Unterlagen für die Beerdigung?«

»Ja, du hast sie mir gegeben, und ich habe sie alle. Du kannst beruhigt sein.«

»Du nimmst das Haus!«, sagte sie mir plötzlich mit klarer, bestimmter Stimme und wurde dann sehr weich, noch weicher, als sie in den letzten Jahren eh schon geworden war: »Du hast so viel für mich getan. Du hast so viel für mich getan.« Mit Tränen in den Augen hielt sie meine Hand.

Es war für mich kaum auszuhalten, wie weich und zart diese ehemals strenge, nahezu unnahbare Tante geworden war, wie sie sich verändert hatte. Mir kam für eine Sekunde meine mir angeeignete »Lebensweisheit« in den Sinn: »Es ist nie zu spät, sich zu verändern.«

Noch stärker war mein Gefühl, gerührt, berührt und dankbar zu sein. Da hörte ich sie wieder sprechen:

»Ich wünsche allen, die mir geholfen haben, alles Gute.«

Sie wollte immer wieder die Lippen mit dem nassen Lappen befeuchtet haben. Das Trinken mit dem Becher fiel ihr immer schwerer, sie hatte Probleme beim Schlucken … oder sie wollte nicht mehr größere Mengen

Wasser haben, wer weiß. Gegen 22 Uhr wollte sie keinen nassen Lappen mehr für ihre Lippen. Sie schlug die Hände über dem Bauch zusammen und betete.

»Ich bin froh, dass es diese Nacht zu Ende geht, so friedlich jetzt vorbeigeht. Ich will schlafen. Ich danke dem lieben Gott, dass er es so gut mit mir gemeint hat.«

Sie war dabei sehr friedlich und klar – es war faszinierend, und ich bewunderte seit Jahren diese Entwicklung bei ihr, dass der Körper langsam zerfiel und der Geist, der Verstand wie immer klar blieb. Eine solche Entwicklung hatte ich schon bei der sechsjährigen Begleitung meiner krebskranken Mutter erleben dürfen. Welch Geschenk.

WAS SOLL ICH DENN NOCH HIER?

Eine halbe Stunde später ist sie eingeschlafen, und ich hörte sie schnell und kurz atmen. Alles hat sich so angefühlt, als ob es wirklich ein friedliches Ende wird.

Ich legte mich im Zimmer nebenan auf das Liegesofa neben dem Esstisch, um zu schlafen.

Gegen zwei Uhr dreißig hörte ich sie sich sehr unruhig und stöhnend im Bett wälzen. Ich ließ sie zunächst gewähren, weil solche Geräusche und ihr Verhalten normal waren.

Dann rief sie nach mir, und ich sah sie total um sich schlagend im Bett. »Dorothea, was ist los?«

Sie rief laut mit kräftiger Stimme und vorwurfsvoll, ja wütend: »Was soll ich denn hier? Was soll ich denn noch hier?«

Im Halbdunkel ihres Schlafzimmers blickte mich ein verzweifeltes Gesicht an, und immer wieder, … immer wieder … bestimmt zehnmal den gleichen Satz:

»Was soll ich denn noch hier?!« … verzweifelnd … dann langsamer werdend und leiser.

Es schien mir, als ob sie gemerkt hätte, dass sie noch lebt, noch nicht gestorben ist und sich darüber maßlos ärgerte. Hatte sie sich tatsächlich fest vorgenommen, diese Nacht zu sterben?

Ich antwortete zunächst nicht, schließlich war es ja keine Frage an mich.

Dann kam eine längere Pause. Schweigen. Stille.

Ich habe ihr mit nassen Wattebäuschen die Lippen befeuchtet und sagte: »Ich kann dir die Frage nicht beantworten, ich habe aber verstanden, dass du sterben willst.«

Ich habe ihr weiter die Lippen befeuchtet und ihr zur Beruhigung ein paar Globuli gegeben.

Wieder Stille. Pause. Schweres Atmen.

Sie fragte mich, jetzt entspannter:

»Wie spät ist es denn?«

»Es ist halb drei, mitten in der Nacht.«

Jetzt eine spürbar im Dunkel des Zimmers knisternde, nachdenkliche Pause.

»Warum ist mein Gebiss raus?«

»Weil es dich gestört hat und mittlerweile sehr lose im Mund liegt.«

Sie, mit vorwurfsvollem Ton: »Hast du es schon weggeschmissen?«

»Nein! Willst Du es haben?«

»Ja.«

Ich gab ihr das Gebiss in die Hand. Sie hat es sich nach mühevoller »Arbeit« selbst in den Mund geschoben. Es hielt sich nicht am Gaumen. Schon nach wenigen Sekunden hat sie es wieder rausgenommen. Sie war verzweifelt. Sie musste selbst merken, dass sie das Gebiss nicht einsetzen konnte. Es war eine traurige, qualvolle Atmosphäre.

Dann wieder die vorwurfsvolle Frage: »Was soll ich denn noch hier? Bin ich krank?«

»Nein, du bist nur sehr alt und sehr schwach.«

Wieder eine Pause, die mir wie Stunden vorkam, mitten in der Nacht, im halbdunklen Schlafzimmer einer verzweifelten alten Frau, meiner Tante. Sie wollte sterben. Ich hatte ihr versprochen, sie zu begleiten. Ich konnte das Nachdenken in ihrem Gehirn fast hören und wartete.

Dann weiter, mit immer noch leicht vorwurfsvollem Ton: »Du hast gesagt, dass du mir helfen willst!«

»Ja, das mach ich auch gerade, deshalb bin ich mitten in der Nacht bei dir hier am Bett.«

»Du warst nicht hier, als ich dich gerufen habe! Ich will ins Altersheim!«

»Da wird dir die Frage, was du hier noch willst, auch nicht beantwortet.«

Wieder eine nachdenkliche Pause, die mir wieder unendlich lang vorkam.

Ich legte meine Hand zart auf ihre Stirn, was sie in den letzten Jahren als sehr angenehm empfunden hatte.

»Das hilft auch nicht!«, raunte sie mich an.

Damit war das Gespräch zu Ende.

Mittlerweile lag sie nach dem aufwühlenden Gespräch sehr schräg im Bett. Ich forderte sie auf, zu versuchen, sich selbst grade in die Bettmitte zu legen. Mühsam ist sie der Aufforderung nachgekommen. Dann schloss sie erschöpft die Augen, schlief ein und atmete ruhig.

Ich konnte mich wieder auf das Liegesofa im Nebenzimmer zum Schlafen legen.

11. JULI 2017. DAS LEBEN SAGT GUTEN TAG

Ich hatte beschlossen, dass ab dem heutigen Tag ständig, jede Minute, eine Person bei Dorothea sein sollte. Um das organisatorisch und zeitlich zu erreichen, erweiterte ich das Team um Bettina, eine gelernte Altenpflegerin aus der Nachbarschaft, und ich hielt mich selbst bereit für einen Einsatz.

Erst um 10:40 Uhr wachte Dorothea hustend und stöhnend auf. Sie öffnete die Augen, als ich zu ihr ans Bett ging. Ich stellte ihr ihren CD-Recorder ans Bett und fragte:

»Willst du deine klassische Musik hören?«

»Ja. Wo bist du?«

»Im Nebenzimmer, Elwira und ich frühstücken.«

»Ich will auch!«

Sie hatte die letzten Tage nichts mehr essen wollen. Heute hatten wir sie zum Frühstück wegen der aufregenden Nacht nicht geweckt. Elwira ging in die Küche, um ihr den Brei zuzubereiten.

»Das Essen kommt gleich.«

Da fragte sie überraschend: »Haben wir schon Tee getrunken?«

»Für die Teestunde ist es zu früh, es ist erst elf Uhr.«

»Zum Teetrinken gehört mein Stuten. Der Mensch muss schlafen, waschen und essen!«

Dann hörte sie der Musik zu und döste vor sich hin.

Als sie um 11:20 Uhr ein wenig Kamillentee ans Bett gereicht bekam, hörte sie draußen Geräusche und fragte Elwira:

»Was sind das für Geräusche?«

»Herr Hormann, ihr Nachbar mäht Ihren Rasen, wie immer.«

»Hol mir mein Geld aus meiner Handtasche, die am Schaukelstuhl hängt und sag mir, wie viel Geld noch darin ist.«

Als sie ihren Geldbeutel in den Händen hielt: »Wenn er fertig ist, soll er reinkommen.«

Was war das denn? Sie hatte im erschöpften Zustand den Nachbarn an ihr Pflegebett gebeten und wollte ihm im Liegen das übliche Taschengeld für die Nachbarschaftshilfe geben. Herrn Hormann habe ich vorher noch nie in ihrem Schlafzimmer gesehen, noch nie hatte sie ihn im Schlafkleid empfangen. Welch Wunder! Jetzt stellte sie ihm sogar noch eine Frage:

»Haben sie Rasendünger bestellt?«

»Nein, dieses Jahr nicht.«

»In meinem Schuppen ist aber noch Dünger, bitte verstreuen Sie ihn.«

Tatsächlich, es gab noch Dünger, wie sich Herr Hormann vergewisserte. Wir waren alle total verblüfft!

Wieso hat sie ihm unbedingt selbst das Geld geben wollen? Ihn an ihr Pflegebett zitiert? Woher und warum wusste sie noch von dem Dünger … und warum ist ihr gerade in diesem Moment, an diesem Tag eingefallen, dass es noch Dünger geben müsste?

Als Herr Hormann gegangen war, hat sie Elwira gebeten, sich einen Stuhl zu holen und bei ihr sitzen zu bleiben. Wenig später fragte sie nach ihrem Allheilmittel Ballistol, um sich den Hals einzureiben, und verlangte Voltaren-Salbe. Diese Salbe enthält Schmerzmittel, was sie stets abgelehnt hatte. Dann wollte sie sich im Bett zum Sitzen aufrichten. Allein! Keiner sollte helfen. Sie schaffte es, im Liegen allein nach oben zu rutschen.

Ich bin dann wieder nach Hause gefahren. Ich wollte eventuell für die Nachtwache wiederkommen, um Elwira für eine weitere Nacht zu entlasten. Ab zwölf Uhr hatte Barbara Dienst und berichtete mir Jahre später:

»Am 11. Juli war ich ab Mittag wieder da. Ich hatte nichts anderes zu tun, als bei ihr zu sein. Wir hatten uns kaum wie sonst unterhalten, aber ihre klassische Musik gehört.

Als ich mich zum Gehen aufmachte, hat sich deine Tante von mir verabschiedet. Ich kann mich nicht mehr erinnern, wie wir dazu gekommen waren, dass sie plötzlich zu mir sagte:

›Barbara, jetzt geht es wohl zu Ende.‹
›Ja‹, habe ich gesagt.
›Dann muss ich mich jetzt wohl verabschieden … Tschüs und adieu‹.
›Tschüs, Frau Meyer, ich hab Sie gern gehabt. Eine gute Reise wünsche
ich Ihnen, alles Gute.‹«

Der ambulante Pflegedienst der Diakonie kam gegen 18:30 Uhr. Ich hatte mit den Pflegerinnen erneut abgesprochen, dass eine »Katzenwäsche« reichen würde. Dorothea hatte sich noch immer nicht an das Waschen des Pflegedienstes im Bett gewöhnt. Es war physisch und psychisch eine Qual für sie, sie sollte sich ein wenig erholen können. Denn Dorothea hat nach diesen »Behandlungen« bemerkbar weniger gesprochen, als ob sie sauer war.

Das wollte ich heute vermeiden. Als Elwira ihr zuredete, mehr Wasser zu trinken, hat sie nur einen ganz kleinen Schluck getrunken. Elwira war besorgt, da Dorothea tagsüber nur 250 Milliliter getrunken hatte, was Elwira genau abgemessen hatte.

Die Nachtwache wollte Elwira selbst machen, ich brauchte sie nicht zu unterstützen und konnte mich ausruhen.

Um 22:40 Uhr rief Dorothea Elwira.

»Leg bitte deine Hand auf mein Herz und teste, ob es noch arbeitet.«

»Ja, Ihr Herz schlägt noch.«, erwiderte Elwira erstaunt über diese Frage.

»Mein Herz arbeitet noch!«, rief Dorothea in einem halbwegs erstaunten wie empörten Ton.

Um Mitternacht hat Elwira nach Dorothea geschaut und ihr noch einen kleinen Schluck Wasser zum Trinken angeboten. Dorothea hat dann bis morgens durchgeschlafen und damit Elwira eine geruhsame Nacht geschenkt.

12. JULI 2017. NACHLASSENDE KRÄFTE

Der Morgen begann für Dorothea und damit auch für Elwira ein wenig früher. Um sechs Uhr war Dorothea wach. Elwira reichte ihr ein wenig Wasser und sagte:

»Ruhen Sie sich am besten noch ein wenig aus, in zwei Stunden kommt die Pflegerin von der Diakonie zum Waschen.«

Darauf Dorothea kurz und bündig: »Wozu sollen wir uns noch waschen, wenn es heute passiert?«

Zur Ablösung von Elwiras Nachtwache kam Bettina als weitere Helferin, eine rührende, ausgebildete Altenpflegerin. Dorothea kannte Bettina vorher nicht. Trotz ihres schwachen Zustands hat Dorothea schnell ein offenes Verhältnis zu Bettina entwickelt. Entwickelt ist nicht ganz der richtige Ausdruck. Es gab keine Entwicklung, sondern sie verstanden sich sofort. Sie sprachen während der nächsten Stunden offen miteinander. Dorothea drückte mir später ihre Freude über diese Stunden mit Bettina aus.

»Es wird langsam Zeit, Abschied voneinander zu nehmen. Ich habe Schmerzen beim Drehen im Bett und vor allem am Hals.«

Der Hals war ein wenig geschwollen, wir nahmen eine Speicheldrüsenentzündung an, da sie schwer schlucken konnte. Die Schmerzen schienen aber für sie aushaltbar, sonst hätte sie sich deutlicher bemerkbar gemacht.

»Wird das noch einmal besser?«, fragte sie Bettina.

»Das kann ich nicht beurteilen«, erwiderte sie diplomatisch.

»Wir beide wissen genau Bescheid. Wir gehen daher mal einfach davon aus, dass es wieder besser wird!«

Dorothea wollte nichts essen zu Mittag. Bettina gab ihr ein paar kleine Schlucke Wasser.

Um 13 Uhr war wieder Wechsel. Bettina informierte Dorothea: »Jetzt kommt Elwira wieder.« Darauf Dorothea nur kurz und knapp mit einem schelmischen Lächeln auf den Lippen: »Halleluja« – was bei ihr normalerweise als eine nicht willkommene Geste zu deuten ist.

Bettina und Elwira wechselten noch gemeinsam die Windelhose.

Als Bettina sich verabschiedete, sagte Dorothea noch zu ihr: »Jeder Mensch müsse sich verabschieden, und es kann schnell kommen oder länger dauern.« Dann drehte sie sich selbst auf die Seite und wollte sich die Lippen selbst einreiben. Elwira hielt ihr dazu die Dose mit der Salbe hin. Danach schlief Dorothea ein.

Das Nachmittagsritual mit Tee und Stuten fiel aus. Dorothea döste vor sich hin.

Um 16 Uhr meldete sie sich bei Elwira zu Wort: »Das Leben geht zu Ende. Ich sage nichts mehr.«

Sie verlangte, dass Elwira bei ihr bleibe.

»Wo ist Eberhard? Schließlich ist er mein Ein und Alles, mein absoluter Vertrauter.«

Gegen 20 Uhr wollte sie unbedingt im Bett sitzen und hat ausnahmsweise allein mit der Schnabeltasse getrunken, sogar verhältnismäßig viel, circa 50 Milliliter – so viel hatte sie am Tag zuvor nicht getrunken. Ab diesem Moment wollte sie nicht mehr trinken und hat nur tropfenweise Wasser zu sich genommen.

Die Nacht war ruhig, Elwira hat immer wieder nach ihr geschaut.

Ich kam nicht zur Nachtwache, weil ich für die nächste Nacht und das Wochenende eingeteilt war.

13. JULI 2017. SEHNSUCHT NACH RUHE

Als Elwira um sechs Uhr nach Dorothea sah, wollte sie nichts trinken. Sie stöhnte und jammerte leise nur vor sich hin. Erst um acht Uhr nahm sie wenige Tropfen Wasser auf die Lippen an.

Um neun Uhr kam der ambulante Pflegedienst. Dorothea hat sich heftig mit Händen und Füßen gegen das Wechseln der Windeln gewehrt und hat dabei der Pflegerin ins Gesicht getreten.

Dorothea hatte seit knapp zehn Tagen zum ersten Mal wieder Stuhlgang. Es war ihr total unangenehm, in die Windeln entlassen zu haben und sich jetzt von der Pflegerin reinigen zu lassen. Sie schien den Stuhlgang bewusst viele Tage gehalten zu haben, um dieser Prozedur aus dem Weg zu gehen. Jetzt schien sie alle Kräfte zu mobilisieren, um zu zeigen, dass ihr das Wechseln der Windeln nicht gefällt. Die Pflegerin hatte den »Angriff« überstanden und begann mit Elwiras Hilfe einen erneuten Versuch, die Windel zu wechseln.

Gesprochen hat Dorothea dabei nicht. Sie hat nur laut geschrien und gestrampelt. Sie war kaum zu halten. Woher hat sie die Kräfte genommen?

Das waren solche Momente, die allen Helferinnen und mir besonders schwergefallen sind: zu sehen, wie sie körperlich sichtbar von Tag zu Tag schwächer wurde, geistig aber noch immer ganz klar bei Sinnen war, alles ganz bewusst miterleben musste.

Um 10:30 Uhr war wieder Wechsel. Barbara kam, wie seit ein paar Jahren gewohnt, jeden Donnerstag für circa sechs bis sieben Stunden.

»Dorothea war weiterhin ansprechbar, hat wenig bis gar nicht gesprochen. Sie wollte um 12:30 Uhr nichts zu Mittag essen. Nicht einmal feinpürierte Kartoffeln und Möhren mit ihrer geliebten Butter. Sie wollte sich ausruhen. Das änderte sich auch nicht, als ihre Nichte Friederike aus dem Nachbarort am frühen Nachmittag zu Besuch kam. Normalerweise freute sie sich auf ihre Nichte, nicht aber heute. Dorothea hat Friederike nicht wirklich wahrgenommen. Es war ihr zu viel. Sie wollte gern Musik hören und schlief dabei ein.

Als ich ihr am späten Nachmittag eine Wärmflasche für die kalten Füße reichte, hat sie sich merkbar bedankt. Es ging ihr nicht gut. Sie stöhnte und seufzte vor sich hin. Mir blieb nur übrig, ihr immer mal wieder sehr kleine Schlucke Wasser anzubieten. Sie nippte nur an der Schnabeltasse. Sie wurde zunehmend unruhiger, strampelte sich frei von ihrer Zudecke. Da halfen auch ein paar Arnika-Globuli nicht, die ich ihr, wie abgesprochen, in solchen Situationen reichen sollte.

Zwischendurch kam Elwira von oben aus ihrem Zimmer. Sie schien sehr um das Wohlergehen von Dorothea besorgt zu sein und wollte mich unterstützen. Nun musste ich noch Elwira beruhigen und sie bitten, wieder nach oben oder nach draußen spazieren zu gehen.

So lag Dorothea da im halbdämmerigen Zustand mit ihren immer größer zu werdenden offenen Augen. Barbara blieb in ihrer Nähe. Sie bot ihr immer mal wieder etwas zu trinken an oder befeuchtete wenigstens ihre Lippen. Dorothea drehte sich im Bett bei Bedarf selbst auf die Seite.

Am späten Nachmittag fragte Barbara Dorothea höflich und leise:

»Frau Meyer, kann ich etwas für sie tun? Haben Sie einen Wunsch?«

Leise, sehr leise, antworte Dorothea leicht unwirsch: »Nein, nein, nein«, und strampelte sich zum wiederholten Mal ungehalten im Bett frei und verweigerte das Trinken.

Um 18 Uhr kam ich zum Wechsel für den Nachtdienst und löste Barbara ab. Dorothea schien sich fast zu erschrecken. Sie zog mich im Bett liegend ganz schnell zu sich ran. »Ich habe dich vermisst.«

Es war ein Gemisch aus Freude und Trauer.

Sie war sehr unruhig. Das verstärkte sich, als der ambulante Pflegedienst kam, um sie wieder wegen des erneuten Stuhlgangs zu reinigen.

Um 20:30 Uhr erwähnte Dorothea zweimal: »Diese Nacht sterbe ich.« Heute war sie dabei sehr unruhig und wirkte ängstlich.

Sie atmete manchmal so schnell, dass ich dachte, dass sie hyperventiliert.

Ich hielt ihre Hand und legte meine andere auf ihre Stirn, was sie dieses Mal zuließ.

Ich habe sie ermuntert, sich mit mir zu entspannen.

»Versuch, dich zu entspannen. Versuch, alles geschehen zu lassen, was passieren will. Du brauchst keine Angst zu haben … ich bin bei dir.«

Sie hat mich dabei mit sehr großen Augen und offenem Mund stumm angesehen.

Ich musste davon ausgehen, dass sie jedes Wort verstand und verarbeiten konnte.

Dies war eine sehr tiefgehende Begegnung mit ihr – ganz ohne Worte. So ging es mehr als eine Stunde, bis circa 22 Uhr.

Dorothea stöhnte heftig und war unruhig. Sie zeigte mir, dass sie etwas Wasser haben wollte. Sie konnte wieder nur kleine Schlückchen trinken. Sie versuchte zu sprechen. Es kamen einzelne Wörter raus wie: »Ich sterbe« … *Pause* … »Komme in den Himmel« … *Pause* … und immer wieder: »Ich sterbe.«

Ich habe versucht, sie zu unterstützen, sie zu entspannen. Sie schien verzweifelt zu sein, und ihre Stirn zeigte außergewöhnlich viele Falten. Sie deutete mir mit Handbewegungen an, dass ich bei ihr bleiben solle. Ich hatte den Eindruck, dass sie mir was sagen wollte. Sie konnte keine ganzen Sätze sprechen.

Es kamen lediglich schwer verständliche Laute wie »ich bereue«. Sie sprach dann nicht weiter.

Ihr schien Kraft zu fehlen. Da sie kein Gebiss mehr im Mund hatte, war sie besonders schwer zu verstehen. Ich bat sie, langsamer und deutlicher zu sprechen.

Sie wiederholte die Laute ... aber sie wurde nicht verständlicher ... es hätte auch »ich freue« heißen können ... und nach einer Pause auch was mit »Himmel«.

Die Tatsache, dass ich sie nicht verstand, machte sie noch verzweifelter und steckte mich an. Ich konnte sie nicht verstehen, nur spüren, dass ihr irgendwas wichtig war. Sie konnte sich nicht mehr richtig ausdrücken. Dieser Zustand war für uns beide schwer zu ertragen. Mir blieb nichts anderes übrig, als nur da zu sein.

Dorothea lag mit großen offenen Augen in ihrem Pflegebett, inmitten vieler Kissen und verlangte ab und an, dass ich ihr die Hand hielt.

Sie erinnerte mich in diesem Moment an meine Großmutter, ihre Mutter, die als Greisin im Pflegeheim lag. Sie schien damals nicht sterben zu können, lange, gefühlt für mich mindestens zwei Jahre lag sie im Bett. Ich fand das damals furchtbar traurig.

So ging das hier mit Dorothea über eine Stunde. Die Nacht verbrachte sie ruhig, während ich im Nebenzimmer auf dem Liegesofa schlief.

14. JULI 2017. KNISTERNDE ENERGIE

Am Morgen gegen acht Uhr waren Elwira und ich bei ihr, weil der Pflegedienst jeden Moment kommen konnte.

Dorothea lag mit offenen Augen da und konnte nicht mehr sprechen, aber uns wahrnehmen.

Sie hatte wieder Stuhlgang und zeigte uns abermals deutlich, wie unangenehm es ihr war, in die Windel gemacht zu haben. Das Wechseln der Windel und das Waschen gefielen ihr gar nicht.

Sie konnte sich aber nicht mehr wehren. Sie tat mir leid.

Sie nahm das Befeuchten der Lippen an, ließ sich aber keine einzelnen Tropfen Wasser in den Mund tropfen.

Elwira als 24-Stunden-Betreuerin schien mehr und mehr überfordert zu sein mit dieser spürbaren Nähe des Todes. Es war einfach zu viel für sie. Sie konnte nicht einmal ansatzweise abschalten. Je ruhiger Dorothea wurde, desto unruhiger schien Elwira zu werden. Ich hatte jetzt zwei Personen zu betreuen. Elwira verbreitete mir viel zu viel Unruhe. Ich spürte diese Unruhe bei ihr schon seit Tagen. Ich konnte nicht ausschließen, dass sich diese Unruhe auf meine Tante übertrug. Zu oft hatte ich davon gehört, dass Menschen Probleme beim Sterben hatten, weil begleitende Personen nicht wollten, dass sie sterben.

Dorothea brauchte Ruhe und ich auch. Ich entschloss mich, Elwira zu bitten, das Wochenende bei Freunden von ihr in Bremen zu verbringen. Dort könnte sie vielleicht ein wenig abschalten und Kräfte sammeln.

Die Freunde holten sie noch am Mittag ab.

Ich war erleichtert, denn ich brauchte für mich selbst auch mehr Ruhe im Haus. Ich wollte möglichst viel allein mit meiner Tante sein.

So verbrachte ich ab Freitagmittag durchgehend bis Samstagmittag die Zeit mit Dorothea allein.

Meine Aufgabe sah ich jetzt darin, Ruhe zu bewahren, da zu sein, ihr immer wieder die Lippen zu befeuchten und mich zu zeigen.

15. JULI 2017. ALLEIN ZU HAUS

Am Samstagnachmittag um 14 Uhr kam Lilly wie verabredet für vier Stunden zu meiner Tante. Ich konnte mich bis 18 Uhr ausruhen. Lilly hatte Dorothea die ganzen Tage schon sehr rührend begleitet.

Bei der Übergabe berichtete sie mir:

»Deine Tante ist sehr schwach, sehr schwach. Ich habe ihr die Lippen immer mal wieder mit in Tee getränkten Wattebäuschen befeuchtet, habe mit ihr gesprochen, sie hat aber nicht gesprochen. Das habe ich auch nicht erwartet. Ich habe ab und an ihre Hand gehalten und mich an ihre Seite gesetzt.«

Wir stellten uns gemeinsam an das Pflegebett. Lilly wollte sich verabschieden. Sie befeuchtete Dorotheas Lippen noch einmal und sprach zu ihr: »Frau Meyer, Eberhard ist jetzt wieder da, ich fahre jetzt nach Hause. Ich wünsche Ihnen alles, alles Gute.« Lilly streichelte Dorothea noch einmal zart über die Stirn, durchaus damit rechnend, dass es die letzte Begegnung und Berührung sein konnte.

Anschließend kam die ambulante Pflegerin der Diakonie, um nach Dorothea zu sehen. Dorothea zog das gleiche Ritual wie an den Tagen zuvor ab: Sie zeigte uns ihren Unwillen mit lautem Stöhnen und strampelte mit den Beinen. Die Pflegerin überlegte, ihr ein Schmerzmittel zu geben, obwohl Dorothea nicht den Eindruck machte, als ob sie Schmerzen hatte. Ich war aufgrund meiner Erfahrung mit Dorothea sicher, dass sie nicht wirklich Schmerzen hatte. Das würde sie deutlich zeigen. Außerdem lehnt sie Schmerzmittel ab. Weil sie kaum noch reden und somit die Entscheidung darüber nicht fällen konnte, gab ich dem Drängen der Pflegerin nach und willigte ein, Dorothea ein Schmerz-Pflaster zu geben. Aber ein sehr schwaches. Allein, um auszuprobieren, ob es ihr helfen könnte, noch mehr zur Ruhe zu kommen. Das schien mir vertretbar in dieser Situation.

Als die Pflegerin gegangen war, war es richtig ruhig im Haus. Keine 24-Stunden-Betreuerin, keine Gesellschafterin und keine Pflegerin der Diakonie. Nur ich war noch im Haus.

Ich spürte eine eigenartige Energie. Der Tod war spürbar, er musste sich nicht länger verstecken. Ich würde ihn empfangen können. Ich hatte keine Angst vor dem Sterben meiner Tante. Ich war vorbereitet durch meine Erfahrung mit meiner Mutter. Außerdem hatte sich Dorothea seit Tagen, nein, seit Wochen, willentlich zum Sterben bereiterklärt. Jetzt galt es für sie, den Kopf freizubekommen, nicht mehr zu leiden, sich nicht länger mit Albträumen und der Vergangenheitsbewältigung zu quälen. Ihr Alter, die Schwäche ihres Körpers riefen offensichtlich den Tod herbei. Es galt ihr die Gelegenheit zu geben, sich dem Tod einfach hinzugeben.

Dorothea hielt immer wieder meine Hand. Ihre Sorgenfalten auf der Stirn waren verschwunden.

Manchmal ließ sie meine Hand los, wollte nicht angefasst werden.

Sie atmete fast durchgängig ruhig, nur selten unruhig.

Ich redete zu ihr und atmete mir ihr.

Ich atmete laut und tief, entspannend in ihrem Rhythmus.

Es lief leise ihre geliebte klassische Musik, die sie in den letzten Jahren häufig gehört hatte.

Ich sprach zu ihr mit Pausen dazwischen, was mir gerade gefühlsmäßig einfiel:

»Du darfst gehen … Du hast alles erledigt.«

Ich grüßte sie von einigen vertrauten Menschen, die sie gern hatte, mit Namen.

»Alle wünschen dir von Herzen, dass du friedlich einschlafen kannst.

Ich bin bei dir … ich bleibe bei dir … du wirst nicht allein sein …«

So vergingen fast zwei Stunden, Stunden in großer Ruhe, in mir und in Dorothea, die immer gleichmäßiger atmete. Die Stille bewirkte eine unvorhergesehene Übereinstimmung zwischen uns, ein »einfach zu sein«, ohne Gedanken.

Gegen 20:30 Uhr hatte ich den Eindruck, dass meine intensive Begleitung für diesen Moment reichen würde. Sie sah sehr entspannt aus. Mein Gefühl sagte mir, dass sie allein sein wollte.

Ich verabschiedete mich von ihr:

»Ich gehe jetzt ins Wohnzimmer nebenan. Ich schaue immer mal wieder nach dir.«

Knapp eine halbe Stunde später habe ich nach ihr gesehen.

Sie war friedlich eingeschlafen ... für immer.

Im gesegneten Alter von 98 Jahren ist Dorothea bewusst und lautlos in die Ewigkeit verschwunden.

Ich konnte es erst nicht glauben, dass sie wirklich so seelenruhig eingeschlafen ist.

Ich fühlte das Herz und den Puls nicht mehr. Ich schloss ihre Augen und den Mund.

Ich öffnete das Fenster, damit ihre Seele dahinfliegen konnte, wie ich es gelernt hatte.

Es gab genügend Zeit für mich, mich von meiner Tante zu verabschieden.

Ihr zu danken, dass sie mich hat teilnehmen lassen an ihrem Sterben, an den Veränderungen in ihren Haltungen zum Leben und zu anderen Menschen.

Ich freute mich, dass sie auf diese sanfte Weise erlöst wurde, so wie sie es sich gewünscht hatte.

Ich fühlte mich selbst erlöst. Erlöst von der Verantwortung, von meinem Versprechen, sie zu begleiten, bis in den bitteren Tod. Nein, er war nicht bitter, er war sanft, heilig, würdig.

Ich war dankbar, dass ich durch sie noch deutlicher als bisher erleben konnte, dass das Sterben zum Leben gehört wie die Geburt, wie das Essen und Trinken. Sie bestätigte mir mein Gefühl, dass ich selbst jederzeit sterben könnte und keine Angst vor dem Tod haben musste.

Da saß ich nun mit all diesen Gedanken etwas bedröppelt an ihrem Bett. Kleinlaut, dem Tod begegnet zu sein. Bedrückt von meinen aufkommenden Gedanken. Verlegen, allein am Bett meiner toten Tante in der Nacht eines Samstagabends zu sitzen. Ich versuchte, mich innerlich mit einer Meditation zu beruhigen. Bis mir klar wurde, dass meine Aufgabe noch nicht erledigt war.

EINFACH STERBEN GEHT NICHT

Ich brauchte noch einen offiziellen Totenschein von einem Arzt, ohne den geht gar nichts. Das wusste ich von der Begleitung meiner Mutter. Ohne diesen Schein ist ein Toter nicht tot. Ich rief den zuständigen Bereitschaftsarzt an. Ja, er wolle kommen. Er komme von weit her, schließlich sei es Samstagabend, und nur er habe Bereitschaft für einen großen Bezirk. Ich müsse Geduld haben, er sei gerade in der Nähe von Soltau, knapp 80 Kilometer von mir entfernt. Erst um 23:30 Uhr klingelte er an der Tür.

Der Arzt erklärte mir, dass er für den Totenschein ein Formular mit vielen Fragen ausfüllen und mich zum Tod meiner Tante befragen müsse. Jetzt war es nützlich, dass ich die Generalvollmacht von ihr hatte. Ich war damit der gesetzlich anerkannte Ansprechpartner einer Toten, die keinen Ehemann, keine Geschwister und keine Kinder hinterlassen hatte.

Das Frage-Antwort-Spiel begann.

»Woran ist Ihre Tante denn gestorben?«

»Sie ist eingeschlafen.«

»Ich meine, war sie gefallen oder krank, was war geschehen?«

»Sie war lediglich alt und schwach mit 98,5 Jahren.«

»Lediglich alt und schwach? Sowas gibt es nicht in den Formularen in Deutschland! Was soll ich denn in den Bericht schreiben?« Er überlegte, was er denn machen könnte, und begann weiter zu fragen: »Gibt es eine Krankenakte des Hausarztes?«

»Sie war schon viele Jahre nicht mehr beim Arzt.«

»Wer war ihr Hausarzt?«

»Sie hat nie wirklich einen Arzt gebraucht.«

Seine Stirn legte sich in dem dämmrigen Licht der dunklen Stube in Falten.

»Wie das? Das ist kaum zu glauben.« Pause. »Was soll ich denn machen? Es gibt keine Unterlagen?«, fragte er hilflos.

»Es gibt nur die Mappe vom ambulanten Pflegedienst. Allerdings nur von den letzten zehn Tagen. Vorher hat sie keinen Pflegedienst benötigt.« Er schaute in die Mappe der Diakonie und fand dort keine geeigneten Hinweise für sein Formular. Seine zunehmende Verzweiflung war ihm anzusehen.

»Dann versuchen wir es anders. Welche Krankheiten hatte sie denn?«

»Sie war nie wirklich krank. Sie hatte keine Krankheiten, sie hat sehr gesund gelebt, ihr wurde nur vor 75 Jahre eine Niere entfernt. Wenn ihnen das hilft«, sagte ich schon leicht genervt.

Der Arzt guckte mich mit großen Augen an. Er begann mir langsam leidzutun, zu komisch war die Situation. Dorothea hätte über diese Unsicherheiten eines Arztes sicherlich schelmisch geschmunzelt. Glaubte er mir nicht? Er gab nicht auf. Er holte tief Luft und fuhr fort:

»Welche Medikamente hat Ihre Tante denn eingenommen?«

»Sie hat meines Wissens ihr Leben lang keine Medikamente eingenommen. Jedenfalls nicht die letzten elf Jahre. Sie hat keine Medikamente vertragen, nicht einmal Schmerzmittel nach einer starken, schmerzhaften Prellung. In den letzten Tagen hat sie nur ein sehr schwaches Schmerzpflaster bekommen. Allerdings nur zur Beruhigung. Sie hat die Schmerzpflaster abgelehnt, ist davon sehr unruhig geworden. Wir haben sie abgesetzt. Erst heute Abend haben wir ein neues, sehr schwaches Schmerzpflaster geklebt.«

»Faszinierend … faszinierend … faszinierend.« Er schaute mich mit noch größeren Augen an, als ob ich beziehungsweise meine Tante von einem anderen Stern kämen. Verzweifelt setzte er erneut an:

»Was soll ich denn in den Bericht reinschreiben?«

Jetzt tat er mir richtig leid.

»Schreiben Sie doch, wie es wirklich war: dass sie lediglich sehr alt und schwach war und selig eingeschlafen ist«, wiederholte ich meine Antwort vom Beginn der Fragestunde.

Jetzt gab er auf, anscheinend zufrieden fragte er weiter:

»Wissen Sie den Zeitpunkt des Ablebens?«

»Nicht genau, zwischen 20:45 und 21:15 Uhr.«

So konnten wir einen genauen Todeszeitpunkt aushandeln. Der Arzt hatte wenigstens eine konkrete Antwort in das Formular aufnehmen können und verabschiedete sich in die tiefe, dunkle Nacht. Es war mittlerweile Sonntag geworden.

EINE AUSSERGEWÖHNLICHE FRAU HAT UNS VERLASSEN

Das Gespräch mit dem Arzt hat mir noch einmal deutlich gemacht, wie außergewöhnlich meine Tante war. Das Leben war typisch für meine Tante Dorothea verlaufen: für ihr Leben und ihre Lebenshaltung.

Ich habe bisher keinen Menschen getroffen, der seinen Körper so gut kannte. Dorothea wusste, was ihr guttut, besser als jeder Arzt und besser vielleicht als ihre Heilpraktikerin, der sie auch nicht jede Behandlungsmethode abnahm. Sie kannte ihren Körper so gut, dass sie bis zum Ende ihres Lebens bei vollem Bewusstsein eingeschlafen ist.

Sie war ihr ganzes Leben sehr selbstbestimmt. Sie hat ihre Meinung öfter als viele andere Menschen nicht hinterm Berg gehalten – auch wenn sie wusste, dass sie damit »aneckt«. Sie hat getan, was sie für richtig und wichtig empfand, so geredet und so entschieden. Sie schien es sogar geschafft zu haben, selbst zu entscheiden, wann sie sterben will. Ja, sie wurde sogar äußerst ärgerlich, als sie es in der Nacht vom 10. auf den 11. Juli zum ersten Mal nicht geschafft hatte, endlich zu sterben, obwohl sie es sich vorgenommen hatte. Wie soll ich ihre Ausrufe »Was soll ich denn noch hier?« anders deuten?

Sie hat sich ihren Wunsch erfüllt, nicht ins Altersheim, nicht ins Krankenhaus zu kommen, zu Hause inmitten ihrer alten Möbel sterben zu können, die ärgsten körperlichen und psychischen Strapazen nur für einen kurzen Zeitraum ertragen zu müssen, nur circa 14 Tage. Ja, all diese Wünsche hat sie sich erfüllt, dafür konnte sie ihre im Alter von 34 Jahren aufgetretenen Träume nicht erfüllen.

Sie hat mir geschenkt, dass ich meine Lebenserfahrung erweitern konnte, wie schon bei der Begleitung meiner Mutter: Beide haben mir deutlich gezeigt, dass der Tod zum Leben gehört. Dass ich vor dem Tod keine Angst haben muss.

Ihre geistige Klarheit bis zum Schluss und der zunehmende Verfall des Körpers schienen wie eine Befreiung zu sein. Ich (und sie selbst ebenso) konnte zusehen, wie die Muskeln schlaffer wurden, das Gleichgewicht nachließ, die Beine schwerer wurden, die Zähne rausfielen, der Rücken krummer wurde und der Geist beständig gleich stark und wach blieb, mit Ausnahme von ein paar Vergesslichkeiten (die ich ja schon selbst bei mir spüre …) und eine Verwirrung über die Wirren ihres Lebens.

Ich konnte zusehen, wie sich ihre Strenge, ihre Verbissenheit, ihre Haltung zum Leben und zu den »Untertanen« (angestellte Betreuerinnen, Nachbarn) wandelte, wie aus einer herrischen, den Befehlston bevorzugenden und immer Recht haben wollenden Tante eine weiche, offene, zarte Person geworden ist.

Ich bin mir sicher, dass sie alle noch vorhandenen Lebenskräfte mobilisiert hat, um mir noch ein Geschenk zu machen und nicht vor oder während meiner großen Geburtstagsfeier zu sterben. Sie hat auf mich gewartet. Ich danke ihr!

NACHWORT: WÜRDIGUNG
DER 24-STUNDEN-BETREUERINNEN

Wenige Tage nach der Trauerfeier wollte ich unbedingt den 24-Stunden-Betreuerinnen und den beiden Gesellschafterinnen danken. Für alle kam der Tod von Dorothea nicht ganz überraschend. Maria und Agata wollten ab August 2017 wiederkommen, Ursula hatte überlegt, im Herbst/Winter wiederzukommen.

Sie haben ihren anstrengenden Job mit Herzblut ausgefüllt. Sie waren zudem ein wundervolles, fast selbstorganisiertes, verantwortungsvolles Team und damit eine riesige Hilfe. Dorothea, die anfangs wenig respektvoll mit den Betreuerinnen umgegangen ist, hat diese Frauen auch in ihr Herz schließen können. Auf diese Weise haben Maria, Ursula, Elwira und Agata dazu beigetragen, dass Dorothea weicher, liebevoller und respektvoller geworden ist. Ebenso Barbara und Lilly, die ihr viel Zeit und Herz geschenkt haben.

ANLAGEN

Anlage 1 Hof Meyer, Duddenhausen 23

Duddenhausen gehört heute zur Samtgemeinde Grafschaft Hoya/Weser

Hof Meyer Duddenhausen

Volksmund: Schlennerhof

Das altehrwürdige Wohnhaus (1) ist ein originales niedersächsisches Zwei Ständer-Eichen-Fachwerkhaus und wurde vor mehr als 300 Jahren erbaut, im Dreißigjährigen Krieg fast vollständig zerstört und 1669 neu aufgebaut. Die anderen Gebäudeteile sind später dazugekommen.

Das Wohnhaus steht heuten unter Verwendung aller originalen Materialien im Zoologischen Garten in Hannover und dient als »Hoflokal« in der Anlage »Meyer Hof«, zusammen mit weiteren historischen Gebäuden aus Niedersachsen. Die Anlage wurde zur EXPO 2000 in Hannover erstellt.

An der Hofeinfahrt des alten Bauernhofs prangte der ehrwürdige Schafstall (4). Neben dem Riegel der Tür aus knorrigem Eichenholz stand stolz eine unauffällige Zahl: 1684. Die Eichen für diesen Stall hatten den 30-jährigen Krieg (1618–1648) miterlebt, um dann 36 Jahre später die Balken für diesen Stall zu liefern. Es wird davon ausgegangen, dass der Stall irgendwann einmal auf einer Weide als Unterstand für Schafe gedient hatte, abgebaut wurde und hier seinen vorläufigen Platz gefunden hat. Seit 1980 ist der Schafstall als Wohnhaus in Morsum (Kreis Verden) zu neuem Glanz erkoren.

1) Wohnhaus aus dem Jahr 1669, mit »Guter Stube«, Schlafräumen und einer großen Wohndiele. Zur Hofseite schloss sich der Kuhstall an.

1a Küchenstube, Küche, Kammer und ein Aufgang zu Zimmern für Bedienstete.

2) Pferdestall und die große Scheune zum Lagern. An der vorderen Front mit Waschküche, kleinen Räumen, in denen nach dem Krieg Flüchtlinge wohnten; ganz rechts das legendäre Plumsklo.

3) Schweinestall mit angrenzendem Hühnerstall (3a).

4) Schafstall aus dem Jahr 1686.

5) Speicher für Getreide etc. Während des Krieges auch als Unterkunft der Kriegsgefangen genutzt. Für sie gab es dort eine provisorische Küche.

6) Holz-Lagerschuppen.

7) Backhaus mit dem vorgelagerten Ofen (vorn). Das Gebäude wurde in den Siebzigerjahren nach St. Peter Ording verkauft.

8) Bleichhütte, in der die Materialien für das Bleichen der Leintücher gelagert wurden. Die Tücher mussten tagsüber regelmäßig mit Wasser besprengt werden. Nachts hatte der Bleichknecht seine Schlafstelle dort, um die Leinen zu bewachen. Die Hütte hatte keine Fenster.

Zu Kriegs- und Nachkriegszeiten haben die Kriegsgefangen und Flüchtlinge die Hütte zum Halten von Hühnern benutzt.

Anlage 2 Dorfkalthaus Banteln Leine,
heute Gemeinde Gronau/Leine

Das Bantelner Kalthaus bewährt sich

Die bisherigen Benutzer sind sehr zufrieden — Hauptfreude kommt im Sommer

Banteln. Seit dem 1. Dezember ist die im Hause des Stellmachermeisters Witte eingerichtete Kalthausanlage im Betrieb und erfreut sich schon jetzt bei den Benutzern allgemeiner Beliebtheit. Die Anlage ist in der Nordseite des Hauses untergebracht und erstreckt sich über die ganze Hauslänge der Kirchstraße entlang.

Durch den östlichen Eingang gelangt man zuerst in den sogenannten Packraum, in dem die aufzubewahrenden Sachen, wie Fleisch, Wurst, Gartenfrüchte usw. aufgeteilt, eingeschlagen und in viereckige Drahtkörbe gepackt werden. Es schließt sich ein zweiter Raum von etwa 3×2.50 m Größe an, der eine Temperatur von 2 Grad Wärme haben soll. Besondere Vorrichtungen bieten hier Gelegenheit, das Frischfleisch vor dem Einkühlen zum Abtrocknen und zum Entbluten aufzuhängen. In drei übereinander angeordneten eingebauten Frostern werden die Waren zunächst 4 bis 5 Stunden bei 25 Grad Kälte vorgekühlt und dann in den dahinterliegenden vollständig isolierten Kaltraum (18 Grad Kälte) befördert, wo sie aufbewahrt werden. Dieser Raum enthält 56 verschließbare Fächer mit einem Fassungsvermögen von je 200 Ltr. Es ist noch Platz genug vorhanden, um die Anzahl der Fächer auf das Doppelte zu erweitern. In einem neben dem Kaltraum liegenden, von Westen zugänglichen Maschinenraum surrt ein mit automatischer

Schaltung ausgerüsteter Motor und sorgt für die erforderliche Kaltluftzuführung.

Zur Zeit ist etwa die Hälfte der vorhandenen Fächer im Gebrauch, aber man merkt, daß jeder seine Freude daran hat. Besteht doch die Möglichkeit, Eßwaren für lange Zeit frisch zu halten, ohne daß der Wert herabgemindert wird. Die Vorteile dieser Einrichtung werden sich besonders in der wärmeren Jahreszeit bemerkbar machen, in der die Frischhaltung große Bedeutung hat und manches vor dem Verderben gerettet werden kann. Die Benutzung der Kalthausanlage kann jedem wärmstens empfohlen werden. Die Bedingungen sind tragbar. Außerdem läßt sich die Wirtschaftlichkeit dieses Gemeinschaftsunternehmens durch Inanspruchnahme aller vorhandenen Fächer noch wesentlich verbessern.

Leine Deister Zeitung 10.12.1955

Kühlfachmieten werden sinken

Banteln. Die in der Gastwirtschaft Eckermann abgehaltene Generalversammlung der Kühlhausgemeinschaft Banteln ließ ein sehr erfreuliches Bild der Wirtschaftslage dieser auf freiwilliger Basis entstandenen Gemeinschaft erkennen. Die Kühlhausgemeinschaft hatte sich in der konstituierenden Versammlung vom 11. Juli 1955 zusammengefunden, nachdem die Errichtung des Kühlhauses Banteln durch Selbsthilfe und Aufnahme eines Bankkredits möglich geworden war. Durch diese vorbildliche Zusammenarbeit der Gemeinschaftsmitglieder entwickelte sich die finanzielle Lage der Kühlhausgemeinschaft Banteln so erfreulich, daß Aussicht besteht, die Mieten für die Kühlhausfächer im Laufe des Geschäftsjahres 1959 senken zu können.

Lagerraum mit 100- und 200-Liter Fächern.
Ende der 80er Jahre

Leine Deister Zeitung 26.03.1959

Auf dem Bild des Hauses Kirchstraße 11 war der vordere rechte Teil das Kalthaus

418

In dem Kalthaus lagerten die Hausfrauen ihr geerntetes Gemüse und Obst, die Jäger ihr geschossenes Wild. Es war auch ein sozialer Treffpunkt für die Einwohner und Einwohnerinnen.

Das energiesparende Kalthaus wurde Ende der Achtzigerjahre von den energieraubenden Tiefkühltruhen und -schränken in den einzelnen Haushalten verdrängt und geschlossen.

Heute wäre dies ein wichtiges energiesparendes Projekt und würde dem sozialen Zusammenhalt auf den Dörfern oder auch in den Quartieren der Städte sicherlich guttun und energiepolitisch von Vorteil sein.

Anlage 3 13. Dezember 1958.
Übergabevertrag und Erbverzichtsvertrag

Verhandelt
zu Hoya/Weser, den 13. Dezember 1958
vor mir, dem unterzeichneten Notar
erschienen heute
Herr Bauer Friedrich Meyer, in Hoyerhagen Nr. 151
dessen Ehefrau Margarete Meyer geb. Meyer
Herr Landwirt Julius Meyer, in Duddenhausen Nr. 23
dessen Ehefrau Marlies Meyer, geb. Thies

Die Erschienenen ersuchen um Beurkundung eines Übergabe- und Erbverzichtsvertrages.
Die erschienenen wurde belehrt wie folgt … (es folgen 5 Punkte) …
Hierauf schliessen die nachbenannten Vertragsparteien folgenden Übergabevertrag und Erbverzichtsvertrag:
§ 1. Dieser Vertrag wird unter der aufschiebenden Bedingung geschlossen, dass alle erforderlichen behördlichen Genehmigungen erteilt werden.

§ 2. Es übergibt Herr Friedrich Meyer, im folgenden Veräusserer genannt, seinen Hof, verzeichnet im Grundbuch von Duddenhausen Band V nebst dem derzeit darauf vorhandenen toten und lebendigen Inventar an seinen ‚Sohn Herrn Julius Meyer, im folgenden Erwerber genannt, jedoch mit Ausnahme der nachfolgend aufgeführten Flächen, die bereits anderweitig verkauft oder aufgelassen sind, deren Verkauf behördlich auch bereits genehmigt ist, die aber vom Grundbuch Duddenhausen Band V noch nicht abgeschrieben sind … (es folgen 4 Grundstücke mit insgesamt 4,39 ha) … Nach Abzug dieser Flächen verbleiben und werden übergeben noch ca. 50 Viertel Hektar.

Das lebende Inventar besteht aus drei Kühen, einem Rind und einem Pferd.

Von einer Aufzählung des toten Inventars sehen die Parteien ab. Nicht mit übergeben wird ein Kutschwagen nebst einem Kutschgeschirr und einem Arbeitsgeschirr.

Der Veräusserer übernimmt keine Gewähr für Grösse, Güte und Beschaffenheit des übergebenen Grundbesitzes, der Baulichkeiten und des toten und lebenden Inventars. Der Erwerber übernimmt alles in seinem heutigen Zustand.

§ 3. Die Übergabe erfolgt frei von Lasten Dritter. Evtl. grundbuchliche Belastungen werden auf Kosten des Veräusserers gelöscht.

Der Lastenausgleich verbleibt bei dem Veräusserer. Er versichert, dass der übergebene Hof nicht sein einziges Vermögen ist.

§ 4. Der Erwerber gewährt seinen Eltern, nämlich dem 69 Jahre alten Veräusserer und dessen 65 Jahre alten Ehefrau Margarete Meyer geb. Meyer ein Altenteil bestehend aus monatlich fünf Zentner Roggen mittlerer Art und Güte. Von dem Tod eines Elternteils folgendem Monat ab sind an den überlebenden Elternteil nur noch dreieiviertel Zentner zu leisten.

Das Altenteil ist ab dem 1. Januar 1960 monatlich im Voraus bis 15. jeden Monats lieferbar zu leisten und für die Kalenderjahre 1960 und 1961 nur in halber Höhe.

Die Erschienenen bewilligen und beantragen, dieses Altenteil für die genannten Berechtigten in Abt. II des Grundbuches von Duddenhausen Band 5 derart einzutragen, dass ihm in Abt. II und III nichts vorgeht, es soll aber mit der unten in § 5 beantragten Reallast gleichen Rang haben.

§ 5. Der Erwerber gewährt seiner 40 Jahre alten Schwester Dorothea Meyer wohnhaft in Hoyerhagen Nr. 151 bis zur Vollendung deren 65. Lebensjahr unentgeltlich monatlich zweidreiviertel Zentner Roggen mittlerer Art und Güte, monatlich bis 15. jeden Monats im Voraus zu leisten. Die Leistung ist nicht zu bewirken, solange der Altenteil des § 4 an eines der Elternteile des Erwerbers geleistet wird.

Die Leistung beginnt nicht vor dem 1. Januar 1960 und ist in den Kalenderjahren 1960 und 1961 nur zur Hälfte zu bewirken, falls sie in diesen Jahren aus dem angegebenen Grunde nicht ruht.

Die Erschienen bewilligen und beantragen, für Dorothea Meyer eine Reallast des vorgezeichneten Inhalts, gleichrangig mit dem in § 4 beantragten Altenteil, im Übrigen erstrangig in Abt. II und III des Grundbuches von Duddenhausen Band 5 einzutragen.

§6. Der Veräusserer. Herr Friedrich Meyer, erklärt:

1) Meine Tochter Margarete Hasper geb. Meyer in Banteln, Krs. Alfeld. erhält von mir in Anrechnung auf ihren durch diesen Übergabevertrag ausgelösten Abfindungsanspruch innerhalb von zwei Monaten, gerechnet ab Erteilung der in § 1 genannten Genehmigungen, bare 10.000,- DM

Sie erwirbt mit der vorstehenden Erklärung einen direkten Anspruch gegen mich.

2) Meine Tochter Dorothea Meyer hat sich die in § 5 gewährte Reallast auf ihren durch diesen Übergabevertrag ausgelösten Abfindungsanspruch anrechnen zu lassen, desgleichen die ihr mit Vertrag vom 2.8.1958 übertragenen Parzellen.

Soweit Dorothea Meyer durch diese Leistungen wegen ihres Abfindungsanspruches aus dem Hof noch nicht voll befriedigt sein sollte, verpflichte ich mich, sie darüber hinaus zu befriedigen.

Unberührt bleibt jedoch und wird von mir nicht befriedigt der erhöhte Abfindungsanspruch meiner Tochter Dorothea für den Fall, dass der Erwerber den Hof oder wesentliche Teile davon innerhalb 10 Jahren veräussert.

§7. Die Übergabe erfolgt heute. Lasten und Nutzungen gehen ab heute auf den Erwerber über mit folgenden Ausnahmen:

1) Das Milchgeld steht dem Erwerber ab 1. November 1958 zu

2) die Grund- und Gebäudesteuern, sowie der Landwirtschaftskammerbeitrag sind vom Veräusserer bis 31.12.58 bezahlt. Auf Rückforderungen verzichtet er. Desgleichen verzichtet er auf Rückforderungen für Feuerversicherungs- und Haftpflichtversicherungsprämien, Beiträge für Berufsgenossenschaft, Landvolk, Altershilfe und Familienausgleichskasse, soweit er diese über den heutigen Tag hinaus entrichtet hat.

3) Das Zuckerrübengeld für die Ernte 1958 verbleibt bei dem Veräusserer im vollen Umfang und geht nicht auf den Erwerber über, dagegen stehen

dem Erwerber die Ansprüche auf Gratis-Schnitzel-Rücklieferungen ab heute zu.

§ 8 und § 9 ... betreffen Erklärungen zum Grundbucheintrag ...

§10. Herr Julius Meyer einerseits und seine Eltern, Herr Friedrich Meyer und seine Frau Margarete Meyer geb. Meyer andererseits schliessen nunmehr folgenden

Erbverzichtsvertrag
Herr Julius Meyer verzichtet für sich und seine Abkömmlinge auf das gesetzliche Erbrecht nach seinem vorgenannten Vater und seiner vorgenannten Mutter. Diese nehmen diesen Verzicht hiermit an und erklären sich damit einverstanden.

§11. Die Kosten dieses Vertrages und seiner Durchführung trägt der Veräusserer.

Die erschienenen geben den derzeitigen Einheitswert des Hofes mit 31.000,– DM an, bemerken aber dabei, dass er noch fortgeschrieben werden muss, weil die Veräusserungen an ... (es folgen 5 Namen, darunter Dorothea) ... noch nicht berücksichtigt sind.

Die Erschienenen geben den Geschäftswert für den Übergabevertrag mit 18.000,– DM, für den Erbverzichtsvertrag, §10, mit 8.000,– DM und den Geschäftswert des §6 mit 10.000,– DM im Kosteninteresse an

§12. ... lärt,
- wer alles eine Ausfertigung und Abschrift dieses Vertrages erhält
- wem der Vertrag vorgelesen wurde und wer unterschreiben habe
- sowie die Kosten für den Anwalt auf Grundlage der Geschäftswerte ... insgesamt 276,85 DM

gez. Rechtsanwalt T.«

Anlage 4 Zu den Rotenburger Anstalten

Die »Rotenburger Werke« sind heute eine anerkannte Einrichtung der Behindertenhilfe, die zeitgemäße Arbeit leistet. Sie haben ihre Vergangenheit ausführlich aufgearbeitet:

»Hinter dem Grünen Tor – Die Rotenburger Anstalten der Inneren Mission, 1945–1975«, Karsten Wilke, Hans-Walter-Schmuhl, Sylvia Wagner und Ulrike Winkler, 376 Seiten, gebunden (ISBN 978-3-7395-1172-9).

In dem Buch berichten ehemalige Bewohnerinnen und Bewohner über ihre Erfahrungen. Sie bestätigen die Erinnerungen von Friederike. Hier ein paar Ausschnitte aus dem Buch:

Ankunft

»*Diejenigen Interviewpartnerinnen und -partner, die sich noch an ihre Ankunft erinnern können, berichten fast durchweg, dass sie sich zu Beginn sehr unglücklich gefühlt hätten. (…) Frau Carmen, die 1968 aufgenommen wurde, erinnert sich mit Schrecken an ihre Ankunft in Rotenburg. Sie sollte – wohl weil sie unruhig war – gleich in der ersten Nacht auf der Station 24 im Bett fixiert werden. Schließlich hatte die Nachtwache ein Einsehen und ließ sie in einem Kinderbett in ihrem Büro schlafen.*« (S. 264)
»*Auf den Stationen für Kleinkinder waren Jungen und Mädchen untergebracht. Ältere Kinder, Jugendliche und Erwachsene (…) waren streng nach Geschlechtern getrennt (…) hatten so gut wie keinen Kontakt zu einander*«. (S. 282)

Räume zum Leben

»*Unmittelbares Lebensumfeld der Bewohnerinnen und Bewohner war die ›Station‹. Auf jeder Station gab es zwei große Schlafsäle oder mehrere Schlafräume mit mehreren Betten, einen Waschraum, einen Tagesraum, ein Personalzimmer (…) dazu auf manchen Stationen eine oder mehrere ›Zellen‹ zur Isolierung (…) Schlaf- und Waschräume wurden nach dem morgendlichen Reinemachen abgeschlossen (…) die Zellen waren gefürchtet – die Bewohnerinnen und Bewohner wagten es kaum, einmal einen Blick hineinzuwerfen – sodass sich das Leben ›auf der Gruppe‹ tagsüber*

im Wesentlichen im Tagesraum und auf den Fluren abspielte (…) Kinder,
die Schulunterricht erhielten, verließen morgens die Station, legten den
kurzen Weg zur anstaltseigenen Sonderschule zurück und verbrachten den
Vormittag in ihrem Klassenraum.

Halten wir fest: Die Räume zum Leben waren gerade für die Kinder eng
begrenzt – und einen Ort ganz für sich allein hatten sie gar nicht. Der
einzige Platz, den sie ihr Eigen nennen konnten, war ihr Bett. Von einer
Privatsphäre konnte auch hier keine Rede sein. Hier stand Bett an Bett,
Nachtschränke gab es meist nicht, nur einen Stuhl oder Hocker am Fuß des
Bettes, auf dem man abends die Kleider ablegte.« (S. 266)

Dinge für sich

»Die Bewohnerinnen und Bewohner der Rotenburger Anstalten konnten
nur wenige Habseligkeiten ihr Eigen nennen. Wertvolle Besitztümer waren
ein eigener Teddy, eine Puppe oder anderes Spielzeug.(…) An sich hätten
sie (die Kinder) ihre Habseligkeiten – Spielzeug, Süßigkeiten, Zeichnungen,
Fotos, Briefe – in einer Schublade in einem Schrank im Tagesraum verstau-
en sollen….wo sie (zum Teil) nicht unter Verschluss gelagert wurden, es sei
viel gestohlen worden (…)so oder so, das Personal hatte ungehinderten Zugang zu den Schubläden und damit die Kontrolle über die Habseligkeiten
der Bewohnerinnen und Bewohner. (…) Als selbstverständlich wurde es
auch angesehen, dass manche Mitarbeiterinnen und Mitarbeiter Pakete,
die von den Familien geschickt wurden, öffneten und den Inhalt den
Empfängern nach Gutdünken zuteilten, manchmal sogar auch an andere
Kinder ausgaben (…) Die meisten gaben an, eingehende Post sei geöffnet
und gelesen worden, bevor sie ausgehändigt wurde.« (S. 267/268)

Kleidung

»Bei der Aufnahme in den Rotenburger Anstalten wurden die Bewohnerinnen und Bewohner neu eingekleidet. (…) Die kleineren Kinder mussten
die abgelegte Kleidung der größeren auftragen (…) Frau Carmen berichtete, dass sie und ihre Freundin sich zum Rotenburger Jahrmarkt Kleidung
besorgten, die ›nicht anstaltsmäßig‹ aussah: ›Was die Leute in der Stadt
anhatten‹. (…) Früher hat man immer gesehen, wer aus den Rotenburger
Anstalten kam.« (S. 269)

Ewa war bei einer polnischen Agentur mit einem Arbeitsvertrag fest angestellt und über die deutsche Agentur Senior X. (Name geändert) an uns vermittelt. Senior X. wiederum hat mit uns einen Vertrag abgeschlossen, der uns einerseits zu einer einmaligen Jahresgebühr verpflichtete (ca. 700,00 €) und ein monatliches Arbeitsentgelt für Ewa entgegennahm. Das war das normale Vermittlungsritual.

Die deutsche Agentur Senior X. bekam von uns monatlich 1.800 €, inklusiv eines Aufschlags, weil Ewa gut Deutsch sprach. Wieviel Geld Ewa davon bekam, war uns zunächst nicht bekannt. Die Pflegerinnen durften vertraglich nicht darüber sprechen. Wir aber wollten es herausbekommen und wendeten uns an die Berstungsstelle »Faire Mobilität«. Dort erhielten wir großartige Hilfe und Unterstützung.

Die Beraterstelle des DGB in Berlin wurde im Laufe der Zeit erheblich erweitert und existiert heute, im Jahr 2023, noch immer. Mittlerweile in mehreren Städten Deutschlands. Alle Infos über:

Faire Mobilität, Paula-Thiede-Ufer 10, 10179 Berlin
E-Mail kontakt@faire-mobilitaet.de
Telefon +49 30 219653721
www.faire-mobilitaet.de

Es folgte ein reger Schriftwechsel, der die Situation von Ewa und damit der vielen Frauen aus Polen darstellt, die als sogenannte 24-Stunden-Pflegekräfte in Deutschland arbeiteten.

Guten Tag (…),
Wir fragen jetzt am Beispiel der polnische Pflegerin Ewa, wie das System dieser Pflegekräfte-Versorgung eigentlich grundsätzlich funktioniert. Können Sie uns dabei helfen?
Ich habe offen mit Ewa gesprochen, dass wir 1800 € an die polnische Agentur zahlen, dabei vertraglich aber auch noch mit einer deutschen Agentur verwickelt sind, die als Vermittler für polnische Agenturen arbeitet. Dieser Agentur bezahlen wir zusätzlich pro Jahr ca. 700 €, wobei es für jedes weitere Jahr Prozente gibt.
Die Pflegerin Ewa berichtet, dass sie 1100 € ausgezahlt bekommt. Das war

der Anlass, sich mal genauer anzusehen wie sich dieser Betrag zusammensetzt und inwieweit wir hier in welchem System beteiligt sind. Ewa beschreibt uns die Zusammensetzung ihres Lohns so:
»Ich habe ein Vertrag für polnische 1400 zł also etwa 380 €, von diesem sind 200zl also etwa 50 € für Nebenkosten wie Versicherung, Steuer usw.
Das ist sehr schlecht für mich und gut für Büro ... dazu kommt – das heisst Diet – für ein Tag über 27 €, das ist ohne Steuer usw. ... das alles zusammen ist ungefähr 1100 €.«

Wenn ich diese Aufstellung von Ewa richtig verstehe, wird wegen der Steuer-Vermeidung der möglichst niedrigste Lohn gezahlt (wie beim 460 € Minijob in Deutschland), darauf dann steuerfreie Spesen (Diät) von 27 € / Tag. Und dabei gehen von den 380 € realem Nettolohn noch 50 € ab für eine wahrscheinlich ungenügende Versicherung und ein kleiner Teil Steuern. Hört sich alles oberflächlich betrachtet nach legal an!

In der Anlage finden Sie einen Einheitsvertrag der deutschen Vermittlungsagentur, den diese mit den wechselnden polnischen Agenturen und mit mir als Betreuer meiner Tante abschließen. Die Verträge mit der deutschen Agentur laufen über ein Jahr. Die mit der polnischen Agentur ebenfalls oder nur solange, wie ihre Angestellte bei uns zur Pflege ist.

Auf den ersten Blick scheint dieses System für alle hilfreich zu sein:
die Pflegerinnen kommen gut und schnell an Arbeit in Deutschland,
die alten Menschen, die unbedingt im eigenen Heim bleiben wollen, und deren Kinder oder Begeiterinnen finden ohne viel Bürokratie eine relativ einfache Lösung
Je länger ich mit diesem System zu tun habe desto zielstrebiger suche ich nach besseren Lösungen im System oder außerhalb von diesem System.

In diesem Sinne hoffe ich, dass Sie uns unterstützen können
das System besser zu verstehen
unsere fettgedrucken Fragen zu beantworten

Mit freundlichem Gruß, Eberhard Hasper«
Parallel hatte Ewa mit verschieden Agentur Kontakt aufgenommen und mich über den Stand informiert:

Hallo Eberhard!
Gut, dass wir versuchen haben mit anderer Agentur, jetzt ist alles klar ... Ich habe sehr viele Agenturen gefunden, die in Deutschland sind, alle arbeitet

gleich – ein Vertrag zwischen einen Deutsche und einer Agentur und Arbeiter aus Ausland. Vielleicht gibt es ein Paar andere, aber ich habe nicht gefunden. Es lohnt sich nicht von meiner Agentur zu andere Agentur zu ändern. Es lohnt sich nur etwas anderes finden – andere Lösung oder bei dieser bleiben. Meine Agentur kann mir 70 € mehr geben (ich forderte 100 € sieht besser aus ....), aber auch nur wenn ich für längere Zeit verlängern will. Gruß! Ewa

Bald kam auch die Antwort von Fair Mobilität:

Sehr geehrter Herr Hasper,
Mein Beratungsschwerpunkt liegt im Bereich Pflege und Gesundheit und ich kann auf Ihre Fragen antworten.

1. Ist dies ein bekanntes, allgemein angewendetes System?
Ja. Die ausländischen (und herkömmlichen) Unternehmen »bedienen« sich beim Aufrechterhaltung »des Systems der privaten Hauspflege in Deutschland mit ausländischen Haushalts-/Pflegekräften« einer der EU-Grundfreiheiten: der Dienstleistungsfreiheit. Diese ermöglicht den ausländischen Unternehmen ihre <u>Arbeitnehmer</u> zur Erbringung von Dienstleistungen in einen anderen EU-Mitgliedstaat <u>vorübergehend</u> zu entsenden. Wie sie am Beispiel von der Beschäftigten im Haushalt Ihrer Verwandten sehen, wird die Entsendung dazu missbraucht, die Pflegekosten möglichst niedrig zu halten und den Gewinn der Unternehmen (das ausländische Entsendeunternehmer und die deutsche Vermittlungsfirma) aus dem Pflegegeschäft nach oben zu treiben. Alles auf Kosten der entsandten Beschäftigten.

2. Ist Ihnen bekannt, wie hoch die Spanne der polnischen Agenturen in der Regel ist?
Die aus Polen entsandten Beschäftigten erhalten ein Grundgehalt in Höhe des allgemein geltenden polnischen Mindestlohnes, der derzeit 1600 Zloty (400 Euro) beträgt. Von dem Mindestlohn werden abgezogen:
Arbeitgeber
- *9,76 % zur Rentenversicherung*
- *6,5% zur Pflege- und Berufsunfähigkeitsversicherung*
  –0,67%-3.60% zur <u>Unfallversicherung</u>
  –2,45 % zur <u>Arbeitslosenversicherung</u>

Arbeitnehmer
- *9,76 % zur Rentenversicherung (ArbN Anteil)*
- *1,5% zur Pflege- und Berufsunfähigkeitsversicherung (ArbN Anteil)*
- *2,45 % zur Krankenversicherung*

- 9% für den Krankengeld- und Mutterschaftsgeldfond

Die polnische Einkommensteuer beträgt 18%.

Bei einem Bruttomindestlohn i.H.v. 1.600 Zloty werden monatlichen Abgaben zur Sozialversicherung in Höhe von 219,36 Zloty und eine Steuer in Höhe 75 Zloty erhoben. Das macht einen Nettolohn von insgesamt 326,41 Euro (4 Zloty = 1 Euro).

Bei einem monatlichen Arbeitseinsatz von 31 Tagen werden steuerfreie Spesen (27 Euro pro Tag) 837 Euro berechnet. Das ergibt:

3. 1800 Euro – 326,41 Euro Nettolohn – 837 Euro Spesen = 636,56 Euro

Wie sie an diesem Rechenbeispiel sehen können, erhält Ewa von Ihren 1800 Euro netto 326 euro plus 837 Euro steuerfreie Spesen und es verbleiben bei der polnischen Agentur zwischen 600 Euro und 700 Euro (für jede entsendete Beschäftigte pro Monat).

4. Was kann ich mit Ewa zusammentun, dass die Arbeit der Pflegerin besser bezahlt wird – außer, dass wir sie in verschiedener Art sehr unterstützen?

Sie können die Verträge kündigen (Ihre Verwandte – den Dienstleistungsvertrag mit der deutschen Agentur und Frau Ewa – ihren Arbeitsvertrag mit der polnischen Agentur) und die Frau Ewa direkt in dem Haushalt Ihrer Verwandten einstellen. In dem Fall würde Ihre Verwandte das Risiko eingehen, dass sie »nur« eine Vertragsstrafe von 1000 Euro zzgl. einer erneuten Vermittlungsgebühr zahlen, falls sie verklagt werden sollte. Dafür würden Sie »dieses System« mit ca. 8.000 Euro jährlich nicht mehr unterstützen und dazu beitragen das Teile des Geldes in das deutsche Steuersystem einfließen. Aus diesem Geld könnten sie außerdem sowohl die Vertragsstrafe zahlen wie auch die Arbeitnehmerin besser bezahlen.

5. Wie ist die gesamte Vereinbarung rechtlich zu werten?

Sie (oder Ihre Verwandte) haben den Vertrag aus freiem Willen unterschrieben. Es stand Ihnen frei einen anderen Vertrag auszuhandeln. Die Frage nach der rechtlichen Bewertung der Regelung, darf ich nicht beantworten, da dies eine juristische Beratung ist, die mir leider untersagt ist. Ich würde Ihnen raten, diese Fragen einem RA zu stellen.

Mit freundlichen Grüßen

(...)

24. 4. 06

Predigt

Liebe Familie Hasper, liebe Familie Nüsken, liebe Familie Meyer

„Die Liebe höret nimmer auf." So haben sie es über die Traueranzeige gesetzt. Das Leben von Margarethe Lewine Hasper ist zu Ende, aber das was sie ihnen und vielen anderen Menschen gegeben hat, das geht weiter. Die Liebe, die Fürsorge, die Zuwendung: sie strahlt aus auch über den Tod hinaus. Gegen die Liebe kommt der Tod nicht an. Und ihre Mutter und Großmutter ist so von ihnen gegangen, wie sie auch gelebt hat, alle und alles bedenkend am Ende eines Lebens, das mit Klarheit und Gelassenheit dem Tod entgegensah. Weder über den Tod noch über das Leben eines Menschen können wir reden, so als sei es irgendein Thema, so als stünden wir darüber, so als könnten wir ihn beurteilen. Ganz im Gegenteil. Die da im Tod von uns geht, ist uns ja voraus, sie ist weiter als wir. Sie ist einen Weg gegangen, der uns noch bevorsteht. Sie weiß, was bleibt, wenn alle Wege zu Ende gegangen sind. Wir leben noch von der Hoffnung.

Darum ist Margarethe Lewine Hasper auch gar nicht darauf angewiesen, von uns gewürdigt zu werden. Unsere Würdigung kann sie nicht mehr erreichen. Sie ist uns so weit voraus, daß nur Gott selbst ihr wirklich gerecht werden kann. Darum wollen wir heute, da wir Abschied nehmen, auch weniger von ihr reden, als vielmehr auf das hören, was uns der Rückblick auf ihr Leben sagt. Uns, die wir noch nicht am Ziel sind. Ein nicht immer leichtes Leben ist da am Sonntag dem 16. dieses Monats zuende gegangen. An einem Sonntag geboren, war sie überzeugt auch an einem Sonntag zu sterben und so ist es auch gekommen.

Am Sonntag, dem 1. Oktober 1921 kam sie zur Welt, in Duddenhausen in der Familie Meyer. Im Kreis der insgesamt drei Geschwister wurde sie groß. Den Menschen zugewandt machte sie eine Ausbildung als Wochenpflegerin. Als sie 22 Jahre alt war, kam sie als Angestellte in die Familie Hasper nach Marienhagen. Durch den Tod im Wochenbett verloren die drei Kinder dieser Familie die Mutter, Margarethe Lewine Hasper nahm sich der Kinder an, besonders des Jüngsten, gerade erst mal ein paar Wochen alt. Margarethe Lewine Hasper war eine starke Frau und sie mußte auch stark sein. Der Witwer Ernst Günther Hasper war als Leiter eines Kalkwerks tätig, es war Krieg, eine schwere Zeit für die Familie. In dieser schweren Zeit kamen sich der Witwer und die Verstorbene näher, lernten einander kennen und lieben, und 1946 heirateten beide. Zwei gemeinsame Kinder kamen zur Welt und so waren es fünf Geschwister für die Margartehe Lewine Hasper die Mutter war. Mit gleicher Liebe und Fürsorge für alle fünf. Die Familie wohnte nun in Banteln und in den fünfziger Jahren blickten sicher alle zuversichtlich in die Zukunft. Da wurde das Kalkwerk, die Existenzgrundlage der Familie aufgelöst. Ernst Günther Hasper wurde arbeitslos, seine Frau Margarethe Lewine arbeitete in Peine im Krankenhaus und mit den neuen Herausforderungen wuchsen ihr neue Kräfte und Verantwortung zu. Sie wuchs mit ihren Aufgaben. Mit über 40 Jahren machte sie eine Ausbildung in der Lebenshilfe und übernahm die Lebenshilfe in Edemissen, immer unterstützt von ihrem Ehemann, der ihr viele Verwaltungsaufgaben abnahm. Margarethe Hasper hatte ein offenes Herz für Menschen mit Beeinträchtigungen ,und wurde von ihnen schnell ins Herz geschlossen.

Menschen mit Behinderungen nicht zu verstecken, sondern teilhaben und teilnehmen zu lassen am Leben. Sie nicht zu verwahren, sondern zu fördern, das war ihre innere Mission, der Menschlichkeit und Menschenwürde zum Recht zu verhelfen. Da mußte Aufbauarbeit geleistet werden, Eltern mußten überzeugt werden. Viele, die hier sind erinnern sich und sind dankbar als das Ehepaar Hasper Anfang der siebziger Jahre hier in die Region kam und die Lebenshilfe in Syke und dann besonders in Hoya aufgebaut hat. Und doch nicht ohne persönliche Rückschläge

Wir nehmen heute von einer Frau Abschied, der selbst schmerzhafte Abschiede nicht erspart worden sind und ich denke daran, daß sich der Ehemann in Hassel das Leben nahm. Das Suchen nach Gründen, der Versuch zu verstehen, blieb unfertig. Eine persönliches Schicksal, das nicht leicht zu verarbeiten war.

Margarethe Lewine Hasper lernte mit dieser Last zu leben, wandte sich wieder dem Leben zu und ihr Weg war die Zuwendung zu Menschen in Not, Menschen mit Behinderung. Und viele hier haben heute gerade dieses Engagement vor Augen und sind dankbar dafür. Vieles ist hier zu nennen, und sie wissen das alle viel besser als ich, aber einiges möchte ich nennen. Die Arbeit für das Rote Kreuz, die Mitwirkung bei der Ferienaktion des Kirchenkreises für die Kinder aus der Region Tschernobyl, die Besuche im Altenheim, ihr Engagement beim Kneippverein.
Der Menschlichkeit und der Menschenwürde zum Recht verhelfen und noch mehr, die Verantwortung für die Umwelt, für die Welt, die uns umgibt, für Mensch und Tier. Margarete Lewine Hasper war bis zuletzt offen und engagiert für die Welt im Großen und im Kleinen. Auch im Kleinen: im persönlichen Bereich durch ihre Fürsorge für die Enkelkinder, die Nichte oder auch Helmles Kinder.
Sie war eine starke Persönlichkeit und es war daher schwer zu akzeptieren, das sie krank wurde und dann noch die Augen schlechter wurden. Und doch führte diese letzte beschwerliche Wegstrecke des Lebens nicht zu Resignation, sondern zu großer, innerer Klarheit und Konzentration auf das Wichtigste. Noch haben Sie die Worte dieser Gespräche im Ohr, spüren die Kraft ihrer Liebe, die Ehrlichkeit und Wahrhaftigkeit, die Vergebung, Vergebung, die man gibt, und Vergebung, die man annimmt. Der Pädagoge Pestalozzi hat einmal gesagt: Erziehung besteht aus nichts anderem als Vorbild und Liebe. Und wenn sie heute zurückdenken, so sind diese Worte im Leben von Margarethe Lewine Hasper wahr geworden, aber nicht nur wenn Sie zurückdenken. Ihr Vorbild und ihre Liebe ist eine Vermächtnis auch für ihr weiteres Leben , ist etwas Wertvolles, das sie ihnen hinterläßt, bleibt Aufgabe und Verpflichtung.

Im Neuen Testament steht dazu der Satz, den sich ihre Mutter selbst für diese Trauerpredigt ausgesucht hat. Er steht im 1. Korintherbrief und lautet:

Es bleiben aber Glaube, Hoffnung, Liebe, diese drei; aber die Liebe ist die größte unter ihnen.

Es bleibt der Glaube. Diesen Glauben wünsche ich Ihnen, denn der Glaube ist empfindlich gegen den Tod. Wir kennen den Satz: Glaube heißt nicht wissen. Was nach dem Tod kommt , das kann kein Mensch wissen, das kann ich nur glauben , das es da ein Wiedersehen gibt. Nun bleibt also der Glaube, dass Gott weiterhilft, wo unsere Wege und unsere Hilfe endet.

Es bleibt die Hoffnung. Die Hoffnung, das Leben geht weiter, auch wenn wir Abschied nehmen müssen im Leben, zuletzt für immer. Und die Hoffnung, das Gott, der größer ist als wir, Auswege aus dem Tod kennt, die wir nicht kennen.

Und es bleibt das Wichtigste, die Liebe. Besonders die Liebe der Verstorbenen zu ihnen und die Liebe, die sie ihr entgegengebracht haben. Mögen Sie die Kraft finden, diesen Tod zu bejahen, denn sie dürfen wissen: auch die Liebe Gottes zu der Verstorbenen hört nicht auf.

Nehmen wir nun Abschied und danken wir der Verstorbenen für ihr Leben, und danken wir Gott für dieses Leben, von 84 Jahren, das für Sie liebe Trauergemeinde, eine Bereicherung war. Bleiben wir bei Glaube , Hoffnung und Liebe, denn etwas anderes bleibt uns nicht. Gott helfe uns dazu, das bitten wir gerade in dieser Stunde.   Amen

Anlage 7 Gedanken von Irmi, der Schwester von
Ernst Günter Hasper, nach seinem Freitod

An meinen Bruder   **Juni 1975**

Du wurdest in Liebe geboren
und lachend kannten wir Dich,
Übermut geprägt Dein Leben,
dann ließ Dich ein Freund im Stich.

Du wolltest es nicht glauben,
Dein Leichtsinn verflog wie der Wind,
nie hast Du es richtig verwunden,
Du lachtest nicht mehr, wie ein Kind.

Du fandest eine Frau und verlorst sie,
Dein Alltagsleben war Pflicht,
Kinder waren der Inhalt
Deines Daseins, das ohne Licht.

Noch einmal schenkte das Schicksal,
den Kindern und Dir eine Frau,
sie sorgte lieb für Euch alle,
vertrieb Euch des Alltags Grau.

Du hast Dich mit ihr verstanden,
Ihr hattest es oft nicht leicht,
doch habt Ihr, so glaubte die Umwelt,
ein sorgloses Alter erreicht.

Du hast Dich wortlos erschossen,
wir fragen verzweifelt »warum«?
Du wurdest verbrannt und begraben,
Entsetzen machte es uns stumm.

Deine Frau: »Ist sie zerbrochen«
Zerstört war ihr liebes Gesicht,
so gerne hätt' ich geholfen,
doch Mitleid vermag es nicht.

Da standen vier ernste Söhne,
Deine Tochter weinte um Dich,
ich gehe fragend von dannen,
Verzweiflung schüttelte mich.

Was weiß heute einer vom ander'n?
Ermutigend winkt man sich zu,
Lieb' nehme ich Dich in die Arme,
Gott schenke Dir Frieden und Ruh'!

Du warst Soldat, immer Vorbild,
ritterlich, tapfer und treu,
verlerntest: »einfach zu leben«,
der Tod schenkt Dir Leben aufs neu.

DANKSAGUNG

Ich sollte immer ein Buch über Käse schreiben – im Laufe meines Arbeitslebens kam ich nie dazu. So freue ich mich heute besonders über die »Arbeit« der Aufarbeitung der langjährigen Begleitung meiner Mutter Margarete, Lewine Hasper, und ihrer Schwester Dorothea Meyer. Ihr habt mir wertvolle Lebenserfahrungen geschenkt. Ich danke Euch aus vollem Herzen.

Ihre Schwägerin, meine Tante Marlies, ist eine ebenso starke »Frau vom Lande« wie die beiden Schwestern.

Marlies, Du hast mir in zunehmender Offenheit die mir überlieferten, oft »trockenen«, rechtlichen Dokumente der Familie Meyer aus Deiner Sicht und Deinen Erfahrungen lebendig werden lassen. Es fiel Dir nicht immer leicht, in einem Alter von mehr als 95 Jahren die emotional belasteten Erfahrungen der Vergangenheit noch einmal lebendig werden zu lassen. Zu meiner Erleichterung hast Du häufig erwähnt, dass Dir unsere Gespräche guttaten, weil Du damals als Frau von vielen Entscheidungen in der Ehe und Familie ausgeschlossen wurdest und durch die Dokumente und unsere Gespräche viele neue Hintergründe aus Deinem Leben zum ersten Mal gehört hattest. Ich danke Dir mit Hochachtung.

Ein besonderer Dank geht an meine Frau Magdalena Reinhard. Während der über zwei Jahre dauernden Schreiberei an diesem Buch hast Du in unserer Beziehung viel Geduld mit mir gebraucht, wenn ich gedanklich »abwesend« war. Trotzdem hast Du mich stets ermuntert, nicht aufzugeben. Danke, danke …

Danke, Anke, dass Du mir trotz Belastung bei Bedarf immer hilfreich warst.

Danke, Renate, als beste Freundin von Lewine und als »Frau vom Lande« hast Du mir Rückhalt und Mut gegeben, das Leben in all seinen Sonnen- und Schattenseiten dieser »Familien-Geschichte« möglichst authentisch aufzuzeigen.

Danke an die vielen Interview-Partnerinnen und -Partner. Manche von Euch habe ich erst mit den Interviews kennen gelernt. Ihr wart eine großartige und freudige Bereicherung für mein Leben. Eure ehrlichen Interviews und Euer mir geschenktes Vertrauen waren wertvolle Puzzlesteine für die Vollendung dieses Buchs.

Danke an den Keller Verlag, insbesondere an die Lektorin, für die ich sicherlich kein einfacher Schreiberling war mit meinen Extra-Wünschen.